ÉTHIQUES EN DIALOGUE

DERNIERS TITRES PARUS
DANS LA MÊME COLLECTION

10. Gilbert DAHAN et Richard GOULET (éd.), *Allégorie des poètes, allégorie des philosophes. Études sur la poétique et l'herméneutique de l'allégorie de l'Antiquité à la Réforme*, 2005, 346 pages
11. Ilsetraut HADOT, *Arts libéraux et philosophie dans la pensée antique. Contribution à l'histoire de l'éducation et de la culture dans l'antiquité*, 2005, 578 pages
12. Mohammad Ali AMIR-MOEZZI, *La religion discrète. Croyances et pratiques spirituelles dans l'islam shi'ite*, 2006, 416 pages
13. Maroun AOUAD, *Le* Livre de la Rhétorique *du philosophe et médecin Ibn Ṭumlūs*, 2006, CXXIX-177 pages en partie doubles
14. Frédérique WOERTHER, *L'èthos aristotélicien. Genèse d'une notion rhétorique*, 2007, 368 pages
15. Emmanuel BERMON, *La signification et l'enseignement*, 2007, 610 pages
16. Henri HUGONNARD-ROCHE, *L'enseignement supérieur dans les mondes antiques et médiévaux. Aspects institutionnels, juridiques et pédagogiques*, 2008, 368 pages
17. Gwenaëlle AUBRY et Frédérique ILDEFONSE (éd.), *Le moi et l'intériorité*, 2008, 384 pages
18. Charles GUÉRIN, *Persona. L'élaboration d'une notion rhétorique au Ier siècle av. J.-C.*: volume I. – *Antécédents grecs et première rhétorique latine*, 2009, 431 pages
19. IBN BĀĞĞA (Avempace), *La conduite de l'isolé et deux autres épîtres*, introduction, édition critique du texte arabe, traduction et commentaire par Charles GENEQUAND, 2010, X-420 pages
20. Luc BRISSON, Pierre CHIRON (éd.), *Rhetorica philosophans. Mélanges offerts à Michel Patillon*, 2010, 404 pages
21. Charles GUÉRIN, *Persona. L'élaboration d'une notion rhétorique au Ier siècle av. J.-C.*: volume II. – *Théorisation cicéronienne de la* persona *oratoire*, 2010, 474 pages
22. Marie-Odile GOULET-CAZÉ (éd.), *Études sur la théorie stoïcienne de l'action*, 2011, XII-544 pages
23. Jean LALLOT, *Études sur la grammaire alexandrine*, 2012, 392 pages

TEXTES ET TRADITIONS

Collection dirigée par

Marie-Odile GOULET-CAZÉ Richard GOULET Philippe HOFFMANN

24

Charlotte MURGIER

ÉTHIQUES EN DIALOGUE

Aristote lecteur de Platon

Ouvrage publié avec le concours du Centre national du livre

PARIS
LIBRAIRIE PHILOSOPHIQUE J. VRIN
6, Place de la Sorbonne, V^e^

—

2013

TEXTES ET TRADITIONS

Couverture : Vase du peintre Douris
© *Bildarchiv Preußischer Kulturbesitz* (Staatliche Museen zu Berlin, Antikersammlung.
Kat./Inv.-Nr. : F2285)
Photographie : Johannes Laurentius

ISSN 1630-5736
ISBN 978-2-7116-2532-1

www.vrin.fr

Remerciements

Cet ouvrage constitue la version remaniée d'une thèse de doctorat en philosophie, intitulée *Recherches sur le platonisme d'Aristote et ses limites en philosophie pratique*, soutenue en 2009 à l'université Charles de Gaulle Lille III devant un jury composé de Messieurs les Professeurs Michel Crubellier, Terence Irwin, Jean-Louis Labarrière, André Laks, Christof Rapp et Francis Wolff. Que tous soient ici vivement remerciés pour leur lecture attentive de mon travail et pour les suggestions et remarques critiques dont ils m'ont fait bénéficier. Je tiens à exprimer plus particulièrement toute ma reconnaissance à mon directeur de thèse, Michel Crubellier : ses conseils, ses observations, et sa bienveillance n'ont cessé de m'accompagner dans mon travail de recherche, constituant un soutien et un encouragement très précieux au cours du doctorat et au-delà.

Je remercie également tous ceux qui, en acceptant de me relire durant les diverses étapes de ce travail, depuis le manuscrit de thèse jusqu'au présent ouvrage, m'ont aidée de leurs conseils et soutenue de leur amitié : Gaëlle Bernard, Adrian Daerr, Mathieu Gibier, Alain Gigandet, Gweltaz Guyomarc'h, Marianne Lagueunière, Claire Louguet, Jacqueline Murgier, Irlande Saurin, Marco Zingano.

Je remercie enfin Marie-Odile Goulet-Cazé, Richard Goulet et Philippe Hoffmann d'avoir accepté d'accueillir ce volume dans la collection qu'ils dirigent, et plus spécialement Michel Narcy dont les commentaires m'ont été très utiles.

INTRODUCTION

Qui ne connaît l'*École d'Athènes* ? C'est une réunion idéale des philosophes de tous les temps de la Grèce. La scène se passe sous le portique d'un grand édifice orné de statues et de bas-reliefs. Sur une plate-forme placée assez loin du spectateur, et à laquelle on arrive par des gradins, on aperçoit Aristote et Platon, (ou la Raison et l'Imagination). Ces grands hommes peuvent être regardés comme les fondateurs des deux explications des choses explicables, dont l'une entraîne les âmes tendres, l'autre les esprits secs.

Stendhal, *Promenades dans Rome*[1].

Qui ne connaît en effet l'*École d'Athènes* ? L'histoire des interprétations auxquelles ce tableau a donné lieu est étrangement parallèle au destin des deux philosophies placées en son centre. La tradition en a retenu la gigantomachie fondatrice dans l'histoire de la pensée, allégorie d'un conflit des facultés dont le propos de Stendhal se fait ici l'écho. Pourtant, bien plutôt qu'une franche opposition, il est plus vraisemblable que le face-à-face des deux philosophes soit destiné à illustrer une harmonie fondée sur une division des tâches, dans l'esprit du néo-platonisme de la Renaissance. Selon l'historien d'art A. Chastel,

le geste horizontal d'Aristote symbolise l'organisation du monde par l'Éthique et le geste vertical de Platon, le mouvement de la pensée cosmologique qui s'élève du monde sensible à son principe idéal. C'est l'illustration directe du principe de Ficin : les péripatéticiens donnent les

1. Stendhal, « Les *Stanze* de Raphaël au Vatican », *Promenades dans Rome*, dans *Voyages en Italie*, Paris, Gallimard, Bibliothèque de la Pléiade, 1973, p. 825-826.

raisons positives, les platoniciens les raisons supérieures. Dans cette « concordantia Aristotelis et Platonis » le rôle supérieur revient à Platon[1].

En revenant un instant sur l'étrange destin de cette concorde transformée en discorde, il ne s'agit pas seulement d'en pointer l'ironie mais de mettre en évidence un phénomène plus profond, intéressant moins l'histoire de l'art que celle de la philosophie. Si les deux interprétations concurrentes qu'offre le tableau de Raphaël sont si frappantes, c'est qu'elles recoupent fidèlement les deux manières dont philosophes et historiens de la philosophie ont envisagé le rapport d'Aristote à Platon.

De ce conflit des interprétations, l'antagonisme est sorti victorieux. La tradition, philosophique comme populaire, a retenu l'image vulgarisée par la doxographie laërtienne, celle d'un Aristote ruant dans les brancards[2]. Rappelons cependant que cette irréductible opposition s'est vue affinée par les travaux de W. Jaeger dans le sens d'une autonomie bien plus progressivement conquise[3]. À sa reconstruction, certes un peu romancée, de la biographie intellectuelle d'Aristote, on reconnaît le mérite d'avoir revivifié un corpus aristotélicien trop longtemps et artificiellement figé en un système. Pour W. Jaeger,

> la raison principale pour laquelle aucune tentative n'avait encore été tentée pour décrire l'histoire de l'évolution d'Aristote est, pour parler bref, la conception scolaire de sa philosophie qui y voit un système statique de concepts[4].

Son ouvrage de 1923, *Aristoteles. Grundlegung einer Geschichte seiner Entwicklung*, constitue l'acte de naissance d'une tradition interprétant la pensée d'Aristote selon le schéma général d'une démarcation progressive vis-à-vis d'un

1. A. Chastel, *Art et humanisme à Florence au temps de Laurent le Magnifique*, Paris, PUF, [1959] 1982, p. 478-479.

2. Diogène Laërce, *Vies et doctrines des philosophes illustres*, V, 2 : « Il s'éloigna de Platon alors que celui-ci vivait encore ; ce qui, dit-on, fit dire à ce dernier : "Aristote nous a lancé une ruade, comme font, à peine nés, les petits poulains avec leur mère" », traduction de M. Narcy dans M.-O. Goulet-Cazé (dir.), *Diogène Laërce, Vies et doctrines des philosophes illustres*, Paris, Hachette, « Classiques modernes » - « La Pochothèque », 1999, p. 556.

3. Pour une vue d'ensemble des interprétations dites développementalistes, on se reportera à W. D. Ross, « The Development of Aristotle's Thought », *in* I. Düring & G. E. L. Owen (eds.), *Aristotle and Plato in the Mid-Fourth Century, Papers of the Symposium Aristotelicum held at Oxford in August 1957*, Göteborg, Elanders, 1960, p. 1-18, ainsi qu'au volume de W. Wians (ed.), *Aristotle's Philosophical Development : Problems and Prospects*, Lanham, Rowman & Littlefield, 1996, recensé par S. Menn, « Aristotle's Philosophical Development », *Apeiron*, 31 (4), 1998, p. 407-415.

4. W. Jaeger, *Aristote. Fondements pour une histoire de son évolution*, trad. fr. O. Sedeyn, Nîmes, L'Éclat, 1997, p. 5. Même si T. Case (« Aristotle », *Encyclopaedia Britannica* [1910, vol. 2 p. 501-522], reproduit partiellement dans *Aristotle's Philosophical Development*, p. 1-40), quelques années avant W. Jaeger, avait déjà établi une chronologie du corpus, il n'en faisait pas une clé d'interprétation du « système » d'Aristote. Voir C. Witt, « The Evolution of Developmental Interpretations of Aristotle », *Aristotle's Philosophical Development*, n. 3 p. 68.

platonisme de jeunesse, après les quelque vingt ans passés à l'Académie. Selon cette perspective évolutionniste, Aristote n'est authentiquement aristotélicien ou ne le devient que dans la mesure où il s'éloigne de son maître. Le platonisme qui est la trace de sa jeunesse académicienne ne saurait être alors que résiduel, se découvrant de manière privilégiée dans les fragments du *Protreptique* ou dans les marges du corpus aristotélicien. Reprise, affinée, critiquée par une longue lignée de commentateurs[1], la méthode génétique n'est plus guère aujourd'hui pratiquée sous la forme « biographique » que lui avait donnée son fondateur. Quoique la question génétique n'ait pas fini de préoccuper les interprètes, la question de savoir dans quelle mesure Aristote aurait été ou serait resté platonicien ne se voit plus érigée en clé d'interprétation du projet aristotélicien, signe du relatif discrédit affectant la méthode jaegerienne[2].

L'idée d'un antagonisme entre les deux philosophies, pour être dominante, n'est pas cependant la seule lecture possible. Une seconde interprétation défend l'idée d'une concordance de philosophies moins contradictoires que complémentaires. Plus marginale dans l'exégèse moderne, elle s'adosse pourtant à une longue tradition, celle du néo-platonisme antique et renaissant[3] faisant de l'étude d'Aristote le nécessaire préalable ou l'indispensable complément à celle de Platon[4]. L'hypothèse de la concordance a connu récemment, sous l'impulsion des

1. G. E. L. Owen y a sans doute porté les coups les plus sévères dans « The Platonism of Aristotle », *in* J. Barnes, M. Schofield & R. Sorabji (eds.), *Articles on Aristotle*, 1. *Science*, London, Duckworth, 1975, p. 14-34.

2. Abandonner la méthode jaegérienne n'implique pas de renoncer aux interrogations génétiques que ne manquent pas de soulever les différentes strates repérables à l'échelle du corpus aristotélicien ou au sein d'une même « œuvre » (voir J. Brunschwig, *Aristote. Topiques* tome II, Paris, Les Belles Lettres, 2007, p. XIX-XX). L'établissement d'une chronologie est cependant particulièrement délicat puisque même les renvois d'un traité à l'autre, qui sembleraient les indices chronologiques les plus sûrs, doivent être pris avec précaution, Aristote n'ayant cessé de réviser son œuvre (voir M. Burnyeat, *A Map of Metaphysics Zeta*, Pittsburgh, Mathesis, 2001, p. 113).

3. Cela dès le médio-platonisme d'Antiochus d'Ascalon dont les vues sont largement relayées par Cicéron (*Académiques* I 4 §17). Voir L. P. Gerson, *Aristotle and Other Platonists*, Ithaca, Cornell University Press, 2005 et « The Harmony of Aristotle and Plato according to Neoplatonism », *in* H. Tarrant & D. Baltzly (eds.), *Reading Plato in Antiquity*, London, Duckworth, 2006, p. 195-221. Cette harmonisation ne va pas sans faire subir des transformations non négligeables, pour les besoins de la cause, aux doctrines platoniciennes et aristotéliciennes, souligne R. Sorabji dans « The Transformation of Plato and Aristotle », *Reading Plato in Antiquity*, p. 185-193. Pour une histoire de la thèse de la concordance et de ses aléas de l'Antiquité jusqu'à la Renaissance, voir J. Moreau, « De la concordance d'Aristote avec Platon », dans *Platon et Aristote à la Renaissance*, Colloque international d'études humanistes (16, 1973, Tours), Paris, Vrin, 1976, p. 45-58.

4. Voir I. Hadot, « Aristote dans l'enseignement philosophique néo-platonicien », *Revue de théologie et de philosophie*, 1992, p. 420, et H. Saffrey, « Comment Syrianus, le maître de l'école néo-platonicienne d'Athènes, considérait-il Aristote ? », *in* J. Wiesner (ed.), *Aristoteles*

études néo-platoniciennes, un regain d'actualité, illustré par l'ouvrage de L. P. Gerson, *Aristotle and other Platonists*[1]. Entendant rendre justice au présupposé néo-platonicien d'un Aristote platonicien, ce louable projet rencontre toutefois les limites que lui impose le prisme quelque peu déformant du néoplatonisme ultérieur par lequel passe sa reconstitution du platonisme.

En dépit de leurs divergences, la voie évolutionniste et la démarche néo-platonicienne ont en commun deux présupposés dont l'un est à retenir, l'autre à éviter. En faisant de la recherche de ce qu'il y a de platonicien chez Aristote un outil herméneutique, elles partagent la conviction, selon nous féconde, que le projet aristotélicien gagne à être lu en regard de la philosophie platonicienne. Cette perspective a toutefois pour malheureuse contrepartie de figer l'autre terme de la comparaison en doctrine. En effet, prendre la mesure d'une distance progressive, de même qu'apprécier une compatibilité, supposent un point fixe par rapport auquel se définit positivement ou négativement le projet aristotélicien. Dans les deux cas, c'est donc une certaine vision de la philosophie platonicienne qui sert de point d'Archimède. Dans le schéma évolutionniste jaegerien, celle-ci se résume, pour ne pas dire se réduit, à ses thèses métaphysiques les plus marquantes – position des Formes séparées, immortalité de l'âme, promotion subséquente de la vie contemplative – comme en témoignent les pages consacrées à la transformation du concept de *phronèsis* du *Protreptique* à l'*Éthique à Nicomaque*[2].

> Dans la contemplation des Idées, l'être et la valeur, la connaissance et l'action s'unissaient. Lorsque la théorie des Idées fut abandonnée, l'être et la valeur se séparèrent, et la dialectique perdit alors son importance directe pour la vie humaine, ce qui était pour Platon un de ses traits essentiels. (…) Il suit nécessairement de ce tableau de l'évolution historique que, dans le *Protreptique*, Aristote s'appuyait sur une métaphysique différente. Ce fut l'abandon de la théorie des Idées qui conduisit à la rupture avec la doctrine platonicienne de la primauté de la φρόνησις et avec sa justification unilatéralement théorique de la vie éthique. Par conséquent, le *Protreptique*, qui est encore complètement dominé par le concept de φρόνησις au sens ancien,

Werk und Wirkung, 2. *Kommentierung, Überlieferung, Nachleben : Paul Moraux gewidmet*, Berlin, de Gruyter, 1987, p. 213.

1. Voir aussi G. Karamanolis, *Plato and Aristotle in Agreement? Platonists on Aristotle from Antiochus to Porphyry*, Oxford, Clarendon Press, 2006, et T. Bénatouïl, E. Maffi & F. Trabattoni (eds.), *Plato, Aristotle or both? Dialogues between Platonism and Aristotelianism in Antiquity*, Hildesheim, G. Olms, 2011.

2. La traduction de *phronèsis* (prudence, sagacité, sagesse pratique) est une difficulté classique de l'exégèse aristotélicienne. À des fins de clarté, on laissera le plus souvent le terme translittéré dans les pages qui suivent, sans se priver toutefois du recours au terme de « prudent » pour désigner celui qui possède cette qualité, le *phronimos*. L'évolution du concept de *phronèsis* telle que l'analyse W. Jaeger est bien résumée par C. Bobonich, « Aristotle's Ethical Treatises », *in* R. Kraut (ed.), *The Blackwell Guide to Aristotle's Nicomachean Ethics*, Malden, W. Blackwell, 2006, p. 16-18.

doit avoir été fondé sur la métaphysique éthique de Platon, c'est-à-dire sur l'unité de l'être et de la valeur[1].

Il s'avère que la perspective conciliatrice néo-platonicienne n'accorde pas une place moins privilégiée aux thèses métaphysiques platoniciennes. La conception d'un univers systématiquement et hiérarchiquement organisé dans lequel l'homme doit trouver sa place, la promotion du divin et de l'âme au titre de principes explicatifs, la corrélation de l'ordre épistémologique à l'ordre ontologique marquée par une subordination du sensible à l'intelligible[2] y forment les points cardinaux structurant sa reconstruction du platonisme. Que l'interprétation privilégie la divergence dans laquelle ne subsiste au mieux chez Aristote qu'un platonisme résiduel ou bien qu'elle opte pour la convergence bon gré mal gré dans laquelle la réconciliation va de pair avec la subsomption d'Aristote sous la « vraie philosophie », la comparaison a de surcroît pour conséquence de se faire à la défaveur d'un des deux termes. Réconcilier Aristote avec Platon revient à l'y subordonner, l'en démarquer tend à faire de ce dernier un repoussoir.

Dès lors, n'y aurait-il pas quelque bénéfice à contourner le présupposé commun à ces deux démarches, consistant à reconstruire la philosophie platonicienne sous la forme d'un système qu'on s'efforce ensuite de retrouver, sous forme critique ou positive, dans les textes aristotéliciens ? La nécessité de sortir de l'alternative consacrée entre évolution et conciliation se trouve encore renforcée par le constat qu'aucune des deux branches de cette alternative n'est très fructueuse appliquée à la philosophie pratique d'Aristote. Le privilège accordé aux thèses métaphysiques comme étalon d'une proximité ou distance vis-à-vis de Platon y est en effet moins immédiatement opératoire[3]. Certes, ce marqueur du platonisme qu'est la séparation des Idées n'est pas absent des *Éthiques* : les chapitres I 4 de l'*Éthique à Nicomaque*[4] et I 8 de l'*Éthique à Eudème*, s'attachant à l'Idée du bien pour en dénoncer l'inanité, viennent dessiner une ligne de fracture dont la netteté n'a rien à envier aux démarcations présentes dans les textes de philosophie première. S'il est bien naturel de chercher dans cette confrontation liminaire l'épisode liquidant définitivement l'héritage platonicien, reste à savoir si ce moment ontologique et épistémologique de la critique suffit à rendre raison du

1. W. Jaeger, *Aristote*, p. 85-86.

2. Suivant L. P. Gerson, *Aristotle and Other Platonists*, p. 27-37.

3. L'éthique et la politique sont d'ailleurs les parents pauvres dans cette reconstruction du platonisme par les « conciliateurs », comme le remarque L. P. Gerson (*Aristotle and Other platonists*, p. 35-36). Conséquence ou non de ce délaissement, son livre ne consacre qu'un seul chapitre au platonisme d'Aristote en éthique, centré sur le livre X de l'*Éthique à Nicomaque* et la préférence accordée à la vie contemplative. Mais le constat vaut au-delà des interprétations néo-platoniciennes. L'article d'I. Düring, « Aristotle and the Heritage from Plato », *Eranos*, 62, 1964, p. 84-99 ne fait, lui non plus, aucune allusion aux théories éthiques ou politiques.

4. La numérotation des chapitres de l'*Éthique à Nicomaque* est celle de F. Susemihl-O. Apelt (« Bibliotheca Scriptorum Graecorum et Romanorum Teubneriana », 1912), le texte sera cité d'après l'édition d'Oxford établie par I. Bywater (OCT, 1894).

rapport d'Aristote à Platon dans le domaine de l'éthique. Il se pourrait que notre appréciation de cette relation se trouve victime d'une double prééminence : la préséance d'une critique, la plus massive et la mieux connue, de la théorie des Idées sur les autres critiques et, plus largement encore, la prédominance de l'opposition entre les deux philosophies venant éclipser la fonction positive que peut exercer la pensée platonicienne au sein de la réflexion d'Aristote. La critique des Idées, si primordiale soit-elle, ouvre en effet la question du rapport d'Aristote à la philosophie platonicienne plutôt qu'elle ne la ferme. Le sentiment que la relation d'Aristote à Platon ne saurait se résumer à ce que lui-même en dit et qu'en philosophie pratique, plus encore qu'ailleurs, on aurait tort de la réduire au refus de l'ontologie platonicienne des Formes, appelle donc à dépasser la flagrance du désaccord pour partir à la recherche d'une autre présence du platonisme dans l'éthique aristotélicienne. Sous quelle forme se présente-t-elle dès lors qu'on quitte le terrain « sûr » de la métaphysique, le « refuge » que constituent les Idées ?

En dépit de leur rareté, les mentions de Platon dans le texte de l'*Éthique à Nicomaque*[1] peuvent nous mettre sur la voie. Il faut commencer par remarquer que toutes trois (1095a32, 1104b12, 1172b28) sont positives, ce qui invite d'ores et déjà à nuancer l'idée d'un rapport unilatéralement critique à la philosophie platonicienne. Deux d'entre elles sont des références précises à des passages des *Dialogues*[2] : l'une (1104b12) est une citation du livre II des *Lois*, l'autre (1172b28) reprend littéralement un argument du *Philèbe*. De ce simple constat, il ressort qu'Aristote discute aussi un Platon dont nous partageons avec lui la connaissance, celui des *Dialogues*. Les nombreuses citations des ouvrages de Platon, de la *République* aux *Lois* en passant par le *Timée*, le *Phédon* et le *Ménon* sont avérées dans l'ensemble du corpus aristotélicien : il n'est qu'à se reporter à l'entrée Πλάτων de l'*Index aristotelicus* de H. Bonitz qui en fait le long et minutieux relevé[3]. C'est donc dans cette direction, celle d'un Aristote lecteur de Platon, qu'il nous faut chercher, avec l'espoir d'en apprendre un peu plus que le rejet bien connu des Idées.

1. L'*Éthique à Eudème*, avec ou sans les livres communs, ne comporte aucune mention nominale de Platon.

2. Ce qui n'est pas le cas de la première référence à Platon (I 2, 1095a32) concernant la méthode à adopter : il est difficile de savoir à quoi Aristote fait allusion, en tout cas incertain de rapporter ces lignes à un dialogue particulier. J. Tricot y voit une référence possible à *République* VI, 511b-c (*Aristote. Éthique à Nicomaque*, traduction et notes par J. T., Paris, Vrin, [1959] 1997, p. 42). R.-A. Gauthier & J.-Y. Jolif évoquent aussi cette possibilité parmi d'autres tout en penchant pour une réminiscence de l'enseignement oral de Platon (*Aristote. L'Éthique à Nicomaque,* introduction, traduction et commentaire par R.-A. G. & J.-Y. J., 4 vol., Louvain, Peeters, [1958] 1970, t. II-1, p. 18).

3. Pour un relevé complet, voir les pages 598-599 de H. Bonitz, *Aristotelis Opera*, ex rec. I. Bekker, cur. O. Gigon, Berlin, de Gruyter, 1961, vol. V. On constatera que la rubrique qui recense les citations et allusions aux *Dialogues* dépasse quantitativement celle consacrée aux doctrines non écrites.

« LE LISEUR »

Une telle démarche est à l'exact opposé de la voie adoptée par L. Robin dans *La théorie platonicienne des idées et des nombres d'après Aristote* : une décision méthodologique aux allures de fascinante expérience de pensée l'avait en effet conduit à reconstituer la doctrine platonicienne en faisant abstraction des *Dialogues* et en se fondant uniquement sur les témoignages aristotéliciens[1]. Loin de partir « à la recherche d'un Platon perdu », le Platon dont on cherchera les traces dans le texte aristotélicien sera celui des *Dialogues*. Prenant le parti d'éviter tout recours aux doctrines non écrites – lequel est d'ailleurs plus un problème qu'une réponse, une spéculation davantage qu'une solution –, il s'agira de faire comme si le platonisme était aussi, pour Aristote comme pour nous lecteurs, avant tout une œuvre écrite. Comme si Aristote ne connaissait de Platon que ce que nous en avons, à savoir les *Dialogues*. On espère ainsi échapper d'un côté au cercle vicieux consistant à définir la philosophie platonicienne à partir d'une tradition – antique ou moderne – que l'on sait redevable au moins en partie de la source aristotélicienne, de l'autre à la tentation d'opposer, voire d'imposer une interprétation du platonisme contre une autre, préférant le Platon reconstitué par nos soins à son portrait aristotélicien. Prendre la philosophie platonicienne telle qu'elle se présente à nous, c'est-à-dire comme une œuvre, faite de dialogues, devrait permettre d'esquiver ce double écueil tout en offrant une voie d'accès originale, dialogique plutôt que doctrinale, au problème que soulève le rapport d'Aristote à Platon. Notre stratégie de lecture consistera donc à prendre « au pied de la lettre » l'épithète de « liseur » qui lui aurait été attribuée par son maître lui-même, aux dires de la tradition[2].

Mais sur quel(s) dialogue(s) enter les textes éthiques d'Aristote quand il faut bien reconnaître que les mentions explicites de Platon sont bien rares dans les *Éthiques* ? Outre les trois passages déjà mentionnés le convoquant nommément, il y en a pourtant nombre d'autres dans lesquels le lecteur croit reconnaître derrière les discussions des *Éthiques* les *Dialogues* de Platon : lorsqu'on voit Aristote

1. Voir *La théorie platonicienne des idées et des nombres d'après Aristote. Étude historique et critique*, Hildesheim, G. Olms, [1908, Alcan] 1963, p. 8.

2. Voir A. S. Riginos, *Platonica. The Anecdotes concerning the Life and Writings of Plato*, Leiden, Brill, 1976, p. 132 : « Anecdote 85 : Plato called Aristotle "ἀναγνώστης". *Testimonia* : *Vita Aristotelis Marciana* 6 (p. 98 [Düring]), *Vita Aristotelis Vulgata* 5 (p. 132 [Düring]), *Vita Aristotelis Latina* 6 (p. 152 [Düring]). So φιλόπονος was Aristotle, the *Vita Marciana* reports, that his home was called by Plato "οἰκία ἀναγνώστου", for Plato would often say "ἀπίωμεν εἰς τὴν τοῦ ἀναγνώστου οἰκίαν". The *Vita Vulgata* mentions only the naming of the house, while the *Vita Latina* translates the saying attributed to Plato as well. Coming from the *Vita Marciana*, this anecdote was a part of Aristotle's βίος by the fourth century A. D. The nickname ἀναγνώστης must refer to Aristotle's prodigious literary activity. The story does not seem to show hostility between the two philosophers. » Les pages citées d'I. Düring renvoient à *Aristotle in the Ancient Biographical Tradition*, Göteborg/Stockholm, Almqvist och Wiksell, 1957.

rejeter l'idée que le courage puisse être une simple affaire de connaissance (*EN* III 11), critiquer plus généralement la réduction des vertus à des sciences (*EN* VI 13) ou encore réfuter la négation de l'incontinence (*EN* VII 5). Bref, lorsqu'Aristote critique un Socrate assurément familier à tout lecteur de Platon. Voilà que le champ de l'enquête cesse tout à coup de se réduire comme peau de chagrin, pour laisser bruire, derrière la parole de Socrate, les dialogues de Platon.

Une telle ouverture n'est toutefois que sous condition. Elle suppose que l'on est fondé à voir dans le Socrate avec lequel dialogue et dispute l'éthique aristotélicienne celui des *Dialogues*, quand on sait que ce nom dissimule des entités multiples : non pas seulement le rôle titre du drame platonicien mais aussi la figure historique que les historiens de la philosophie ont tenté de saisir au travers des témoignages de ses contemporains et successeurs, détracteurs et disciples. Sans ouvrir la boîte de Pandore qu'est la question socratique[1], il nous faut donc commencer par lever une objection, à savoir que chercher derrière les propos qu'Aristote prête à Socrate les dialogues platoniciens serait faire bon marché d'une distinction qu'Aristote prendrait soin de marquer entre le Socrate « historique » et le Socrate de Platon par le critère de l'article. Suivant le canon de Fitzgerald[2], Σωκράτης employé sans article dans le corpus aristotélicien désignerait le personnage réel, ὁ Σωκράτης le personnage littéraire. Le critère de l'article, outre qu'il ne fait pas l'unanimité chez les interprètes[3], comporte quelques rares mais embarrassantes exceptions qui le font apparaître bien fragile pour constituer la preuve irrécusable de la volonté aristotélicienne de distinguer soigneusement entre le Socrate historique et le Socrate des *Dialogues*[4]. Mais

1. Après deux siècles de controverses autour de la « question socratique » nées de l'étude de F. Schleiermacher (« Über den Wert des Sokrates als Philosophen » (1815), reproduite dans A. Patzer (ed.), *Der historische Sokrates*, Darmstadt, Wissenschaftliche Buchgesellschaft, 1987, p. 41-58), il y a aujourd'hui un certain consensus pour laisser entre parenthèses la question du Socrate historique. Voir L.-A. Dorion, *Socrate*, Paris, PUF, 2004, p. 21-26.

2. Voir W. Fitzgerald, *Selections from the Nicomachean Ethics of Aristotle*, Dublin, Hodges and Smith, 1853. On en trouve l'exposition et la défense par W. D. Ross dans *Aristotle's Metaphysics*, Oxford, Clarendon Press, [1953] 1970, vol. 1, p. XXXIX-XLI.

3. Voir notamment les arguments de A. E. Taylor, « On the Alleged Distinction in Aristotle between Σωκράτης and ὁ Σωκράτης », *Varia Socratica. First Series*, Oxford, Parker, 1911, p. 40-90.

4. Les plus évidentes se trouvent dans la *Rhétorique* où il est fait mention de Socrate sans et avec article, pour renvoyer non seulement au même argument mais apparemment à la même œuvre (selon toute probabilité le *Ménéxène*). Voir *Rhét.* I 9, 1367b8-9 : « En effet, comme le disait Socrate [ὁ Σωκράτης], il n'est pas difficile de faire l'éloge des Athéniens à Athènes », parallèle à *Rhét.* III 14, 1415b30-32 : « En effet, ce que dit Socrate [Σωκράτης] dans l'oraison funèbre est vrai, à savoir qu'il n'est pas difficile de louer les Athéniens à Athènes, bien plus à Lacédémone. » Voir aussi *EN* III 11, 1116b4-5 : « C'est pourquoi Socrate [ὁ Σωκράτης] pensait que le courage est science », parallèle à *EE* III 1, 1230a7-8 : « En effet, cela même est tout le contraire de ce que pensait Socrate [Σωκράτης], à savoir que le courage est science. » Sauf indication contraire, les traductions des textes cités ici et ci-après sont nôtres, sur la base des traductions françaises indiquées en bibliographie.

surtout il semble peu probable qu'Aristote ait eu recours à un mode de distinction si discret qu'il a fallu attendre l'érudition des philologues du dix-neuvième siècle pour le découvrir alors même qu'il dispose d'un moyen autrement plus limpide pour signifier explicitement qu'il parle du Socrate des *Dialogues*.

Ce moyen auquel il ne se prive pas d'avoir recours par moments n'est autre que la mention du dialogue en question, lorsqu'il évoque « Socrate dans la *République* » (*Pol.* 1264b29, 1316a3, 1342a34), ou « Socrate dans le *Phédon* » (*Gén. Corr.* 335b13). Si Aristote n'hésite pas à longuement critiquer « le Socrate » de « la *République* de Platon » (*Pol.* 1261a6), voire, suprême désinvolture, à évoquer les « discours de Socrate » (οἱ τοῦ Σωκράτους λόγοι, *Pol.* 1265a13) dans un chapitre consacré aux *Lois* de Platon[1], cela tendrait à prouver au moins une chose, à savoir que c'est avant tout avec les dialogues qu'il discute sans nécessairement se soucier de faire le départ entre Socrate et son élaboration platonicienne[2]. Peut-être même avait-il comme nous la conscience de la relative flexibilité du Socrate que mettent en scène les dialogues platoniciens et constatait-il comme nous que souvent ce Socrate-là varie, sans que cela n'implique d'incompatibilité absolue avec la figure historique dont il est inspiré. Si les passages des *Éthiques* et de la *Politique* critiquant le Socrate identifiant la vertu à la science ou affirmant l'unité de la vertu peuvent effectivement viser le Socrate historique, rien n'exclut qu'elles visent aussi et conjointement le personnage principal du *Ménon* ou du *Lachès*, qui en serait représentatif. Jamais en effet les références à Socrate que contient le corpus pratique aristotélicien ne sont inconciliables avec les vues qu'on le voit exprimer dans les textes platoniciens.

En un mot, que les allusions à Socrate (sans article) puissent viser le Socrate historique n'interdit pas de les lire à partir des *Dialogues* dès lors qu'elles se trouvent être congruentes avec ce que ceux-ci nous apprennent de Socrate. Sans

1. Ce chapitre qui comporte, outre cette mention incongrue de Socrate, un certain nombre d'étrangetés, a donné lieu à diverses conjectures : certaines des critiques aristotéliciennes pourraient ainsi s'adresser à une première version des *Lois* différente du texte dont nous disposons, qui en aurait donc tenu compte selon G. Morrow (« Aristotle's Comments on Plato's *Laws* », *in* I. Düring & G. E. L. Owen (eds.), *Aristotle and Plato in the Mid-Fourth Century*, p. 145-162).

2. Voir M.-C. Bataillard, « Le Socrate d'Aristote : fondateur et fossoyeur de la morale », dans G. Romeyer-Dherbey (dir.) & J.-B. Gourinat (éd.) *Socrate et les Socratiques*, Paris, Vrin, 2001, p. 223 : « Rien n'est moins certain que la conscience chez Aristote d'une nette séparation entre les doctrines de Socrate et leurs prolongements platoniciens. » M. Narcy et A. Tordesillas soulignent également que « les Anciens, en effet, semblent n'avoir guère douté que le Socrate de Platon était surtout son porte-parole. Aristote attribue sans hésitation à Platon les doctrines professées par Socrate dans les dialogues, sans être démenti sur ce point par les siècles suivants », dans M. Narcy & A. Tordesillas (dir.), *Xénophon et Socrate*, Paris, Vrin, 2008, p. 7. C. Kahn rappelle que « Zeller déjà, il y a plus d'un siècle, remarquait que presque tout ce qu'Aristote nous dit au sujet de Socrate peut être tiré des dialogues de Platon », « La philosophie de Socrate selon Platon et Aristote », *Socrate et les Socratiques*, p. 218. Pour une vue contraire, voir T. Irwin, *Plato's Ethics*, Oxford, O. U. P., 1995, p. 9.

chercher à déterminer ce qu'Aristote considérait comme respectivement socratique et platonicien en éthique[1] – question qui intéresse d'abord les interprètes de la philosophie platonicienne[2] – nous prendrons le parti de mettre en parenthèses la question socratique pour considérer la manière dont la construction des concepts éthiques aristotéliciens se trouve informée par sa lecture des *Dialogues*, et des questions, plutôt que des réponses, que ces derniers mettent en scène. Aussi l'héritage platonicien dans l'éthique aristotélicienne consiste-t-il moins dans la reprise, critique ou non, de thèses que dans la réappropriation de problèmes dialectiques issus des dialogues de Platon, comme nous espérons le montrer.

Une telle approche sera inévitablement sélective. Centrée sur l'*Éthique à Nicomaque* tout en s'autorisant quelques détours par la *Politique*, elle laissera de côté les fragments du *Proptreptique*, le témoignage des *Magna Moralia*, ou encore le difficile livre VIII de l'*Éthique à Eudème*. Il ne faudra pas davantage attendre un relevé exhaustif des références et allusions probables ou possibles aux textes platoniciens que contient le corpus éthique aristotélicien. Le manque de temps ou de courage devant l'ampleur de la tâche n'est pas seul à expliquer ce renoncement à l'exhaustivité. Le choix de centrer ce propos sur quelques dialogues précis, voire quelques passages précis des *Dialogues*, répond plus positivement à la volonté de ne pas transformer en un pur et simple recensement cette enquête, dont la validité suppose une confrontation approfondie avec le texte platonicien. En prenant le parti, c'est-à-dire aussi la liberté, de choisir parmi ces dialogues les passages pertinents, en partant de textes plutôt que de thèses, il s'agit de faire apparaître que la reprise aristotélicienne ne se fait pas de loin, mais au plus près du texte de Platon. Ce que cette démarche perd en exhaustivité, espérons qu'elle le regagne en problématicité, de sorte que les résultats obtenus soient en

1. Le texte qui va le plus dans le sens d'une démarcation claire figure au début des *Magna Moralia* (1182a15-29). Cet ouvrage, à l'authenticité disputée, s'ouvre sur un petit panorama de l'histoire de l'éthique qui est un décalque appliqué de *Métaphysique* A.

2. Sur la ligne de démarcation entre socratisme et platonisme au sein du corpus platonicien, les interprétations sont aussi multiples que divergentes. On distinguera
— les avocats de la franche rupture dont G. Vlastos constitue la figure de proue dans « Socrate contre Socrate dans Platon » et « *Elenchus* et mathématiques », *Socrate, Ironie et philosophie morale*, trad. fr. C. Dalimier, Paris, Aubier, 1994, p. 69-116 & p. 151-184.
— les partisans d'une rupture modérée n'excluant pas une certaine continuité. Voir par exemple T. Penner, « Plato's Ethics : Early and Middle Dialogues », *in* M.-L. Gill & P. Pellegrin (eds.), *A Companion to Ancient Philosophy*, Malden, Blackwell, 2006, p. 151-169.
— les tenants d'une lecture unitaire du corpus, dont C. Kahn dans *Plato and the Socratic Dialogue : the Philosophical Use of a Literary Form*, Cambridge/New York, C. U. P., 1998, est l'un des plus vigoureux défenseurs. Comme le remarque C. Gill dressant un panorama des diverses interprétations du dialogue et des dialogues platoniciens, les études platoniciennes en langue française se rangent plutôt dans cette dernière catégorie unitaire (« Le dialogue platonicien », dans L. Brisson & F. Fronterotta (dir.), *Lire Platon*, Paris, PUF, 2006, p. 53-75).

mesure de préserver notre lecture du double reproche d'être lacunaire et arbitraire, à l'instar de ces touts épisodiques qui font les mauvaises tragédies[1].

L'*ÉTHIQUE À NICOMAQUE* EN DIALOGUE

L'étude des concepts fondamentaux de l'éthique aristotélicienne révélera que, bien souvent, le développement des questions éthiques passe par une lecture attentive et une discussion rigoureuse des difficultés mises en scène par Platon. En effet, la pensée platonicienne ne fait pas simplement office de point de départ doxographique. Si la recherche éthique, où les opinions font partie des phénomènes à exposer, ne fait pas exception à ce passage obligé de la méthode dialectique[2], la philosophie de Platon est cependant loin de constituer une opinion valable (*endoxon*) parmi d'autres et occupe une place à part dans la critique des opinions antérieures. Comme le note S. Mansion,

> la métaphysique platonicienne n'est pas quelque chose qu'Aristote juge de l'extérieur. Il y est engagé lui-même, les problèmes de Platon sont ses problèmes[3].

Ce jugement nous semble pouvoir être étendu sans restriction à la philosophie pratique. Comme nous allons essayer de le montrer, les questions de la valeur du plaisir, de la nature du savoir pratique, des conditions de possibilité de l'amitié, sont autant de problèmes platoniciens dont Aristote repart. Ces « commencements »[4] platoniciens, qui ne sont pas à entendre en un sens trop étroitement local, excèdent le cadre restreint des relevés doxographiques et structurent en profondeur la construction des concepts éthiques aristotéliciens. En plus d'offrir une vision moins schématique du désaccord des deux philosophies, une telle perspective nous fait voir la dialectique aristotélicienne à l'œuvre. Loin d'être le

1. Cf. *Métaph.* Λ 10, 1076a1 ; N 3, 1090b19 ; *Poétique* 9, 1451b34.

2. Sur la méthode dialectique en éthique, voir les articles classiques de J. Barnes (« Aristotle and the Methods of Ethics », *Revue internationale de philosophie*, 133-134, 1980, p. 490-511), T. Irwin (« Aristotle's Methods of Ethics », *in* D. O'Meara (ed.), *Studies in Aristotle*, Washington, the Catholic University of America Press, 1981, p. 193-224), et E. Berti (« Il metodo della filosofia pratica secondo Aristotele », *in* A. Alberti (ed.), *Studi sull'etica di Aristotele*, Naples, Bibliopolis, 1990, p. 23-63). Comme le note M. Zingano dans « Aristotle and the Problems of Methods in Ethics », *Oxford Studies in Ancient Philosophy*, XXXII, 2007, p. 297-298, la signification et l'extension du terme « dialectique » sont sujettes à d'importantes variations selon les interprètes.

3. S. Mansion, « Le rôle de l'exposé et de la critique des philosophies antérieures chez Aristote », *Études aristotéliciennes : recueil d'articles*, Louvain-la-Neuve, Éditions de l'Institut Supérieur de Philosophie, 1984, p. 72-73.

4. Nous entendons par là un phénomène assez semblable à celui des « commencements cartésiens » que V. Carraud, à la suite d'E. Martineau, a repérés chez Pascal. Dans *Pascal : des connaissances naturelles à l'étude de l'homme*, Paris, Vrin, 2007, p. 43, 60-65, il montre ainsi que l'opposition de Pascal à Descartes passe par une « subversion » de points de départ rigoureusement cartésiens.

procédé artificiel et extérieur par lequel Aristote passe au crible sans grand ménagement les opinions précédentes – auquel elle se trouve parfois réduite –, la dialectique y révèle une des propriétés qui lui est attribuée dans les *Topiques*, à savoir de nous permettre de remonter aux principes de chaque science ou discipline (cf. *Top.* I 2, 101a25-b4). Ce dialogue avec Platon, qui est aussi sa mise à l'épreuve, pourrait ainsi nous élever jusqu'aux principes de l'éthique.

De cette lecture de l'éthique aristotélicienne chaussée des « lunettes[1] » platoniciennes, on espère donc retirer plusieurs bénéfices. Au-delà de la nécessaire réévaluation de la dette platonicienne, peut-être moins évidente et moins étudiée en philosophie pratique que dans le domaine métaphysique[2], il s'agit, pour emprunter une image platonicienne[3], d'obtenir de ce « frottement » des concepts centraux de l'éthique aristotélicienne avec les textes platoniciens un nouvel éclairage sur la manière dont Aristote construit ses concepts. Les déterminations constitutives du bonheur, du plaisir, de l'amitié ou du savoir pratique gagnent un supplément d'intelligibilité, une fois dépliés les problèmes – platoniciens – auxquels elles viennent précisément répondre, une fois découvert l'arrière-plan des dialogues sur lequel elles viennent s'inscrire. Les moments où le texte platonicien affleure sont aussi ceux où le texte aristotélicien s'entrouvre pour nous laisser pénétrer dans la fabrique de ses concepts.

On espère ainsi pouvoir montrer que ce n'est pas seulement Platon qui échappe au reproche de dogmatisme, mais aussi son premier critique. Les textes éthiques d'Aristote, déchiffrés à travers le filtre des dialogues platoniciens, apparaissent eux-mêmes plus problématiques qu'assertoriques, dès lors que s'y donne à lire la genèse logique, sinon chronologique, des solutions qu'ils proposent. En cherchant à comprendre le pourquoi d'un refus, on trouve aussi le comment d'une genèse, celle des concepts qui en constituent l'armature. Revenir à ce que

1. Pour paraphraser le titre d'un article de J. Barnes, « Le soleil de Platon vu avec des lunettes analytiques », *Rue Descartes*, 1991, p. 81-92.

2. Une exception notable est l'ouvrage de R. Burger, *Aristotle's Dialogue with Socrates. On the Nicomachean Ethics*, Chicago, the University of Chicago Press, 2008. Tout en en approuvant le présupposé général, à savoir que l'*Éthique à Nicomaque* gagne à être lue en dialogue avec les textes platoniciens, nous ne partageons pas cependant sa lecture ironique de ce dialogue, non plus que l'ambition de rendre compte de la totalité de l'*Éthique à Nicomaque*. Notre projet, d'amplitude plus restreinte, se concentre sur quelques concepts aristotéliciens. Notre démarche passant par un déploiement approfondi des apories ou des difficultés recelées par certains passages précis des *Dialogues* se veut aussi plus ciblée. Le livre d'A. Merker, *Une morale pour les mortels. L'éthique de Platon et d'Aristote*, Paris, Les Belles Lettres, 2011, contient également d'intéressants développements pour les questions qui nous occupent, dans une perspective qui nous semble cependant plus conciliatrice que la nôtre et qui engage une interprétation d'ensemble de l'éthique platonicienne que nous n'entendons pas produire ici.

3. Cf. *Rép.* IV, 435a : « Peut-être qu'en confrontant ces résultats et en les frottant l'un à l'autre comme deux bouts de bois, nous en ferons jaillir la flamme de la justice, et une fois que celle-ci sera devenue évidente, nous saurons la rendre stable en nous-mêmes. »

l'arrière-plan platonicien comporte de questionnement, de mise à l'épreuve a pour effet de communiquer ce caractère dialectique au texte aristotélicien lui-même, de le faire sortir de son sommeil dogmatique pour rappeler à quel point dans ses concepts, qui sont autant de réponses aux problèmes soulevés par Platon, se laisse encore, distinctement, entendre la question. Cette genèse logique espère alors retrouver la conviction à laquelle W. Jaeger avait jadis tenté de donner un fondement chronologique, à savoir que la pensée d'Aristote est tout sauf un système statique de concepts, et qu'en tout état de cause ces derniers ne sont pas nés tout formés. À laisser le platonisme pour ainsi dire « ouvert », c'est l'aristotélisme qui s'en trouve, à son tour, vivifié.

PREMIÈRE PARTIE

LE BIEN PRATIQUE

CHAPITRE PREMIER

DU BIEN PLATONICIEN AU BIEN ARISTOTÉLICIEN

Derrière la multiplicité des pratiques humaines se dessine une commune structure finalisée qu'esquissent les premières lignes de l'*Éthique à Nicomaque*. Sans l'existence d'un bien suprême susceptible d'organiser nos actions – lesquelles, si diverses et variées soient-elles, visent toutes un certain bien – cette multiplicité se donnerait comme vide et vaine, condamnée à la régression infinie du désir. En dépit des variations observables dans le discours moral[1], ce bien souverain doit posséder une validité objective, fournissant à la science nommée «politique» une matière qui échappe à la seule relativité des conventions. Déterminer le contenu de ce souverain bien et donner ainsi un fondement à la science pratique, telle est la tâche qu'Aristote assigne à la recherche éthique.

L'*Éthique à Nicomaque*, fidèle à la méthode dialectique, s'ouvre donc sur l'examen critique des opinions reçues en matière de définition du bien. Les premières à être discutées sont les opinions populaires, présentées à travers la trilogie traditionnelle des trois genres de vie. En sont rapidement pointées les insuffisances même si l'une d'entre elles, la vie contemplative, n'est pas immédiatement récusée mais voit plutôt son examen provisoirement repoussé. Viennent ensuite les opinions savantes, seconde source digne d'examen. Cette critique se limite en fait à la réponse la plus fameuse, celle qui a cours chez les amis de l'Académie[2]. C'est la seule opinion savante qui sera examinée pour elle-même; aux autres, dont l'identification est incertaine, il ne sera fait qu'allusion (cf. *EN* I 8, 1098b17, b28). Ce n'est pas uniquement par simple tribut à la méthode dialectique que l'*Éthique à Nicomaque* s'ouvre sur le procès de l'Idée platonicienne du bien. De cette Idée, nulle assomption n'est possible, à la différence du traitement réservé aux autres opinions populaires ou savantes dont Aristote prendra soin, même après les avoir récusées, de dégager la part de vérité[3], selon l'usage propre à la méthode dialectique[4]. La radicalité de cette récusation

1. Cf. *EN* I 1, 1094b13-17.

2. Voir C. Natali dans *Aristotele. Etica Nicomachea*, trad., intr. et notes par C. N., Rome, Laterza, 1999, n. 59 p. 457.

3. Cf. *EN* I 8-9, 1098b9-1099b7.

4. Cf. *EN* VII 1, 1145b2-7: «Il faut, comme dans les autres domaines, commencer par exposer les choses telles qu'elles apparaissent [τιθέντας τὰ φαινόμενα], explorer les difficultés [διαπορήσαντας] afin d'établir ainsi autant que possible la vérité de toutes les opinions valables au sujet de ces affections de l'âme, et si ce n'est pas possible, des plus nombreuses et des plus

liminaire, occupant un seul et unique chapitre au seuil de chacune des *Éthiques*, ne la rend pas pour autant moins problématique. Congédier la solution platonicienne ne signifie pas qu'on en ait fini avec le problème qui en était à l'origine, à savoir la recherche d'un fondement au discours comme à l'action éthiques.

Cette critique inaugurale, précédant de peu la définition aristotélicienne du souverain bien, fait place nette pour la reconstruction, occupant de ce fait dans les traités éthiques une situation stratégique. Aussi fameuse que difficile à interpréter, elle n'échappe pas à ce qui fait selon H. Cherniss toute l'« énigme de l'Ancienne Académie », à savoir le « désaccord entre l'exposé par Aristote de la théorie platonicienne des idées et cette théorie telle que nous la font connaître les écrits de Platon »[1]. Tout d'abord la cible exacte de la critique aristotélicienne déployée en *Éthique à Nicomaque* I 4 et en *Éthique à Eudème* I 8 n'a rien d'une évidence : vise-t-elle le seul texte platonicien traitant de l'Idée du bien dont nous disposions, à savoir *République* VI, ou bien les développements relevant de l'enseignement oral de Platon dont ne subsistent que des témoignages, au premier rang desquels figure celui d'Aristoxène[2] ?

Une seconde difficulté tient au caractère extrêmement localisé de cette critique : un seul et unique chapitre y est consacré dans chacune des *Éthiques*, sans même parler de sa quasi-absence dans la *Métaphysique*[3]. Une fois l'Idée du bien éreintée, Aristote n'en dit plus mot. Faut-il considérer que la question est définitivement réglée et la contribution platonicienne à la question du bien ainsi éliminée ? Peut-être le statut mystérieux de l'Idée du bien à l'intérieur de la *République* et du reste des *Dialogues*, qui en fait une sorte d'arlésienne du platonisme, est-il lui-même responsable du caractère isolé de cette critique. En effet, au cours du « grand détour » formé par les livres V à VII de la *République*, l'Idée du bien fait une apparition aussi magistrale que fugitive. Sur ce principe placé au terme de la dialectique ascendante, Socrate reste dans une large mesure silencieux, n'en parlant qu'indirectement, à travers les images fameuses de la Ligne et du soleil. Il est par ailleurs difficile de retrouver trace, autrement que de

importantes ; en effet, si les difficultés sont résolues et les opinions valables [τὰ ἔνδοξα] maintenues, on aura fait une démonstration suffisante. »

1. H. Cherniss, *L'énigme de l'Ancienne Académie* suivi de « Le Système caché » d'E. N. Tigerstedt, trad. fr. L. Boulakia, Paris, Vrin, 1993, p. 105. D. Frede décrit la relation d'Aristote à Platon et à ses compagnons de l'Académie comme une « équation à plusieurs inconnues », dans « The Doctrine of Forms under Critique – Part I (*Metaphysics* A 9, 990a33-991b9) », *in* C. Steel (ed.), *Aristotle's Metaphysics Alpha. Symposium Aristotelicum*, Oxford, O. U. P., 2012, p. 294.

2. Voir *infra* p. 33. Il faut toutefois noter que les propos rapportés n'y présentent pas le bien comme une Idée mais comme l'un.

3. À l'exception du chapitre N 4 qui y fait allusion en 1091b13-15, on ne trouve pas de discussion explicite de l'Idée du bien comme principe. Sur les raisons de cette « curieuse absence », voir G. Aubry, *Dieu sans la puissance. Dunamis et energeia chez Aristote et Plotin*, Paris, Vrin, 2006, ch. 1, p. 29-34.

manière tout aussi indirecte, de cette primauté de l'Idée du bien dans le reste du corpus platonicien[1]. Si Socrate en *République* VI (505a2-4) déclare l'avoir évoquée à de nombreuses reprises, c'est pourtant la première et la dernière fois qu'elle intervient explicitement dans les *Dialogues*. Ferait-il alors référence à cette vertu-science recherchée sans relâche par les premiers dialogues, notamment sous la forme de ce savoir du bien et du mal dont les interlocuteurs du *Charmide* (174b-c) sont en quête ou de l'art du bonheur qu'est la science royale dans l'*Euthydème* (288d-292e)[2] ? Ces nombreuses fois renverraient-elles à des exposés professés, non par Socrate lui-même, mais par son disciple et porte-parole Platon, lequel, en butte à l'incompréhension de son auditoire, se serait résolu à adopter la forme, voilée d'images, du discours écrit ? Certains partisans de l'interprétation ésotériste de Platon soutiennent ainsi que la « leçon sur le Bien » aurait eu lieu avant la rédaction de la *République* et pourrait dater de la fondation de l'Académie[3]. En tout état de cause, il demeure difficile et incertain de savoir à quoi le Socrate de la *République* fait précisément allusion. Ce statut principiel et exceptionnel du bien, faisant une unique apparition au centre de la *République*, pourrait expliquer la place très circonscrite qu'occupe la critique de cette Idée dans les *Éthiques* aristotéliciennes, aussi localisée que l'est sa manifestation dans le corpus platonicien.

Il faut enfin noter que la plupart des reproches faits à l'Idée du bien relèvent selon Aristote d'un autre type de recherche que la recherche éthique, ce qui explique aussi le caractère local de sa critique. L'ordre qu'elle adopte est d'ailleurs identique dans les deux *Éthiques* : après avoir commencé par relever les difficultés théoriques nées de la position des Idées, Aristote en dénonce plus succinctement l'inutilité pratique.

> Mais pour faire bref, nous disons d'abord qu'on parle de manière dialectique et vide [λογικῶς καὶ κενῶς] lorsqu'on pose l'existence d'une Idée non seulement du bien mais de quoi que ce soit d'autre (...). Ensuite, même si on va jusqu'à accorder l'existence des Idées et de l'Idée du bien [αἱ ἰδέαι καὶ ἀγαθοῦ ἰδέα], celle-ci risque fort de n'être d'aucune utilité ni pour la vie bonne ni pour les actions. (*EE* I 8, 1217b19-25)

1. Voir S. Roux, *La recherche du principe chez Platon, Aristote et Plotin*, Paris, Vrin, 2004, p. 69.

2. Voir S. Delcomminette, *Le Philèbe de Platon, Introduction à l'agathologie platonicienne*, Leiden, Brill, 2006, p. 2. Sur la continuité entre l'Idée du bien dans la *République* et les interrogations socratiques, voir aussi C. Kahn, *Plato and the Socratic Dialogue*, p. 62 et T. Penner, « La forme du bien et le bien de l'homme : quelques problèmes d'interprétation du passage 504c-509c de la *République* », dans M. Dixsaut (dir.) (avec la collaboration de F. Teisserenc), *Études sur la République, 2. De la science, du bien et des mythes*, Paris, Vrin, 2005, p. 193-195.

3. Voir la synthèse du débat chez les tenants de l'interprétation ésotériste par M.-D. Richard, *L'enseignement oral de Platon : une nouvelle interprétation du platonisme*, Paris, Cerf, 2005, p. 72-76.

En suivant cette déclaration, on distinguera donc les raisons pour lesquelles poser l'existence d'une Idée du bien revient à « parler d'une manière dialectique et vide » – moment de la critique que nous qualifierons de théorique –, pour ensuite voir que, même en concédant l'existence de cette Idée, on obtient quelque chose d'inutile au bonheur et à l'action – volet de la critique que nous qualifierons de pratique.

LA CRITIQUE DU BIEN PLATONICIEN

Critiques théoriques (*EN* I 4)

Par critique théorique, il faut donc d'abord entendre la critique du bien en tant qu'Idée qu'Aristote rattache lui-même à un autre type de discours que le discours éthique (cf. *EE* I 8, 1217b16-19). Le bien n'échappe pas en effet aux problèmes que pose plus généralement la métaphysique platonicienne[1]. Ce n'est pas simplement cette Idée, si exceptionnelle soit-elle, qui est dialectique et vide, mais toute position d'Idée en général[2]. La critique théorique du bien comporte divers arguments détaillant les impossibilités ou difficultés relatives à la position d'une telle Idée – cinq dans l'*Éthique à Nicomaque* auxquels s'ajoutent les critiques supplémentaires de l'*Éthique à Eudème*. On en distinguera deux moments, le premier stigmatisant l'incompatibilité ontologique du bien avec les caractéristiques propres aux Idées platoniciennes, le second son inutilité théorique, quand bien même on passerait outre cette impossibilité.

Impossibilité de l'Idée

Le premier volet de la critique théorique montre que les propriétés du bien viennent contredire certains des réquisits de l'Idée platonicienne. La critique aristotélicienne est menée depuis l'intérieur d'une théorie dont ses années passées à l'Académie lui ont permis de connaître les ressorts mais aussi de découvrir les faiblesses[3]. Si l'on se fie à ce qu'Aristote nous en dit dans ce chapitre, pour les

1. Pour une présentation succincte et claire des critiques aristotéliciennes faites à l'ontologie platonicienne, voir D. Lefebvre, « Aristote, lecteur de Platon », dans M. Dixsaut, A. Castel-Bouchouchi & G. Kévorkian (dir.), *Lectures de Platon*, Paris, Ellipses, 2013, p. 300-320.

2. Comme le souligne G. Aubry, c'est « avant tout l'Idée, c'est-à-dire le Bien posé comme un universel, conçu καθόλου » qui est soumise à l'examen (*Dieu sans la puissance,* p. 37), même s'il est vrai que le bien pose de plus des problèmes particuliers en raison du caractère transgénérique qu'il partage avec l'un et l'être.

3. Comme il le déclare sans ambages en *Métaph.* A 9, 990b8-9 : « De tous les moyens par lesquels nous démontrons [δείκνυμεν] qu'il existe des Idées, aucun n'est manifeste. » D. Frede (« The Doctrine of Forms under critique – Part I », p. 269-270) signale que cette leçon à la première personne du pluriel est majoritaire dans les manuscrits (contre δείκνυται) et se poursuit dans le reste du chapitre comme dans les suivants (989b18, 997b3, 1079b4, 1091a32). Le

Platoniciens il y aurait donc Idée de ce qui fait l'objet d'une seule science, en excluant ce qui comporte antériorité et postériorité[1]. Une Idée au sens platonicien est d'abord quelque chose d'un et de commun aux choses qui en participent (cf. *Rép.* X, 596a5-7). Or ce sont précisément ces deux caractères (unité et communauté génériques) qui posent problème dès lors qu'on tente de les appliquer au bien.

(a) Ceux qui ont introduit cette opinion ne formaient pas d'Idées dans les choses où ils utilisaient les termes d'antérieur et de postérieur, raison précise pour laquelle ils n'ont pas non plus forgé d'Idée des nombres ; or le bien se dit selon la catégorie de la substance, selon celle de la qualité, selon celle du relatif, et le « par soi » et la substance sont antérieurs par nature au relatif (car ce dernier ressemble à un rejeton et un accident de l'être). Par conséquent, il ne saurait y avoir d'Idée commune s'appliquant à tout cela [ὥστ' οὐκ ἂν εἴη κοινή τις ἐπὶ τούτοις ἰδέα]. (b) De plus, puisque le bien se dit en autant de sens que l'être [τἀγαθὸν ἰσαχῶς] (en effet, il se dit dans la catégorie de la substance, comme pour le dieu et l'intelligence [οἷον ὁ θεὸς καὶ ὁ νοῦς], dans celle de la qualité pour les vertus, dans celle de la quantité pour la mesure, dans celle du relatif pour l'utile, dans celle du temps pour le moment opportun, dans celle du lieu pour l'habitat et ainsi de suite), il est clair qu'il ne saurait être quelque chose de commun, d'universel et d'un [κοινόν τι καθόλου καὶ ἕν] car il ne se dirait pas selon toutes les catégories, mais selon une seule. (c) En outre, puisque des choses qui sont selon une seule Idée, il n'y a aussi qu'une seule science [ἐπεὶ τῶν κατὰ μίαν ἰδέαν μία καὶ ἐπιστήμη], de tous les biens sans exception, il n'y aurait aussi qu'une seule science : en réalité il y en a de multiples, même au sein d'une seule catégorie. Par exemple pour la science du moment opportun, dans le domaine de la guerre, c'est la stratégie tandis que dans celui de la maladie, c'est la médecine, et pour la science de la mesure, dans le domaine de la nourriture, c'est la médecine mais dans celui des efforts physiques, c'est la gymnastique. (*EN* I 4, 1096a17-34)

Au nom de l'argument (a) de l'antérieur et du postérieur – *EN* I 4, 1096a17-23 et son pendant en *EE* I 8, 1218a1-9 –, le bien ne saurait être une Idée puisque le terme de bien s'applique à des choses qui comportent antériorité et postériorité. En effet, il peut venir qualifier une substance (le dieu ou, voire c'est-à-dire, l'intelligence[2]), aussi bien qu'un relatif (l'utile à quelque chose). Autrement dit, il s'applique à ce qui est antérieur, comme la substance – première des catégories par rapport à laquelle se font les autres prédications selon *Métaph.* Γ 2, 1003b5-12 et Z 1, 1028a13-20 – tout autant qu'à ce qui est postérieur, puisque l'existence comme la définition d'un relatif dépend nécessairement de ce à ce à quoi il est relatif. Ce premier argument implique donc directement le deuxième, celui de la

« nous » platonicien de ces lignes, remplacé au livre M par l'impersonnel δείκνυται (1079a5), est l'indice de cette proximité et distance par rapport aux « amis » de l'Académie. La thèse d'une critique interne des arguments en faveur des Idées est défendue, à propos du *Peri Idéôn*, par S. Mansion dans « La théorie des Idées dans le ΠΕΡΙ ΙΔΕΩΝ d'Aristote », *Études aristotéliciennes : recueil d'articles*, p. 103-107.

1. Aristote attribute à Platon la distinction antérieur/postérieur en *Métaph.* Δ 11, 1019a1-4.

2. Sur « l'hendiadys virtuel » que constitue cette juxtaposition, voir A. Long, « Aristotle on *Eudaimonia*, *Nous* and divinity », *in* J. Miller (ed.), *Aristotle's Nicomachean Ethics. A Critical Guide*, Cambridge, C. U. P., 2011, p. 102. La traduction du terme νοῦς fait difficulté, Aristote l'utilisant pour désigner tantôt une faculté, tantôt son activité, tantôt une vertu. Nous avons choisi de traduire νοῦς par « intelligence » qui permet de recouvrir à peu près ces trois acceptions.

diversité catégorielle du bien évoquée en 1096a19-21 puis développée en 1096a24-27. Selon l'argument (b) de l'équivocité – *EN* I 4, 1096a23-28 et *EE* I 8, 1217b25-35 – le bien se dit donc selon les différentes catégories tout comme l'être[1]. De l'exigence épistémologique ayant cours dans l'Académie, défendant de poser une Idée (autrement dit un genre commun) de ce qui admet antériorité et postériorité[2], Aristote n'a aucun mal à faire un argument contre la position du bien comme Idée, en s'appuyant sur sa doctrine de la plurivocité catégorielle qui rend manifeste l'existence de tels rapports d'antériorité et de postériorité dans le cas du bien.

Enfin selon l'argument (c) tiré des sciences – *EN* I 4, 1096a29-34 et *EE* I 8, 1217b35-1218a1 –, l'existence d'une Idée du bien devrait impliquer l'unité de la science qui s'en occupe. Aristote, sans faire bien sûr d'une Idée l'objet de la science, serait néanmoins d'accord avec les Platoniciens pour accorder que toute science est définie par l'unité de son objet, étant science d'un genre un[3]. Or plusieurs sciences ont manifestement le bien pour objet, cette pluralité se retrouvant jusqu'au sein d'une même catégorie : la médecine et la stratégie traitent du bien selon le temps, la médecine et la gymnastique du bien selon la quantité. L'absence de science unique du bien aurait donc dû constituer pour un Platonicien conséquent une preuve suffisante de l'absence de son prétendu objet, ce bien unique posé comme Idée.

Que le bien se dise en plusieurs sens implique donc qu'il ne saurait en exister un genre ni une science uniques et que les différentes disciplines s'y rapportant ne sont pas à comprendre comme des parties d'une même science. Il n'y a pas plus de science du bien qu'il n'y a de science unique de l'être, comme le souligne l'affirmation, par ailleurs problématique, d'*Éthique à Eudème* I 8[4]. La philosophie

1. Cf. *Métaph.* Γ 2, 1003a33-b6 ; Δ 7, 1017a24-25.

2. Vraisemblablement dans le but d'éviter des paradoxes tel celui du « troisième homme », comme le souligne M. Pakaluk, *Aristotle's Nicomachean Ethics. An Introduction*, Cambridge, C. U. P., 2005, p. 63-64.

3. Cf. *Sec. An.* I 28 ; *Métaph.* Γ 2, 1003b19-21. La recherche d'un objet un et spécifique qui permette de définir une science ou une technique et d'en attester la légitimité est récurrente dans les dialogues de Platon, par exemple au début du *Gorgias*. Sur ce point, voir A. Macé, *L'Atelier de l'invisible. Apprendre à philosopher avec Platon*, Alfortville, Ère, 2010, p. 23. Par ailleurs le témoignage du *Peri Ideôn* (cité par Alexandre d'Aphrodise, *In Metaph.* 79.3-19, fragment 3 des *Aristotelis Fragmenta Selecta*, ΠΕΡΙ ΙΔΕΩΝ, rec. W. D. Ross, OCT, [1955] 1987, p. 122-123) indique que les Platoniciens voyaient dans la chose « une et identique [ἕν τι καὶ τὸ αὐτὸ] » visée respectivement par chaque science ou technique un argument en faveur des Idées. Aristote critique cet argument en montrant qu'il sert tout au plus à montrer que les objets des sciences ne sont pas les particuliers sensibles mais l'universel dont il n'est nul besoin de faire une Idée séparée.

4. Cf. *EE* I 8, 1217b33-35 : « De même donc que l'être n'est pas quelque chose d'un rassemblant les choses dites [οὐδὲ τὸ ὂν ἕν τί ἐστι περὶ τὰ εἰρημένα], de même en va-t-il pour le bien, et il n'y a pas de science unique ni de l'être ni du bien [οὐδὲ ἐπιστήμη ἐστὶ μία οὔτε τοῦ ὄντος οὔτε τοῦ ἀγαθοῦ] », en suivant le texte édité par R. R. Walzer et J. M. Minglay

première ne saurait en effet prétendre à ce titre, elle qui a pour propre d'étudier, non pas l'être sous l'un de ses aspects comme le font les sciences particulières ou l'être comme un genre, mais l'être *en tant qu'être* (cf. *Métaph.* Γ 1-2). L'insistance au premier chapitre de l'*Éthique à Nicomaque* sur la diversité des fins en nombre et en valeur – et celle des sciences et des techniques qui en est le corollaire – doit prémunir contre la tentation de réduire de force cette pluralité à l'univocité. Le geste y est similaire à celui de *Métaphysique* Γ 1 où le fait que les diverses sciences aient toutes en un sens affaire à de l'être ne constitue pas un argument en faveur d'une science de l'être générique dont les autres seraient les branches spécifiques, mais une invitation à rechercher une science de l'être *en tant qu'être*, vers laquelle toutes les autres font signe sans pour autant s'y résorber. De même, dans le cas du bien, que les diverses activités humaines, en particulier les sciences et les techniques, soient toutes orientées vers une fin, c'est-à-dire un bien, constitue une incitation à découvrir ce qui pourrait unifier ces fins sans que cette unification soit synonyme de réduction. La science politique, dont on sait pourtant depuis le premier chapitre qu'elle organise et supervise la diversité des sciences placées sous sa dépendance, ne sera pas non plus une science unique du bien. Son statut architectonique ne fait pas d'elle une science pratique universelle dont les autres ne seraient que des parties[1].

Ces trois premiers arguments convergent vers l'affirmation que le bien « ne saurait être quelque chose de commun, d'universel et d'un » (1096a28), qui sont les trois caractéristiques du genre, et les conditions que le bien échoue à remplir.

(OCT, 1991) en 1217b34 (τὸ ὄν, l'article étant omis dans certains manuscrits). Comme le font F. Dirlmeier (*Aristoteles. Eudemische Ethik*, Berlin, Akademie Verlag, 1969) et M. Woods (*Aristotle. Eudemian Ethics. Books* I, II & VIII, translated with a commentary by M. W., Oxford, Clarendon Press, 1992), on garde ici le περί de la plupart des manuscrits parfois corrigé en παρά donné par un seul manuscrit tardif, auquel cas il faudrait comprendre que l'être n'est pas quelque chose d'un « au-delà » de ce qui se dit selon les catégories. La correction est tentante au vu de *Métaph.* I 2, 1053b18 et du *Peri Idéôn*, 79. 7 (voir V. Décarie, *Aristote. Éthique à Eudème*, traduction et notes par V. D., Paris, Vrin, [1978] 1997, n. 93 p. 70). Sur le sens de ces lignes et leur compatibilité avec l'entreprise de la *Métaphysique*, voir P. Aubenque, *Le problème de l'être chez Aristote. Essai sur la problématique aristotélicienne*, Paris, PUF, 1962, p. 207 et E. Berti : « La distinction entre les fins, comme la distinction entre les catégories, a seulement pour but la réfutation de la conception académique de l'univocité, sans exclure cependant une autre sorte d'unité, telle que pourrait être celle du *focal meaning* », « Unité et multiplicité du bien selon *EE* I, 8 », *in* P. Moraux & D. Harlfinger (ed.), *Untersuchungen zur Eudemischen Ethik*, Akten des 5. Symposium Aristotelicum, Berlin, de Gruyter, 1971, p. 166.

1. On pourrait, en effet, se demander si le caractère architectonique de la politique peut la faire prétendre au titre de science du bien en tant que bien, à l'instar de ce qui existe pour l'être en tant qu'être. Elle n'est pourtant jamais présentée comme telle par Aristote, et cela sans doute parce que le bien qu'elle a pour objet ne saurait avoir le caractère transgénérique qui est celui de l'être, mais se trouve déterminé par son sujet, puisqu'il s'agit du bien humain. C'est d'ailleurs un des arguments avancés dans les *Magna Moralia* (1182b28-1183a24) contre l'idée que la politique pourrait être la science du bien comme commun.

Si le bien, pas plus que l'être ou l'un, n'est un genre[1] et qu'il n'y a d'Idée que d'un genre commun, il y a donc de bonnes raisons, dont certaines sont tirées de l'épistémologie des Platoniciens eux-mêmes, de ne pas poser le bien comme une Idée[2].

Inutilité théorique de l'Idée

Le premier axe de la critique a donc consisté à montrer qu'il y a incompatibilité entre certaines des exigences platoniciennes relatives aux Idées (1096a17-18, a29-30) et les caractères du bien, en raison notamment de son absence d'unité générique. Le second axe de la critique théorique se concentrera plutôt sur l'inutilité de la position d'une telle Idée, en vertu du double caractère, en soi et séparé, de toute Idée. Même en en concédant provisoirement à l'adversaire la possibilité, il n'en reste pas moins que le mode d'être de l'Idée la rend impuissante à rejoindre la multiplicité des existences sensibles qui s'y rapportent, la condamnant à la stérilité. Ce deuxième axe de la critique retrouve les difficultés classiques de la séparation et de la participation examinées aux livres A et M de la *Métaphysique*. Aussi Aristote nous renverra-t-il par deux fois (1096b7-8 et b29-31) à cet autre type de recherches.

On serait bien en peine (d) de savoir ce qu'ils peuvent bien vouloir dire par le « chaque chose en soi » [αὐτοέκαστον] puisque l'homme en soi et l'homme répondent à une seule et même définition de l'homme. En effet, considérés en tant qu'hommes, ils ne différeront en rien et s'il en va ainsi, cela ne sera pas non plus le cas pour le bien. D'ailleurs, ce n'est pas non plus par le fait d'être éternel que le bien en sera plus bien, s'il est vrai que le blanc n'est pas plus blanc quand il dure longtemps que quand il est éphémère. (*EN* I 4, 1096a34-b5)

À cette supposée Idée du bien, Aristote objecte d'abord (d) la vanité de son caractère « en soi » (1096a34-b7 et *EE* I 8, 1218a13-18). L'homme en soi et l'homme tout court relevant de la même définition, s'il y a stricte synonymie entre la réalité en soi et la réalité sensible qui y fait référence, l'Idée n'est plus qu'un double inutile du réel, qui tombe sous le coup de l'argument contre l'en soi des platoniciens développé dans la quatrième aporie du livre B de la *Métaphysique*[3]. Le « en soi » n'ajoute rien à la chose qu'il vient qualifier, si ce n'est l'éternité qui n'est jamais qu'une durée illimitée, autrement dit une adjonction quantitative plutôt que qualitative.

Le reproche suivant (e) recoupe certaines des difficultés nées de la participation. Comment articuler l'Idée et ce qui en participe, en l'occurrence les biens en

1. Cf. *Métaph.* B 3, 998b22 ; *Sec. An.* II 7, 92b14.

2. Voir L. Robin, *La théorie platonicienne des idées et des nombres*, § 77, p. 171.

3. Cf. *Métaph.* B 2, 997b8-12 : « Quand ils soutiennent en effet qu'il existe un homme en soi, un cheval en soi, et une santé en soi sans rien dire de plus, ils font un peu comme ceux qui disent qu'il y a des dieux, mais qui ont forme humaine. Ces derniers n'en faisaient pas autre chose que des hommes éternels, et de même les premiers avec leurs Idées [τὰ εἴδη] ne forgent que des êtres sensibles éternels. »

soi ? Même en adoptant le cas de figure le moins défavorable à l'hypothèse platonicienne, c'est-à-dire en ne faisant participer à l'Idée que les biens en soi, à l'exclusion des biens instrumentaux qui sont poursuivis pour autre chose qu'eux-mêmes (1096b14-16), la difficulté rencontrée n'en est pas moins réelle. L'alternative est alors la suivante.

(e) Quel genre de choses posera-t-on comme biens en soi ? Toutes celles qui sont poursuivies pour elles-mêmes, par exemple le fait d'être sensé, de voir, certains plaisirs et les honneurs ? Ces choses-là en effet, même si nous les poursuivons à cause de quelque chose d'autre, on les posera quand même parmi les biens en soi. Ou bien n'en y aura-t-il d'autre que l'Idée, auquel cas cette Forme sera vide ? Mais si ces biens aussi font partie de ce qui est en soi, il faudra faire apparaître la définition du bien qui est la même dans tous, comme la définition du blanc dans le cas de la neige et de la céruse. Les définitions de l'honneur, de la sagesse, du plaisir [τιμῆς δὲ καὶ φρονήσεως καὶ ἡδονῆς] diffèrent et se distinguent les unes des autres en tant que biens. En conséquence, il n'est pas possible que le bien soit quelque chose de commun selon une Idée unique [οὐκ ἔστιν ἄρα τὸ ἀγαθὸν κοινόν τι κατὰ μίαν ἰδέαν]. (*EN* I 4, 1096b16-21)

Ou bien on limite le titre de « bien en soi » à l'Idée du bien au motif que celle-ci implique une différence de nature avec ce qui en participe, auquel cas on se demande quel pourrait bien en être le contenu en dehors de ce qui est traditionnellement et légitimement reconnu comme bien en soi[1]. Au nom de la séparation entre le participé et ce qui en participe, on risque alors de se retrouver avec un participé qui n'est plus qu'une coquille vide[2]. Ou bien au contraire on fait participer tous ces traditionnels biens en soi à l'Idée, auquel cas il reste à leur trouver un caractère commun. Cela s'avère malheureusement impossible puisque les biens en question ne sont justement pas synonymes, ne répondant pas à la même définition (1096b21-25). Voilà qui démontre une nouvelle fois la vanité théorique de cette Idée du bien et rejoint les conclusions précédentes, à savoir que la diversité du bien récuse toute unité générique.

La conclusion de cette critique métaphysique menée en *Éthique à Nicomaque* I 4 est qu'il faut chercher un autre mode d'unité pour le bien que celle censément conférée par l'Idée (1096b28-30). Aristote évoque rapidement d'autres possibilités : la dérivation des biens à partir d'un bien unique ou encore la tension des biens

1. Voir la liste des biens voulus pour eux-mêmes ou pour eux-mêmes et pour leurs conséquences établie par Glaucon en *République* II, 357b-c et reprise ici, avec quelques modifications (ajout de l'honneur, retrait de la santé), par Aristote.

2. Cf. *EE* I 8, 1218a8-11 : « Ou bien il se trouve que le commun est l'Idée [τὸ κοινὸν εἶναι τὴν ἰδέαν], par exemple si on fait du commun quelque chose de séparé [χωριστόν]. En effet, si la justice est un bien, et le courage aussi, c'est donc, disent-ils, qu'il existe un bien en soi [αὐτό τι ἀγαθόν]. Le "en soi" s'ajoute par conséquent à la définition commune ; et que serait-il sinon quelque chose d'éternel et de séparé ? » Ces difficultés nées de la séparation ou du caractère en soi des Formes sont loin d'être dissimulées par Platon lui-même : elles sont souvent présentées sous la forme d'apories touchant l'un et le multiple. Voir notamment *Parménide* 129c-131b et *Philèbe* 14c-16a où, après avoir récusé les disputes familières et faciles que les sophistes tirent des contradictions du sensible, Socrate aborde le véritable problème de l'un et du multiple.

en direction de ce dernier (1096b27-28)[1]. Cette tension de tous les biens vers un seul semble explicitement révoquée dans le chapitre I 8 de l'*Éthique à Eudème* (1218b25-32) où c'est un mode d'unité plus proche de l'analogie qui est opposé à la tension de tous les biens vers l'un. Cette unité analogique éliminerait le caractère purement extrinsèque de l'homonymie accidentelle (cf. *EN* I 4, 1096b26-27) sans retomber dans les difficultés de la communauté générique. Cependant cette esquisse de solution n'est pas davantage développée au motif qu'elle excède le domaine de la recherche proprement éthique. Aristote ne se prononce pas sur le mode d'unité du bien dans ce chapitre dont la vocation est d'abord dialectique, ni plus largement dans les *Éthiques*. Cette vocation critique n'est d'ailleurs pas encore arrivée à son terme car les reproches à l'encontre de l'Idée du bien sont loin d'être épuisés. Il convient de mentionner une objection supplémentaire, qu'on trouve seulement dans l'*Éthique à Eudème*, se rattachant à ce volet de la critique que nous avons qualifié de théorique.

Outre qu'elle présente les arguments dans un ordre un peu différent, la critique eudémienne comprend également quelques variations par rapport au pendant nicomachéen. Aristote y critique successivement le bien comme Idée et le bien comme commun comme s'il s'agissait de deux thèses non exactement superposables[2], alors que l'*Éthique à Nicomaque* mène la critique du bien commun de front avec celle de l'Idée, cible principale de ce moment polémique. Le chapitre I 8 de l'*Éthique à Eudème* comporte par ailleurs une critique de méthode visant d'une part l'obscurité du point de départ, d'autre part le caractère métaphorique de telles démonstrations, ce dont l'*Éthique à Nicomaque* ne contient pas d'équivalent.

> C'est aussi bien téméraire de démontrer que l'un est le bien en soi [τὸ ἓν αὐτὸ τὸ ἀγαθόν] en disant que les nombres tendent vers lui car on n'explique pas clairement comment ils y

1. À la suite de L. Robin, J. Tricot (*EN*, Vrin, n. 9 p. 51-53) considère que ces deux premières possibilités (dérivation et tension) sont en réalité la position retenue par Aristote, au motif que le bien se dit comme l'être en plusieurs sens, et que cette tension vers un bien unique équivaudrait à l'unité focale (πρὸς ἓν) des sens de l'être. L'*Éthique à Eudème* I 8 qui critique explicitement ce mode d'unité, au moins lorsqu'il s'appuie sur la tension des nombres vers l'un, permet néanmoins d'en douter. La pluralité sémantique est mobilisée comme un argument critique plutôt que comme une détermination positive du bien humain. On ne trouve en effet, à l'exception d'un passage problématique d'*EE* VII 2 (1236a17-21), aucune trace positive dans les *Éthiques* d'une unité πρὸς ἓν du bien, autrement dit aucun équivalent de *Métaphysique* Γ 2 et Z 1 pour l'être.

2. Cf. *EE* I 8, 1218b7-9 cité *infra* p. 38. Selon J. Brunschwig, « après avoir annoncé qu'il existait trois opinions sur l'ἄριστον (1217b2), c'est en fait à trois thèses concernant l'αὐτὸ τὸ ἀγαθόν qu'il consacre son chapitre (cf. 1218b7-11). On peut en effet identifier l'αὐτὸ τὸ ἀγαθόν, soit à l'idée du bien (ἡ ἰδέα τοῦ ἀγαθοῦ), soit au bien comme attribut commun (non « séparé ») des choses bonnes (τὸ κοινὸν ἀγαθόν), soit au bien comme fin des activités humaines (τὸ οὗ ἕνεκα ὡς, τέλος τὸ τέλος τῶν ἀνθρώπῳ πρακτῶν). Aristote ne précise pas l'identité des partisans de ces diverses thèses. Il critique les deux premières, avec une ampleur très inégale, et s'affirme en faveur de la troisième », « *EE* I 8, 1218a15-32 et le ΠΕΡΙ ΤΑΓΑΘΟΥ », *Untersuchungen zur Eudemischen Ethik*, p. 203.

tendent. (…) Quant à dire que tous les êtres tendent vers un seul bien, ce n'est pas vrai car chacun désire son bien propre [ἕκαστον γὰρ ἰδίου ἀγαθοῦ ὀρέγεται] : l'œil la vision, le corps la santé, et ainsi de suite. (*EE* I 8, 1218a25-32)

Cette critique de méthode débouche sur une dernière différence, qui est aussi la plus fondamentale, entre les deux textes. Elle tient dans l'allusion à la doctrine du bien identifié à l'un. Cette doctrine, dont on ne trouve guère de traces évidentes[1] dans les dialogues de Platon, évoque cependant inévitablement le témoignage d'Aristoxène de Tarente sur la mémorable leçon platonicienne sur le bien[2], dont Aristote ne se serait pas privé de rappeler le souvenir.

C'est ce dont ont fait l'expérience la plupart de ceux qui étaient venus écouter la leçon de Platon sur le bien, comme Aristote le racontait sans cesse : chacun était venu dans l'idée qu'il allait apprendre quelque chose sur ce qui est tenu pour des biens humains, à savoir la richesse, la santé, la force physique, bref quelque merveilleux bonheur ; mais lorsque sont apparus les discours sur les mathématiques, les nombres, la géométrie, l'astronomie, avec la conclusion que le bien est l'un [ἀγαθόν ἐστιν ἕν], cela leur parut à mon avis complètement paradoxal, suite à quoi les uns furent pleins de dédain pour la chose, les autres de blâme[3].

La reconstruction précise par J. Brunschwig de la critique du bien comme un en 1218a15-32 montre par ailleurs qu'il y a de bonnes raisons d'y voir une allusion précise au *Peri Tagathou*, c'est-à-dire à la leçon platonicienne sur le bien[4]. Le texte de l'*Éthique à Eudème*, avec *Métaphysique* N 4 (1091b2-4, 12-14), serait donc le seul à critiquer ouvertement la doctrine platonicienne de l'Un Bien, même si dans aucun de ces deux textes Platon n'est explicitement nommé. Cette allusion à l'identification du bien à l'un est en effet absente de l'*Éthique à Nicomaque* I 4[5] à moins d'en voir une trace dans l'allusion elliptique aux Pythagoriciens suivis par Speusippe (1096b5-8), ou dans la discussion bien vite refermée du mode d'unité du bien (1096b27-30), deux endroits où la question est rapidement éludée au motif qu'elle excède la compétence et la finalité du discours éthique. Faute de texte platonicien auquel rattacher de source sûre ce volet de la critique aristotélicienne, on se contentera de relever cette singularité de *l'Éthique*

1. Seul le *Philèbe* présentant la dialectique à partir des principes de la monade et de la dyade indéfinie pourrait à la rigueur prétendre à l'illustration de cette thèse.

2. Il n'y a aucune raison de mettre en doute ce témoignage d'Aristoxène. Voir K. Gaiser, « Plato's Enigmatic Lecture 'On the Good' », *Phronesis*, 25 (1), 1980, p. 15.

3. Aristoxène, *Éléments d'harmonique*, II, 20.16-31.3 (Macran), *in Aristotelis Fragmenta Selecta*, ΠΕΡΙ ΤΑΓΑΘΟΥ Testimonia, OCT, p. 111.

4. Voir aussi G. Aubry, *Dieu sans la puissance*, p. 39. M. Burnyeat dans « Platonism and Mathematics : a Prelude to Discussion », *in* A. Graeser (ed.), *Mathematics and Metaphysics in Aristotle/Mathematik und Metaphysik bei Aristoteles* (Akten des X Symposium Aristotelicum 1984), Berne, Haupt, 1987, p. 233 *sq.*, suggère de voir dans cette leçon sur le bien l'inauguration du programme de recherche mathématique annoncé dans la *République*.

5. On peut s'interroger sur les raisons de cette absence. Nous serions tentés, sans y voir une solution au problème, d'expliquer ce décalage par la destination de l'*Éthique à Eudème* que certains estiment adressée à un public plus philosophe que celui de l'*Éthique à Nicomaque*, laquelle est plus souvent vue comme un ouvrage destiné à un public large, comprenant également de futurs législateurs.

à Eudème sans entrer dans le dossier difficile et controversé des doctrines non écrites, pour en venir à un terrain plus sûr et plus décisif pour notre enquête, celui de la critique pratique.

La critique pratique (*EN* I 4)

Quand bien même, en effet, il y aurait un bien attribué en commun qui soit quelque chose d'un ou qui existe séparément et en soi [χωριστὸν αὐτό τι καθ' αὑτό], il est évident qu'il ne serait ni objet d'action ni accessible à l'homme [οὐκ ἂν εἴη πρακτὸν οὐδὲ κτητὸν ἀνθρώπῳ] alors qu'en réalité c'est là ce qu'on recherche. (*EN* I 4, 1096b32-35)

Dans un mouvement typique de la dialectique aristotélicienne, l'hypothèse de l'adversaire se voit provisoirement accordée, pour mieux faire apparaître ensuite, au-delà des inconsistances du principe, les difficultés qu'elle engendre[1]. Vacuité théorique et vanité pratique de l'Idée du bien ne sont pas indépendantes : la séparation, dont les difficultés viennent d'être soulignées au niveau de la théorie, n'est pas sans conséquence au niveau de la pratique. Ce volet pratique de la critique, pour être moins développé que le volet métaphysique, n'en est pas moins essentiel car il débouche sur une contrepartie positive, en précisant les critères que doit remplir ce bien recherché dont on sait depuis les premières lignes de l'*Éthique à Nicomaque* qu'il est à l'horizon de toutes les pratiques humaines, quelle qu'en soit la forme. Si le bien recherché est celui qui nous fait agir, il faut donc qu'il soit à la portée de notre action.

Pourquoi le bien platonicien n'est pas accessible

En affirmant que le bien entendu comme en soi et séparé n'est pas accessible à l'homme, Aristote lui dénie précisément la fonction que lui assignait Socrate en *République* VI où, reprenant une idée familière aux dialogues dits socratiques[2], Socrate donne enfin un contenu à cette connaissance qui fait la valeur des biens possédés et dont la teneur était demeurée jusqu'alors cachée. Seule la connaissance de l'Idée du bien confère à ce qui est traditionnellement reconnu comme bon son utilité ; sans elle toute possession s'avère vaine, nulle et non avenue : c'est effectivement la seule chose pour laquelle nul n'est prêt à se contenter d'une apparence mais réclame sa possession effective (cf. *Rép*. VI, 505a-d). Le bonheur dépend en effet de la possession du bien, et l'aspiration au bonheur se confond avec le désir de cette possession (cf. *Banquet* 204e-205a). Le problème pour

1. Ce geste se retrouve notamment dans la critique des théories politiques platoniciennes au livre II de la *Politique* : Aristote commence par critiquer l'« hypothèse de base » selon laquelle la cité doit avoir la plus grande unité possible (II 2), pour montrer ensuite que même sur la base de ce principe dont il récuse la validité, le projet platonicien n'est pas réalisable (II 3-5).

2. Cf. *Ménon* 87d-89d ; *Euthydème* 278e-281e.

Aristote, c'est qu'en faisant du bien en soi une Idée séparée[1], on rend impossible cette possession dont on a pourtant clamé, et dont lui-même s'accorde à reconnaître, le caractère primordial (cf. *EN* I 1, 1094a22-26). On peut cependant s'étonner non seulement qu'Aristote dénie à l'Idée platonicienne du bien sa fonction, – à savoir d'être ce dont la possession est l'objet d'une universelle aspiration et la source de toute valeur –, mais plus encore qu'il ignore la proposition du *Philèbe* qui reprend la question du bien ouverte en *République* VI du point de vue du bien humain, capable de nous procurer le bonheur. Pourquoi Aristote discute-t-il les thèses de la *République* plutôt que la réponse du *Philèbe* ? Ce fait est d'autant plus troublant que cette réponse, on le verra, n'est certainement pas inconnue de lui : les critères du souverain bien qu'il avance témoignent au contraire de sa lecture attentive du dialogue.

Resterait enfin une dernière chance de « sauver » ce bien commun et idéal auquel Aristote reproche son inaccessibilité. S'il s'agit d'une Idée, c'est-à-dire d'un objet de connaissance, ne serait-il pas possible de concevoir sa possession sur un mode qui n'exclue pas une certaine transcendance, celui de la contemplation, comme l'expose justement Socrate au livre VII de la *République* (517b-c) ? Si l'Idée du bien est ce qui doit être connu avant toute chose, sous peine de priver de sens et d'efficience toute connaissance et toute pratique, elle pourrait aider à l'action en tant que paradigme. C'est à ce titre qu'elle est censée guider l'action éthique et politique des philosophes gouvernants (*Rép.* VII, 540a-b), de la même façon que l'artisan fabriquera un objet les yeux fixés sur l'Idée (*Rép.* X, 596b). Pourtant cette utilité politique lui est justement contestée par Aristote dans l'*Éthique à Eudème*.

> [Ce bien en soi] est inutile à la politique qui vise au contraire un bien propre, à l'instar de tous les autres arts : par exemple, pour la gymnastique, c'est la bonne constitution. (*EE* I 8, 1218a34-35)

En effet, la réalité des activités humaines, scientifiques et techniques, offre selon lui un indéniable démenti à ce supposé paradigme, en dépit de la description que donne *République* X de la production artisanale[2]. Pas plus qu'en métaphysique la position des Idées n'apporte de réponse satisfaisante aux problèmes de la génération des sensibles[3], l'existence d'une Idée du bien ne rend-elle compte de la production des biens par les différents arts et métiers. Sciences et techniques se passent en réalité fort bien d'une telle connaissance et le bien propre que vise

1. Le *Parménide* (133d-e) souligne déjà la difficulté inhérente à la participation qu'est le risque de l'ineffectivité de notre action sur le monde des Formes et réciproquement.

2. Voir aussi *Cratyle* 389a-390a.

3. Voir *Métaph.* A 9, 991a20-22 où paradigmatisme et participation se voient réduits à un langage aussi poétique que vain, dans une critique sans doute dirigée contre le démiurge du *Timée* dont l'action procède d'une semblable causalité paradigmatique.

chacune d'entre elles[1] explique sans difficulté cette omission : il est en effet doublement singularisé, par la discipline en question – la santé pour la médecine, la victoire pour la stratégie –, et par la matière même de son action – la santé de tel malade, la victoire dans telle bataille. À ce titre, la connaissance d'un bien général et unique ne contribue en rien à l'effectivité des pratiques. Ce reproche est le pendant pratique de ce que l'argument tiré des sciences a souligné au niveau théorique. De même que le constat de la pluralité des sciences ayant le bien pour objet permettait de révoquer la conception d'un bien unique et en soi, de même la pluralité des biens effectivement réalisés par ces sciences dément-elle encore une fois l'hypothèse que l'Idée du bien serait la fin de nos actions, même à titre de paradigme.

Enfin, il reste une difficulté qui semble parfaitement ignorée par l'Idée platonicienne du bien, à savoir qu'une Idée s'offre avant tout à la connaissance, alors que la pensée n'est pas motrice par elle-même. Il faut à la pensée l'adjonction d'un désir pour qu'elle nous pousse à agir, ce qu'explique en détail le *De Anima* III 9-10 et que résume l'*Éthique à Nicomaque* d'une formule :

> La pensée par elle-même ne meut rien, si ce n'est la pensée qui est en vue d'une fin et qui a trait à l'action [διάνοια δ' αὐτὴ οὐθὲν κινεῖ, ἀλλ' ἡ ἕνεκά του καὶ πρακτική]. (*EN* VI 2, 1139a35-36)

Le bien, pour expliquer le mouvement des êtres – et l'action est un certain mouvement[2] –, doit être l'objet d'un désir[3]. Or c'est avant tout à une contemplation que s'offre le bien dans le livre VI de la *République*. Pas plus que les Idées en général n'étaient en mesure d'expliquer le changement et le mouvement des substances sensibles[4], la contemplation ne saurait rendre compte de la manière dont cette Idée pourrait guider une quelconque pratique. Ne pourrait-on pas alors objecter à Aristote que l'Idée platonicienne a elle aussi la propriété d'être un objet de désir s'il est vrai, d'après *République* VI, que le bien dont il est question sous

1. Cette pluralité des fins selon les techniques et les pratiques qui formait le constat liminaire de l'*Éthique à Nicomaque* (1094a8-10) sera mobilisée quelques lignes après la critique en vue d'élaborer une description positive du souverain bien en 1097a15-18.

2. Cf. *EE* II 6, 1222b28 ; *Métaph.* B 2, 996a27. Voir C. Natali, « Actions et mouvements », *L'action efficace. Études sur la philosophie de l'action d'Aristote*, Louvain-la-Neuve, Peeters, 2004, p. 151-157.

3. Cette condition nécessaire n'est d'ailleurs pas sans poser problème dès lors qu'on quitte la sphère éthique ou biologique du mouvement des animaux. Le chapitre 7 du livre Λ de la *Métaphysique* doit précisément y faire face lorsqu'il s'agit de comprendre comment le premier moteur peut mouvoir éternellement sans lui-même être mû, à titre de cause finale, autrement dit comme objet de désir.

4. Sur ce reproche récurrent aux Idées platoniciennes, cf. *Métaph.* A 9, 991a8-11 ; 991b3-9 ; 992a25-35 ; Λ 10 1075b27-28 ; M 5, 1079b12-15 ; *De la Génération et de la Corruption* II 9, 335b7-25.

les traits de l'Idée n'est autre que ce que tous les hommes recherchent dans la moindre de leurs actions[1] ?

Pourquoi le bien platonicien n'est pas moteur

L'étonnement qu'on peut ressentir est assez similaire à celui que suscite la lecture de *Métaphysique* A 7 (988b5-15) où l'on voit Aristote reprocher à ses prédécesseurs d'avoir manqué la cause finale. N'est-ce pas pourtant le programme du *Timée* de Platon, de Socrate dans le *Phédon* et avant lui d'Anaxagore ? Comme le souligne G. Aubry, si les prédécesseurs sont néanmoins passés à côté de la cause finale, c'est parce que la simple position du bien comme cause à la manière du *Phédon* et avant lui des physiologues est insuffisante pour rendre compte du mouvement des êtres : il faut montrer comment cette cause est cause[2]. L'Idée du bien n'échappera pas à un tel diagnostic : cette cause, même si on en concédait provisoirement l'existence à titre de cause formelle, sera de toute façon inapte à jouer le rôle de cause finale, autrement dit impuissante à susciter le désir. En effet, si la description donnée par Socrate est insatisfaisante, c'est qu'il ne suffit pas de conclure du fait que tout désir est désir du bien à celui que l'Idée du bien serait au principe de tout désir[3]. Socrate en *République* VI a beau dire que le bien est l'ultimement désirable, que nul ne serait prêt à se contenter de sa seule apparence, il ne va pas jusqu'au bout de cette exigence puisqu'il demeure difficile de concevoir qu'une Idée dont on a exacerbé la transcendance puisse être à l'origine d'un désir et d'une action. La critique de l'*Éthique à Eudème* I 8 explicitait la raison de cette insuffisance : si les nombres désirent l'un, ce n'est jamais qu'en un sens métaphorique. De même, ce n'est jamais qu'en un sens métaphorique et affaibli qu'on pourrait dire des hommes qu'ils désirent l'Idée du bien[4]. En réalité ce qui

1. Sur la double fonction de l'Idée du bien, voir W. Kühn, « La forme du bien, principe de motivation ou de savoir », *in* J. Dillon & M. Dixsaut (eds.), *Agonistes : Essays in honour of Denis O'Brien*, Aldershot, Ashgate, 2005, p. 74-106.

2. Voir G. Aubry, *Dieu sans la puissance*, p. 33-36 soulignant que cet étonnement est déjà exprimé par Alexandre d'Aphrodise (cf. *In Metaph.*, 59.28-60.2, *in Aristotelis Fragmenta Selecta*, ΠΕΡΙ ΤΑΓΑΘΟΥ 4 (R^2 25, R^3 30), OCT, p. 119). S. Menn (« Critique of Earlier Philosophers on the Good and the Causes », *Aristotle's Metaphysics Alpha*, p. 210-211) souligne que les prédécesseurs (Platon, Anaxagore et Empédocle) ont certes fait du bien un principe mais sans lui donner le statut de cause finale qui lui revient, se limitant à l'utiliser comme cause efficiente.

3. Sur la question de savoir si on peut identifier l'Idée du bien avec le bien désiré par tout homme, voir T. Penner, « La forme du bien et le bien de l'homme », p. 316-317 et T. Irwin, « Platon et le monisme de la raison pratique », M. Dixsaut (dir.) (avec la collaboration d'A. Larivée), *Études sur la République*, 1. *De la justice*, Paris, Vrin, 2005, p. 320-323.

4. Telle est précisément l'erreur dans laquelle la doctrine aristotélicienne du premier moteur essaiera de ne pas retomber. Comme le souligne G. Aubry, « le moteur immobile ne doit pas être compris comme la fin immédiate de l'action, ni non plus comme ce qui atteint cette fin, mais comme ce que visent les substances mobiles à travers leur fin propre. Celles-ci ne visent d'autres fins qu'elles-mêmes et atteignent cette fin immanente au moyen des différents mouvements

ressort du spectacle des actions humaines, c'est qu'on désire d'abord la fin de son action. Pour être véritablement cause, le bien ne peut être universel, l'universel ne pouvant être principe (cf. *Métaph.* Λ 5, 1071a18-24).

De la critique pratique de l'Idée se dégagent néanmoins deux caractéristiques positives du bien recherché : il doit être accessible à l'homme, et il n'a de sens qu'individué dans une pratique et dans un objet, autrement dit dans une action. Le critère du *prakton* sert ainsi à invalider l'hypothèse du bien comme Idée séparée ou même comme simplement commun.

> Il est donc manifeste que ce n'est ni l'Idée du bien [οὔτε ἡ ἰδέα τἀγαθοῦ] qui constitue le bien en soi que l'on recherche, ni le bien commun (car la première est immobile [ἀκίνητον] et n'est pas un objet pour l'action [οὐ πρακτόν[1]], et le second est mobile mais n'est pas un objet pour l'action). (*EE* I 8, 1218b7-9)

Le critère du *prakton*, cependant, ne remplit pas seulement une fonction de censure à l'égard d'une philosophie platonicienne accusée d'être allée trop loin dans son usage de principes transcendants. Si tel était le cas, l'éthique aristotélicienne courrait alors le risque de jeter le doute sur la possibilité de parvenir à un fondement, sous la forme du relativisme ou du scepticisme – conséquence prévisible d'une telle censure[2]. Ce concept joue également un rôle critique à la manière dont, chez Kant, la critique permet de déterminer les limites de l'usage d'un pouvoir. Le bien que nous recherchons, pour être principe de nos actions, doit se trouver dans les limites de l'action humaine : il doit être un *prakton*, c'est-à-dire un objet possible de notre action. Ici, ce ne sont pas les limites d'une faculté qui sont circonscrites, mais plutôt celle d'un principe – celui du bien – et de son domaine – celui de l'action humaine. Le critère du *prakton* dégage ainsi les conditions de possibilité du bien humain qui est l'objet de la recherche éthique[3], constituant la première pièce d'une construction positive. La manière dont il intervient à l'intérieur du livre I de l'*Éthique à Nicomaque* confirmera que ce

auxquels elles sont soumises, mais à travers cette fin, elles visent aussi l'éternité et la nécessité caractéristiques de la substance immobile », *Dieu sans la puissance*, p. 169.

1. La traduction du terme de *prakton* est délicate. On trouvera une revue des différentes traductions et objections à ces traductions dans F. Buddensiek, *Die Theorie des Glücks in Aristoteles' Eudemischer Ethik*, Göttingen, Vandenhoeck & Ruprecht, 1999, p. 73-74. Pour des raisons que nous avons exposées dans « L'action et son objet : le *prakton* dans l'*Éthique à Nicomaque* », *Revue de Philosophie Ancienne*, XXIX (2), 2011, p. 37-68 nous traduirons autant que possible par « objet d'action ».

2. Voir E. Kant, *Critique de la raison pure*, AK III, 497, A760/ B788, trad. fr. A. Renaut, Paris, Aubier, 1997, p. 632 : « On peut appeler *censure* de la raison un procédé de ce genre, consistant à soumettre les faits de la raison à l'examen et, le cas échéant, au blâme. Il est indubitable que cette censure conduit inévitablement au *doute* à l'égard de tout usage transcendant des principes. »

3. On pourrait interpréter dans le même sens le reproche récurrent d'Aristote à l'encontre des conceptions socratiques (cf. *EN* II 2, 1103b27 ; VI 13, 1143b28-29 ; *EE* I 5, 1216b9-10), à savoir qu'il importe moins de savoir ce qu'est être vertueux que de savoir comment on le devient, autrement dit quelles sont les conditions de possibilité du bien agir.

concept est bien loin de se limiter au contexte de cette réfutation locale. C'est cet espace du bien *prakton*, espace laissé vide par l'Idée du bien, que l'éthique aristotélicienne se doit de remplir. Si l'Idée du bien n'est pas opératoire, la fonction qu'elle occupait dans l'élucidation de la pratique conserve toute son importance dans l'éthique aristotélicienne. Quoiqu'il ne soit plus à concevoir sur le mode transcendant de l'Idée, le bien *prakton*, comme on va le voir à présent, continue d'être principe.

Le réquisit que l'Idée échoue à satisfaire, à savoir d'être un objet pour et de l'action humaine, constitue d'ores et déjà une indication sur le visage que doit avoir le bien recherché : c'est ce qui ressort de l'*Éthique à Eudème* où la critique pratique se trouve directement articulée à une détermination positive (quoique encore simplement formelle) du bien comme fin de ce qui est objet d'action pour l'homme (cf. *EE* I 8, 1218b11-12). Une fois qu'on en aura admis la restriction au champ de l'action humaine, le bien ainsi déterminé pourra, selon un procédé dialectique classique, réintégrer les différents caractères possédés par l'Idée du bien. Causalité et primauté sont les deux caractéristiques appartenant au bien en soi[1] que réunit l'Idée du bien de *République* VI, elle qui est éthiquement, épistémologiquement et ontologiquement première[2]. Comment la réponse aristotélicienne, à la recherche d'un bien *prakton*, pourra-t-elle surmonter ces déficiences pointées par les critiques précédentes tout en satisfaisant ce double réquisit de causalité et de primauté ? En quel sens ce bien est-il cause ? C'est ici que le critère du *prakton* révèle sa fécondité critique, en venant déterminer positivement le bien aristotélicien dont on sait d'ores et déjà qu'il doit être un bien pratique.

À la recherche d'un bien pratique

En effet, l'usage du *prakton* est loin de se limiter à ce seul contexte polémique : principalement employé dans les textes éthiques d'Aristote, on en trouve quelques occurrences dans la *Métaphysique* et surtout dans les traités de philosophie naturelle, principalement le *De Anima* et le traité *Du Mouvement des Animaux*. Les occurrences en *Métaphysique* inscrivent d'ores et déjà le *prakton* dans la sphère des êtres en mouvement, comme l'indique le texte célèbre d'E 1, repris littéralement en K 7 (1064a13).

> Puisque la science physique, elle aussi, se trouve porter sur un certain genre de l'être (en effet, elle porte sur le type de substance qui a en elle le principe du mouvement et du repos), il est clair qu'elle n'est ni pratique ni productive. En effet, les objets de la production ont leur principe dans leur producteur, qu'il s'agisse de l'intelligence, de l'art ou de quelque puissance [ἢ νοῦς ἢ τέχνη ἢ δύναμίς τις], tandis que les objets d'action ont leur principe dans l'agent [τῶν δὲ πρακτῶν ἐν τῷ πράττοντι] : il s'agit du choix [ἡ προαίρεσις] car l'objet d'action est

1. Cf. *EE* I 8, 1217b2-5.

2. Voir G. Santas, « The Form of the Good in Plato's *Republic* », *in* G. Fine (ed.), *Plato*, 1. *Metaphysics and Epistemology,* Oxford, O. U. P., 1999, p. 249.

identique à l'objet de choix [τὸ αὐτὸ γὰρ τὸ πρακτὸν καὶ προαιρετόν]. Par conséquent, si toute pensée est soit pratique soit productive soit théorétique [πᾶσα διάνοια ἢ πρακτικὴ ἢ ποιητικὴ ἢ θεωρητική], la physique sera une science théorétique. (*Métaph.* E 1, 1025b18-26)

Le premier chapitre de K[1], qui reformule la première aporie de B 2 (996a22-29), permet en outre d'affirmer que le bien *prakton* joue le rôle de cause finale pour les êtres en mouvement, justifiant par contraste la restriction de la philosophie première au domaine des êtres immobiles (cf. *Métaph.* K 1, 1059a34-37). Les textes de philosophie naturelle nous en disent un peu plus sur cette causalité finale en réfléchissant sur cette propriété d'automotricité qui est, avec la sensation, la caractéristique distinctive de certains animaux. Examinant quelle(s) faculté(s) ou fonction(s) de l'âme se trouve(nt) à l'origine du mouvement local, les chapitres 9 et 10 du *De Anima* III établissent que ce dernier ne doit pas être attribué à une faculté séparée : pensée et désir suffisent à en rendre raison. S'il est vrai que l'intelligence n'est pas motrice par elle-même, par ses seules forces[2], ce que l'expérience de l'incontinence (*akrasia*) suffirait à établir (432b29-433a3), le phénomène opposé de la maîtrise de soi tendrait à prouver qu'elle n'est pas non plus totalement impuissante (433a6-9). La pensée ne doit donc pas être dépossédée trop vite du rôle de faculté motrice.

Il semble que les deux meuvent, le désir ou l'intelligence [ἢ ὄρεξις ἢ νοῦς], si on pose que l'imagination [τὴν φαντασίαν] est une certaine intellection ; en effet, nombreux sont les gens qui, au lieu de la science, suivent leurs représentations [ταῖς φαντασίαις] et chez les autres animaux il n'y a ni intellection ni raisonnement, seulement l'imagination. Les deux sont donc aptes à mouvoir selon le lieu, intelligence et désir, mais il s'agit de l'intelligence qui calcule en vue d'une fin et qui a trait à l'action [νοῦς δὲ ὁ ἕνεκά του λογιζόμενος καὶ ὁ πρακτικός] ; cette dernière diffère de l'intelligence théorétique par la fin [τῷ τέλει]. (*DA* III 10, 433a9-15)

Cette fin susceptible de conférer à l'intelligence un pouvoir pratique, c'est-à-dire moteur, est constituée par le désirable (τὸ ὀρεκτόν). Et ce désirable,

c'est ou le bien ou le bien apparent [τὸ ἀγαθὸν ἢ τὸ φαινόμενον ἀγαθόν] : il ne s'agit pas de tout bien, mais du bien qui est objet d'action [τὸ πρακτὸν ἀγαθόν]. Est objet d'action [πρακτὸν] ce qui peut aussi être autrement. (*DA* III 10, 433a28-30)

La distinction entre bien réel et bien apparent, si importante soit-elle dans le domaine éthique, ne change rien ici au caractère de cause finale du bien, c'est-à-dire à sa puissance de motivation pour l'agent, animal ou humain[3]. Le bien

1. Il faut cependant signaler que l'authenticité du livre K est fortement mise en doute.

2. Cf. *DA* III 9, 432b27-29 : « En effet, l'intelligence théorétique [ὁ μὲν γὰρ θεωρητικὸς] n'examine rien qui soit objet d'action [πρακτόν] et ne dit rien sur ce qui est objet de fuite et de poursuite, alors que le mouvement est toujours mouvement de fuite ou de poursuite de quelque chose. »

3. Voir les deux textes parallèles de *Physique* II 3, 195a23-26 et *Métaph.* Δ 2, 1013b25-27. Le caractère apparent (c'est-à-dire illusoire) ou réel du bien qui est fin de l'action est fonction du type de désir (rationnel dans le cas de la *boulèsis*, irrationnel dans le cas de l'*epithumia*) dont il est l'objet (cf. *Métaph.* Λ 7, 1072a27-30) et de la qualité éthique de l'agent (cf. *EE* II 10, 1227a18-22). Pour une analyse extensive et profonde de la notion de bien apparent et de son rôle

qualifié de *prakton*, outre le fait qu'il doit faire partie de ce qui est contingent pour mouvoir[1], est capable d'initier la poursuite[2] parce que sa perception n'est pas neutre. Ce bien perçu est perçu comme agréable par l'animal (et son contraire comme pénible), et le désir constitue une complication de la faculté perceptive[3]. La perception pratique est donc investie de désir, dont le mouvement de poursuite est moins la conséquence que la traduction concrète dans le comportement de l'animal – désirer équivalant à poursuivre. De par son statut mixte entre objet de pensée et objet de désir, le bien *prakton* met en mouvement à titre de cause finale comme le confirme le chapitre 6 du *Mouvement des Animaux* où il intervient à titre non seulement de moteur mais de premier moteur de l'animal.

> En effet, tous les animaux meuvent et sont mus en vue d'une fin, de sorte que ce qui est pour eux la limite [πέρας] de chacun de leurs mouvements, c'est la fin [τὸ οὗ ἕνεκα]. Nous voyons que ce qui meut l'animal, c'est la pensée, l'imagination, le choix, le souhait, l'appétit. Tout cela se ramène à l'intelligence et au désir [νοῦν καὶ ὄρεξιν]. En effet, l'imagination et la sensation [ἡ φαντασία καὶ ἡ αἴσθησις] occupent la même place que l'intelligence car toutes sont aptes à discriminer [κριτικὰ] quoiqu'elles diffèrent selon les différences mentionnées ailleurs. Souhait, ardeur et appétit sont tous de l'ordre du désir [βούλησις δὲ καὶ θυμὸς καὶ ἐπιθυμία πάντα ὄρεξις], et le choix est commun à la pensée et au désir [ἡ δὲ προαίρεσις κοινὸν διανοίας καὶ ὀρέξεως] : de sorte que ce qui meut en premier c'est l'objet du désir et de la pensée [κινεῖ πρῶτον τὸ ὀρεκτὸν καὶ τὸ διανοητόν]. Mais il ne s'agit pas de tout objet de pensée, seulement de la fin de ce qui est objet d'action [οὐ πᾶν δὲ τὸ διανοητόν, ἀλλὰ τὸ τῶν πρακτῶν τέλος]. Tel est donc parmi les biens ce qui est moteur, et non pas tout ce qui est beau. (*DMA* 6, 700b15-26)

Le *prakton* dans les textes de philosophie naturelle vient donc identifier les propriétés motrices du bien en tant qu'objet du désir.

> Le moteur immobile, c'est le bien qui est objet d'action [τὸ πρακτὸν ἀγαθόν], le moteur mû, c'est la faculté désirante [τὸ ὀρεκτικόν] (…), et le mû c'est l'animal. (*DA* III 10, 433b15-18)

Que le bien soit ici qualifié de moteur immobile ne signifie pas qu'il ait l'éternité de l'Idée mais simplement qu'il faut le distinguer de la cause efficiente

dans la psychologie et l'éthique aristotétlicienne, voir J. Moss, *Aristotle on the Apparent Good. Perception, Phantasia, Thought, and Desire*, Oxford, O. U. P., 2012.

1. Sur la contingence comme condition de possibilité de l'action, voir *infra* p. 241 *sq*.
2. Cf. *DMA* 8, 701b33.
3. Cf. *DA* II 2, 413b23-24 : « Là où il y a sensation en effet, il y a aussi peine et plaisir, et là où se trouvent ces derniers, il y a aussi nécessairement appétit [ὅπου μὲν γὰρ αἴσθησις, καὶ λύπη τε καὶ ἡδονή, ὅπου δὲ ταῦτα, ἐξ ἀνάγκης καὶ ἐπιθυμία] » (repris en II 3, 414b4-5 ajoutant que l'appétit est désir de l'agréable), et *DA* III 7, 431a10-14 : « Et éprouver plaisir et peine, c'est être en activité par la médiété sensitive [τὸ ἐνεργεῖν τῇ αἰσθητικῇ μεσότητι] envers le bon et le mauvais en tant que tels. La fuite et le désir [ἡ φυγὴ δὲ καὶ ἡ ὄρεξις] en acte sont la même chose, et les facultés de désirer et de fuir [τὸ ὀρεκτικὸν καὶ τὸ φευκτικόν] ne diffèrent pas ni l'une de l'autre ni de la faculté sensitive, quoique leur être soit différent. » Sur la séquence plaisir/peine, désir/répulsion et poursuite/fuite, voir J. Moss, *Aristotle on the Apparent Good*, p. 16-47, et T. K. Johansen, *The Powers of Aristotle's Soul*, Oxford, O. U. P., 2012, p. 246-251.

du mouvement, le moteur mû qu'est le désir[1]. De ce mouvement qu'il suscite à titre de fin, chez l'animal raisonnable ou non, il constitue en même temps la limite (πέρας *DMA* 6, 700b16), puisque son atteinte mettra, provisoirement, un terme à la poursuite.

Le bien prakton, cause finale de l'activité humaine

Dans quelle mesure le bien *prakton* dans les *Éthiques* vérifie-t-il ces caractéristiques qui se dégagent des textes de philosophie naturelle ? Le fait d'être une fin, un *telos* en son double sens de terme et d'achèvement, devra être une propriété du souverain bien aristotélicien. Les premières pages des *Éthiques*, survolant le champ des pratiques humaines, permettent de constater que le bien en soi dont on recherche la définition dans la thèse savante de l'Idée du bien comme dans les opinions populaires n'est autre que la fin de l'action humaine[2]. La description de cette dernière au livre I de l'*Éthique à Nicomaque* confirme en effet le rôle que les analyses de philosophie naturelle confèrent au bien *prakton*. Par l'analyse du « système de renvoi » des fins décrit au chapitre 1, la considération du champ des objets d'action met en lumière la structure finalisée et hiérarchisée des actions humaines, venant, comme le souligne R. Bodéüs, « développer analytiquement le concept de conduite proprement humaine, c'est-à-dire rationnelle », en ceci qu'elle « poursuit délibérément une certaine fin »[3]. Toutes nos activités, qu'elles soient pratiques ou productives, sont donc ordonnées à une fin et font signe vers un bien ultime donnant sens et consistance au désir[4].

La même raison qui nous pousse à poser l'existence d'un bien ultime doit nous dissuader, cependant, de poser ce principe comme transcendant. En effet, pour ordonner la multiplicité de nos désirs et de nos actes, il faut un bien qui nous soit accessible. Le chapitre I 7 de l'*Éthique à Eudème* fait la synthèse de cette double dimension du *prakton* qui, en extension, recouvre un champ d'objets et, en compréhension, désigne la visée d'une fin.

> Parmi les biens, les uns sont objets d'action pour l'homme, les autres non [τῶν ἀγαθῶν τὰ μέν ἐστιν ἀνθρώπῳ πρακτὰ τὰ δ' οὐ πρακτά]. Nous disons cela parce que certains êtres n'ont

1. La mise en mouvement de l'animal par le désir est étudiée dans le traité *Du Mouvement des Animaux*. Sur les conditions de production du mouvement animal, voir P.-M. Morel, *De la matière à l'action. Aristote et le problème du vivant*, Paris, Vrin, 2007, p. 101-136 ; sur le désir comme cause psychophysique du mouvement, voir D. Charles, « Desire in Action : Aristotle's Move », *in* M. Pakaluk & G. Pearson (eds.), *Moral Psychology and Human Action in Aristotle*, Oxford, O. U. P., 2011, p. 84-90.

2. Même si les premières lignes de l'*Éthique à Nicomaque* ne font pas explicitement une telle réduction anthropologique, les termes de l'énumération (τέχνη, μέθοδος, πρᾶξίς, προαίρεσις) l'autorisent.

3. Cf. *Aristote. Éthique à Nicomaque*, traduction et présentation par R. B., Paris, Flammarion, GF, 2004, « Introduction », p. 37.

4. Cf. *EN* I 1, 1094a18-22.

pas part au mouvement, de sorte que certains biens non plus – et ce sont sans doute les meilleurs par nature. Certains autres sont objets d'action [πρακτὰ], mais pour des êtres supérieurs à nous. Puisque l'objet d'action [τὸ πρακτόν] se dit en deux sens (car ce en vue de quoi nous agissons et ce que nous faisons à cette fin participent de l'action : par exemple nous posons la santé et la richesse comme des objets de notre action, ainsi que les choses faites pour cela, les activités saines et enrichissantes), il est évident qu'il faut poser le bonheur comme le meilleur de ce qui est objet d'action pour l'homme [τὴν εὐδαιμονίαν τῶν ἀνθρώπῳ πρακτῶν ἄριστον θετέον]. (*EE* I 7, 1217a31-41)

Le chapitre suivant de *l'Éthique à Eudème* oppose d'abord le critère du *prakton* à l'Idée platonicienne (1218b *sq.*), pour ensuite le faire contribuer à déterminer positivement le souverain bien comme « fin de ce qui est objet d'action pour l'homme » (1218b11-12). Si le lien entre les deux volets, critique et constructif, du concept de *prakton* est moins net dans l'*Éthique à Nicomaque*, le procès de l'Idée nous met néanmoins sur la voie d'une caractérisation positive. On a vu en effet qu'un des arguments récurrents dans la critique de Platon était de faire appel à la pluralité des sciences et des techniques qui réussissent à expliquer ou agir sur le réel sans se référer à un paradigme unique et transcendant. Le chapitre 5 de l'*Éthique à Nicomaque* repart de cette pluralité afin d'en dégager la structure finale commune, derrière le bien propre poursuivi par chacune d'elles. On retrouve donc la même conclusion qu'en *Éthique à Eudème* I 8 : le statut de fin constitue une première manière, quoique formelle, de déterminer positivement le bien recherché. Devront s'y ajouter deux autres critères – achèvement et autosuffisance – pour garantir alors au bien le caractère premier et causal qui en fait un véritable principe.

Aristote ignore-t-il le Philèbe ? (*EN* I 5)

Alors même que le bien platonicien conçu comme Idée est sévèrement critiqué en *Éthique à Nicomaque* I 4, le chapitre suivant semble reprendre sans hésitation les caractères du bien énoncés dans le *Philèbe* – perfection, suffisance et de propriété d'être fin universelle.

S. – Est-ce qu'il appartient nécessairement au bien d'être achevé ou de n'être pas achevé [τέλεον ἢ μὴ τέλεον] ? **Pr.** – C'est, assurément, de tout, ce qu'il y a de plus achevé [τελεώτατον], Socrate. **S.** – Eh bien, est-ce que le bien se suffit à lui-même [ἱκανὸν τἀγαθόν] ? **Pr.** – Et comment, c'est en cela qu'il est supérieur à tout le reste. **S.** – Et voici, à mon avis, ce qu'il est le plus nécessaire de dire à son sujet : que tout ce qui le connaît le poursuit, y tend, désireux de s'en saisir et de le posséder, et ne se préoccupe de rien d'autre que ce dont l'obtention s'accompagne de biens. (*Philèbe* 20d)

Ces lignes font la synthèse d'un certain nombre de caractéristiques récurrentes mais dispersées au sein des textes platoniciens. Que le bien se suffise à lui-même est une thèse exposée dans le *Lysis* en 215a-b. Que le bien soit parfait, achevé (τέλεον[1]) en mettant un terme à la quête du désir ressort du *Banquet* en 205a. Qu'il fasse enfin l'objet d'un désir universel, primant sur tous les autres, au titre de fin visée par toute action humaine[2] est établi par Socrate au terme d'une analyse de l'action déployée dans le *Gorgias* en 467c-468c, puis reprise et résumée en 499e-500a. Ces trois critères venant qualifier la vie bonne et digne d'être choisie partent donc de ce qui se donne à lire dans les actions et les aspirations des hommes. Dans le *Philèbe*, ils révèlent l'insuffisance des réponses à la question du bien par le seul plaisir ou la seule pensée. Perfection, autosuffisance et caractère de fin ultime et universelle[3] sont les critères formels repris par le chapitre I 5 de l'*Éthique à Nicomaque*, dont la suite montrera que la définition réelle du bonheur, proprement aristotélicienne, y satisfait. Étant donné la multiplicité des actions et des fins poursuivies, la fin que constitue le souverain bien devra posséder une caractéristique qui la rende apte à mettre un terme à la course infinie du désir – être achevée.

S'il existe une seule fin qui soit achevée [τέλειον], ce sera celle qu'on recherche, et s'il y en a plusieurs, ce sera la plus achevée [τελειότατον]. (*EN* I 5, 1097a28-30)

On retrouve l'exigence dégagée dès les premières lignes de l'ouvrage : pour que le système de renvoi des fins et des actions qui les poursuivent ne soit pas voué à la régression à l'infini ni le désir humain affligé des deux défauts grevant l'Idée du bien – être vide et être vain –, il fallait déjà poser l'existence d'un souverain bien. Pour mettre un terme au désir, ce bien doit être autosuffisant, ce qui implique que rien n'y manque (cf. *EN* I 5, 1097b14-15). Cette double propriété du souverain bien ou bonheur en fait

de toutes choses la plus désirable [πάντων αἱρετωτάτην], sans être compté au nombre des autres – en effet, s'il y était compté, il est clair qu'il serait plus désirable accompagné du plus infime des biens, car ce qui est ajouté engendre un supplément de biens, et le plus grand de deux biens est toujours plus désirable. (*EN* I 5, 1097b16-20)

1. La traduction du terme τέλεον/τέλειον fait difficulté et débat parmi les interprètes aussi bien dans ce texte du *Philèbe* que dans le passage parallèle d'*EN* I 5. Voir J. M. Cooper, « Plato and Aristotle on 'Finality' and '(Self)-Sufficiency' », *in* R. Heinaman (ed.), *Plato and Aristotle's Ethics*, Aldershot, Ashgate Publishing, 2003, n. 2 p. 118.

2. Cf. *Rép.* VI, 505e : « Ce que toute âme poursuit et en vue de quoi elle accomplit toutes ses actions [τούτου ἕνεκα πάντα πράττει], pressentant que cette chose existe tout en étant dans l'embarras et incapable de saisir correctement ce qu'elle est... » Certains interprètes comprennent le τούτου ἕνεκα πάντα πράττει, comme « faire tout son possible pour l'atteindre » (voir M. Burnyeat, « La vérité de la tripartition », dans G. Aubry & F. Ildefonse (dir.), *Le moi et l'intériorité*, Paris, Vrin, 2008, n. 20 p. 49). On trouve une autre occurrence de l'expression en *Philèbe* 58d5 lorsqu'il est question de la puissance de notre âme qui par nature désire le vrai et fait tout en vue de lui (εἴ τις πέφυκε τῆς ψυχῆς ἡμῶν δύναμις ἐρᾶν τε τοῦ ἀληθοῦς καὶ πάντα ἕνεκα τούτου πράττειν).

3. Il n'est pas évident de déterminer si Aristote met en avant deux ou trois critères formels du bien, puisque dans la reformulation finale de 1097b20-21, il semble ne reprendre que les deux premiers, comme le relève M. Pakaluk dans *Aristotle's Nicomachean Ethics. An Introduction*, p. 68.

Cette différence de plan entre la fin parfaite qu'est le bonheur et les biens qui peuvent en participer est essentielle. Elle servait précisément de test dans le *Philèbe* pour exiger des prétendants à ce titre, à savoir le plaisir et la pensée, qu'ils se présentent dans leur forme la plus pure, non mélangée avec l'autre[1], et elle permettait de les éliminer tous les deux. Cet argument platonicien qui permettait d'écarter la vie de plaisir pour promouvoir la vie mixte est d'ailleurs repris explicitement par Aristote lors de la discussion critique consacrée à la thèse hédoniste d'Eudoxe (cf. *EN* X 2, 1172b31-32). Cette citation – la seule du *Philèbe,* qui plus est positive – rend plus que probable le fait que les critères formels du bien soient effectivement d'inspiration platonicienne et que la conclusion du chapitre I 5 assume l'héritage du *Philèbe*.

Cette hypothèse se heurte néanmoins à deux types d'objections. Une première pourrait mettre en doute le caractère platonicien de ces critères au motif qu'il s'agit de caractéristiques endoxales : Aristote s'appuierait plus sur l'opinion commune que sur Platon. En réponse à cette première objection, notons que si ces caractéristiques du bien peuvent effectivement relever de l'opinion, cela n'hypothèque pas pour autant l'éventualité qu'Aristote ait en tête le *Philèbe*. Le projet de ce dialogue n'est-il pas précisément de trouver une définition du bien qui rejoigne l'expérience et redonne voix aux exigences du sens commun ? Dès le début s'ouvrant *ex abrupto* sur l'alternative héritée de *République* VI, le bien recherché s'annonce davantage susceptible de satisfaire les attentes aristotéliciennes, puisque, sans plus faire référence à l'Idée du bien, il est à chercher dans une certaine disposition de l'âme (ἕξιν ψυχῆς καὶ διάθεσιν, *Philèbe* 11d *infra* p. 73). On comprend dès lors qu'Aristote puisse souscrire à ces prémisses : au moins sur ce point, l'opinion de l'Académie est en parfait accord avec celle du commun des mortels, qu'elle vient formaliser. Étant donné la proximité dans la formulation de ces critères, et le fait que le *Philèbe* se trouve aussi à l'arrière-plan des discussions concernant le plaisir et le bien au livre X de l'*Éthique à Nicomaque*, il y a de fortes raisons de penser que les critères aristotéliciens font directement référence au *Philèbe*, comme le soulignent d'ailleurs nombre d'interprètes. Cette continuité avec l'antécédent platonicien semble enfin confirmée par le parallèle des méthodes : comme le Socrate du *Philèbe*, Aristote commencera par dégager les propriétés formelles de la vie bonne (I 5) avant d'en déterminer le contenu (I 6).

Un second type d'objection consiste alors à soutenir que cette reprise est critique plutôt que positive au motif que les légères différences de formulation seraient l'indice d'une prise de distance par rapport au propos platonicien. Même en voyant, comme le fait J. M. Cooper, dans la reformulation du critère de

1. Cf. *Philèbe* 20e : « En effet, si l'un des deux est le bien, il faut qu'il n'ait plus besoin de rien d'autre. »

suffisance en autosuffisance une rectification critique de Platon[1], et même s'il est vrai par ailleurs que le chapitre suivant introduisant l'argument de l'œuvre propre de l'homme ira plus loin dans la détermination de ce qui rend une vie digne de choix, il nous semble un peu forcé de situer la rupture dès I 5. C'est dans la détermination réelle plus que formelle du bien qu'il faudra chercher la ligne de fracture. Lorsqu'Aristote conclut le chapitre I 5 par la thèse que

> le bonheur apparaît comme quelque chose d'achevé, d'autosuffisant, constituant la fin de ce qui est objet d'action [τέλειον δή τι φαίνεται καὶ αὔταρκες ἡ εὐδαιμονία, τῶν πρακτῶν οὖσα τέλος] (1097b20-21),

tout porte donc à croire qu'il ne serait nullement contredit par Platon.

Ces caractéristiques demeurent cependant de simples critères formels quand l'Idée du bien prétendait, elle, en être une détermination réelle. Leur contenu dans le *Philèbe* reste à déterminer à travers les composantes de la vie bonne, ce qui est entrepris dans la dernière partie à partir de 60c. Or si Aristote reprend bien les critères formels du bien platonicien du *Philèbe*, il n'en assumera pas les spécifications réelles. À la question de savoir pourquoi la solution du *Philèbe* n'est jamais explicitement discutée par Aristote qui semble faire comme si le seul discours platonicien sur le bien était celui qui en fait une Idée, on peut d'ores et déjà répondre en relativisant cette impression par un double constat. D'abord, celui que nombre d'éléments sont bien repris du *Philèbe*, qu'il s'agisse des trois critères ou de l'insistance sur le caractère humain du bien recherché que pourrait tout autant revendiquer ce dialogue (19c6). Ensuite, on peut lire dans la structure du livre X de l'*Éthique à Nicomaque*, consacré à la discussion successive de la vie de plaisir et de la vie de pensée, une reprise de l'alternative sur laquelle s'ouvre le dialogue platonicien. Comme dans le *Philèbe*, on aboutira à une réponse qui récuse le dilemme entre plaisir et pensée au profit de la conciliation puisqu'il sera démontré en X 7 que la vie théorétique est la plus heureuse et la plus plaisante. On verra néanmoins, une fois déterminé le contenu du souverain bien, pourquoi Aristote ne pouvait se contenter de la vie mixte proposée par le *Philèbe* : en traitant le plaisir comme un ingrédient séparé[2] elle en reste à une juxtaposition de

1. Voir J. M. Cooper, « Plato and Aristotle on 'Finality' and '(Self-)Sufficiency' », p. 131-132. Contre un premier argument qui souligne l'indépendance des critères socratiques (avec laquelle Aristote romprait en subordonnant l'autosuffisance au caractère final du bien), on peut avancer qu'il est difficile de tirer de l'absence de précision de Socrate un argument pour ou contre la dépendance des critères, que le résumé de 20d-21a en 60c semble au contraire lier. Contre un deuxième argument voyant dans la notion d'*autarkeia* une prise de distance vis-à-vis de la notion socratique de suffisance qui se marquerait dans l'adoption délibérée d'un autre vocabulaire destiné à englober sous un seul terme les caractères de suffisance et de désirabilité, on peut souligner, comme le fait S. Delcomminette (*Le Philèbe,* p. 166), que le terme d'*autarkeia* est bien utilisé en *Philèbe* 67a7. On peut enfin, tout en admettant que les précisions apportées par Aristote sur le sens des termes τέλειον et αὔταρκες sont bien des clarifications, ne pas y voir une intention aussi délibérément critique.

2. Cf. *Philèbe* 63e cité *infra* p. 134.

deux biens alors que le bonheur aristotélicien n'est pas à entendre comme une vie mixte mais comme une vie intrinsèquement plaisante et non moins intrinsèquement rationnelle. De plus, plaisir et pensée ne sont admis dans la vie bonne dans la mesure où ils ont une certaine parenté avec ce bien qui demeure encore et toujours mystérieux, qu'on ne peut saisir en une seule Idée, seulement sous les trois caractères qui l'expriment – beauté, proportion et vérité (65a-b). On y demeure aux portes du bien : pas plus que dans la *République* où son Idée est vue de loin, il ne nous est donné d'en pénétrer la demeure. Si le bien de *République* VI trouve dans la vie mixte du *Philèbe* une traduction plus concrète et plus conforme aux exigences du sens commun, cette traduction ne suffit toujours pas à Aristote.

Il faudra alors montrer en quoi la définition aristotélicienne du bien *prakton* dépasse effectivement la solution du *Philèbe*, en unissant, de manière intrinsèque et non plus extrinsèque, plaisir et pensée à travers le concept d'activité. Le bien dont est en quête l'*Éthique à Nicomaque* est un bien qu'il s'agit de mettre en acte dans nos existences, celles-ci ne pouvant se contenter d'en être le reflet sous la forme d'un mélange harmonieusement composé. En plus d'être apte à susciter l'action en tant que fin ultime, ce bien doit être accessible dans une action dans laquelle il devient effectif – seconde dimension qu'il nous faut à présent explorer.

DU BIEN PRATIQUE COMME ACTIVITÉ

L'objet du chapitre I 6 est de préciser la nature de cette fin accessible à l'homme sans retomber dans les abstractions platoniciennes qui viennent d'être dénoncées. À ce stade de l'enquête nous disposons d'une caractérisation positive quoiqu'encore formelle du bonheur comme quelque chose d'achevé et d'autosuffisant, qui est la fin de nos actions (1097b20-21). Le passage de la détermination formelle à la détermination réelle du souverain bien se fait par l'intermédiaire d'une réflexion sur l'œuvre propre (*ergon*) de l'homme, concept repris du livre I de la *République*. L'argument platonicien destiné à réfuter Thrasymaque entreprend de démontrer que la justice étant une vertu[1], l'âme juste remplira mieux qu'aucune autre son œuvre propre (vivre) et sera donc plus heureuse que l'âme injuste. Socrate doit faire admettre à Thrasymaque qu'à toute chose se trouve associée une œuvre et que toute excellence est relative à cette œuvre (353b).

La structure de l'argument platonicien est la suivante : Socrate commence par définir l'œuvre propre (352d-353a) comme ce qu'un être est le seul ou le plus apte à accomplir. Les exemples des yeux, des oreilles illustrent l'accomplissement

1. Le point, accordé non sans réticence par Thrasymaque en 348c-350d, est réintroduit en 353e.

« exclusif » (352e), celui de la serpe l'accomplissement « optimal » (353a) de cette œuvre[1]. Socrate définit ensuite la vertu (*aretè*) (353a-d) comme ce par quoi chaque chose accomplit son *ergon* (353a-b). Cette définition est suivie d'une illustration et d'une généralisation inductive (353d) : sans la vertu, autrement dit avec le vice ou le défaut symétrique, aucune chose ne peut accomplir son œuvre propre. Cette double définition est enfin appliquée au cas de l'âme (353d-354a) : la vie appartient à l'œuvre de l'âme (353d9). En vertu de la corrélation entre l'*ergon* de l'âme et son *aretè*, il en résulte que c'est avec la vertu que l'âme accomplira bien son œuvre qui est de vivre, donc que la vie vertueuse sera une vie bonne, c'est-à-dire heureuse.

Cet argument quelque peu expéditif ne semble guère convaincre Thrasymaque, non plus que Glaucon et Adimante qui contraindront Socrate à reprendre la question dès le livre II. À supposer que le livre I ait été écrit séparément et antérieurement au reste de la *République*, il aurait bien pu apparaître un peu court à Platon lui-même[2]. Aristote s'en ressaisit néanmoins pour lui donner une extension décisive qui permettra de parvenir à la définition du bonheur. D'interprétation délicate, le sens et la valeur de l'argument de l'*ergon* font débat parmi les interprètes et soulèvent plusieurs questions. Quelle fonction occupe-t-il au sein de l'argumentation aristotélicienne ? Pourquoi Aristote reprend-il l'argument platonicien et qu'en reprend-il ? Pourquoi les deux *Éthiques* utilisent-elles différemment l'argument ?

Les interprétations se divisent entre une lecture dialectique et une lecture scientifique de l'argument de l'*ergon*[3], reflétant une divergence plus profonde

1. Les qualificatifs d'exclusif et d'optimal sont repris à G. Santas, « Methods of Reasoning about Justice in Plato's *Republic* », *in* G. Santas (ed.), *The Blackwell Guide to Plato's Republic*, Oxford, O. U. P., 2005, p. 134.

2. Outre la faiblesse pointée par Socrate lui-même en 354b-c, à savoir qu'on a démontré la valeur de la justice sans même savoir ce qu'elle est, on peut penser que notre raison exige d'en savoir plus sur le bonheur du juste et le malheur de l'injuste. Le passage de l'*ergon* de l'âme (vivre, 353d) à son excellence (vivre bien, 353e) avec l'équivoque que comporte l'expression εὖ ζῆν (vivre heureux/vivre selon le bien, 354a) est proche du glissement de sens et demande en tout cas à être fondé. On pourrait rapprocher l'insatisfaction ressentie par les protagonistes de celle évoquée par Kant devant les preuves apagogiques, à proscrire en philosophie puisqu'elles ne donnent pas accès aux fondements de la vérité, à ses sources (cf. *Critique de la raison pure*, AK III, 514, A789/B817). Même si la démonstration socratique n'est pas apagogique, c'est une telle vision des sources qui nous manque ici et que le reste de la *République* se proposera d'apporter, notamment grâce à une analyse approfondie de l'âme et des actes et fonctions qui en constituent la vie.

3. Le nœud de ce débat est résumé par P. Destrée dans les termes suivants : « Les *endoxa*, c'est-à-dire les opinions courantes qui peuvent être soit les opinions communes soit celles des philosophes, constituent-elles les fondements ultimes de l'argumentation d'Aristote, ou bien ne fournissent-elles que les prémisses à une fondation plus 'métaphysique', c'est-à-dire indépendante de ces *endoxa* ? », « Comment démontrer le propre de l'homme ? Pour une lecture

dans leur appréciation de la méthode aristotélicienne. Que l'argument puisse se prêter à chacune des deux lectures invite à s'interroger sur la fonction exacte qu'il remplit. Remarquons pour commencer que son apparition dans les deux *Éthiques* intervient au même moment dans l'économie argumentative de l'enquête. En *Éthique à Eudème* II 1, il s'agit de prendre un nouveau point de départ (1218b31), une fois critiquées les opinions communes relatives au souverain bien et une fois obtenue une première définition formelle du bonheur (1218b25-27). En *Éthique à Nicomaque* I 6, l'argument apparaît au moment stratégique où il faut dépasser l'identification du bonheur au bien sur le contenu desquels les critères formels du souverain bien, s'ils font l'unanimité, ne nous renseignent guère (1097b22-25). L'argument remplit la même fonction de pivot entre définition nominale et définition réelle du bonheur. Déterminer l'*ergon* de l'homme permettra d'en savoir un peu plus sur la nature du bien qu'il recherche. En effet, l'une des prémisses de l'argument est qu'

> en général pour tout ce dont il existe une œuvre et une action [ἔργον τι καὶ πρᾶξις], son bien ou son bon état semble consister dans cette œuvre [ἐν τῷ ἔργῳ]. (*EN* I 6, 1097b26-27)

Ce pivot est décisif d'abord parce que, sous couvert d'une analogie à valeur inductive[1], il permet d'introduire une définition dont la formulation littérale se trouve bien éloignée des *endoxa*, base et pierre de touche de la recherche éthique. Il s'agit d'entraîner progressivement les auditeurs ou les destinataires des discours éthiques, qui ne sont pas nécessairement formés aux spéculations philosophiques, jusqu'à la définition plus abstraite du bonheur comme activité (*energeia*) de l'excellence de la partie rationnelle de l'âme[2]. Les chapitres suivants manifesteront d'ailleurs un grand souci de vérifier l'adéquation de la définition obtenue avec les représentations courantes du bonheur, ce qui permet à la fois de confirmer la validité de la définition et de ressaisir la vérité partielle de ces représentations (cf. *EN* I 8, 1098b9-12). La médiation que constitue le détour par l'*ergon* ne se limite pas à cette fonction pédagogique ou rhétorique. L'argument semble plutôt

dialectique de *EN* I, 6 », *in* G. Romeyer-Dherbey (dir.) & G. Aubry (éd.), *L'excellence de la vie. Sur l'Éthique à Nicomaque et l'Éthique à Eudème d'Aristote*, Paris, Vrin, 2002, p. 39.

1. Le raisonnement inductif, s'il n'a pas la nécessité de la preuve démonstrative, a des vertus persuasives, étant plus accessible à l'intuition (cf. *Top*. I 12, 105a16-19).

2. Voir les observations éclairantes de C. Natali : « Est également typique de ces premiers livres de l'*EN* la tendance à introduire de nouveaux concepts de façon quasi imperceptible à l'intérieur de discussions particulières, sans en donner aussitôt une définition officielle, qui ne vient que beaucoup plus loin dans le traité (…) Les commentateurs ont remarqué cette façon de procéder à très petits pas, presque imperceptibles, qui est une façon rhétoriquement efficace d'amener le public à accepter plus facilement les thèses proposées », « Le premier traité de l'éthique. Remarques sur la nature et les desseins de l'*Éthique à Nicomaque* d'Aristote », *in* E. Vegleris (éd.), *Cosmos et psychè. Mélanges offerts à Jean Frère*, Hildesheim, G. Olms, 2005, p. 222.

obéir à un double registre argumentatif que C. Natali a bien mis en évidence[1] en soulignant la manière dont le livre I de l'*Éthique à Nicomaque* dans son enquête sur la définition du souverain bien obéit à la méthode de recherche exposée dans les *Seconds Analytiques* II 1-2 et 8-10. Cette description de la méthode aristotélicienne permet de comprendre que l'argument de l'*ergon* puisse relever d'un double régime d'argumentation : son aspect rhétorique n'interdit pas un fondement scientifique, il sert au contraire à l'introduire.

La substance de l'argument platonicien consistait à lier la vertu à l'accomplissement d'une œuvre, ce qui est explicitement et fidèlement repris par Aristote dans sa définition de l'*aretè* en *EN* II 5 (1106a15-24). Les exemples invoqués sont en effet les mêmes que ceux pris par Socrate pour faire comprendre à Thrasymaque ce qu'est un *ergon* : le cheval (352d) et l'œil (352e). La première prémisse de l'argumentation en *Éthique à Eudème* II 1 résume elle aussi les acquis du raisonnement platonicien. Comme Socrate dans la *République*, Aristote a recours à l'induction pour établir cette thèse et l'appliquer au cas de l'âme, sans qu'il soit ici question de chercher s'il existe une œuvre propre de l'homme. Il est considéré comme allant de soi que l'âme dont il s'agit est l'âme proprement humaine à laquelle sont associées, comme à toute chose, une œuvre et une vertu propres.

> Supposons qu'il en est ainsi et que la vertu est le meilleur état ou la meilleure disposition ou la meilleure puissance de tout ce dont il existe un certain usage ou une certaine œuvre [ἡ βελτίστη διάθεσις ἢ ἕξις ἢ δύναμις ἑκάστων, ὅσων ἐστί τις χρῆσις ἢ ἔργον]. Cela est évident par induction. En effet, nous admettons qu'il en va ainsi pour toutes choses. Par exemple, il existe une vertu [ἱματίου ἀρετὴ] du manteau car il a une certaine œuvre et un certain usage ; et la meilleure disposition du manteau est sa vertu. Il en va de même du bateau, de la maison et du reste, et par conséquent aussi de l'âme car elle a une certaine œuvre. (*EE* II 1, 1218b37-19a5)

Si l'argument de l'*ergon* prend appui sur des prémisses empruntées à Platon, Aristote va néanmoins donner à cet argument une extension absente du précédent platonicien et en exploiter la fécondité dans deux directions complémentaires. La version nicomachéenne va tirer parti de la définition de l'*ergon* pour isoler la spécificité de l'être humain : il va donc exploiter principalement la première partie de l'argument platonicien (352d-353a). La version eudémienne de l'argument s'appuiera, quant à elle, davantage sur la seconde partie, à travers la corrélation entre *ergon* et *aretè* (353a-d). Cette corrélation permet non seulement d'établir que le bonheur réside dans la vertu comme chez Platon mais aussi de souligner que ce bonheur tient plus précisément dans un acte. Dans un cas comme dans l'autre, l'argument permet d'établir deux points décisifs pour la définition du bonheur, et cela grâce à deux développements contenus en germe dans la version

1. Voir C. Natali, « Rhetorical and scientific aspects of the *Nichomachean Ethics* », *Phronesis*, 52 (4), 2007, p. 364-381, et « *Posterior Analytics* and the Definition of Happiness in *NE* I », *Phronesis*, 55 (4), 2010, p. 304-324.

platonicienne[1]. La reprise de l'argument a ainsi un bénéfice à plusieurs titres : comme dans le texte de *République* I, il autorise à faire entrer la vertu dans la définition du bonheur. En outre, ses implications en amont et en aval excèdent largement la portée qui est la sienne chez Platon. En amont il vient démontrer ce que *République* I se contentait d'affirmer, à savoir que l'*ergon* de l'âme humaine consiste dans des activités où s'exprime en propre l'humanité de l'homme : la vie selon la raison qu'elle ne partage avec nul autre être. À la lumière de l'argument de l'*ergon*, on comprend pourquoi le bien ainsi déterminé est une fin, un accomplissement de notre humanité. En aval, on verra qu'il introduit dans la définition du bonheur la dimension décisive de l'activité.

La fonction heuristique de l'argument de l'ergon (*EN* I 6)

EN I 6 exploite la définition platonicienne de l'*ergon* en lui donnant un rôle heuristique. Loin de prendre pour acquis les activités constitutives de l'*ergon* de l'âme comme le faisait Socrate en 353d, il s'agit d'établir que l'homme est un être nécessairement pourvu d'un *ergon* et de déterminer en quelle manière propre d'être en vie consiste cet *ergon*.

L'établissement du premier point repose sur une double induction à partir d'analogies organiques et techniques, dans lesquelles l'œuvre ou tâche à accomplir constitue la fin de l'activité ou de l'objet. Les finalités manifestes dans les activités vitales ou sociales de l'homme autorisent à penser que l'être humain considéré « en tant qu'humain » n'est pas non plus dépourvu de fin, faisant signe vers une œuvre propre à l'homme en tant qu'homme, un peu à la manière dont les différentes sciences, chacune occupée à une région de l'être, invitaient à rechercher une science de l'être en tant qu'être. S'il existe des finalités locales que manifestent les différents arts et métiers, n'est-ce pas pour concourir à la finalité plus globale qu'est le bien vivre[2] ? L'analogie des arts et métiers réinvestit le constat liminaire d'*Éthique à Nicomaque* I 1 selon lequel les fins partielles et hiérarchisées de nos diverses activités doivent renvoyer à une fin ultime, sous peine d'être vides et vaines, condamnées à la dispersion infinie. Semblable constat vaut pour les diverses œuvres humaines : s'il existe une œuvre propre au sculpteur et au cordonnier, comment penser que ces œuvres déterminées existent sans une œuvre propre à l'homme puisque ce dernier est antérieur logiquement à ses déterminations ? De même, s'il existe des finalités partielles aisément lisibles dans

1. Pour une comparaison des trois versions de l'argument de l'*ergon* (*Rép.*, *EE*, *EN*), voir F. Buddensiek, *Die Theorie des Glücks*, p. 37-41.

2. Sans cette finalité supérieure qui est de concourir au bien de l'homme, ce qui impliquera d'avoir déterminé son œuvre en tant qu'homme, l'existence de ces métiers serait aussi absurde que la cité décrite par Socrate dans le *Charmide* (173b-d), dans laquelle chacun est à sa place et remplit sans faute sa fonction (fait ses propres affaires), sans que l'on soit le moins du monde assuré que cette cité où tout fonctionne soit une cité heureuse.

les différents organes, c'est en vue de cette finalité supérieure qu'est la vie de l'organisme tout entier, étant donné que le tout est logiquement antérieur aux parties qui le constituent[1]. L'argument de la partie au tout des lignes 1097b30-35 ne constitue donc pas une interrogation purement rhétorique. L'homme étant logiquement antérieur aux parties comme aux déterminations qui le constituent, il n'en est que plus évident que lui-même existe en vue d'une fin.

Le développement de l'argument sert ensuite à établir le propre de cette humanité. Quand l'argument platonicien se contentait de juxtaposer les actes propres à l'âme humaine que sont « prendre soin, commander, délibérer, et toutes choses de ce genre »[2] et la détermination finale de cet *ergon* comme vie comme si leur articulation allait de soi, *EN* I 6 entreprend de démontrer qu'on ne peut se contenter de définir l'activité de l'âme humaine par la vie. La vie que l'on recherche ne peut donc être le plus bas degré, défini par le phénomène de la croissance et de la nutrition, auquel se reconnaît tout vivant[3]. S'il existe un bien spécifiquement humain, fin des actions humaines, il doit résider dans une œuvre ou fonction que nul autre vivant n'a en partage. Conformément à la psychologie développée dans le *De Anima*[4], ce n'est pas tout acte de l'âme qui exprime le propre de l'homme : nutrition et sensation sont aussi le partage des autres vivants que sont les plantes pour la première et les animaux pour la seconde.

> Parmi les puissances de l'âme mentionnées, certains animaux les ont toutes, comme nous l'avons dit, d'autres en ont quelques-unes, certains enfin une seule : par puissances, nous entendions les facultés nutritive [θρεπτικόν], sensitive [αἰσθητικόν], désirante [ὀρεκτικόν,], la faculté de se mouvoir localement [κινητικὸν κατὰ τόπον], la faculté pensante [διανοητικόν]. (*DA* II 3, 414a28-33)

Les hommes font partie de ceux qui possèdent toutes ces puissances de l'âme, y compris « la faculté pensante et l'intelligence [τὸ διανοητικόν τε καὶ νοῦς] » (414b18). La vie selon l'âme rationnelle, qui distingue l'homme de l'animal[5],

1. Cf. *Pol.* I 2, 1253a20-25. Voir aussi *EE* I 8, 1218a4-8 ; *Physique* VIII 7, 260b17.

2. On retrouve ces déterminations au livre X des *Lois* énumérant les mouvements de l'âme du monde (896e-897a).

3. Cf. *DA* II 2, 413a21-27 et II 4, 415a23-26.

4. Que le texte du *De Anima* soit vraisemblablement postérieur à l'*Éthique à Nicomaque* (I 6) qui n'y fait aucune référence ne semble pas un argument valable contre les interprétations « scientifiques » de l'argument, contrairement à ce que soutient P. Destrée, « Comment démontrer le propre de l'homme ? », p. 43-44. En admettant que le *De Anima* n'ait pas encore été rédigé, rien n'interdit de supposer que certaines des thèses psychologiques fondamentales étaient déjà en place (ce qui semble se vérifier dans la suite de l'*EN*, notamment en VI 2).

5. Cf. *EN* I 6, 1098a3-4. T. Irwin dans « The Metaphysical and Psychological Basis of Aristotle's Ethics », *in* A. O. Rorty (ed.), *Essays on Aristotle's Ethics*, Berkeley/L. A./Londres, University of California Press, 1980, p. 44 analyse en détail les différences entre les âmes humaine et animale : les animaux n'ont pas la raison et ont seulement la sensation (*aisthèsis*) (*DA* 414b1-9) ; ils n'ont pas de saisie de l'universel et ont seulement perception et mémoire du particulier (*EN* 1147b3-5) ; ils n'ont ni délibération (*bouleusis*) ni décision (*proairesis*) (*DA* 434a3-5, *EN* 1111b8-9) ; ils n'ont pas le souhait (*boulèsis*), désir du bien qui relève de la partie

s'entend aussi bien comme exercice de la faculté de raisonner que comme simple possibilité d'être réceptif au *logos*, rationalité passive ou « par participation »[1] (1098a4-5). Cette double dimension de la rationalité sera développée dans la psychologie morale à usage de l'éducateur en *EN* I 13[2]. Le texte de I 6, sans entrer dans les détails de cette psychologie, prend néanmoins soin de mentionner la double composante de cette fonction rationnelle de l'âme : ceci permet de laisser la définition du bonheur ouverte aux vertus aussi bien éthiques qu'intellectuelles, aux dispositions de la partie désirante qui est capable d'entendre raison comme à celles qui relèvent intégralement de la pensée.

La portée de l'argument de l'*ergon* est ainsi étendue en ce qu'il permet d'isoler un propre de l'homme qui, au lieu d'être simplement présupposé comme chez Platon, se voit démontré à partir de prémisses héritées de ce dernier. Sa seconde extension tient dans l'identification entre le bien, c'est-à-dire la fin (*telos*)[3] et l'œuvre (*ergon*) exprimée dans les lignes 1097a26-27 citées plus loin qui condensent un certain nombre d'équivalences capitales pour la définition du bonheur[4]. La suite de l'argument d'*EN* I 6 devra encore affirmer l'identité générique entre *ergon* simple et *ergon* selon la vertu pour parvenir à la définition complète du bonheur : la vertu n'ajoute rien à la définition d'un être – le cithariste comme le bon cithariste se définissent par leur œuvre : jouer de la cithare –, elle est simplement ce qui fait qu'un être est pleinement ce qu'il est. Cette identité du bien et de l'œuvre pour un être donné, d'où résulte la définition du bonheur comme activité formulée de manière très condensée en *Éthique à Nicomaque* I 6,

rationnelle de l'âme (*DA* 432b5), mais seulement l'appétit (*epithumia*), désir irrationnel de l'agréable (*DA* 414b5-6).

1. Voir R.-A. Gauthier & J.-Y. Jolif, *EN* II-1, p. 97. De même, l'esclave a part à la raison sans la posséder (cf. *Pol.* I 5, 1254b23), parce qu'il lui manque cette partie de l'âme activement rationnelle qu'est la faculté de délibérer (τὸ βουλευτικόν, cf. *Pol.* I 13, 1260a12).

2. Les divisions de l'âme sont flottantes : la partie désirante peut être placée aussi bien du côté de l'âme irrationnelle au sens large (1102b12-35) – laquelle comprend en ce cas un principe végétatif, non pertinent pour l'étude de la vertu faute de comprendre les composantes désirante et cognitive qui sont constitutives de l'action volontaire (cf. *EN* VI 2, 1144a9-11), et un principe désirant (sur lequel la raison peut avoir une action) – que du côté de la partie rationnelle, qui est alors à son tour sujette à division, entre principe docile à la raison et principe exerçant la raison (1103a1-4). On reviendra sur cette dualité de la raison *infra* p. 61 *sq.* Les *Magna Moralia* (1182a24-25) font remonter cette bipartition de l'âme en rationnelle et irrationnelle à Platon. On la trouve aussi mentionnée en *DA* III 432a26, à côté de la division tripartite : selon T. K. Johansen (*The Powers of Aristotle's Soul*, p. 247), ces deux manières de diviser l'âme, attribuées par Aristote à deux groupes différents, cohabitent dans le *Timée* (69c-70b) où la bipartition en parties mortelle et immortelle voisine avec la tripartition en appétit, ardeur et intelligence.

3. Que le bien soit fin est affirmé aussi bien dès le début de l'*EN* I 1 que dans l'ensemble des textes aristotéliciens (cf. *Métaph.* A 2, 982b10 ; *Physique* II 3, 195a23-26).

4. Tout ce qui a un *ergon* est en vue de celui-ci (cf. *Du Ciel* 286a8-9 ; *Parties des Animaux* IV 12, 694b13-15) car c'est l'accomplissement de cet *ergon* qui définit la chose (cf. *Météorologiques* 390a10-13).

constitue le second bénéfice, en aval, de l'argument de l'*ergon*, comme il ressort du développement de cette prémisse dans l'*Éthique à Eudème* II 1.

De l'ergon à l'energeia (*EE* II 1)

La notion d'*ergon* y joue un rôle non moins fondamental pour parvenir à la définition du bonheur mais sans mettre cette fois l'accent sur le propre de l'homme, déjà dégagé au travers d'une discussion sur ce qui fait la valeur de la vie humaine (*EE* I 5). La version eudémienne de l'argument s'attache moins à dégager une spécificité humaine, considérée comme acquise, qu'à démontrer que le bonheur réside dans une *energeia*, et la meilleure qui soit, de l'âme humaine. Elle exploite donc davantage le deuxième temps de la démonstration platonicienne, à savoir la corrélation entre vertu (*aretè*) et œuvre (*ergon*). Le fait que toute vertu soit définie relativement à une certaine œuvre permet de faire apparaître le rapport de subordination tant ontologique qu'axiologique de la première au second.

> L'œuvre de chaque chose est sa fin [τέλος ἑκάστου τὸ ἔργον]. Dès lors il s'ensuit clairement que l'œuvre est supérieure à la disposition [βέλτιον τὸ ἔργον τῆς ἕξεως] car la fin, en tant qu'elle est fin, est le meilleur [τὸ γὰρ τέλος ἄριστον ὡς τέλος]. (*EE* II 1, 1219a8-10)

Cette supériorité de l'œuvre sur la disposition permet de rendre raison de la définition du bonheur, en servant de pivot au passage de la définition du souverain bien comme *telos* (*EE* I 8, 1218b25-26) à sa caractérisation comme *energeia* de l'âme humaine (*EE* II 1, 1219a33-34). Le concept d'*ergon* se révèle ainsi mobilisé pour souligner une dimension absente du texte de Platon, à savoir la primauté de l'usage ou de l'œuvre sur l'*aretè* définie génériquement comme la disposition (*hexis*) ou l'état (*diathesis*) ou la puissance (*dunamis*) optimale d'une chose (*EE* II 1, 1218b38)[1].

L'ensemble de la démonstration repose sur une série d'équivalences conceptuelles entre les trois concepts de *telos*, d'*energeia* et d'*ergon*. Comme le souligne *Métaphysique* Θ 8, être en activité et atteindre sa fin sont une seule et même chose pour les êtres en devenir. Cette thèse est étayée par un appel à la parenté étymologique des termes d'*energeia* et d'*ergon* :

> En effet, l'œuvre est fin [τὸ γὰρ ἔργον τέλος], et l'activité[2] c'est l'œuvre [ἡ δὲ ἐνέργεια τὸ ἔργον], c'est pourquoi aussi le mot d'activité se dit en référence à l'œuvre et renvoie à l'état accompli [τὴν ἐντελέχειαν]. (*Métaph.* Θ 8, 1050a21-23)

1. Dans cette définition générique, les trois termes de *diathesis*, d'*hexis* et de *dunamis*, qu'Aristote a coutume de différencier (cf. *Cat.* 8, *Métaph.* Λ 20) sont traités comme équivalents dans leur commune opposition à l'*ergon*, c'est-à-dire à l'*energeia*.

2. La traduction d'*energeia*, acte ou activité, est délicate (voir J. Beere, *Doing and Being. An interpretation of Aristotle's Metaphysics Theta*, Oxford, O. U. P., 2010, p. 155 *sq.*). On s'efforcera dans les pages qui suivent de se tenir autant que possible à la traduction par « activité ». Pour le lien entre les sens d'*energeia* et d'*entelecheia*, voir *Métaph.* Θ 3, 1047a30-32

Activité (*energeia*) et œuvre (*ergon*) correspondent à l'état accompli (*entelecheia*) dans lequel se trouve atteinte la fin (*telos*) d'un être ou d'un processus. L'étymologie est ici le signe de la coïncidence de trois notions (*energeia*, *ergon*, *entelecheia*) qui chacune signifient la fin des étants. Que l'activité et la fin coïncident est une thèse qui vaut non seulement pour les actions inachevées qui ont leur but et leur *ergon* en dehors d'elles-mêmes (tels les mouvements ou les productions), mais aussi pour les actions immanentes qui ne produisent rien d'extérieur à leur propre déroulement, à l'instar de la sensation ou de l'exercice de la science. Dans les actions immanentes, « l'usage [ἡ χρῆσις] est le terme dernier ; ainsi la vue a pour terme la vision, sans qu'il résulte de la vision rien d'autre que la vue » (1050a23-25). Le terme d'usage (*chrèsis*) est un strict équivalent d'*energeia*, les deux termes, synonymes, étant souvent interchangeables comme le montrent les analyses de S. Menn[1].

Les textes parallèles de *Métaphysique* Θ 8 (1050a24-1050b2) et d'*Éthique à Eudème* II 1 (1219a13-19) soulignent la priorité de l'acte, à titre de fin, sur la puissance, que l'action soit immanente ou bien transitive. À partir de cette primauté logique et axiologique de l'*energeia*, on peut ainsi établir que le bonheur réside dans l'activité de la vertu la plus parfaite.

> D'après ce qui a été admis (à savoir que le bonheur [ἡ εὐδαιμονία] est le plus grand bien, que les fins et les meilleurs des biens résident dans l'âme sous la forme d'une disposition ou bien d'une activité[2]), puisque l'activité est supérieure à l'état et que l'activité la meilleure est celle de la disposition la meilleure [τῆς βελτίστης ἕξεως ἡ βελτίστη ἐνέργεια[3]], puisque la vertu est la meilleure disposition [ἡ δ' ἀρετὴ βελτίστη ἕξις], il est clair que l'activité de la vertu de l'âme est le plus grand bien. Or le bonheur était le plus grand bien. Le bonheur est donc bien l'activité d'une âme bonne [ἔστιν ἄρα ἡ εὐδαιμονία ψυχῆς ἀγαθῆς ἐνέργεια]. (*EE* II 1, 1219a28-35)

et les commentaires de J. Beere (p. 161-163) et de S. Menn, « The Origins of Aristotle's Concept of *Energeia* : *Energeia* and *Dunamis* », *Ancient Philosophy*, 14 (1), 1994, p. 111.

1. S. Menn, *ibid.* p. 79-80 : « In fact Aristotle uses the words χρῆσις and ἐνέργεια, χρῆσθαι and ἐνεργεῖν interchangeably and all-but-synonymously ; furthermore, it is χρῆσις that is the original technical term for activity, ἐνέργεια having begun as an explanatory synonym or alternate for χρῆσις before coming to displace it. In the *Protrepticus* itself the words χρῆσις and χρῆσθαι are significantly more common than ἐνέργεια and ἐνεργεῖν, and Aristotle switches back and forth freely between the two sets of terms. (..) While *Topics* iv 4 contrasts δυνάμεις with χρήσεις, the following chapter contrasts ἕξεις with ἐνέργειαι, and *Topics* iv 4 suggests that 'the χρῆσις is an ἐνέργεια'. » Les termes sont ainsi souvent associés, comme en *EE* II 1, 1219b2-3 cité *infra* p. 60 et en *Pol.* VII 13, 1332a9.

2. F. Susemihl a proposé de corriger en <τὰ ἐν> αὐτῇ le αὔτη (1219a30) figurant dans les principaux manuscrits. Selon F. Buddensiek (*Die Theorie des Glücks*, p. 105), cette correction n'est pas forcément nécessaire, le αὔτη, renvoyant à l'âme, pouvant reprendre sous une forme abrégée les lignes 1218b36-37 précisant que l'âme est le siège de dispositions (ou facultés) ainsi que d'actes et de mouvements.

3. On pourrait aussi comprendre τῆς βελτίστης ἕξεως ἡ βελτίστη ἐνέργεια en 1219a32 comme sous-entendant toujours βέλτιον, ce qui donnerait « l'activité la meilleure vaut mieux que la disposition la meilleure » (voir V. Décarie, *Aristote. Éthique à Eudème*, p. 82) mais cette solution semble un peu redondante.

L'argument eudémien prend donc le soin de justifier ce qui est simplement affirmé au détour d'une phrase dans l'*Éthique à Nicomaque*, à savoir que la vie dont il est question, cette vie proprement humaine, est à entendre comme activité et non comme simple disposition (cf. *EN* I 6, 1098a5-6). Il semble qu'on ait là une nouvelle raison de voir dans l'argument de l'*ergon* davantage qu'un raisonnement purement dialectique[1]. Que ce soit de manière fugitive en *EN* I 6 ou dans le cadre d'une argumentation développée en *EE* II 1, il permet d'introduire la notion d'*energeia* qui est au centre de la définition du bonheur[2]. Ceci nous met sur la voie du dernier bénéfice de la reprise de cet argument d'origine platonicienne, qui tient dans ses implications en aval. L'argument ne répond pas à la seule volonté de montrer que bonheur et vertu coïncident – tel était le but de la réfutation socratique en *République* I. Il vient aussi dissiper l'ambiguïté possible d'une coïncidence qui ne doit pas être comprise comme pure et simple identité.

« *De la vertu qui dort* »

En effet, Aristote a déjà avancé la vertu au titre des candidats possibles à constituer la définition de la vie heureuse, sans pour autant la retenir d'emblée.

> Être heureux, mener une vie bienheureuse et belle, consisterait principalement en trois choses qui semblent les plus désirables [αἱρετωτάτοις]. Pour les uns, en effet, c'est la sagesse [τὴν φρόνησιν[3]] qui est le plus grand bien, pour d'autres c'est la vertu [τὴν ἀρετήν], pour d'autres c'est le plaisir [τὴν ἡδονήν]. (*EE* I 1, 1214a30-33)

À ces trois candidats correspondent les trois genres de vie traditionnels dont les mérites respectifs sont soupesés et comparés : vie de jouissance, vie politique, vie contemplative[4]. Pourtant la définition du bonheur par la vertu n'a pas été retenue à ce stade de l'enquête. Cela signifie donc que formulée telle quelle, cette détermination est encore insuffisante. Aristote s'en explique en revenant après coup sur cette réponse et en montrant comment la définition qu'il propose est compatible avec elle, tout en en levant les ambiguïtés. Ainsi la vertu est-elle d'abord écartée au nom de l'argument suivant.

> Elle aussi apparaît trop incomplète car il semble qu'il soit possible, tout en possédant la vertu, de passer sa vie entière à dormir ou à ne rien faire [ἀπρακτεῖν] et, en plus de cela, à supporter

1. Voir C. Reeve, *Practices of reason*, Oxford, Clarendon Press, 1990, p. 138.

2. Voir G. Lawrence, « The Function of the Function Argument », *Ancient Philosophy*, 21 (2), 2001, p. 454-457, soulignant que l'argument de l'*ergon* permet ainsi d'éliminer un certain nombre de définitions populaires et philosophiques qui rangent le bien humain dans la mauvaise catégorie.

3. Le terme *phronèsis* semble employé ici dans son sens large, qui en fait l'équivalent de *sophia* et non dans l'acception stricte du livre VI de l'*Éthique à Nicomaque* (ou V de l'*Éthique à Eudème*). Voir aussi I 4, 1096b17, 24 cité *supra* p. 31.

4. Cf. *EN* I 3 ; *EE* I 4, 1215a32-1215b5.

les plus grands maux et les pires infortunes. Personne ne déclarerait heureux celui qui vit ainsi, à moins de vouloir soutenir une thèse [εἰ μὴ θέσιν διαφυλάττων[1]]. (*EN* I 3, 1095b31-1096a2)

On comprend donc à présent qu'à la définition du bonheur par la vertu manquait le facteur essentiel qu'est le critère de l'activité, impliquant son actualisation effective. C'est la raison pour laquelle cette opinion n'est valable qu'une fois précisé que la vertu doit être en acte et une fois surmontée l'objection du chapitre 3 :

Quant à ceux qui définissent le bonheur par la vertu ou par une certaine vertu, notre définition est en accord avec eux car l'activité selon la vertu relève bien de la vertu. Mais cela fait sans doute une différence non négligeable selon que l'on place le souverain bien dans la possession ou dans l'usage [ἐν κτήσει ἢ χρήσει][2], dans la disposition ou dans l'activité [ἐν ἕξει ἢ ἐνεργείᾳ] ; en effet, la disposition peut très bien être présente sans réaliser aucun bien, comme dans le cas de celui qui dort. (*EN* I 9, 1098b30-1099a2)

Le sommeil est l'exemple par excellence de cette interruption de l'activité qui peut menacer à terme la disposition[3]. L'insuffisance de la définition du bonheur par la simple vertu n'est pas sans ressemblance avec le reproche élevé en *Métaphysique* Λ 6 (1071b12-19) contre les Platoniciens dont le principe est inapte à rendre compte de l'éternité du mouvement. Ce type de moteur possède en effet ce grave inconvénient qu'il pourrait tout aussi bien ne pas mouvoir puisqu'il est avant tout une puissance qui pourrait ou aurait pu ne pas passer à l'acte. Or, tant au niveau métaphysique qu'éthique, on ne saurait rendre du compte du bien suprême par quelque chose qui serait pure puissance. Cela grèverait en effet le bien, que ce soit celui de l'homme ou de l'univers, d'une contingence fondamentale. Faire de la vertu la substance du bonheur, c'est donc courir le risque que celui-ci tout simplement ne soit pas, si jamais la vertu ne vient pas à s'actualiser. Si le bonheur était simplement défini par la vertu, il ne remplirait alors pas tout à fait les conditions exigées par *EN* I 5 à savoir d'être une fin parfaite et

1. Selon les *Topiques* I 11, 104b19-22, « thèse » a le sens d'opinion paradoxale soutenue par un philosophe de renom (voir le commentaire de C. Rapp, « Pleasure and *Eudaimonia*: *Nicomachean Ethics* VII 13-14 (1153b1-1154a21) », *in* C. Natali (ed.), *Aristotle*: *Nicomachean Ethics Book* VII, *Symposium Aristotelicum*, Oxford, O. U. P., 2009, p. 223). L'expression « soutenir une thèse » se trouve aussi dans le traité *Du Ciel* III 7, 306a11-13 à propos des Platoniciens prêts à nier l'évidence des faits pour sauvegarder la vérité de leurs principes.

2. Les termes de *ktèsis* et d'*hexis* renvoient probablement aux définitions du bonheur données respectivement par Xénocrate et Speusippe. (cf. *infra* p. 58). La primauté de l'usage (*chrèsis*) sur la simple possession (*ktèsis*) se trouve déjà énoncée par Platon dans l'*Euthydème* (280b-282a). Cependant le contraste qui intéresse Socrate dans ce passage est moins entre la possession et l'usage qu'entre le bon et le mauvais usage (ce qu'on retrouvera dans le *Ménon*) comme le note J. Beere dans *Doing and Being*, p. 164. Si l'*Euthydème* contient donc une caractérisation du bonheur comme possession et usage des biens (280e2), c'est dans le but de nous exhorter à rechercher la science de cet usage, qui n'est autre que la sagesse (*sophia*), dont la possession est impérativement nécessaire pour parvenir au bonheur (voir G. Striker, « Plato's Socrates and the Stoics », *Essays in Essays on Hellenistic Epistemology and Ethics*, Cambridge, C. U. P., 1996, p. 316-324).

3. Cf. *EN* VIII 6, 1157b5-12, cité *infra* p. 166.

autosuffisante, puisqu'il existerait encore quelque chose de plus haut et de plus désirable que la vertu en tant que disposition, à savoir son actualisation. Cette définition du bonheur par l'activité ne vaut d'ailleurs pas moins pour les dieux que pour les hommes, dont il faut bien se représenter la félicité sous forme d'acte car les dieux sont des vivants et ne sauraient dormir (*EN* X 8, 1178b18-20). Il faut donc que leur vie soit une *energeia* et la plus haute qui soit. La difficulté réapparaît en Λ 9 quand il s'agit de déterminer la nature de l'intelligence divine : il est exclu qu'elle ne pense rien, sans quoi elle serait dans la situation du dormeur, ce qui porterait gravement atteinte à sa dignité et à sa valeur (1074b17-18). Chez ce vivant très particulier dont il est inconcevable qu'il agisse ou produise, c'est-à-dire que son activité s'exerce sur quelque chose d'extérieur à lui[1], ne serait-ce qu'en requérant une matière éthique, cette activité ne pourra prendre d'autre forme que celle de la contemplation.

On saisit à présent pour quelles raisons il est à ce point essentiel de souligner que la vertu ne suffit pas à donner un contenu au bonheur. Le bien que nous recherchons, tous autant que nous sommes, doit être un bien *prakton*, c'est-à-dire non seulement réalisable mais réalisé dans l'action. Or si le vertueux, pour une raison ou pour une autre, ne peut actualiser sa vertu, soit qu'il passe sa vie à dormir, soit plus sérieusement que les malheurs de la vie ou la privation de biens extérieurs l'empêchent d'exercer sa vertu, on ne saurait le qualifier d'heureux.

La matière éthique du bien prakton

Définir le bonheur comme un bien *prakton* et non simplement comme disposition vertueuse se démarque des positions sans doute majoritaires à l'Académie[2].

> [Le bonheur] consiste-t-il seulement en une certaine qualité de l'âme [ἐν τῷ ποιόν τινα μόνον εἶναι τὴν ψυχήν], comme le croyaient certains parmi les sages et les anciens, ou faut-il posséder soi-même une certaine qualité, mais plus encore que nos actions possèdent certaines qualités [τὰς πράξεις εἶναι ποιάς τινάς] ? (*EE* I 4, 1215a20-25)

1. Ce qui excluait déjà que l'intelligence divine ait d'autre objet qu'elle-même selon *Métaph.* Λ 9, 1074b18-19.

2. C. Natali, citant le témoignage de Clément d'Alexandrie (*Stromates* II 22), montre que les différentes définitions du bonheur ayant cours à l'Académie tendent toutes peu ou prou à le définir comme un état ou une manière d'être : Speusippe parle d'*hexis* et de *katastasis*, Xénocrate de *ktèsis* et Polémon d'*autarkeia*. Cf. *The Wisdom of Aristotle*, trad. G. Parks, Albany (N. Y.), State university of New York press, 2001, p. 118. On pourrait, suivant F. Dirlmeier (*Eudemische Ethik*, p. 163), faire remonter ces formulations académiques du bien aux premiers mots du *Philèbe* : ἕξιν ψυχῆς καὶ διάθεσιν (11d, cité *infra* p. 73). Contrairement à ce que suggèrent certains interprètes (voir P. Rodrigo, *Aristote, une philosophie pratique. Praxis, politique et bonheur*, Paris, Vrin, 2006, p. 119), le terme d'*hexis* ne semble pas avoir ici le sens actif et technique d'usage opposé à la possession (*ktèsis*) qui est le sien dans le *Théétète*. En témoignent son association avec le terme *diathesis* (lié à *hexis* dans les *Définitions* pseudo-platoniciennes, 411d) comme le reste des occurrences d'*hexis* dans le dialogue (32e3 ; 41c2, 6 ; 48c6).

Cela implique aussi de prendre en compte les conditions de possibilité de l'action vertueuse, ce qui engage la question des biens extérieurs et la manière dont ils affectent positivement ou négativement le bonheur[1]. Par biens extérieurs il faut entendre non seulement ceux qui sont nécessaires au simple vivre, mais ceux qui sont intrinsèquement liés au déploiement des vertus éthiques. Agir vertueusement demande une matière éthique qui prendra la forme de biens matériels ou de biens humains que sont parents, amis et concitoyens qui ne sont pas moins nécessaires que les premiers pour le déploiement de nos vertus[2]. Rien donc de plus éloigné du bien aristotélicien que les paradoxes stoïciens que porte en germe l'éthique socratique[3] et dont Aristote ne veut pas[4].

Ceux qui disent que l'homme supplicié ou subissant de grands malheurs est heureux [εὐδαίμονα], du moment qu'il est un homme bon, qu'ils le veuillent ou non, parlent pour ne rien dire. (*EN* VII 14, 1153b19-21)

La vertu ne peut suffire à définir le bonheur, sous peine de retomber dans l'équivalence socratique vertu = bonheur[5] dont les *Dialogues* se font l'écho[6]. C'est bien le critère de l'activité qui contribue de façon décisive à faire du bonheur un bien *prakton*. Celui-ci se réalise dans une certaine action, contrairement à sa substantification platonicienne dans une Idée ou à son identification à un état de l'âme qui se confond avec la vertu, héritage socratique. La primauté

1. Voir J. Annas « Aristotle on Virtue and Happiness » et T. Irwin « Permanent Happiness : Aristotle and Solon », *in* N. Sherman (ed.), *Aristotle's Ethics* : *Critical Essays*, Lanham (Md.), Rowman & Littlefield, 1999, respectivement p. 35-56 & p. 1-34.

2. Voir *infra* p. 125 *sq*.

3. Voir Cicéron, *Académiques*, II, 44, § 136 : « Ces affirmations surprenantes des Stoïciens nommées "paradoxes" sont en majorité socratiques » (traduction de J. Kany-Turpin, Paris, Flammarion, GF, 2010). Sur la vertu comme condition nécessaire et suffisante du bonheur chez les Stoïciens, voir entre autres Diogène Laërce, *Vies et doctrines des philosophes illustres*, VII, 127.10-128.1 et Epictète, *Entretiens*, II 19, 24-25.

4. Voir A. Kenny, *Aristotle on the Perfect Life*, Oxford, O. U. P., 1992, p. 32, renvoyant aux analyses de M. C. Nussbaum dans *The Fragility of Goodness. Luck and Ethics in Greek Tragedy and Philosophy*, Cambridge, C. U. P., 1986.

5. Sur l'interprétation de cette équivalence, voir G. Vlastos, « Bonheur et vertu dans la pensée morale de Socrate », *Socrate*, p. 277-320, qui la désigne sous le nom de « thèse de la suffisance (Sufficiency Thesis) », signifiant implication mutuelle, qu'il tient à distinguer de l'identité pure (Identity Thesis) qui ne laisserait, elle, aucune place aux biens « conditionnels » comme la santé (ceux que les stoïciens appelleront « préférables »), mettant en péril l'eudémonisme rationnel dont il crédite Socrate. Pour une discussion critique de Vlastos, voir R. Crisp, « Socrates and Aristotle on Happiness and Virtue », *Plato and Aristotle's Ethics*, p. 55-78.

6. Voir *Apologie de Socrate* 30c-d, 41c-d ; *Gorgias* 471e, 507b-c et la conclusion de l'argument de l'*ergon* en *Rép*. I, 353 *sq*. Suivant G. Striker, « Plato's Socrates and the Stoics » p. 317, c'est sans doute le *Gorgias* qui contient les affirmations les plus explicites concernant la thèse socratique selon laquelle la vertu suffit au bonheur.

accordée à l'activité sur la simple vertu n'a donc rien d'une chicanerie aristotélicienne[1].

Le caractère décisif de l'activité est à nouveau souligné par les chapitres suivants chargés de vérifier l'adéquation de la définition obtenue avec les faits, c'est-à-dire tant avec les critères formels du souverain bien dégagés en I 5 qu'avec les opinions reçues à son sujet. Le bien recherché doit être le plus élevé, or la définition du bonheur s'accorde parfaitement avec la hiérarchie des biens en trois classes dont la plus haute est celle des biens de l'âme (1098b14-15), concordant avec un premier type d'*endoxa*, les opinions reçues des sages (1098b17-18), dont on trouve l'expression chez Platon comme chez ses successeurs à l'Académie[2]. Elle a au passage pour avantage de faire de ce bien quelque chose d'intérieur et non un bien extérieur (1098b19-20). Du fait de l'importance qu'elle attribue à l'action, la définition aristotélicienne du bonheur s'accorde également avec un deuxième type d'*endoxa*, l'opinion de la majorité telle que l'exprime le langage courant à travers la synonymie entre *eudaimonein* et *eu prattein* (1095a18-20, 1098b20-24). Le terme d'*eupraxia* (l'action ou la vie réussie) n'est pas seulement utilisé si volontiers par Aristote pour faire allégeance à l'opinion commune. Il a le mérite de condenser en un seul terme l'idée que le bien aristotélicien n'est autre que le bonheur et la nature essentiellement active de ce bonheur[3].

> Que le genre et la définition du bonheur que nous avons donnés soient corrects, les opinions communes à tous en témoignent. En effet, bien agir et bien vivre sont identiques au bonheur [τό τε γὰρ εὖ πράττειν καὶ τὸ εὖ ζῆν τὸ αὐτὸ τῷ εὐδαιμονεῖν], l'un et l'autre consistant en un usage et une activité, aussi bien la vie que l'action [ὧν ἕκαστον χρῆσίς ἐστι καὶ ἐνέργεια, καὶ ἡ ζωὴ καὶ ἡ πρᾶξις]. (*EE* II 1, 1219a40-b3)

Aristote s'est donc empressé de montrer que la définition du bonheur comme activité de l'âme selon la vertu concorde avec la plupart des conceptions traditionnelles du bonheur antérieurement croisées sans être retenues et dont il dégage du même coup la vérité partielle : elle peut satisfaire ceux qui soutiennent que le bonheur réside dans la vertu (moyennant la précision que celle-ci doit être en acte), comme ceux qui le placent dans le plaisir – puisque la vie des hommes bons

1. Comme le fait justement remarquer T. Bénatouïl (*Faire usage : la pratique du stoïcisme*, Paris, Vrin, 2006, p. 150), « la focalisation de Socrate puis Platon sur la vertu détourne l'attention des actions concrètes vers l'état de l'âme qui les produit, ce qui introduit un privilège décisif de l'être sur l'agir ». Il renvoie à M. Burnyeat dans « Virtues in action », *in* G. Vlastos (ed.), *The Philosophy of Socrates : a Collection of Critical Essays*, New York, Anchor Books, 1971, p. 225 sur le « principe général de liaison des adverbes et des noms abstraits » selon lequel, dans les premiers dialogues, dire qu'un acte qu'il est fait lentement, sagement, etc. équivaut à dire qu'il est fait par lenteur, sagesse, etc.

2. Cf. *Gorgias* 477c-e ; *Lois* III 697b, IV 717b-c, V 728a-d, 743d-e. Sur l'*eudaimonia* comme bien de l'âme, voir Xénocrate d'après le témoignage de Clément d'Alexandrie, *Stromates* II 22, 133, §6 (*cf.* C. Natali, *The Wisdom of Aristotle*, p. 118) et Aristote, *Top.* II 6, 112a36-38.

3. Comme le souligne A. Kenny, *Aristotle's Theory of the Will*, London, Duckworth, 1979, p. 96.

est plaisante par elle-même (1099a7), sans que le plaisir ait besoin d'y être ajouté comme un supplément ou un colifichet (1099a17). Si la définition du bonheur nous est à présent connue, reste à passer des conditions de possibilité du bien à sa réalité, c'est-à-dire à voir à quoi correspond cette activité de l'âme selon la vertu la plus parfaite. Comme le signale Aristote lui-même, le bien dont sa définition vient de dessiner les contours n'est encore qu'une esquisse, en attente d'être complétée (1098a20-22). À ce stade de l'enquête, la définition obtenue du bonheur comme activité de l'âme selon la vertu la plus parfaite pourrait, elle aussi, se voir suspectée de formalisme[1], et risquer d'apparaître comme dialectique et vide non moins que les Idées auparavant critiquées. Pour échapper à ce reproche et tenir sa promesse, cette définition par l'activité se doit de correspondre à un contenu déterminé. Quelles sont les formes que revêt cette activité qui fait la vie heureuse ?

Les deux visages du bonheur

C'est ici qu'on se heurte à une difficulté du texte aristotélicien. Il y a en effet non pas un mais deux candidats au titre de souverain bien, deux vies qui peuvent prétendre incarner l'existence selon la vertu proprement humaine. La raison d'une telle ambiguïté tient au fait que l'âme elle-même est rationnelle en deux sens, en tant qu'elle exerce ou écoute la raison (1098a4-5). Cette dualité, mentionnée dès I 6 (1098a4-5) et développée dans la psychologie morale du chapitre I 13[2], gouverne le partage entre vertus éthiques, propres de la partie de l'âme écoutant la raison (1102b31, 1103a1)[3], et vertus intellectuelles, qui relèvent la partie de l'âme exerçant la raison.

> Et s'il faut dire que cette partie aussi possède la raison, ce qui possède la raison [τὸ λόγον ἔχον] sera double : d'un côté ce qui la possède au sens strict et intrinsèquement, de l'autre ce qui est capable de l'écouter comme on écoute un père. Et la vertu se divise selon cette distinction : des vertus, nous disons les unes intellectuelles [τὰς μὲν διανοητικὰς], les autres éthiques [τὰς δὲ ἠθικάς], la sagesse, la compréhension, la *phronèsis* [σοφίαν μὲν καὶ σύνεσιν καὶ φρόνησιν] étant intellectuelles tandis que la libéralité, la tempérance sont éthiques. En effet, lorsque nous parlons du caractère [περὶ τοῦ ἤθους] de quelqu'un, nous ne disons pas qu'il est sage ou perspicace mais qu'il est doux et tempérant. (*EN* I 13, 1103a1-8)

1. Sur ces soupçons de vacuité, avancés par ceux qui ont une lecture « formelle » et non « matérielle » de l'argument, G. Lawrence (« The Function of the Function Argument », p. 453) renvoie à J. M. Cooper (*Reason and Human Good in Aristotle*, Indianapolis, Hackett Publishing, 1986, p. 146), et J. L. Ackrill (*Aristotle's Ethics*, London, Faber & Faber, 1973, p. 20).

2. Pour une analyse du chapitre et de ses implications, voir D. Lefebvre, « Avoir un *èthos* et être *philotoioutos*. Sur le sens de la notion d'*èthos* dans les *Éthiques* d'Aristote », dans A. Hourcade & R. Lefebvre (dir.), *Aristote : rationalités*, Rouen-Le Havre, Presses Universitaires de Rouen, 2011, p. 155-172.

3. Cette vue traditionnelle est remise en cause par H. Lorenz, « Virtues of Character in Aristotle's *Nicomachean Ethics* », *Oxford Studies in Ancient Philosophy,* XXXVII, 2009.

Car si la pensée forme la substance des vertus intellectuelles, elle n'est pas absente des vertus éthiques, au point que cette âme désirante qui peut entendre raison puisse se voir englobée dans l'âme rationnelle (1103a1-3). La vertu éthique en II 6 ne manquera d'ailleurs pas de faire intervenir le *logos* dans sa définition (1106b36-1107a2). Qui plus est, l'étude du chapitre VI 13 (voir *infra* chapitre V) montrera quelle forme de rationalité est présupposée par la vertu éthique dès lors que celle-ci, entendue au sens strict, exige la possession de cette vertu intellectuelle qu'est la *phronèsis*, étant donné qu'il n'y a pas de vertu sans *phronèsis* ni de *phronèsis* sans vertu. Les deux types d'excellence, éthique comme intellectuelle, engagent ainsi la raison, quoiqu'à des titres différents. Au niveau du livre I, quelle que soit la fermeté avec laquelle le livre X se prononcera ensuite en faveur de la vie contemplative, la définition du bonheur comporte donc un certain jeu dans la manière de comprendre cette « vie pratique de ce qui possède la raison » (1098a3). La conception aristotélicienne du bonheur est-elle, selon les termes du débat qui ne cesse d'agiter le commentaire contemporain[1], inclusive ou dominante ? Comprend-elle ou bien exclut-elle la vie pratique qui sera dite ensuite heureuse seulement à titre secondaire (X 8, 1178a9) ? Telle est l'alternative, aussi légitime qu'indécidable, qui gouverne la question de la forme du bonheur.

Les partisans des interprétations dominantes peuvent à bon droit s'appuyer sur le manifeste en faveur de la vie contemplative que constituent les chapitres 7 à 9 du livre X, en en voyant des prémices dans la mention de l'activité la plus parfaite en I 6 (1098a17-18 : κατὰ τὴν ἀρίστην καὶ τελειοτάτην) et des linéaments dans les chapitres du livre VI (7-9, 13) comparant les mérites et domaines respectifs de la *sophia* et de la *phronèsis*. Les partisans des interprétations inclusives, dont les nuances sont diverses[2], maintiennent quant à eux la pluralité des réponses, voire leur compatibilité en faisant de la vie heureuse un ensemble d'activités. Ils peuvent non moins justement tirer argument de la cohérence du projet d'ensemble

1. Les termes du débat fixés par W. F. R. Hardie dans l'article « The Final Good in Aristotle's Ethics », *Philosophy* 40, 1965, p. 277-285, sont bien résumés par P. Rodrigo : « La fin dominante est par nature unique et tout ce qui y concourt vaut par rapport à elle comme un simple moyen. En revanche, la fin inclusive est telle qu'elle peut inclure en elle des composantes multiples ne valant pas comme moyens mais comme *aspects* de cette fin », *Aristote, une philosophie pratique*, p. 47. Le débat, comme le signale C. Natali (« *Posterior Analytics* and the Definition of Happiness », p. 317) commence dès les commentateurs d'Aristote entre Aspasius (*In Ethica Nicomachea*, 19.1-2, C. A. G. XIX. I, ed. Heylbut) voyant dans les lignes 1098a16-18 une allusion à la vie contemplative et Eustrate (*In Ethica Nicomachea* I, 71, 15-16, C. A. G. XX, ed. Heylbut) pour qui la mention de vertu la plus parfaite renvoie à la *phronèsis*.

2. Les interprétations inclusives peuvent elles-mêmes se diviser entre ceux qui défendent l'idée que la vie parfaite est celle qui réunit un ensemble de vertus, pratiques et contemplatives, et de biens extérieurs (voir A. Price, « Aristotle's Ethical Holism », *Mind*, 89, 355, 1980, p. 338-352) et ceux qui font de la contemplation du livre X un achèvement de la vie pratique (voir S. Broadie, *Ethics with Aristotle*, Oxford, O. U. P., 1991, p. 389). Le débat a pris une telle extension qu'il est difficile d'en rendre toutes les nuances tendant à devenir plus complexes encore que le texte aristotélicien.

de l'*Éthique à Nicomaque* : sans le coup de théâtre des ultimes chapitres de l'*Éthique à Nicomaque*, aurait-on songé à exclure du champ du bonheur la vie « selon l'autre sorte de vertu » (1178a9) ? Ils peuvent aussi se réclamer de la *phronèsis*, vertu intellectuelle venant couronner les vertus du caractère, pour faire de la vie selon la vertu éthique une vie pouvant elle aussi revendiquer le titre de « meilleure et de plus achevée » (1098a17-18).

Face à cette hésitation, il y a plusieurs partis possibles : ou bien la déplorer, ou bien la trancher, ou bien l'assumer. On peut en effet y voir une faille de l'éthique aristotélicienne, confusion dommageable ou tension irrésolue[1], tout au plus soluble chronologiquement en reconduisant cette promotion de la vie contemplative à une position proche des thèses platonisantes de jeunesse, à l'instar de W. Jaeger rapprochant le livre X de l'*Éthique à Nicomaque* du *Protreptique*. On peut aussi trancher cette hésitation comme le font les interprétations dominantes qui s'autorisent des fermes conclusions du livre X[2]. Il est enfin possible d'assumer cette tension de l'éthique aristotélicienne. À la question du bonheur, le texte aristotélicien semble se refuser à nous donner une réponse univoque, nous en disant à la fois beaucoup et bien peu. Beaucoup parce que le bien dont il est question est à notre portée, puisqu'il dépend de nous, en faisant usage de nos excellences, de faire de notre vie une vie proprement humaine. En même temps trop peu, en nous laissant sans secours pour trancher la question de savoir laquelle, de la vie philosophique ou de la vie politique, il faut choisir.

Que cette question reste sans solution tranchée, qu'elle admette au moins deux réponses possibles, est peut-être moins un signe d'incohérence ou d'incomplétude qu'un accident qui fait sens, reflet d'une dualité inhérente à l'humaine condition[3]. Notre âme, c'est-à-dire notre raison, étant double, il y a au moins deux manières pour un homme de vivre sa vie d'homme, toutes deux répondant aux critères du souverain bien. Cette alternative peut alors se comprendre comme une ouverture nous invitant à réfléchir à la forme à donner à notre humanité. G. Aubry rattache ainsi cette dualité au rôle que joue le concept de *dunamis* dans l'éthique aristotélicienne, lui permettant d'échapper deux fois au reproche de naturalisme, qu'il soit celui de l'espèce ou de la naissance, faisant de la vertu une qualité propre soit

1. La première conclusion se trouve chez W. F. R. Hardie « The Final Good in Aristotle's Ethics », p. 279, la seconde chez J. L. Ackrill, « Aristotle on Eudaimonia », *Essays on Plato and Aristotle*, Oxford, O. U. P., 1999, p. 179-200.

2. Le caractère catégorique de ces déclarations peut néanmoins être mis en doute selon T. Irwin (*The Development of Ethics. A Historical and Critical Study ; Volume I : From Socrates to the Reformation*, Oxford, O. U. P., 2007, p. 151-152).

3. À la manière de ce que dit P. Aubenque à propos du destin rocambolesque des manuscrits de la *Métaphysique* : « Bien loin que la perte explique l'oubli, c'est l'oubli qui explique la perte, et c'est cet oubli qu'il s'agit d'abord d'expliquer », *Le Problème de l'être*, p. 25. La nécessité de cette tension dans la définition du bonheur humain est soulignée par A. Merker, *Une morale pour les mortels*, p. 167-169.

au genre humain soit à quelques privilégiés au sein de ce dernier. La notion de *dunamis* en éthique, loin d'exclure la dualité de la fin, en ouvrirait au contraire la possibilité en permettant de penser

> un rapport sélectif de l'homme à ses facultés et potentialités : être homme en acte, *ce* n'est pas devenir tout ce que l'on est – ou tout ce que l'on peut être. On n'est pleinement homme que sous la condition d'un choix[1].

Cette analyse de l'éthique aristotélicienne comme éthique de la puissance et du choix, ouverte à une forme d'indétermination, constitue une première manière de donner sens à cette dualité. On peut également remarquer que cette dualité est permise au moins autant par le concept de puissance que par celui même qui définit le bonheur, à savoir l'*energeia*. Cette hésitation entre les deux formes de vie, ni le concept d'*energeia* ni celui de *praxis* qui définissent le bonheur ne permettent de la trancher, dans la mesure où c'est leur plasticité même qui la rend possible :

> si nous posons que l'œuvre [ἔργον] de l'homme est une certaine vie, et que cette vie consiste dans l'activité de l'âme et les actions accompagnées de raison [ταύτην δὲ ψυχῆς ἐνέργειαν καὶ πράξεις μετὰ λόγου] … (*EN* I 6, 1098a12-14)

Dans l'expression *praxeis kai energeiai,* « les actions et les activités » qui revient ensuite par deux fois (1098b15, b18-19), les deux termes, qui semblent fonctionner comme un couple de quasi-synonymes, peuvent renvoyer aussi bien aux actions au sens courant du terme qu'à cette activité de l'âme qu'est la contemplation. Ni le terme d'*energeia* ni celui de *praxis* ne conduisent à exclure d'autorité l'une ou l'autre des formes de la vie rationnelle. En effet, si l'action selon la vertu éthique est bien une certaine *energeia* de l'âme humaine, ce qui l'autorise à prétendre constituer le bonheur, la contemplation n'en répond pas moins aux critères de la *praxis*, au moins à titre d'action achevée (πρᾶξις τελεία) au sens où l'entend le chapitre Θ 6 de la *Métaphysique* à propos des actes de voir, vivre, penser[2]. Comme le chapitre VII 3 de la *Politique*, d'interprétation difficile, s'essaie pour le moins acrobatiquement à le montrer, même la théorie est en un sens action : il existe en effet une vie théorétique active, ce qui interdit d'exclure du champ de la vie « pratique » les activités théorétiques[3]. À ce titre, la théorie est

1. G. Aubry, « *Dunamis* et *energeia* dans l'éthique aristotélicienne : l'éthique du démonique », *L'excellence de la vie*, p. 79.

2. Nous reviendrons plus loin (p. 97) sur ce texte de Θ 6. Cette ouverture à l'un ou l'autre des genres de vie permise par la définition du bonheur a été soulignée par P.-M. Morel, *Aristote. Une philosophie de l'activité,* Paris, Flammarion, GF, 2003, p. 213 et C. Natali, *The Wisdom of Aristotle*, p. 171-176.

3. *Pol.* VII 3, 1325b16-23 : « Mais il n'est pas nécessaire que la vie pratique soit en rapport avec autrui, comme le croient certains, ni que seules soient pratiques les pensées [οὐδὲ τὰς διανοίας εἶναι μόνας ταύτας πρακτικάς] qui ont pour fin les résultats de l'action, mais bien davantage celles qui ont leur fin en elles-mêmes [αὐτοτελεῖς] et les spéculations et les réflexions qui n'ont d'autre objet qu'elles-mêmes [τὰς αὑτῶν ἕνεκεν θεωρίας καὶ διανοήσεις]. En effet, bien agir [ἡ γὰρ εὐπραξία] est une fin [τέλος], de sorte qu'un certain type d'action [πρᾶξίς τις]

un prétendant non moins légitime que l'action à incarner le bien *prakton*. Cette double dimension, pratique et théorétique, du bonheur humain, présente tout au long du livre I de l'*Éthique à Nicomaque*, est explicite dans les lignes qui décrivent le bonheur de l'homme vertueux.

Il accomplira et contemplera toujours ou plus que tout ce qui est conforme à la vertu [πράξει καὶ θεωρήσει τὰ κατ' ἀρετήν], et supportera les coups du sort de la manière la plus belle et à tous égards la plus convenable, lui qui est un homme véritablement bon et d'une carrure sans reproche. (*EN* I 11, 1100b19-22)

La vie de la partie rationnelle de l'homme est plus large que la seule théorie : si cette dernière est peut-être la forme la plus accomplie de la *praxis*, l'agir humain ne saurait toutefois s'y résumer ni en constituer l'expression exclusive. Les concepts d'*energeia* et de *praxis* qui servent à définir le bonheur semblent donc maintenir cette hésitation et autoriser une double lecture. Il nous faut dès lors montrer que le concept d'*energeia* possède ce caractère unitaire qui lui permet de rendre compte du bonheur de chacune des deux vies. Il est apparu, à l'issue de la critique de l'Idée platonicienne et de son articulation avec la définition aristotélicienne du souverain bien, que ce bien recherché doit être un *prakton*, ce qui signifie qu'il s'atteint essentiellement dans une activité. Cette définition est-elle davantage en mesure de répondre aux attentes et aspirations humaines concernant le bonheur ?

Que le bonheur soit défini comme *energeia* aura donc plusieurs conséquences sur la définition de la vie bonne. Outre la dualité à l'instant évoquée qu'elle autorise, cette définition par l'*energeia* va faire apparaître la liaison intrinsèque, et non plus simplement extrinsèque, que le plaisir entretient avec la vie bonne. Aristote reproche par deux fois à l'inscription de Délos de dissocier à tort les caractères du bonheur, notamment le bien et le plaisir (cf. *EN* I 9, 1099b24-31 ; *EE* I 1, 1214a1-9). Insistant à de nombreuses reprises sur le fait que la vie heureuse doit comporter du plaisir[1], il ira même, au détour d'une discussion dialectique, jusqu'à faire sienne l'hypothèse qu'en vertu de sa nature d'activité non empêchée, le bonheur puisse consister en un certain plaisir (VII 14, 1153b7-15). Cette thèse provocatrice, certes développée dans le contexte dialectique d'une réfutation des arguments anti-hédonistes de Speusippe, ne doit cependant pas être réduite au

est aussi fin. Et même de ceux qui dirigent par leurs pensées les actions extérieures, nous disons aussi qu'ils agissent, au sens strict, le plus. » Nous suivons cependant C. Natali qui invite à replacer ce texte dans son contexte, celui d'une analogie entre bonheur de l'individu et bonheur de la cité. Aristote insisterait donc davantage sur le fait que la fin de la cité doit lui être immanente, c'est-à-dire qu'elle ne doit être ni la richesse ni la politique extérieure : « Cette définition restreinte de *praxis* ne peut être appliquée que par analogie à la cité : Aristote ne pense pas à une communauté de sages seulement et exclusivement occupés à la *theoria*, étant donné qu'une telle communauté ne pourrait pas non plus survivre, mais à une cité dont le principal intérêt n'est pas la politique extérieure », *L'action efficace*, p. 94.

1. Cf. *Pol.* VIII 5, 1339b19.

statut d'argument purement dialectique. Comme le souligne C. Rapp, elle est atteinte à l'issue d'un raisonnement dont les prémisses sont aristotéliciennes, mais l'identité contingente des deux ne signifie pas une réduction du bonheur au plaisir[1]. Si cette identité ne vaut en toute rigueur que sous la première caractérisation du plaisir qui l'identifie à l'activité non empêchée, amenée à être révisée au livre X, il n'en reste pas moins qu'il est tout à fait raisonnable (εὐλόγως, 1153b15), en accord avec l'opinion populaire, d'entrelacer étroitement bonheur et plaisir, dès lors que ce dernier se définit lui aussi en termes d'*energeia*[2], ce qui permet de dégager toute la portée de l'introduction de ce concept dans l'éthique.

S'il est un signe que le bien aristotélicien est un *prakton*, c'est-à-dire atteignable et à notre portée, c'est en effet qu'il s'accompagne de plaisir, qui est comme la traduction concrète, vécue, de la réalisation de ce bien. Reste donc à montrer que l'activité constitutive de la vie heureuse procure notamment ce que l'opinion attache non sans raison à son concept, à savoir le plaisir. Il ne suffit pas de déclarer que la conduite vertueuse trouve son plaisir en elle-même, sans le requérir en sus ni le tolérer comme un supplément. Il faut démontrer ce qui, au livre I, en est resté au stade de la simple déclaration, à savoir que le plaisir participe effectivement du bonheur. La discussion consacrée au plaisir permettra donc de dépasser la relative abstraction de cette définition liminaire en forme d'esquisse, en explorant les différentes facettes de ce bien *prakton*. C'est seulement à cette condition qu'on pourra comprendre comment la définition aristotélicienne est en mesure de dépasser non seulement les impasses d'une éthique fondée sur l'Idée du bien mais aussi les limites d'une conception de la vie bonne telle qu'elle est présentée dans la « seconde navigation » platonicienne sur la question du bien. La réflexion sur le bonheur et son contenu se doit donc de rouvrir la question du plaisir, afin d'établir ce qui autorise à le faire entrer de plein droit dans la vie heureuse. Autour de cette question se poursuit la confrontation, amorcée plus haut, entre la vie bonne aristotélicienne et les propositions du *Philèbe*. Le livre X de l'*Éthique à Nicomaque*, dont la structure fait écho à l'examen mené par le dialogue platonicien, reprend successivement la question du plaisir et celle de la pensée pour tâcher d'apporter une ultime réponse à la question du bonheur, mettant enfin un terme à la discussion entamée avec le *Philèbe*. Lui seul apporte une réponse définitive à la question de savoir comment sa conception de la vie bonne, non seulement se passe de l'Idée platonicienne, mais aussi

1. Voir C. Rapp, « Pleasure and *Eudaimonia*: *Nicomachean Ethics* VII 13-14 (1153b1-1154a21) », p. 234-235.

2. Il n'est pas indifférent de constater que les occurrences d'*energeia* se trouvent très majoritairement aux livres I et X. De cette inégale répartition il ressort que les occurrences les plus nombreuses concernent la question du bonheur (I, IX et X) et celle du plaisir (VII et X). Sur les 131 recensées, 21 appartiennent au livre I, 65 au livre X, autrement dit près des deux tiers. Les autres se répartissent comme suit : 5 au livre II, 6 au livre III, 1 au livre IV, 1 au livre VI, 15 au livre VII, 3 au livre VIII, 14 au livre IX.

dépasse la solution proposée dans cette « seconde navigation » platonicienne. Si Aristote, sans reprendre la solution du *Philèbe*, n'en ignore pas les termes, il lui revient de montrer que la vie bonne n'est pas à concevoir comme réunion de deux composantes hétérogènes – plaisir et activité de la pensée –, mais comme union indissoluble des deux. L'analyse du plaisir devrait donc enfin montrer pourquoi Aristote ne pouvait se satisfaire du bien platonicien.

CHAPITRE II

BIEN ET PLAISIR

Il nous faut à présent voir comment la redéfinition aristotélicienne du plaisir relève le défi et répond à une interrogation dont le philosophe ne cesse de souligner le caractère primordial : le plaisir est-il un bien et si tel est le cas, à quel titre ? Les déclarations ouvrant les deux traités consacrés au plaisir (*EN* VII 12-15 et X 1-5) en indiquent d'emblée la portée : le plaisir se présente comme le but spontané de nos actions et nous l'associons de ce fait non moins spontanément à nos représentations du bonheur. Au centre du système de la motivation humaine, il constitue, pour celui qui a la charge de l'éducation des hommes[1], le moyen d'orienter les conduites comme le rappelle le prologue au second traité sur le plaisir.

> Ensuite vient sans doute la discussion relative au plaisir. En effet, il semble être au plus haut point intimement lié à notre espèce, c'est pourquoi on éduque les jeunes en les gouvernant par le plaisir et la douleur ; il semble aussi que pour la vertu du caractère [τὴν τοῦ ἤθους ἀρετὴν] il soit décisif de prendre plaisir à ce qu'il faut et de détester ce qu'il faut [τὸ χαίρειν οἷς δεῖ καὶ μισεῖν ἃ δεῖ]. En effet, le plaisir et la douleur, s'étendant tout au long de la vie, ont de l'importance et de l'influence en ce qui concerne la vertu et la vie heureuse [πρὸς ἀρετήν τε καὶ τὸν εὐδαίμονα βίον] car on choisit ce qui est agréable et on fuit ce qui est douloureux [τὰ μὲν γὰρ ἡδέα προαιροῦνται, τὰ δὲ λυπηρὰ φεύγουσιν]. (*EN* X 1, 1172a19-26)

L'enquête sur le plaisir devra donc éclaircir la relation du plaisir à la fin de la vie humaine, sa place dans la vertu et dans le vice, autrement dit son lien avec le bonheur. La question est d'autant plus délicate qu'elle s'adosse à une série d'opinions contradictoires, le plaisir étant matière à une vive controverse dont le caractère topique en fait un exemple-type de problème dialectique du genre pratique (cf. *Top.* I 11, 104b1-8).

> Il semblerait qu'on ne doive en aucun cas négliger de telles questions, surtout vu qu'elles soulèvent de grandes controverses. En effet, les uns disent que le bien c'est le plaisir [τἀγαθὸν ἡδονήν], les autres, au contraire, que celui-ci est entièrement mauvais. (*EN* X 1, 1172a26-28)

La construction du problème éthique du plaisir est donc l'héritière d'un débat dont Aristote récapitule brièvement les enjeux au début de chacun des traités. Si le plaisir a quelque rapport avec le bien, il devra participer à la vie vertueuse qu'on ne saurait imaginer privée d'un élément qui contribuerait à sa perfection. À l'inverse, si le plaisir est tout entier condamnable ou trop dangereux pour être

1. Cf. *EN* VII 12, 1152b1-3.

admis au sein de la vie bonne, alors on commandera de le fuir autant que possible. Aristote s'attaque ici à une question classique, comme le rappelle M. Burnyeat :

> Aristote n'est pas non plus le seul à avoir écrit un livre *Sur le plaisir*. C'est apparemment ce qu'ont fait aussi Speusippe (DL IV, 4 : un livre), Xénocrate (DL IV, 12 : deux livres), Héraclide du Pont (Athénée, 512a), Straton (DL V, 59), et Théophraste à qui est attribué un livre Περὶ ἡδονῆς ὡς Ἀριστοτέλης (*Sur le plaisir selon Aristote* ou *Sur le plaisir à la manière d'Aristote*) plus un autre simplement intitulé *Sur le plaisir* et enfin – mais puissions-nous l'avoir ! – *Sur le plaisir faux* (DL V 46 : un livre). Il semblerait que le *Philèbe*, comme la Leçon de Platon sur le Bien, ait soulevé une frénésie de discussions[1].

Le *Philèbe*, auquel on verra la présentation aristotélicienne de la question faire écho de manière précise, se trouverait ainsi au centre de ces controverses. On pourrait certes nous objecter que les deux traités sur le plaisir prennent pour cible des membres de l'Académie comme Speusippe ou de simples « compagnons de route » comme Eudoxe plutôt que Platon lui-même. Ce dernier n'est nommément convoqué dans le débat qu'une seule fois en X 2 (1172b28-32), en réplique à l'un des arguments d'Eudoxe pour prouver que le plaisir est le bien souverain. Néanmoins cette citation précise de l'argumentation du *Philèbe* (20e-22e, repris en 60a-61b) est l'indice que Platon fait bien figure de référence omniprésente au milieu de ce débat. Comme le fait justement remarquer D. Frede[2], les traités aristotéliciens sur le plaisir se présentent davantage sous la forme d'une discussion critique d'arguments hédonistes et anti-hédonistes que sous celle d'une confrontation directe avec leurs représentants. Par ailleurs, le *Philèbe,* dont on soupçonne qu'il aurait été écrit en réponse à Eudoxe et/ou à Speusippe, semble constituer la mise en scène, un brin ironique, d'un débat agitant l'Académie[3]. Il n'est donc pas surprenant que parmi les arguments examinés par Aristote, les principaux trouvent des corrélats bien précis au sein de ce dialogue avec lequel il y a donc lieu de supposer que les livres VII et X de l'*Éthique à Nicomaque* sont en débat direct[4].

1. M. Burnyeat, « *Kinèsis* vs. *Energeia :* a Much-Read Passage in (but not of) Aristotle's *Metaphysics* », *Oxford Studies in Ancient Philosophy*, XXXIV, 2008, p. 274 (*nous traduisons*).

2. D. Frede, Appendice IV « *Energeia* versus *Genesis* : Aristoteles' Kritik am platonischen Lustbegriff », *Philebos*, Übersetzung und Kommentar von D. F., Göttingen, Vandenhoeck & Ruprecht, 1997, p. 418-427.

3. Voir J. Dillon, *The Heirs of Plato. A Study of the Old Academy (347-274 BC)*, Oxford, Clarendon Press, 2003, n. 79 p. 65. J. C. B. Gosling & C. C. W. Taylor (*The Greeks on Pleasure*, Oxford, Clarendon Press, 1982, p. 157-164) lisent dans le *Philèbe* une réplique à Eudoxe ou aux thèses inspirées par lui. J. Warren (« Aristotle on Speusippus on Eudoxus on Pleasure », *Oxford Studies in Ancient Philosophy*, XXXVI, 2009, p. 271-272) suggère de voir les thèses speusipéennes comme une source d'inspiration du *Philèbe*, n'excluant nullement une exagération polémique de la part de Platon.

4. Voir M. Burnyeat, « *Kinèsis* vs. *Energeia* », p. 265 *sq.*

Un problème platonicien en héritage

La question du rapport entre plaisir et bien fait l'objet d'un débat nourri non seulement au sein de l'Académie mais déjà au sein de l'œuvre platonicienne. Platon l'affronte directement dans au moins deux textes : la première fois au livre VI de la *République*, la seconde au début du *Philèbe*, même si les prodromes du débat remontent au moins au *Protagoras* et au *Gorgias*.

Prodromes

Ces premiers traitements du plaisir ont en commun de mettre entre parenthèses de la question de la nature du plaisir qui y est moins examiné pour lui-même que mobilisé à titre d'instrument dialectique à l'appui des réfutations socratiques. La discussion du *Protagoras* se présente en effet comme un excursus à l'intérieur d'une discussion plus générale sur le problème du courage, elle-même comprise dans une interrogation sur l'unité des vertus. Pour les besoins de l'argumentation, afin d'amener Protagoras à reconnaître l'unité des vertus (353b) fondée sur leur identité à la science ou sagesse, Socrate y explicite et y adopte les présupposés du jugement spontané de la foule sur la force irrésistible du plaisir (351b-355e), en se livrant à une réduction des biens et des maux à une somme de plaisirs et de peines[1]. Le plaisir n'y est donc pas une question abordée pour elle-même mais en tant qu'unité de mesure commune, nécessaire à cette argumentation *ad hominem* destinée à la foule doutant du pouvoir de la science. Socrate se contente de réduire les principes du choix à cet unique étalon qu'est le plaisir (353a) afin de rendre les divers biens et maux mutuellement commensurables. Le *Phédon* fournit une autre illustration de ce statut d'opérateur universel de conversion conféré au plaisir par la foule dont le calcul comparatif des plaisirs et des peines est le mode de raisonnement ordinaire. Socrate entend cette fois substituer au troc de plaisirs et de peines qui fait le fond de la vertu démotique le seul étalon qui vaille, à savoir la *phronèsis*[2]. Il s'y montre d'ailleurs cette fois beaucoup plus critique vis-à-vis de cette arithmétique des plaisirs dans laquelle il dénonce une forme dissimulée d'intempérance.

À l'opposé de l'hédonisme – ou prétendu tel – de Socrate dans le *Protagoras*, la discussion du *Gorgias* s'inscrit dans la réfutation de la vie de désir et de jouissance prônée par Calliclès (495c-500a). Socrate entreprend de réfuter l'identité du plaisir et du bien revendiquée haut et fort par son adversaire au moyen de deux arguments successifs : l'argument des contraires – leur coexistence

1. La signification qu'il faut donner à ce « calcul » hédoniste est une question très disputée parmi les interprètes. Voir F. Ildefonse, *Platon. Protagoras*, traduction et présentation par F. I., Paris, Flammarion, GF, 1997, note 2 p. 49 et J.-F. Balaudé, « Comment savoir avec Socrate ? Vérité et plaisir d'après le *Protagoras* », *Socrate et les Socratiques*, p. 117-136.

2. Cf. *Phédon* 69a-b cité *infra* p. 214.

possible dans le cas du plaisir et de la peine mais exclue dans celui du bonheur et du malheur (495c-497e) prouvant la non-identité des deux couples – et l'argument du courage dont Calliclès reconnaît bien la valeur irréductible au plaisir (497e-499b). Si le premier argument pourrait suffire à invalider l'identité du plaisir et du bien et à réfuter ainsi Calliclès, le second permet de surcroît de mettre en évidence la nécessité d'une compétence afin de faire la différence entre bons et mauvais plaisirs, différence que Calliclès s'est vu obligé d'admettre (500a).

De ce rapide survol du traitement que ces deux dialogues réservent au plaisir, il ressort que, tout en défendant des positions en apparence opposées (en réduisant le bien au plaisir dans le premier cas, en refusant cette réduction dans le second), ils aboutissent l'un comme l'autre à la promotion d'un art ou d'une science au titre d'instrument du « salut »[1]. Les deux réfutations dialectiques de la foule comme de Calliclès débouchent sur l'exigence d'une expertise capable dans le *Protagoras* de nous donner la connaissance de ce qui est à craindre (360c-d) et dans le *Gorgias*, de nous permettre de discriminer les bons des mauvais plaisirs (500a). C'est donc la *phronèsis*, parce qu'elle offre un secours suffisant à l'homme (352c7), qui sort gagnante de cette discussion du *Protagoras* et renforcée dans ses prétentions[2]. L'atteinte du bonheur suppose un calcul de la raison et la possession d'un art permettant d'évaluer les conséquences de nos choix (356d-357b), seuls garants d'un hédonisme conséquent. Qu'on affirme pour les besoins de la cause ou qu'on nie l'identité du plaisir et du bien, la valeur des plaisirs est finalement mesurée à la connaissance de ce qui mérite d'être fui ou poursuivi. S'il est un résultat positif de ces deux réfutations dialectiques, il réside dans cette promotion de la *phronèsis*.

Enfin, il est remarquable que ni l'un ni l'autre des dialogues ne se préoccupe vraiment de savoir ce qu'est le plaisir ni de fonder en raison la différence entre bons et mauvais plaisirs. Le *Protagoras* ne s'occupe pas de l'analyser, postulant pour les besoins du raisonnement dialectique son identité avec le bien. La première preuve du *Gorgias* va un peu plus loin en en remarquant la corrélation à une souffrance. Faut-il y voir une théorie de l'essence du plaisir, qui était elle absente du *Protagoras*[3] ? Certes, le *Gorgias* pose d'importants jalons pour la discussion ultérieure en introduisant la notion de réplétion (*plèrôsis*)[4] et en mettant en évidence le lien que le plaisir entretient avec la douleur, le manque et le devenir. Il semble cependant que Socrate n'ait nul besoin de formuler de thèse explicite sur la nature du plaisir et se contente de montrer que les plus évidents

1. En témoignent les occurrences de σωτηρία et σῴζειν en *Protagoras* 356d-357c. Les dialogues ont pour second point commun de traiter du plaisir en lien avec la question du courage, qu'il s'agisse de le réintégrer dans le tout des vertus réductible à la science, contre Protagoras qui a voulu en faire une exception (358d *sq.*), ou de réfuter l'identité affirmée par Calliclès entre plaisir et bien à partir d'une mesure des plaisirs respectifs du lâche et du brave.

2. Voir G. Vlastos, « Hédonisme, *faute de mieux* », *Socrate*, p. 407-409.

3. Voir J. C. B. Gosling & C. C. W. Taylor, *The Greeks on Pleasure*, p. 80.

4. Voir *infra* p. 82.

d'entre eux, qui relèvent de la satisfaction de besoins, sont précédés d'une souffrance. Voilà qui suffit à ruiner leur identification avec le bien, lequel exclut toute coexistence avec son contraire, sans requérir davantage d'élaboration ontologique. Celle-ci ne sera justement explicite que dans la *République* et plus développée encore dans le *Philèbe* qui aborde de front le problème du plaisir et de sa nature pour le relier directement à la question du bien ou du contenu de la vie bonne.

Le plaisir et la vie bonne : le Philèbe

Le *Philèbe* s'ouvre de façon abrupte sur l'alternative opposant les positions défendues respectivement par Philèbe et par Socrate.

> Philèbe, lui, soutient que le bien pour tous les êtres animés consiste dans la joie, le plaisir, l'agrément [ἀγαθὸν εἶναί φησι τὸ χαίρειν πᾶσι ζῴοις καὶ τὴν ἡδονὴν καὶ τέρψιν] et tout ce qui va avec ce genre de choses. Nous, nous prétendons qu'il ne consiste pas là-dedans et que la réflexion, la pensée, la mémoire [τὸ φρονεῖν καὶ τὸ νοεῖν καὶ μεμνῆσθαι] et ce qui est du même genre, l'opinion droite et les raisonnements vrais [δόξαν τε ὀρθὴν καὶ ἀληθεῖς λογισμούς], sont meilleurs et plus précieux que le plaisir pour tous ceux qui sont en mesure d'y participer : pour tous les êtres présents et à venir capables d'y avoir part, c'est la chose la plus avantageuse qui soit. (…) Chacun de nous essayera de faire voir quelle disposition et quel état de l'âme [ἕξιν ψυχῆς καὶ διάθεσιν] sont susceptibles de procurer à tous les hommes une vie heureuse. (*Philèbe* 11b-d)

Ce début *in medias res* nous replonge en réalité au cœur d'un débat laissé ouvert par la *République*[1]. Au livre VI, Socrate évoquait au sujet du bien une alternative entre deux options fondamentales, le plaisir soutenu par la voix de la majorité, la pensée défendue par les raffinés (505b). Adimante le pressait alors de prendre position dans la controverse.

> Mais toi, Socrate, que dis-tu ? Le bien, est-ce la science ou le plaisir ou quelque chose d'autre à côté de cela ? (*Rép.* VI, 506b)

Ce troisième terme avancé par Adimante pourrait annoncer le dépassement de l'alternative, qui prendra dans le *Philèbe* la forme de la vie mixte, nouvelle réponse à la question du bien. C'est en tout cas le *Philèbe* qui propose l'analyse la plus développée de la nature du plaisir permettant enfin de statuer sur sa valeur et sa place dans la vie bonne[2]. Diverses positions classiques sur le sujet y sont examinées. Certaines sont incarnées par les interlocuteurs eux-mêmes (Philèbe et son porte-parole Protarque, tenants d'un hédonisme radical). D'autres sont des

1. M. Burnyeat (« Fathers and Sons in Plato's *Republic* and *Philebus* », *The Classical Quarterly*, 2004, p. 80-87) a relevé un certain nombre d'échos délibérés du *Philèbe* à d'autres dialogues, et en particulier à la *République*.

2. La démonstration de la supériorité de la vie du philosophe en *République* IX esquisse une analyse du plaisir, en fonction de son origine (corporelle, spirituelle) et de son objet (sensible, intelligible) dont les termes seront repris, développés et précisés dans le *Philèbe* qui en construira notamment le soubassement physiologique. Sur les insuffisances du modèle de *République* IX, voir J. C. B. Gosling & C. C. W. Taylor, *The Greeks on Pleasure*, p. 126-142.

thèses « endoxales » dont les défenseurs ne sont pas explicitement désignés. Ainsi Socrate convoque-t-il d'abord l'opinion de penseurs anti-hédonistes, dont certains vont jusqu'à nier l'existence même du plaisir (44b)[1], puis de ceux qui rangent le plaisir sous la catégorie de la *genesis* (53c).

Aristote s'inscrit donc dans un débat qui occupe déjà l'Académie et nombre de dialogues de Platon. Il se démarque cependant de la construction platonicienne du problème sur un point bien précis. Nombre des textes platoniciens (*Gorgias*, *République* IX, *Philèbe*) abordent le plaisir au sein d'une évaluation comparative des genres de vie. Le livre IX de la *République* qui achève de répondre au défi de Thrasymaque vigoureusement relayé par Glaucon et Adimante présente trois démonstrations différentes de la supériorité en matière de bonheur de la vie du juste. La dimension comparative, omniprésente dans le *Philèbe* à travers la métaphore récurrente du prix, y culmine dans le palmarès final des biens. Dans le livre V des *Lois*, elle participe d'une rhétorique parénétique : dans le cadre d'un prélude, l'Athénien fait l'apologie de la vie vertueuse en reprenant l'hédonisme spontané auquel le *Protagoras* donnait la forme d'une arithmétique des plaisirs supposée diriger, de manière plus ou moins cohérente, les choix pratiques de chacun[2]. Or dans les traités aristotéliciens, la nature et la valeur du plaisir ne sont plus examinées dans le cadre d'une alternative le mettant en balance avec la pensée. Le livre X aurait pourtant très bien pu le mettre en concurrence avec la contemplation, à la manière dont le premier livre de l'*Éthique à Nicomaque* oppose les trois grands genres de vie – apolaustique, politique, et contemplative (cf. *EN* I 3, 1095b15-20). Ce n'est pas la voie qu'Aristote choisit d'emprunter.

Rien moins que contingente, cette modification des termes de la question marque l'abandon d'une perspective qui est propre à Platon. On peut déjà noter que la dimension parénétique, sans être absente des traités éthiques d'Aristote, est nettement moins explicite que dans les dialogues platoniciens. On peut remarquer ensuite que la cible principale des critiques aristotéliciennes est moins l'hédonisme radical d'un Philèbe que les positions anti-hédonistes excessivement moralisatrices dont il s'agit de réfuter les présupposés. En effet, l'hédonisme prôné par Eudoxe, si radical soit-il dans son principe, est bien loin de la représentation courante de la vie de plaisir et nullement synonyme de débauche, à

1. Socrate ne reprend pas à son compte la thèse de ceux qu'il appelle « les difficiles » (δυσχερεῖς 46a5) mais il la fait intervenir pour éclaircir la question de la valeur des plaisirs. Il s'agit de s'en servir comme de « devins » dont les positions radicales peuvent être utiles dans la discussion. Selon M. Schofield (« Who were οἱ δυσχερεῖς in Plato, *Philebus* 44a ff. », *Museum Helveticum*, 28, 1971, p. 2-20), il y a de bonnes raisons de voir dans ces « difficiles » une allusion précise et polémique à Speusippe.

2. Sur l'hédonisme dans les *Lois*, voir F. Bravo, « Le Platon des *Lois* est-il hédoniste ? », *in* S. Scolnicov & L. Brisson (eds.), *Plato's Laws : from Theory into Practice. Proceedings of the Sixth Symposium Platonicum. Selected Papers*, Sankt Augustin, Academia Verlag, 2003, p. 103-115.

voir la vie sobre menée par son porte-parole[1]. Quant à l'hédonisme vulgaire, il a déjà été rejeté pour être indigne de l'homme[2]. Les traités consacrés au plaisir combattent ainsi moins le vulgaire que les raffinés, pour reprendre l'alternative de *République* VI. Au-delà du contexte argumentatif, on verra qu'il y a enfin à cet abandon de la perspective comparative des raisons conceptuelles. La définition aristotélicienne du plaisir comme achèvement de l'*energeia* (*EN* X) exclura de le penser comme une réalité autonome, qu'on pourrait mettre sur le même plan que la pensée pour y être comparée.

En dépit de cet abandon de la perspective comparative, les démarches respectives des deux philosophes convergent sur un point : l'articulation de la question éthique à des considérations ontologiques[3]. C'est dans un même cadre éthique (la question de la vie bonne) et dialectique (le plaisir est-il ou non le bien ?) que les traités aristotéliciens et le dialogue du *Philèbe* vont être conduits à entreprendre une analyse ontologique du plaisir, cherchant à déterminer son être pour pouvoir statuer sur sa valeur. Afin de comprendre comment l'analyse aristotélicienne prend position de manière critique vis-à-vis de cet héritage platonicien, on commencera par évaluer la démarche et les conclusions auxquelles parvient Platon dans ce dialogue éloquemment sous-titré « Du plaisir » par ses premiers éditeurs. Sur fond d'une opposition frontale retenue non sans raison par la tradition, nous verrons qu'Aristote forge, de l'intérieur, les instruments de sa critique.

1. Ceci plaide en sa faveur sans pour autant constituer une preuve. Selon *Rhétorique* I 2 (1356a5-13), le caractère de l'orateur peut contribuer à la persuasion de son discours.

2. Cf. *EE* I 5 cité *infra* p. 113.

3. Voir C. C. W. Taylor, « Pleasure : Aristotle's Response to Plato », *Plato and Aristotle's Ethics*, p. 1.

LE MODÈLE PLATONICIEN DU PLAISIR DANS LE *PHILÈBE*

Dans ce dialogue à l'interprétation controversée, souvent vu comme un amendement des positions anti-hédonistes du *Phédon,* du *Gorgias* ou de la *République*, la réhabilitation du plaisir, si réhabilitation il y a, se fait avec la plus grande prudence[1]. À l'appui de la réévaluation, il faut invoquer le souci socratique de prendre en compte l'importance du plaisir dans la vie humaine. Il nous faut envisager une vie mixte car la sagesse à elle seule, pas plus que le plaisir réduit à lui-même, ne saurait constituer le souverain bien, puisque nul ne voudrait d'une vie sans plaisir (21d-e). La vie de sagesse sans jouissance ni souffrance peut bien être « la plus divine de toutes » (33b), exprimer la condition de l'intelligence divine (22c), elle n'en est pas pour autant un objet de choix pour l'être humain. L'anti-hédonisme radical se trouve ainsi d'emblée exclu.

Cette prise en considération du plaisir dans le bien humain est d'autant plus significative qu'elle sera pleinement réassumée par les *Lois* qui lui donneront toute sa portée éthique et politique en faisant de l'utilisation mesurée du plaisir le ressort de l'éducation des citoyens à la vertu[2]. N'étant plus conçu uniquement comme un obstacle ou un danger pour la vie éthique, le plaisir, sous certaines de ses formes, gagne le droit de faire partie de la vie bonne et de figurer parmi les aspirations légitimes de l'humanité. S'il ne faut donc pas minimiser la portée du geste platonicien à l'œuvre dans le *Philèbe*, la stratégie d'ensemble du dialogue demeure critique vis-à-vis du plaisir : elle en distingue les formes pour mieux exclure de la vie bonne, sinon le genre en son entier, du moins le plus grand nombre d'entre elles.

1. Pour une interprétation restrictive de la réhabilitation, voir D. Frede, « Disintegration and Restoration : Pleasure and Pain in Plato's *Philebus* », *in* R. Kraut (ed.), *The Cambridge Companion to Plato*, Cambridge, C. U. P., 1992, p. 440. *Contra* voir G. Carone, « Hedonism and the Pleasureless Life in Plato's *Philebus* », *Phronesis*, 45 (4), 2000, p. 257-283.

2. Le projet éducatif et législatif ne peut en effet faire abstraction de ce qui est irréductiblement lié à la nature de l'homme, le plaisir représentant la part humaine de l'humain par opposition à sa part divine (*Lois* V, 732e). L'anthropologie du *Timée* en fait d'ailleurs la première des affections (*pathèmata*) de l'âme mortelle et une nécessité inhérente à notre condition mortelle et incarnée (69c). Les *Lois* en tireront les conséquences politiques, prenant la mesure de cette composante irréductiblement pathologique en élaborant une législation adressée à l'homme, qui prenne en compte sa double composante de raison et de sensibilité. Voir A. Laks, « Prodige et médiation : esquisse d'une lecture des *Lois* », *D'une cité possible*, p. 11-28 et « Raison et plaisir : pour une caractérisation des *Lois* de Platon », dans J.-F. Mattéi (dir.), *La naissance de la raison en Grèce. Actes du congrès de Nice 1987*, Paris, PUF, 1990, p. 291-303.

Le plaisir est divers

Aussitôt que Socrate entreprend l'examen du plaisir, il met en avant sa diversité. Sous l'unicité d'un nom se dissimule une multiplicité de formes qui impose d'en cerner le genre avant de pouvoir statuer sur sa valeur (12c). Un homme débauché a du plaisir, un homme tempérant en trouve dans sa tempérance même, un insensé en éprouve aussi bien qu'un sage (12c-d). Comment, face à cette unité nominale recouvrant de telles différences, affirmer unilatéralement que le plaisir constitue un bien ou le bien ? On pourrait évidemment répliquer que cette diversité de formes est moins un trait caractéristique du plaisir que le propre de tout ce qui constitue un genre. Tout genre comporte une multiplicité interne, est divisible en espèces que la dialectique a précisément pour tâche de dénombrer. Cette nécessité inhérente à l'exercice dialectique vaut aussi bien pour la multiplicité des lettres ou des notes de musique que pour l'infinie diversité des formes du plaisir (18a-b). La question de l'un et du multiple se pose d'ailleurs également pour la pensée (18e-19a) : à l'intérieur du genre de la science on repérera en effet également des espèces, de sorte que l'un et l'autre objet ne souffriront d'aucune inégalité de traitement, pour la plus grande satisfaction de Protarque (14a). La multiplicité est-elle vraiment un propre du plaisir ou bien n'est-elle que le résultat attendu de l'application de la méthode dialectique ?

En réponse à cette interrogation en forme d'objection, il importe de souligner que le traitement du plaisir occupe une place bien plus importante que celle qui est accordée à la pensée, ce qui constitue un indice de sa complexité particulière. La division de la pensée en ses différentes espèces à la toute fin du dialogue se voit rondement menée par Socrate qui reprend les distinctions entre les sciences élaborées dans d'autres dialogues[1] sans prendre la peine de les justifier davantage. Elle est loin de constituer l'objet principal d'une réflexion socratique avant tout soucieuse de s'acquitter de l'engagement pris envers Protarque de soumettre également son candidat à l'épreuve de la division dialectique. C'est en effet à titre de concession mutuelle nécessaire à l'avancée de la discussion que Socrate avait affirmé la multiplicité des deux prétendants (13d). La dissymétrie entre les multiples visages du plaisir et la complexité bien moindre reconnue à la pensée demeure néanmoins flagrante. Si la méthode dialectique, appliquée au plaisir, n'a rien de lisse ni de linéaire, c'est que la parenté que celui-ci entretient avec le genre de l'illimité (*apeiron*) complique l'entreprise dialectique, ce que souligne au détour d'une phrase le jeu sur le double sens de l'adjectif *apeiros*[2].

1. Cf. *Rép.* VII, 525b-d sur la différence entre l'usage pratique et l'usage spéculatif des mathématiques, et *Pol.* 258d-e sur la distinction entre sciences pratiques et théoriques.

2. Cf. *Philèbe* 17e : « La multiplicité illimitée [τὸ δ' ἄπειρόν ….πλῆθος] de toutes choses et en toutes choses te rend chaque fois incapable de réfléchir [ἄπειρον … τοῦ φρονεῖν]. » Sur la résistance qu'oppose l'*apeiron* du plaisir à la pensée, voir l'introduction de M. Dixsaut au volume *La fêlure du plaisir. Études sur le Philèbe de Platon*, 1. *Commentaires*, Paris, Vrin,

À Socrate demandant si plaisir et douleur admettent le plus et le moins – signe distinctif auquel se reconnaît ce qui relève du genre de l'*apeiron*, 24e-25a – Philèbe répond sans hésiter que

> le plaisir ne serait pas le bien tout entier s'il n'était pas par nature illimité [ἄπειρον] aussi bien en nombre qu'en degré. (*Philèbe* 27e)

Cette appartenance au genre de l'illimité laisse présager de la difficulté à cerner la nature du plaisir et de la prévention éthique qui en découle. Dès lors l'enquête n'aura d'autres ressources que d'introduire la limite et la mesure au sein de l'indétermination pure du plaisir par l'élaboration d'un fin maillage de distinctions.

L'élaboration des différentes catégories de plaisirs (plaisirs du corps seul, de l'âme seule, plaisirs mélangés) représente la majeure partie du dialogue et donne lieu à une analyse détaillée des différentes opérations de l'âme et du corps participant de cette affection. Le premier critère de distinction, l'origine du plaisir, permet de séparer les plaisirs dont le corps est la cause exclusive (31d-32b) et ceux qu'éprouve l'âme sans la participation du corps. Il faut noter que les espèces ainsi dégagées sont moins des espèces du plaisir que des espèces d'un état affectif bivalent. En effet, le plaisir n'est abordé que dans son lien avec la douleur : on ne peut parler de l'un sans parler en même temps de l'autre, dans la continuité du *Phédon* soulignant l'inséparabilité des deux affections[1], comme du *Gorgias* qui avait mis en évidence leur coexistence (496c-497a). Comme on le verra, une des particularités de l'approche aristotélicienne consistera précisément à défaire le lien du plaisir avec la douleur et à penser le plaisir indépendamment de son corrélat.

La double origine, psychique ou corporelle, du plaisir, par le décalage qu'elle rend possible entre état du corps et état de l'âme, permet alors d'étendre la gamme des affections de plaisir et de douleur en envisageant leur mélange (36c-43e) : le mélange peut avoir lieu au niveau du corps (46c-47c), entre âme et corps (47c-d), enfin dans l'âme seule (47e-50d). C'est cependant le caractère mélangé ou non des affections elles-mêmes, plutôt que leur « lieu » ou leur source, qui constitue le critère de l'évaluation. Que le plaisir relève de l'âme ou du corps seuls ou des

1999, p. IX-XXVII, ainsi que les analyses de J. M. Cooper dans « Plato's Theory of Human Good in the *Philebus* », *Reason and Emotion. Essays on Ancient Moral Psychology and Ethical Theory*, Princeton, Princeton University Press, 1999, p. 151-164.

1. *Phédon* 60b-c : « Combien paraît étrange, dit-il, mes amis, ce que les hommes appellent plaisir, et combien est étonnant le rapport qu'il entretient naturellement avec ce qui semble lui être contraire, la douleur. Ils n'admettent pas d'être en même temps présents dans l'homme, mais qu'on poursuive l'un et qu'on l'obtienne, on est presque [σχεδόν τι] forcé d'obtenir toujours l'autre aussi, comme deux corps issus d'une seule tête. » Il faut noter la légère restriction du σχεδόν τι : serait-elle l'indice qu'on puisse trouver un plaisir qui ne soit pas attaché à de la douleur, ouvrant la voie développée en *République* IX et dans le *Philèbe* ? La difficulté de concilier les descriptions du *Phédon* (nécessaire succession des affections) et du *Gorgias* (possibilité de leur coexistence) est relevée par D. Wolfsdorf, *Pleasure in Ancient Greek Philosophy*, Cambridge, C. U. P., 2013, p. 91.

deux ensemble est en définitive une question secondaire, comme le suggérait déjà le *Gorgias* (496e). Les plaisirs mêlés que l'âme seule retire en se laissant aller à l'envie jalouse ou en se délectant d'un spectacle comique ne seront donc pas moins blâmables que ceux des débauchés qui assaisonnent leur jouissance physique de souffrance. C'est la pureté, comprise comme séparation d'avec la douleur, qui est décisive dans l'évaluation du plaisir en vue de décider quel type on laissera entrer dans la vie heureuse.

De la longue analyse psycho-physiologique du plaisir constituant l'apport propre du *Philèbe*, il ressort que le plaisir correspond à la réplétion d'un manque ou la restauration d'un état naturel[1], ce dont les plaisirs les plus évidents, nés de la satisfaction des besoins du corps, constituent les illustrations paradigmatiques (31d-32b). Les diverses divisions du plaisir en révèlent aussi le lien avec la douleur et la propension naturelle au mélange, auxquels ne font exception qu'un petit nombre de formes : les plaisirs purs, recouvrant les plaisirs olfactifs, les plaisirs de la vue ou de l'ouïe qu'on qualifierait aujourd'hui d'esthétiques, et les plaisirs intellectuels. Le plaisir n'est admis dans la vie mixte que sous condition de pureté (63e-64a) ou de nécessité (62e) : c'est à la pensée qu'il revient d'être cause de la bonté du mélange, elle qui présente bien plus de parenté avec les caractères du bien que sont la vérité, la beauté et la proportion (65b-66a). À l'issue de l'examen dialectique, on a bel et bien l'impression que la réhabilitation du plaisir n'est pas si franche qu'on pouvait l'imaginer. Même dans le cas de ses formes pures, admises sans réserve dans la vie bonne, on constate que leur caractérisation n'est pas exempte de certaines équivoques qui en hypothèquent la positivité.

Ambiguïtés des plaisirs purs

Les plaisirs purs ont beau faire l'objet d'une appréciation positive, leur statut demeure en effet problématique. Ils se distinguent du reste du genre en ceci qu'ils ne font suite à aucune souffrance préalable. Les premiers exemples donnés par Socrate sont des plaisirs d'origine sensorielle : olfactive, auditive, visuelle (51b). L'explicitation de leur pureté, qui fait suite à la demande de précision de Protarque en 51c, n'est pas dépourvue d'un certain flottement. En effet, il semble qu'on oscille entre la pureté entendue comme non-liaison avec la douleur (caractéristique propre à ce type de sensation en 51b cité *infra* p. 82 et 51e) et la pureté comprise comme qualité propre aux objets de certaines sensations visuelles et auditives (51c-d). La pureté de ces plaisirs esthétiques, dont la spécificité est relevée dès l'*Hippias Majeur* (297e *sq.*), paraît ici simplement dérivée du caractère non-relatif, séparé et autonome des objets qui en sont à l'origine (figures

1. Cette double description cohabite dans le *Philèbe* qui emploie aussi bien le vocabulaire de la réplétion (πλήρωσις), qu'on trouve dans le *Gorgias* et dans la *République*, que celui de la restauration, introduit dans les dialogues plus tardifs (*Timée*) dans lequel le traitement physiologique du plaisir est plus élaboré. Voir notamment les pages 31d-32e.

géométriques, notes de musique)[1], sans que Socrate ne prenne la peine de tirer au clair la liaison entre la qualité psychologique d'un plaisir (l'absence de douleur antécédente ou concomitante) et la qualité ontologique de son objet. Tout se passe comme si, pour rendre compte de la pureté des plaisirs esthétiques, Socrate réintroduisait en fait subrepticement une explication à laquelle il avait eu recours en *République* IX à propos des plaisirs intellectuels : cette explication se fondait sur la stabilité et la substantialité de l'objet du plaisir[2]. En effet, la *République* rendait raison de la réalité et de la supériorité des plaisirs purs de la connaissance à partir de la qualité de la réplétion en jeu, elle-même tributaire des propriétés des objets procurant cette réplétion[3].

Cette première ambiguïté dans la caractérisation de la pureté n'est pas la seule difficulté que recèle le statut des plaisirs purs dans le *Philèbe*. En effet, Socrate, à la fin de la discussion consacrée au plaisir, avance, sinon une définition, du moins une formule générique du plaisir (53c-55a), présentée comme une opinion qu'il rapporte en la reprenant à son compte. Certains définissent le plaisir tout entier par le devenir (*genesis*), par opposition à l'être *(ousia)*.

Est-ce que nous n'avons pas entendu dire à propos du plaisir [περὶ ἡδονῆς] qu'il est toujours devenir [ἀεὶ γένεσίς] et qu'il n'y a absolument pas d'être du plaisir [οὐσία δὲ οὐκ ἔστι τὸ

1. Cf. *Philèbe* 51c-d : « En effet, ce que je veux dire par la beauté des figures, ce n'est pas ce que la plupart des gens entendraient par là, par exemple celle d'animaux ou de peintures, non, ce dont je veux parler, ce dont parle l'argument, c'est de quelque chose de droit ou de circulaire ainsi que les surfaces et les volumes construits à partir de là, tracés à l'aide de compas, de règles et d'équerres, si tu me comprends bien. Ces choses-là, je ne les appelle pas belles relativement à quelque chose, comme d'autres, elles sont au contraire par nature belles par soi et toujours [ἀεὶ καλὰ καθ' αὑτὰ πεφυκέναι] et elles comportent des plaisirs qui leur sont propres, qui n'ont rien à voir avec ceux de la démangeaison. » Voir en particulier 51d7 où l'adjectif « pur » (καθαρός) est appliqué à l'objet (la note de musique). Comme l'explicite S. Delcomminette (*Le Philèbe*, p. 462-463), les objets beaux que sont les figures, les sons, les couleurs, sont à l'origine de plaisirs purs parce que leur beauté réside dans leur proportion (*symmetria*). Voir aussi B. Castelnérac, « Plaisirs esthétiques et beauté dans le *Philèbe* », *in* J. Dillon & L. Brisson (eds.), *Plato's Philebus, Selected Papers from the Eighth Symposium Platonicum*, Sankt Augustin, Academia Verlag, 2010, p. 142.

2. Ce sens de la pureté fondé sur la substantialité de l'objet sera bien explicitement présent dans le *Philèbe* mais appliqué aux sciences. Les sciences les plus vraies, au sommet desquelles se trouve la dialectique, n'ont pas pour objet les réalités changeantes du devenir mais celles qui y échappent (58c-59c), en des formules qui font écho au *Phédon* (78c-d). Sur ce passage d'un sens « psychologique » (absence de douleur) à un sens « ontologique » de la pureté, voir C. Ionescu, « Hybrid Varieties of Pleasure and the Complex Case of the Pleasures of Learning in Plato's *Philebus* », *Dialogue*, 47 (3-4), 2008, p. 450.

3. Cf. *Rép.* IX, 585d-e : « Si donc le fait de se remplir de ce qui convient à notre nature [τὸ πληροῦσθαι τῶν φύσει προσηκόντων ἡδύ ἐστι] est agréable, ce qui est rempli réellement et par des choses qui sont plus réelles en recevra plus réellement et plus véritablement un plaisir véritable, tandis que ce qui a part à ce qui est moins réel se remplira moins véritablement et moins solidement, et aura part à un plaisir moins fiable et moins vrai. »

παράπαν ἡδονῆς]? Voilà en effet que certains raffinés [κομψοὶ γὰρ δή τινες] s'efforcent de nous faire connaître cette doctrine, ce dont il faut leur savoir gré. (*Philèbe* 53c)

Cette thèse que Socrate emprunte à d'autres sans en amender le contenu a une portée essentielle dans l'économie du dialogue mais aussi, comme on le verra, dans la discussion qui se poursuit entre les philosophes de l'Académie. Son introduction fournit à Socrate l'argument décisif qui lui permet en quelques lignes de congédier définitivement le plaisir dans ses prétentions à constituer le souverain bien : à partir de cette subsomption du plaisir sous la catégorie de la *genesis*, Protarque semble en effet admettre la défaite de son prétendant (55a). L'argument consiste à faire valoir que le couple *genesis*/*ousia* comporte une hiérarchisation ontologique et axiologique allant dans le sens d'une nécessaire subordination du premier mode d'être au second (53e-54c). Ce qui est, l'*ousia*, ne peut être que la fin du devenir (54a). Cette subordination ontologique a pour conséquence nécessaire une exclusion axiologique. Le plaisir, dès lors qu'il appartient au genre de la *genesis*, se trouve inévitablement rejeté en dehors de l'ordre des fins, et du même coup de la sphère du bien (54c). La place de cet argument, en conclusion de l'enquête portant sur le plaisir, invite à lui prêter un rôle décisif.

On pourrait cependant objecter que cette subsomption sous le genre du devenir est un argument d'emprunt dont le statut demeure de ce fait problématique. La question de savoir dans quelle mesure la thèse du plaisir-devenir est une position platonicienne reste délicate et divise les interprètes[1]. Notons que Socrate reconnaît tout à la fois la validité et l'efficacité de l'argument[2].

Donc, comme je le disais en commençant cet argument, à qui nous fait savoir que le plaisir est un devenir [γένεσιν] et en aucun cas un être [οὐσίαν], il faut lui savoir gré car il est évident qu'il ridiculise ceux qui affirment que le plaisir est un bien. (*Philèbe* 54d)

Que Socrate proclame à deux reprises sa dette vis-à-vis des raffinés, auteurs de l'argument, laisse supposer qu'il n'use pas de cette thèse à des fins uniquement dialectiques, pour s'assurer la victoire dans le débat. Elle lui permet au moins de faire l'économie d'une démonstration qui l'entraînerait peut-être trop loin sur le terrain métaphysique. Par ailleurs la description psycho-physiologique du plaisir comme réplétion d'un manque ou restauration d'un état naturel, c'est-à-dire acheminement du sujet vers son être (32b3 τὴν δ' εἰς τὴν αὑτῶν οὐσίαν ὁδόν),

1. Pour un aperçu de chacune des deux lectures, voir J.-F. Pradeau dans l'« Annexe 2, le débat sur le plaisir : les contemporains de Platon », *Platon. Philèbe*, traduction et présentation par J.-F. P., Paris, Flammarion, GF, 2002, p. 317-324.

2. Voir M. Campbell, « Tous les plaisirs sont-ils des genèses ? Étude sur le statut des plaisirs purs dans le *Philèbe* de Platon », dans L. Boulègue & C. Lévy (dir.), *Hédonismes : penser et dire le plaisir dans l'Antiquité et à la Renaissance*, Villeneuve d'Ascq, Presses Universitaires du Septentrion, 2007, p. 48.

s'intègre parfaitement dans cette caractérisation ontologique du plaisir comme devenir[1].

La question est alors de savoir si cette caractéristique générique du plaisir comme *genesis*, à l'origine d'une disqualification ontologique et axiologique imparable, vaut aussi pour ses formes pures. Les plaisirs purs sont-ils eux aussi des devenirs ? On remarquera que Platon ne semble pas faire d'exception à leur sujet dans le passage qui expose la théorie du plaisir *genesis*. De plus, si les plaisirs purs se distinguent des plaisirs mélangés, c'est uniquement par le caractère indolore du manque qu'ils viennent combler : ils ne semblent nullement déroger au modèle générique de la réplétion. Socrate a d'ailleurs recours au terme de *plèrôsis*, celui-là même qui est employé à propos des plaisirs nés de la satisfaction de besoins corporels (31e-32a) lorsqu'il les décrit comme

> tous ceux qui comportent des manques qui sont insensibles et indolores [τὰς ἐνδείας ἀναισθήτους ἔχοντα καὶ ἀλύπους] et des réplétions qui sont senties, plaisantes et pures de toute douleur [τὰς πληρώσεις αἰσθητὰς καὶ ἡδείας καθαρὰς λυπῶν]. (*Philèbe* 51b)

Le modèle de la réplétion

Cette description socratique est fidèle aux analyses développées dès le *Gorgias* où le mot de *plèrôsis* est utilisé pour décrire les plaisirs résultant d'un manque douloureux (faim, soif), dans lesquels coïncident les deux affections contraires : le plaisir y est explicitement pensé en lien avec les notions de manque (*endeia*), de douleur (*lupè*) et la satisfaction du désir conçue comme réplétion (*plèrôsis*) (496d-e). Le traitement platonicien du plaisir dans le *Philèbe* est dominé par une conception psycho-physiologique fondée sur ce paradigme de la réplétion dont on trouve l'expression dès le *Gorgias* et auquel le *Timée* offre le soutien d'une explication physiologique précise[2]. Ce dernier dialogue fournit une étiologie détaillée du plaisir et de la douleur attenants aux diverses impressions sensorielles, d'abord caractérisés comme des phénomènes accompagnant les sensations. Son exposition du fonctionnement du mécanisme sensoriel est donc très précieuse pour comprendre les processus donnant lieu aux plaisirs purs accompagnant certaines sensations, quoique le *Timée* ne fasse pas usage de la distinction entre plaisirs purs et mélangés.

> En ce qui concerne le plaisir et la douleur [τὸ δὴ τῆς ἡδονῆς καὶ λύπης], voici ce qu'il faut avoir en tête : l'affection contraire à l'état naturel et violente qui survient en nous d'un seul coup

1. Voir M. Burnyeat, « Fathers and Sons », p. 86 : « The *Philebus* is the dialogue in which the 'replenishment' theory of pleasure gets its most metaphysical treatment, with replenishment subsumed under the wider category of γένεσις or becoming (53c-54d) ». Aristote dira précisément de la *genesis* (entendue comme génération absolue) en *Physique* II 1, 193b13 qu'elle est route, cheminement vers une nature (ὁδός ἐστιν εἰς φύσιν).

2. Les dialogues sont assez proches sur le plan théorique : certains éléments du *Philèbe* semblent en effet rappeler ou résumer le *Timée*. Voir J.-F. Pradeau, *Philèbe*, p. 34 qui prend à raison le parti de traiter les deux textes comme à peu près contemporains et complémentaires.

[τὸ μὲν παρὰ φύσιν καὶ βίαιον γιγνόμενον ἀθρόον παρ' ἡμῖν πάθος] est douloureuse [ἀλγεινόν], celle qui revient vers l'état naturel d'un seul coup [τὸ δ'εἰς φύσιν ἀπιὸν πάλιν ἀθρόον] est agréable [ἡδύ], celle qui se produit doucement et petit à petit est insensible [ἀναίσθητον], et celle qui possède les propriétés contraires a le caractère contraire. (*Timée* 64c-d)

Le *Timée* est très clair sur le fait que plaisir ou douleur surviennent lorsque se conjuguent deux paramètres. Pour être agréable, une sensation doit constituer un retour à l'état naturel de l'organe. Elle doit aussi être suffisamment intense en comportant une certaine soudaineté[1]. Symétriquement la douleur est le propre d'une affection qui va contre l'état naturel de l'être animé et qui, pour être sensible, doit comporter une certaine brusquerie. Ce modèle général de la restauration pour expliquer le plaisir et la douleur dans les sensations se voit ensuite décliné au niveau des diverses impressions passant par l'intermédiaire d'un organe spécifique. Ces explications particulières donnent davantage de détails sur ce retour à l'état naturel qui prend la forme d'un mouvement d'association ou de dissociation des particules composant l'organe (65c-67b). Elles sont particulièrement précieuses pour les plaisirs olfactifs dont le *Philèbe* et le livre IX de la *République* ont proclamé, sous la forme d'un simple constat, le caractère pur, c'est-à-dire non précédé de douleur. Le *Timée* en fournit l'explication psycho-physiologique :

les corps formés de plus grandes parties cédant difficilement à ce qui agit sur eux, transmettant à l'ensemble du corps ces mouvements, connaissent plaisirs et douleurs : des douleurs quand ils sont altérés [ἀλλοτριούμενα μὲν λύπας], des plaisirs quand ils reviennent au même état <qu'antérieurement> [καθιστάμενα δὲ εἰς τὸ αὐτὸ πάλιν ἡδονάς]. Tout ce qui comporte des évacuations et des déplétions progressives mais des réplétions soudaines et massives, étant insensible à la déplétion mais sensible à la réplétion [κενώσεως μὲν ἀναίσθητα, πληρώσεως δὲ αἰσθητικὰ γιγνόμενα], ne procure pas de douleurs à la part mortelle de l'âme, mais de très grands plaisirs : c'est évident dans le cas des bonnes odeurs. Tout ce qui est altéré d'un seul coup et revient progressivement et difficilement au même état <qu'antérieurement> produit des effets contraires en tous points au cas précédent : cela, de nouveau, est évident dans ce qui se passe pour les brûlures et coupures affectant le corps. (*Timée* 64e-65a)

L'explication du *Timée* fait clairement apparaître la constance et l'unité d'un modèle, celui qui comprend le plaisir comme réplétion ou restauration d'un état naturel et la douleur comme son contraire. Ce schéma demeure pleinement opératoire pour les instances de réplétion qui sont loin d'être les plus évidentes, notamment les plaisirs purs procurés par certains sens. Il semble donc difficile de soustraire les plaisirs purs tant au vocabulaire qu'au modèle conceptuel de la

1. Cette condition est exprimée par l'adjectif ἀθρόον dans ces lignes. Au passage, on peut remarquer, comme le font J. C. B. Gosling & C. C. W. Taylor (*The Greeks on Pleasure*, p. 196), que l'adjectif figure précisément dans la caractérisation troublante, car d'allure très platonicienne, donnée dans la *Rhétorique* d'Aristote pour le plaisir et la douleur. Le plaisir y est décrit comme un « mouvement de l'âme et une restauration brusque et sentie de l'état naturel [κατάστασιν ἀθρόαν καὶ αἰσθητὴν εἰς τὴν ὑπάρχουσαν φύσιν], et la douleur le contraire » (I 11, 1369b33-35), description tout à fait conforme à l'ensemble des analyses du *Philèbe* (42d) comme du *Timée*.

réplétion[1]. Ces plaisirs ont beau être indépendants de la douleur, ils ne sont nullement déliés du manque, ce qui vaut également pour les plaisirs de la connaissance qui comptent au nombre des instances du plaisir pur.

Les plaisirs purs de la connaissance

Ajoutons donc encore à ceux-ci les plaisirs de la connaissance [τὰς περὶ τὰ μαθήματα ἡδονάς], si d'aventure [εἰ ἄρα] ces derniers ne nous semblent pas comporter une faim d'apprendre [πείνας μὲν μὴ ἔχειν τοῦ μανθάνειν] ni les douleurs originelles causées par cette faim de connaissances [μηδὲ διὰ μαθημάτων πείνην ἀλγηδόνας ἐξ ἀρχῆς γιγνομένας]. (*Philèbe* 51e-52a)

Socrate continue en s'assurant que la perte de ces connaissances, nommée oubli, n'a rien de douloureux, afin de garantir l'absence de tout lien, antécédent comme conséquent, avec la douleur. La mention de la faim, toute métaphorique qu'elle soit, fait bien signe vers une forme de privation, demeurant inaccessible à la conscience dans le cas de l'ignorance originelle comme de l'oubli[2]. L'idée que le plaisir de la connaissance fait suite à un manque de l'âme se verrait d'ailleurs corroborée par la théorie de la réminiscence du *Phédon* et du *Phèdre* qui voit dans l'oubli des Formes une conséquence de l'incarnation[3]. La pureté de ces plaisirs ne signifie donc nullement qu'ils soient exempts de manque.

Un autre indice plaidant en faveur de la validité du modèle réplétif pour les plaisirs de la connaissance figure dans le passage parallèle consacré aux plaisirs purs au livre IX de la *République*. Lorsqu'il s'agit de montrer la supériorité des plaisirs purs sur les plaisirs qui ne sont que simulacres parce que mêlés de souffrance, Socrate fait un strict parallèle entre deux types de vide : le vide douloureux du corps (dont les nourritures sont sans réalité véritable), destiné à

1. Voir G. van Riel, *Pleasure and the Good Life ; Plato, Aristotle and the Neoplatonists*, Leiden, Brill, 2000, p. 22-23. L'unité du modèle du plaisir-réplétion est défendue par D. Frede dans « Life and its Limitation : the Conception of Happiness in the *Philebus* », *Plato's Philebus, Selected Papers from the Eighth Symposium Platonicum*, p. 7-10.

2. Voir G. van Riel, *ibid.* p. 24. L'emploi de la tournure hypothétique (εἰ ἄρα, 52a1) sonne comme une dénégation, l'image de la connaissance comme nourriture de l'âme étant en effet récurrente dans les dialogues de Platon.

3. À l'objection selon laquelle ce manque, devenu conscient de lui-même, peut néanmoins être ressenti comme douloureux, sans même parler des efforts que demande l'accès à la connaissance, on peut opposer que même dans ce cas, ce n'est pas l'antécédence de la douleur qui est cause du plaisir, à la différence de ce qui a lieu avec les plaisirs nés de la satisfaction des besoins corporels (soif, faim ou désir sexuel). Sur ce point, voir aussi *Phèdre* 258e. Sur la description des souffrances du prisonnier arraché à la caverne comme métaphore des douleurs de l'apprentissage, voir *Rép.* VII, 515c-e ainsi que les analyses J. Warren, « Plato on the Pleasures and Pains of Knowing », *Oxford Studies in Ancient Philosophy*, XXXIX, 2010, p. 1-32. Celui-ci s'efforce de réconcilier les affirmations du *Philèbe* avec les nombreux autres textes platoniciens décrivant l'accès à la connaissance comme un douloureux processus, en particulier ceux qui recourent à la métaphore des douleurs de l'enfantement (cf. *Banquet* 206d-e ; *Théétète* 151a-b ; *Rép.* VI, 490b).

n'être jamais rempli, et le vide de l'âme qui pourra, lui, être comblé par les réalités intelligibles. Les plaisirs de la connaissance sont donc seuls réels parce que leur objet est réalité véritable. Ils n'en restent pas moins précédés d'une forme de vide de l'âme, celui de l'ignorance et de la déraison :

> La faim, la soif et ce genre de choses ne sont-ils pas des vides [κενώσεις τινές] affectant l'état du corps ? (...) L'ignorance et la déraison ne sont-elles pas à leur tour un vide [κενότης] affectant l'état de l'âme ? (*Rép.* IX, 585a-b)

En *République* IX, la pureté des plaisirs de la pensée ne signifie donc nullement qu'ils ne soient pas en relation avec le manque[1]. Ce traitement confirme ainsi l'impression qui ressort du *Philèbe*, à savoir que ces plaisirs intellectuels ne font pas exception au paradigme de la réplétion[2]. Si même les plaisirs purs de la connaissance, faisant fond sur un manque préalable et originel, relèvent de la réplétion et par là de la *genesis*, peut-on dire qu'ils soient la marque d'une pensée positive du plaisir chez Platon ? Le *Philèbe* a beau s'efforcer de ne pas réduire le plaisir à ses formes inférieures, en opposant l'existence des plaisirs purs à la conception anti-hédoniste des « chagrins » dont la radicalité extrémiste va jusqu'à nier l'existence du plaisir[3], il ne semble pas pour autant en mesure de conférer une complète positivité à ces plaisirs purs.

Les plaisirs purs sont donc dans une position ambiguë puisqu'ils permettent une certaine réhabilitation du plaisir sans toutefois échapper au modèle ontologique qui permet de le penser. Paradoxalement, ce sont eux qui disent la vérité du plaisir puisque les plaisirs mêlés de douleur n'en sont que l'apparence ou l'illusion mais, dans la mesure où ils continuent de s'inscrire dans le schème de la réplétion et de la *genesis*, ils restent marqués du sceau de l'imperfection. Or s'il importe d'attirer l'attention sur l'ambiguïté du statut des plaisirs purs, c'est parce qu'Aristote va précisément s'en ressaisir dans un but polémique, en vue de contrer les thèses anti-hédonistes d'inspiration platonicienne. Il effectuera le geste, demeuré à l'état inchoatif dans le *Philèbe*, consistant à chercher dans les plaisirs purs (selon Platon) la formule générique du plaisir. La reprise à nouveaux frais de leur analyse va lui permettre de construire un concept original et positif de plaisir, émancipé du schéma du manque et de la réplétion.

Les éléments qui se dégagent de l'analyse du *Philèbe* – à savoir la définition du plaisir comme *genesis* en lien avec un modèle de type psycho-physiologique et le statut ambigu des plaisirs purs – vont faire l'objet d'une reprise point par point

1. Voir G. van Riel, *Pleasure and the Good Life*, p. 16-17.

2. Selon S. Delcomminette, « le langage utilisé par Socrate ne laisse subsister aucun doute sur le fait que le modèle de la destruction et de la restauration, du manque et du remplissage, reste pleinement valide pour cette nouvelle espèce de plaisirs » (*Le Philèbe*, p. 452).

3. Socrate tentait précisément d'éviter cette position radicale dès la *République* (584b-c) en attirant l'attention sur les plaisirs purs, se refusant à considérer les plaisirs issus d'une cessation de souffrance comme les seuls plaisirs ou comme des plaisirs réels.

par Aristote. On verra comment les traités aristotéliciens sont en mesure de proposer une approche rompant avec le modèle psycho-physiologique, et cela à partir d'un réexamen des plaisirs purs. Il faut maintenant en venir à la longue et patiente discussion d'Aristote avec l'héritage du *Philèbe* qui constitue l'arrière-plan des positions académiques qu'il combat. Comment Aristote a-t-il lu le *Philèbe* ? Comment parvient-il à rendre au plaisir sa place dans la vie heureuse autrement que sous la forme d'une concession circonspecte aux aspirations de l'humaine nature, à la manière platonicienne ? Comme l'a déjà révélé l'examen critique de l'Idée du bien, la critique de la définition platonicienne du plaisir ne sera donc pas menée de l'extérieur mais de l'intérieur du modèle platonicien du plaisir. Aristote en exploite les ambiguïtés, en se ressaisissant de la question des plaisirs purs, ou les intuitions décisives, comme il ressort de sa réélaboration du lien entre plaisir et conscience.

ARISTOTE ET LE *PHILÈBE*

Pour élaborer sa réponse au problème éthique posé par le statut du plaisir, Aristote commence par recenser les diverses nuances des positions anti-hédonistes qui disposent de toute une batterie d'arguments de nature hétérogène et de force inégale. Ces positions sont classées en VII 12 en trois grandes catégories d'opinions. La première (a), la plus radicale, affirme qu'aucun plaisir n'est un bien, en vertu de six arguments établissant la non-identité générique du plaisir et du bien dont on trouverait sans mal des échos dans les textes platoniciens[1]. La deuxième catégorie (b) reconnaît que certaines plaisirs sont bons mais maintient que la plupart sont mauvais sur la base du caractère répréhensible ou nocif de certains d'entre eux ; la troisième position (c) soutient que même si tous les types de plaisirs sont bons, le plaisir ne peut être le souverain bien car le plaisir n'est pas une fin mais un devenir.

Certains des arguments avancés seront très rapidement balayés par Aristote, en particulier les objections moralisatrices (cf. *EN* VII 13, 1153a17-35). Aux cas du prudent recherchant l'absence de peine plutôt que le plaisir et du tempérant fuyant tout bonnement ce dernier – cas auxquels on peut trouver des corrélats précis dans le *Philèbe* en 32e-33b pour le premier et en 63c-d, 66d pour le second[2] – Aristote oppose que « ni la *phronèsis* ni aucune disposition n'est empêchée par le plaisir qui en découle [ἡ ἀφ' ἑκάστης ἡδονή] » (1153a20-23). À l'objection selon laquelle « aucun art n'a le plaisir pour objet alors que tout bien est l'œuvre d'un art », qui semble directement inspirée de la distinction entre les arts et les flatteries

1. D. Frede (« *NE* VII 11-12 : Pleasure », *Nicomachean Ethics. Book* VII, p. 190-191) montre ainsi que chacun des six arguments anti-hédonistes peut être rapporté à des passages précis du *Philèbe*, du *Phédon* et du *Gorgias*.

2. Voir R. Bodéüs, *EN*, GF, p. 392-393.

exposée par Socrate dans le *Gorgias* (462 *sq.*), Aristote répond que l'art ne relève pas du genre de l'activité mais de la puissance (1152b22-26). Ces deux réponses pour le moins expéditives, qui prennent tout leur sens à la lumière de sa propre conception du plaisir, sont représentatives du peu de cas qu'Aristote fait des arguments moralisants qui relèvent pour lui d'une erreur de catégorie (1153a17-20). D'autres arguments, qui tentent de fonder ontologiquement l'opposition ou la séparation entre plaisir et bien, font l'objet d'un traitement plus attentif : c'est ainsi le cas de l'argument majeur de la thèse anti-hédoniste, dans sa version radicale (a) comme modérée (c). Résumée dans la revue doxographique de VII 12, sa formulation mérite attention puisqu'elle fait la synthèse de divers arguments rencontrés dans le *Philèbe*[1] :

> en général le plaisir n'est pas un bien [οὐκ ἀγαθόν] car tout plaisir est un devenir senti en direction d'une nature [πᾶσα ἡδονὴ γένεσίς ἐστιν εἰς φύσιν αἰσθητή], or aucun devenir n'est du même genre que les fins [συγγενὴς τοῖς τέλεσιν] : par exemple aucune construction n'est du même genre que la maison. (*EN* VII 12, 1152b12-15)

Comme le souligne D. Frede[2], cette formule non seulement paraphrase la description platonicienne du plaisir comme devenir en ayant recours à des exemples similaires (la construction de la maison en lieu et place de celle du navire en *Philèbe* 54b[3]), mais elle met l'accent sur la condition de la conscience du processus énoncée dans le dialogue en 33d-34c[4]. La revue des arguments anti-hédonistes a déjà montré que nombre d'entre eux pourraient bien trouver leur source dans le *Philèbe*. À travers eux, c'est donc avec Platon qu'Aristote est indirectement en discussion. Le premier volet de l'argument majeur des anti-hédonistes énonce la catégorie ontologique dont relève le plaisir, celle du devenir (*genesis*). Le second en fait la restauration d'une nature, autrement dit la réplétion d'un manque. Voyons comment Aristote fait pièce à cette argumentation, en particulier dans le cadre du livre X[5] qui concentre les arguments les plus

1. Comme le note G. van Riel, « Aristotle's Definition of Pleasure : a Refutation of the Platonic Account », *Ancient Philosophy*, 20 (1), 2000, p. 123-127, cette formulation pourrait sans difficulté être attribuée à Platon tant elle correspond à ce que dit le *Philèbe* (32a-b). Il suggère par ailleurs que cette caractérisation était devenue standard dans l'Académie, reprise par les différents disciples et collaborateurs de Platon, ce dont la définition problématique du plaisir donnée au chapitre I 11 de la *Rhétorique* (cf. *supra* p. 83) pourrait être la trace.

2. D. Frede, *Philebos*, p. 420.

3. Pour une citation quasi littérale du *Philèbe*, voir *Parties des Animaux* I 1, 640a18-19 : « Car c'est le devenir qui est en vue de l'être [Ἡ γὰρ γένεσις ἕνεκα τῆς οὐσίας ἐστίν], et non l'être qui est en vue du devenir [ἀλλ' οὐχ ἡ οὐσία ἕνεκα τῆς γενέσεως]. »

4. Voir également *Timée* 64a-65b cité en partie *supra* p. 83.

5. Sur les divergences entre VII et X et le sens de ces variations, voir G. E. L. Owen, « Aristotelian Pleasures », *in* J. Barnes, M. Schofield & R. Sorabji (eds.), *Articles on Aristotle*, 2. *Ethics and Politics* London, Duckworth, 1977, p. 100-113 et S. Broadie, *Ethics with Aristotle*, p. 313. Les différences tiendraient donc au contexte de la discussion. Le livre VII s'attache ainsi, après une étude détaillée de l'*akrasia*, à définir ce à quoi on prend plaisir, tandis que le livre X

développés contre la thèse du plaisir-mouvement et sera par conséquent l'objet privilégié de notre examen. Avant d'aborder la réfutation menée sur le plan ontologique, on s'attachera au volet physiologique de la thèse anti-hédoniste et à sa critique.

Contre le modèle psycho-physiologique

Chez Platon le plaisir, parce qu'il est réplétion d'un manque, quand bien même ce manque serait imperceptible, est toujours lié, de près ou de loin, à la peine tout comme au désir. Face à cette double liaison, le geste aristotélicien consistera à détacher le plaisir de ses deux corrélats, c'est-à-dire à patiemment dissocier plaisir et peine d'une part, plaisir et désir de l'autre.

Rompre la chaîne du plaisir et de la douleur

Aristote se refuse à inscrire le plaisir dans le schéma de la réplétion, qui a pour défaut de reposer sur la confusion entre la nature du plaisir et son occasion, prenant l'accident pour l'essence. Plusieurs objections s'élèvent contre l'idée que le plaisir est réplétion d'un manque.

> Ils disent aussi que la douleur est le manque de ce qui est conforme à la nature [ἔνδειαν τοῦ κατὰ φύσιν] tandis que le plaisir est la réplétion [ἀναπλήρωσιν] de ce manque. Or ces affections [τὰ πάθη] concernent le corps. Si le plaisir consiste à se remplir de ce qui est conforme notre nature, ce en quoi il y a réplétion, c'est cela qui aura du plaisir ; serait-ce donc le corps ? Il semble que non. Ce n'est donc pas la réplétion qui est plaisir [ἡδονή], mais lorsque la réplétion a lieu, on pourra ressentir du plaisir comme on pourra ressentir de la douleur lors d'une incision [ἀλλὰ γινομένης μὲν ἀναπληρώσεως ἥδοιτ' ἄν τις, καὶ † τεμνόμενος † λυποῖτο][1]. (*EN* X 2, 1173b7-13)

La première objection concerne le substrat de ce mouvement qu'est la réplétion : si le plaisir est un devenir, il lui faut une substance qui soit le support de cette génération puisque, selon la définition du mouvement donnée dans la *Physique*, il n'y a pas de mouvement à part des choses (200b33). De quel substrat, nécessaire à l'effectuation du jeu des contraires, plaisir et peine seraient-ils la génération et la corruption ? Quoique la thèse anti-hédoniste ait bien une réponse toute prête, à savoir que le substrat en question est le corps, la théorie du plaisir-réplétion ne semble alors pouvoir rendre compte que des plaisirs corporels, et encore de quelques-uns seulement, érigés en paradigmes. Aristote se livre à une étiologie qui est en même temps une psychologie de l'erreur, dans un geste typique de la méthode dialectique (cf. *EN* VII 15, 1154a21-25).

entend décrire l'acte d'éprouver du plaisir avant d'en venir à des développements ayant trait au bonheur et à sa forme quasi surhumaine qu'est l'activité contemplative.

1. Le texte du dernier membre de phrase est douteux. A. E. Taylor (*A Commentary on Plato's Timaeus*, Oxford, Clarendon Press, 1987, p. 461) suggère de voir dans le τεμνόμενος qui fait problème une référence au *Timée* (64d7, 65b2).

> Cette opinion semble être née des douleurs et des plaisirs qui concernent la nourriture : ayant éprouvé le manque et la douleur au préalable, on prend plaisir à la réplétion [ἐνδεεῖς γὰρ γενομένους καὶ προλυπηθέντας ἥδεσθαι τῇ ἀναπληρώσει]. Mais cela ne se produit pas pour tous les plaisirs. (*EN* X 2, 1173b13-16)

L'approche du plaisir comme mouvement est doublement partielle : elle réduit le plaisir à un phénomène corporel et ne peut expliquer que les plaisirs corporels les plus simples, desquels partait effectivement le *Philèbe* pour introduire la théorie du plaisir-réplétion (31d-32a). Or tous les plaisirs corporels ne peuvent être subsumés sous le modèle réducteur de la réplétion, contre lequel Aristote va précisément mobiliser différents cas de figure passés en revue dans le *Philèbe* : plaisirs purs de certains sens comme l'odorat, plaisirs de la pensée ou de l'âme sans lien avec le corps.

> En effet, sont dépourvus de douleur [ἄλυποι] les plaisirs de la connaissance et ceux des plaisirs des sens qui passent par l'odorat [αἵ τε μαθηματικαὶ καὶ τῶν κατὰ τὰς αἰσθήσεις], ceux que suscitent nombre d'objets de l'ouïe et de la vue, les souvenirs et les espoirs. De quoi donc ceux-ci seront-ils des devenirs [γενέσεις] ? Là où il n'y a aucun manque [ἔνδεια], il ne saurait en effet y avoir de réplétion [ἀναπλήρωσις]. (*EN* X 2, 1173b16-20)

La dernière catégorie évoquée, celle des plaisirs « de projection » dans l'espoir ou le souvenir, comportait déjà une certaine complexité dans le traitement platonicien qui les analysait comme affections doubles (douleur du manque et plaisir de l'attente) ou redoublées (quand l'espoir fait défaut) mais sans pour autant qu'ils fassent exception au modèle de la réplétion, quand bien même cette dernière n'aurait lieu que dans l'âme. Les plaisirs psychiques de l'attente et du souvenir, parce qu'ils sont intrinsèquement liés au phénomène du désir, impliquent nécessairement la peine et le manque (*Philèbe* 35e-36c). Ceci est bien moins évident pour les plaisirs purs des sens ou de la connaissance que caractérise précisément l'absence de souffrance, au moins perceptible. On a vu que ces plaisirs ont déjà dans le *Philèbe* un statut assez problématique, se situant à la frontière du genre. Alors que Platon ne semblait pas décidé à les émanciper du modèle de la réplétion, le pas est définitivement franchi par Aristote qui s'empare de ces derniers afin d'étayer sa critique de la théorie du plaisir conçu comme restauration d'une nature.

Le cas des plaisirs purs est une arme d'autant plus efficace contre l'argumentaire anti-hédoniste qu'il recouvre les formes les plus hautes et les moins contestables de plaisir : on ne peut ni les relativiser en les réduisant à une cessation de souffrance ni les blâmer comme honteux ou méprisables, puisqu'ils ne sont pas sujets à l'intempérance[1]. Dans leur cas, où est le manque dont ils seraient la satisfaction ? À la différence de Platon, Aristote se refuse donc à envisager un manque imperceptible et à continuer de faire du manque un caractère essentiellement lié au plaisir. Au contraire, que certains plaisirs en soient de fait exempts est bien la preuve que le manque n'était jamais que la marque du caractère accidentel

1. Voir *infra* p. 118.

de l'affection en question. Si le plaisir advient à la suite d'un sentiment de vide douloureux, cela ne signifie pas que celui-ci serait consubstantiel au plaisir ou même à certains plaisirs, simplement qu'il en est concomitant. En soi le plaisir, quel qu'il soit, n'a rien à voir avec la privation. Loin d'être toujours à l'horizon du plaisir, le manque chez Aristote en est tout au plus un accident. Afin de montrer l'impossibilité de réduire le plaisir à un mouvement de réplétion, la réfutation aristotélicienne va exploiter les failles du modèle platonicien.

La première conséquence de ce détachement du modèle réplétif tient dans l'autonomisation du problème du plaisir par rapport à la question de la douleur. Aussi, au moment de la caractérisation positive du plaisir lié à l'achèvement de l'acte, de la peine ne sera-t-il plus question. Tandis que Platon fait du plaisir et de la peine le couple conceptuel véritablement opératoire et inséparable, à l'image de la créature bicéphale évoquée par Socrate dans le *Phédon* (59d), Aristote fait passer la question du lien avec la douleur au second plan. En effet, cette liaison ne concerne en toute rigueur qu'accidentellement les plaisirs inférieurs, qui ont à voir avec une nature effectivement en mouvement, parce qu'en manque. Le plaisir semblait aussi avoir partie liée avec le désir, s'il est vrai que tout désir procède d'un manque selon les analyses du *Lysis* (221d-e) et du *Banquet* (200a-e). En s'inscrivant en faux contre ce qui constitue un des présupposés du modèle physiologique, à savoir la liaison du plaisir avec le manque[1], Aristote va rompre du même coup avec la psychologie attenante qui fait du plaisir la nécessaire satisfaction de ce manque dont le désir n'est autre que l'expression psychique. Telle est la deuxième conséquence de cette déliaison.

Délier le plaisir du désir

Chez Platon le plaisir est toujours lié, de près ou de loin, à la peine tout comme au désir, comme l'exprime très nettement le *Philèbe*.

> Voyons d'abord le plaisir. Comme c'est par son genre que nous avons commencé notre examen, c'est de là qu'on partira. Mais nous ne pourrons jamais examiner à fond le plaisir si nous le séparons de la douleur. (*Philèbe* 31b)

L'examen de la nature du plaisir conduit alors immanquablement à rencontrer la question préalable du désir.

> Parler de la genèse du plaisir et de l'ensemble de ses formes nécessite, semble-t-il, une vaste enquête car, en réalité, il semble qu'il faille en plus saisir au préalable ce qu'est le désir [ἐπιθυμίαν] et où il prend naissance. (*Philèbe* 34c-d)

Il n'en va pas autrement en *République* IX où l'analyse du plaisir prend place à l'intérieur d'une enquête plus large sur les désirs (571a). En détachant le plaisir de la douleur et du manque, le traitement aristotélicien sépare aussi le problème du

1. Le terme ἔνδεια est récurrent dans les lignes 1173b7-20, consacrées à l'opinion à réfuter.

plaisir de la question, si platonicienne, du désir. Voilà ce qui en fait l'originalité, soulignée par R. Brague :

> Pour Aristote, en effet, et il y a là un trait surprenant pour nous, le plaisir n'est pas la satisfaction d'un désir. Il peut certes être l'objet du désir, mais il ne peut être adéquatement décrit comme le satisfaisant. La satisfaction reçoit sa mesure du manque qu'elle comble. Or le plaisir ne suppose pas le manque[1].

La thèse des platoniciens – qu'il s'agisse de Platon ou de ses successeurs – aurait certes pour elle de faire davantage de concession à l'expérience commune, à savoir l'expérience du désir, du manque et de la satisfaction qui en résulte. La définition du plaisir comme mouvement de réplétion, parce qu'elle est de nature psycho-physiologique, est donc en un sens plus proche de notre appréhension spontanée du plaisir. La caractérisation aristotélicienne a, elle, ceci de singulier, voire de déconcertant, qu'elle n'est pas une description du plaisir dans les termes de ce qu'on pourrait appeler une physiologie ou une psychologie[2] classique : contrairement à Platon, Aristote ne se livre dans ces pages à aucune étiologie psycho-physiologique du plaisir[3]. En ce sens sa thèse est moins intuitive que la théorie des platoniciens rattachant le plaisir aux mouvements de notre nature animale, oscillant sans cesse entre la douleur du manque et le plaisir de la satisfaction. L'enjeu de cette réfutation est néanmoins de faire apparaître – c'est là la vertu de cette étiologie de l'erreur expliquant la transformation des plaisirs de la nutrition en archétypes du plaisir – combien notre appréhension psycho-physiologique, quoique plus spontanée, confond le plaisir et ses à-côtés, en l'assimilant trop promptement à ses causes occasionnelles.

Le double geste aristotélicien consiste donc à briser la chaîne platonicienne du plaisir et de la peine évoquée par le *Phédon*, et du même coup à dissocier le traitement du plaisir de celui du désir. Pour l'instant, cette opération de « déliaison »

1. R. Brague, « Note sur le concept d'ἡδονή chez Aristote », *Les Études Philosophiques*, 1976 (1), p. 53.

2. On en trouverait une illustration dans la description qu'en donne S. Freud dans l'article « Pulsions et destins des pulsions » de la *Métapsychologie*. L'analyse freudienne du plaisir comme diminution d'une excitation synonyme de déplaisir offre ainsi certaines similitudes frappantes, *mutatis mutandis*, avec les descriptions du *Philèbe*.

3. Nous prenons la liberté de prendre ici « psychologie » et « physiologie » en leur sens courant, et non au sens de la théorie de l'âme développée par Aristote dans les traités de philosophie naturelle, à laquelle l'analyse aristotélicienne du plaisir est bien entendu liée, comme les pages suivantes le montreront. On peut cependant s'étonner que l'explication physiologique du plaisir soit si peu développée dans ces traités. Le *De Anima* évoque plaisir et peine comme allant de pair avec la possession de la sensation (413b23, 414b4, 434a3) et souligne leur rôle dans l'explication du mouvement animal mais sans en expliciter le mécanisme (mis à part, peut-être, une fugitive et sybilline notation en III 7, 431a10-12), le traité *De la Sensation et des Sensibles* esquisse une explication des plaisirs du goût par la proportion de leur mélange (442a17-19). Comme le relève T. K. Johansen (*The Powers of Aristotle's Soul*, p. 267), plaisir et peine n'étant pas des sensibles propres, ils n'entrent pas dans le progamme du *De Anima* annoncé en II 4, qui est de définir les facultés sensibles à partir de leurs objets.

semble ne répondre qu'à la finalité négative d'une stratégie de réfutation. La définition positive du plaisir qui le lie ontologiquement, non pas au devenir mais à l'activité, viendra définitivement émanciper le plaisir de la peine et du désir, briser une trilogie reposant sur une généralisation trompeuse du modèle de la réplétion.

Contre les implications ontologiques du modèle

Aristote a mis en évidence les inconséquences de la description du plaisir sur le modèle de la réplétion. Il s'attache ensuite au volet ontologique de la thèse, confrontant le plaisir et la nature du mouvement pour montrer qu'il y a incompatibilité entre les deux: le plaisir ne peut être un mouvement, donc il est achevé. Dans une seconde étape de l'argumentation (X 3-4), il va accomplir le chemin inverse, partant du plaisir pour montrer qu'il est dans son essence d'être achevé et qu'il ne peut donc être un mouvement. Tels sont les deux volets d'une argumentation qui part de la réfutation pour progresser vers l'établissement positif d'une thèse proprement aristotélicienne. Quelle est en effet la stratégie des anti-hédonistes pour disqualifier le plaisir ?

> Ils posent que le bien est achevé [τέλειόν τε τἀγαθὸν τιθέντες], que les mouvements et les devenirs sont inachevés [τὰς δὲ κινήσεις καὶ τὰς γενέσεις ἀτελεῖς], puis ils s'efforcent de montrer que le plaisir est mouvement et devenir [κίνησιν καὶ γένεσιν]. (*EN* X 2, 1173a29-31)

Dans sa réfutation de la thèse du plaisir mouvement ou devenir, Aristote se mesure directement à l'arrière-plan ontologique du *Philèbe*[1] : il reformule indifféremment la thèse platonicienne en plaisir-devenir ou plaisir-mouvement[2]. Si le plaisir était effectivement de l'ordre de la *kinèsis*, on devrait pouvoir lui appliquer sans difficulté les prédicats relatifs au mouvement, ce qu'Aristote récuse en montrant que le plaisir n'a aucune des propriétés du mouvement.

> Il semble qu'ils se trompent et que le plaisir ne soit pas non plus un mouvement [κίνησιν]. En effet, il semble que tout mouvement possède une vitesse et une lenteur propres, si ce n'est en lui-même, comme le mouvement du monde, du moins relativement à autre chose ; or aucune de ces deux propriétés n'appartient au plaisir [τῇ δ' ἡδονῇ]. En effet, s'il est possible d'être parvenu rapidement au plaisir [ἡσθῆναι] comme d'être mis rapidement en colère, il n'est pas possible d'éprouver du plaisir [ἥδεσθαι] rapidement, pas même relativement à autre chose, tandis qu'on peut marcher, grandir et ainsi de suite rapidement. Donc le changement qui mène au plaisir [μεταβάλλειν μὲν οὖν εἰς τὴν ἡδονὴν] peut avoir lieu rapidement ou lentement, mais l'acte en

1. Voir M. Burnyeat, « *Kinèsis* vs. *Energeia* », p. 265-266.

2. Outre les lignes 1173a29-31, voir aussi VII 12, 1153a7-11. Le plaisir est explicitiment décrit comme mouvement par Platon en *République* IX : « Or l'agréable survenant dans l'âme et le douloureux sont tous les deux un certain mouvement [κίνησίς τις], n'est-ce pas ? » (583e). Sur les raisons qui motivent cette paraphrase, voir M. Burnyeat : « When Aristotle needs a compendious noun to cover all types of change, he chooses κίνησις or μεταβολή. So what more natural than to gloss Platonic γένεσις as Aristotelian κίνησις ? In its standard specific sense κίνησις is directed towards an end-state outside itself, and this fits the *Philebus* characterization of γένεσις as always 'for the sake of' the οὐσία that results », *ibid.* p. 266.

lui-même [ἐνεργεῖν δὲ κατ' αὐτὴν] ne peut pas avoir lieu rapidement, je veux dire l'acte d'éprouver du plaisir [ἥδεσθαι]. (*EN* X 2, 1173a31-b4)

Notons déjà que refuser d'attribuer au plaisir les qualités de vitesse et de lenteur, c'est récuser l'une des caractéristiques ontologiques du plaisir dégagée par le *Philèbe*, à savoir sa parenté avec le genre de l'indéterminé (*apeiron*), dont le signe distinctif est d'admettre le plus et le moins, les variations intensives. C'est donc l'arracher à l'inachèvement dont l'argumentaire anti-hédoniste use pour le disqualifier ontologiquement. Quelles sont les raisons de ce refus ?

Le plaisir n'est pas mouvement

Attribuer au plaisir les qualités de vitesse et de lenteur, c'est encore une fois confondre le plaisir et ce qui en est l'occasion. Ce n'est pas parce que la venue du plaisir est précédée de processus qui sont de l'ordre du mouvement et qui peuvent être qualifiés de lents ou rapides que ces prédicats valent pour le plaisir en tant que tel : le plaisir éprouvé à la nourriture sera sans doute plus facile à obtenir si on n'a pas la gorge irritée par la maladie ou si notre goût n'a pas à vaincre l'amertume de certains plats. Il y a bien quelque chose de l'ordre de la *genesis* autour de notre expérience du plaisir. Cependant ce n'est pas au plaisir en tant que tel mais aux mouvements corporels qui en sont les conditions préalables que peuvent légitimement s'appliquer les prédicats de lent ou de rapide. C'est là toute l'ambiguïté de la caractérisation platonicienne du plaisir comme *genesis*. Les interprètes du *Philèbe* sont en effet divisés sur la question de savoir si le plaisir dans le *Philèbe* est dit restauration ou bien survenir à l'occasion d'une restauration de l'état naturel, les formulations de Socrate étant fluctuantes[1] : cette fluctuation pourrait être l'indice d'une hésitation réelle dans la description platonicienne du plaisir.

Ce qui est confondu par et dans l'expérience sensible doit être distingué au niveau du concept. Le plaisir lui-même est un être en acte, quoiqu'il puisse survenir à l'occasion de mouvements, eux-mêmes susceptibles de variations intensives. Cette distinction conceptuelle entre activité et mouvement est pleinement explicitée au chapitre suivant (X 3). En 1174a17-b5 Aristote se livre à une analyse très précise du mouvement, dont les deux caractéristiques essentielles sont intrinsèquement liées : être inachevé et être dans le temps.

Tout mouvement, en effet, est dans le temps et en vue d'une certaine fin [ἐν χρόνῳ γὰρ πᾶσα κίνησις καὶ τέλους τινός], par exemple la construction, et il est achevé lorsqu'il a réalisé ce vers quoi il tend. Le mouvement est ou bien dans la totalité du temps ou bien dans ce moment-là [ἢ ἐν ἅπαντι δὴ τῷ χρόνῳ ἢ τούτῳ]. Et tous les mouvements qui se trouvent dans les parties du

1. Voir *Philèbe* 31d, 31e-32b.

temps sont inachevés [ἀτελεῖς] et diffèrent par la forme à la fois du tout complet et les uns des autres. (*EN* X 3, 1174a19-23)[1]

Après un renvoi aux traités physiques, la conclusion sur le statut ontologique du mouvement est sans appel.

Certes il a été traité ailleurs avec précision du mouvement mais il semble qu'il ne soit achevé [τελεία] à aucun moment du temps [ἐν ἅπαντι χρόνῳ][2], et qu'il comporte de nombreux mouvements inachevés et différents par la forme [ἀτελεῖς καὶ διαφέρουσαι τῷ εἴδει], puisque ce sont leurs points de départ et d'arrivée qui les distinguent formellement. Le plaisir, lui, est achevé dans sa forme à n'importe quel moment du temps [ἐν ὁτῳοῦν χρόνῳ τέλειον τὸ εἶδος]. (*EN* X 3, 1174b2-6)

Les lignes suivantes soulignent le caractère fragmentaire du mouvement, qui se divise en parties comme la construction se décompose en ses différentes pièces et opérations. La description d'*EN* X 3 est tout à fait conforme à celle qu'on trouve dans la *Physique*[3] ou en *Métaphysique* Θ 6 faisant du mouvement quelque chose d'incomplet, en distinguant deux types d'actions (*praxis*) :

Parmi celles-ci, il faut dire que les unes sont des mouvements, les autres sont des activités [τὰς μὲν κινήσεις λέγειν, τὰς δ' ἐνεργείας]. En effet, tout mouvement est inachevé [πᾶσα γὰρ κίνησις ἀτελής], comme l'amaigrissement, l'apprentissage, la marche, la construction : ce sont des mouvements, assurément inachevés. (*Métaph.* Θ 6, 1048b28-30)

Tant que dure le mouvement il n'est jamais achevé. C'est là la différence radicale qu'il entretient avec le plaisir : le plaisir tant qu'il dure est toujours achevé, il apparaît et disparaît d'un seul coup, sans dégénérer. Tant qu'il y a plaisir, il est parfait à n'importe quel moment de sa durée. C'est la raison pour laquelle du plaisir on pourrait dire, comme de toute *energeia* au sens strict, qu'on l'éprouve et qu'on l'a éprouvé en même temps. C'est d'ailleurs un pas que n'hésite pas à franchir Michel d'Éphèse dans son commentaire sur le chapitre X 2 de l'*Éthique à Nicomaque*. En faisant du plaisir une *energeia*, il est plus près du livre VII que du livre X qu'il est en train de commenter.

Que le plaisir soit une fin et non un devenir [τέλος ἐστὶν ἡ ἡδονὴ καὶ οὐχὶ γένεσις], nous pouvons l'apprendre de ce qui suit car pour ce qui est des devenirs, une chose ne peut devenir et être en même temps qu'elle est en devenir [οὐχ ἅμα γίνεταί τι καὶ ἔστιν ὅτε γίνεται]. En effet, la chair ne peut devenir et être chair en même temps qu'elle est en devenir, pas plus que la maison ne devient et n'est maison en même temps qu'elle est en devenir. Pour ce qui est des activités comme le voir [ἐπὶ δὲ τῶν ἐνεργειῶν, οἷον τοῦ ὁρᾶν], en même temps on voit et on a vu [ἅμα τε ὁρᾷ καὶ ἑώρακε] ; et pour ce qui est des plaisirs, en même temps on a et on a eu du plaisir [καὶ ἐπὶ τῶν ἡδονῶν ἅμα τε ἥδεται καὶ ἥσθη], de sorte qu'il s'agit d'une activité et non

1. Le texte de 1174a21 est difficile, notamment en raison d'une incertitude textuelle, certains manuscrits (L^b, M^b) supprimant le second ἤ. Nous suivons R. Bodéüs qui traduit « son achèvement exige soit la totalité du temps, soit ce moment-là » (*EN*, GF, p. 510).

2. On peut aussi comprendre « dans la totalité du temps », comme R. Bodéüs (*EN*, GF, p. 511).

3. L'exemple de la construction est précisément utilisé lors de l'explication de la définition liminaire du mouvement en *Physique* III 1, 201a16-18.

d'un devenir [ὥστε ἐνέργειά ἐστι καὶ οὐ γένεσις]. Et si c'est une activité, c'est une fin et non un acheminement et un changement vers une fin [οὐχ ὁδός τις καὶ μεταβολὴ πρὸς τέλος][1].

Le plaisir n'est pas à concevoir dans la durée, ce qui le rattacherait au devenir, puisque tout mouvement est dans le temps[2] et que tout mouvement prend du temps[3]. S'il est possible d'éprouver certains plaisirs dans l'instant, ce contre-exemple suffit à montrer que le plaisir n'est pas un mouvement, lequel se trouve nécessairement inscrit dans une temporalité qui est celle de la durée. Il n'y a mouvement que des choses divisibles et qui ne sont pas des touts (1174b10-14) tandis que l'instant comme le point, en tant qu'indivisibles, en sont exempts. Cela ne signifie pas que le plaisir soit nécessairement instantané, ne puisse durer plus d'un instant. Simplement, même lorsqu'il comporte une certaine durée, « il ne dépend pas du temps pour être ce qu'il est », suivant la formule de P.-M. Morel[4]. Le plaisir a de l'instant le caractère indivis et indivisible, il est une totalité.

> Le plaisir fait partie des touts et des choses achevées [τῶν ὅλων τι καὶ τελείων ἡ ἡδονή]. C'est ce qui semble aussi ressortir du fait qu'il n'est pas possible d'être mû autrement que dans un certain temps mais possible d'éprouver du plaisir. En effet, ce qui est dans l'instant est une sorte de tout [τὸ γὰρ ἐν τῷ νῦν ὅλον τι]. (*EN* X 3, 1174b7-9)

Lier le plaisir à l'activité, à l'instant, c'est le détacher d'une certaine temporalité, celle de la durée, et donc celle du désir. C'est la raison pour laquelle les plaisirs sont quasi inséparables des activités quand les désirs, eux, en sont distincts.

> Les plaisirs inhérents aux activités sont plus intimement liés à celles-ci que les désirs [οἰκειότεραι δὲ ταῖς ἐνεργείαις αἱ ἐν αὐταῖς ἡδοναὶ τῶν ὀρέξεων] : ces derniers en sont séparés et dans le temps et en nature tandis que les premiers sont du même genre que l'activité et se confondent avec elle au point que l'identité entre activité et plaisir fait débat. (*EN* X 5, 1175b30-33)

Comme le note R. Brague, l'expérience du plaisir est celle d'un temps vécu de manière singulière, non pas « comme distance et arrachement, c'est-à-dire comme l'espace du désir ». En effet, dans le plaisir,

> la succession [des instants] n'est pas éprouvée comme substitution. (...) Cette expérience est à la racine de ce que nous appellerons expérience « esthétique ». (...) L'*hèdonè* est le rapport réussi avec le temps[5].

1. *In ethica Nicomachea commentaria*, X, 2 [Aristot. p. 1173b4-6] 543.24-30, cité par M. Burnyeat, « *Kinèsis* vs. *Energeia* », p. 277.

2. Cf. *Physique* IV 14, 222b30-223a15 ; VI 3, 234a24-b8 sur le fait que le mouvement est toujours dans un temps et jamais dans un instant.

3. Cf. *De la Sensation et des Sensibles* 6, 446a29-30. Voir C. Natali : « Dans le cas du mouvement, le temps mesure autant son déploiement que son essence. Mais dans son essence est inscrit le fait que cela, le mouvement, doit durer seulement un certain laps de temps », « Temps et action dans la philosophie d'Aristote », *L'action efficace*, p. 169.

4. *Aristote. Une philosophie de l'activité*, p. 265.

5. R. Brague, « Note sur le concept d'ἡδονή chez Aristote », p. 54.

La problématique de la temporalité vient confirmer le geste aristotélicien consistant à séparer la question du plaisir de celle du désir. On notera l'absence dans l'*Éthique à Nicomaque* des analyses concernant les plaisirs et les douleurs d'anticipation[1], signe que la temporalité du plaisir n'y est plus indexée sur celle du désir. Toute analyse de type « psychologique » au sens ordinaire du terme, c'est-à-dire portant sur la manière dont les plaisirs naissent dans l'âme à la suite d'un désir avec ce qu'il implique de temporalité vécue douloureusement est mise entre parenthèses. La réfutation aristotélicienne a ainsi pour effet de nous conduire à repenser le rapport du plaisir au temps, à le resituer dans la temporalité de l'activité plutôt que dans celle, sans doute plus familière, du désir. En le rapprochant de l'instant, elle soustrait au modèle d'un développement qui est aussi marque d'inachèvement pour lui conférer la continuité et la perfection de l'acte[2].

Montrer que le plaisir ne possède aucun des caractères ontologiques du mouvement permet déjà en creux de dégager certaines de ses propriétés positives. Cette réfutation de la catégorisation ontologique défendue par les adversaires est un premier pas vers la démonstration positive de la thèse aristotélicienne, conformément aux indications de méthode qui président aux recherches éthiques.

> C'est donc une bonne chose que d'examiner ces opinions car les réfutations de nos adversaires dans les controverses constituent des démonstrations des arguments opposés aux leurs. (*EE* I 3, 1215a5-7)

La réfutation des arguments platoniciens nous met sur la voie des thèses proprement aristotéliciennes. Sa définition à partir de l'*energeia* développée en *Éthique à Nicomaque* X 4 va permettre de rendre compte des propriétés en tous points opposées aux caractères de la *genesis* et de la *kinèsis*.

Vers une définition positive du plaisir

On a pu voir que la critique des thèses anti-hédonistes et des arguments platoniciens sur lesquels elles prennent appui nécessite une mise à distance d'un certain modèle, dit physiologique, qui fait des plaisirs bien connus de la réplétion l'archétype des phénomènes décrits sous le nom de plaisir. On a vu aussi que le geste aristotélicien de requalification ontologique allait contre une psychologie commune du plaisir comme satisfaction d'un désir. Cela n'en rend pas pour autant la description aristotélicienne moins apte à rendre compte de notre expérience habituelle du plaisir. Aristote refuse bien un modèle mais pour lui en substituer un

1. Cf. *Philèbe* 32c-36c ; *Rép.* IX, 584c. Ces plaisirs sont simplement mentionnés, avec les plaisirs purs des sens, à titre d'arguments contre le schéma du plaisir réplétion (cf. *EN* X 2, 1173b16-19 cité *supra* p. 89).

2. Cette description du plaisir échappant au mouvement et au devenir trouvera un écho dans l'analyse de l'activité contemplative par laquelle l'homme peut s'immortaliser autant qu'il est possible, accédant fugitivement à cette éternité qui est le lot divin. Sur cette comparaison entre les conditions de la pensée divine et de la pensée humaine, voir *infra* p. 128, 177.

autre sans pour autant quitter le terrain du sensible et des jouissances qu'il procure. Cette substitution d'un modèle positif du plaisir au paradigme dépréciateur de la réplétion n'entend pas opposer un certain type de plaisirs à un autre mais proposer une autre analyse du plaisir.

Les plaisirs purs réexaminés

Pour montrer que la nature du plaisir n'est pas synonyme d'imperfection mais de perfection, Aristote commence par introduire une comparaison avec l'acte de vision.

Ce que c'est que le plaisir et quelle est sa nature, cela deviendra plus manifeste en reprenant la question au point de départ. En effet, il semble que la vision soit achevée à n'importe quel moment du temps [καθ' ὁντινοῦν χρόνον τελεία εἶναι] : elle ne manque de rien qui, survenant plus tard, en achèverait la forme [τελειώσει αὐτῆς τὸ εἶδος]. C'est à quelque chose de tel que ressemble le plaisir. En effet, c'est une sorte de tout [ὅλον γάρ τι ἐστί], et on ne pourrait concevoir à aucun moment du temps un plaisir dont la forme serait achevée [τελειωθήσεται τὸ εἶδος] s'il durait plus longtemps. (*EN* X 3, 1174a13-19)

En lieu et place du modèle vulgaire des plaisirs de la réplétion avancé par les anti-hédonistes pour illustrer leur thèse du plaisir mouvement, le choix de la comparaison avec l'acte de vision est significatif à plusieurs titres. Vecteur d'un plaisir que Platon appelle pur, ce sens est donc moins suspect que les plaisirs du toucher ou du goût car les plaisirs purs ne peuvent donner lieu à intempérance. Au-delà de ce caractère moralement correct, l'élément essentiel de la stratégie aristotélicienne va consister à montrer, à travers l'analyse de ce paradigme, que dans la vision, il y a un plaisir pur, non plus simplement au sens platonicien de non mélangé, mais au sens où on a affaire à un modèle pur du plaisir, à l'*energeia* entendue au sens strict.

L'acte de voir correspond en effet à ces paradigmes de l'action achevée (πρᾶξις τελεία), dont les propriétés sont rigoureusement opposées à celles du mouvement en *Métaphysique* Θ 6.

Puisque, parmi les actions qui ont un terme, aucune n'est une fin mais qu'elles font partie de ce qui est en vue d'une fin, par exemple le fait de maigrir en lui-même, et puisque les parties du corps, lorsqu'on les fait maigrir, sont en mouvement en ce sens que ce en vue de quoi il y a mouvement n'est pas présent, alors il ne s'agit pas d'une action ou du moins pas d'une action achevée (car aucune n'est une fin) ; tandis que dans l'autre cas la fin et l'action sont présentes, par exemple c'est dans le même temps qu'on voit et qu'on a vu, qu'on médite et qu'on a médité, qu'on pense et qu'on a pensé, alors qu'on n'apprend pas en même temps qu'on a appris, ou qu'on ne guérit pas en même temps qu'on a guéri. On a et on a eu une vie bonne en même temps, on est et on a été heureux. Sinon, il faudrait que l'action s'arrête à un moment, comme lorsqu'on maigrit, mais en réalité ce n'est pas le cas, on vit et on a vécu. (…) J'appelle donc l'une de ces actions activité et l'autre mouvement. (*Métaph.* Θ 6, 1048b18-35)[1]

1. 1048b18-27 Ἐπεὶ δὲ τῶν πράξεων ὧν ἔστι πέρας οὐδεμία τέλος ἀλλὰ τῶν περὶ τὸ τέλος, οἷον τὸ ἰσχναίνειν [ἡ ἰσχνασία] αὐτό, αὐτὰ δὲ ὅταν ἰσχναίνῃ οὕτως ἐστὶν ἐν κινήσει, μὴ ὑπάρχοντα ὧν ἕνεκα ἡ κίνησις· οὐκ ἔστι ταῦτα πρᾶξις ἢ οὐ τελεία γε (οὐ γὰρ τέλος)·

Ces lignes opposent mouvement et *energeia* au sens strict à partir du critère de l'immanence ou de l'extériorité de la fin. La vision, à la différence du mouvement, est parfaite à n'importe quel moment de sa durée parce que sa fin est présente à chaque instant de l'action de voir, que sa temporalité n'est pas celle d'un développement. En faisant de la vision le modèle permettant d'appréhender la nature du plaisir, Aristote confère à celui-ci les caractéristiques ontologiques de cette *energeia*, leurs descriptions respectives se répondant point par point :

> (a) Il semble que la vision soit achevée à n'importe quel moment du temps : elle ne manque de rien qui, survenant plus tard, en achèverait la forme [ἡ μὲν ὅρασις καθ' ὁντινοῦν χρόνον τελεία εἶναι· οὐ γάρ ἐστιν ἐνδεὴς οὐδενὸς ὃ εἰς ὕστερον γινόμενον τελειώσει αὐτῆς τὸ εἶδος]. (*EN* X 3, 1174a14-16)
>
> (b) Le plaisir, lui, est achevé dans sa forme à n'importe quel moment du temps [τῆς ἡδονῆς δ' ἐν ὁτῳοῦν χρόνῳ τέλειον τὸ εἶδος]. (*EN* X 3, 1174b5-6)

Qu'est-ce qui autorise cependant ce rapprochement de deux réalités relevant de deux ordres hétérogènes ? Le plaisir, en effet, n'est pas à proprement parler une sensation mais quelque chose qui accompagne une sensation. Avant d'entrer dans le détail de la théorie de la sensation qui sous-tend cette mise en parallèle, rappelons simplement que selon les traités de philosophie naturelle, la sensation a lieu sans *genesis* (cf. *De la Sensation et des Sensibles* 6, 446b2-4). Ceci veut dire que loin de se parfaire au fur et à mesure, d'atteindre progressivement sa forme, la vision est achevée, et cela aussi longtemps et dès qu'on voit.

Le choix du paradigme de la vision dans la perspective polémique de la discussion sur le plaisir n'a donc rien d'anodin. Il permet de mesurer combien la conception aristotélicienne constitue un approfondissement et une élaboration des concepts et des problèmes qui se dégagent du *Philèbe*. Les plaisirs purs dont fait partie la vision jouissent en effet d'une place centrale dans l'argumentation platonicienne puisque ce sont les seuls à trouver grâce aux yeux de Socrate qui les autorise de plein droit à entrer dans la vie heureuse. Ne succédant à aucune douleur, ils sont de ce fait exempts de la relativité des plaisirs mélangés, ce qui autorise à les qualifier de vrais et à soutenir qu'ils sont donc davantage plaisirs que les autres[1]. En cela ils font bien figure de paradigmes du plaisir au sens où ils représentent le modèle de ce que celui-ci doit être pour n'être que plaisir et plaisir véritable et permettent de disqualifier les espèces qui n'y sont pas conformes.

ἀλλ' ἐκείνῃ ἐνυπάρχει τὸ τέλος καὶ ἡ πρᾶξις, οἷον ὁρᾷ ἅμα <καὶ ἑώρακε,> καὶ φρονεῖ <καὶ πεφρόνηκε,> καὶ νοεῖ καὶ νενόηκεν, ἀλλ' οὐ μανθάνει καὶ μεμάθηκεν οὐδ' ὑγιάζεται καὶ ὑγίασται· εὖ ζῇ καὶ εὖ ἔζηκεν ἅμα, καὶ εὐδαιμονεῖ καὶ εὐδαιμόνηκεν. εἰ δὲ μή, ἔδει ἄν ποτε παύεσθαι ὥσπερ ὅταν ἰσχναίνῃ, νῦν δ' οὔ, ἀλλὰ ζῇ καὶ ἔζηκεν. (…) 1048b34-35 τὴν μὲν οὖν τοιαύτην ἐνέργειαν λέγω, ἐκείνην δὲ κίνησιν. Le texte cité suit celui établi par W. Jaeger (OCT, 1957) avec les modifications suggérées par M. Burnyeat, « *Kinèsis* vs. *Energeia* », p. 251-258.

1. *Philèbe* 53b-c : « Tout plaisir petit et rare, mais pur de douleur [καθαρὰ λύπης], sera plus agréable, plus vrai et plus beau que tout plaisir grand ou fréquent. »

Ces plaisirs dont Platon reconnaissait la pureté continuent donc d'être dotés d'une valeur paradigmatique dans les traités aristotéliciens, mais ce n'est plus au même sens. Loin de venir distinguer une espèce au sein du genre, les plaisirs qualifiés de purs par Platon comme celui de la vision servent au contraire à dégager la formule générale du plaisir. Le paradigme ne fonctionne plus comme figure d'exception mais comme modèle générique pour la compréhension. Il reste à comprendre en quoi consiste ce paradigme, autrement dit pourquoi l'exemple de la vision, entre autres modèles d'action achevée (1174b10-14), permet effectivement d'élucider la nature du plaisir. Dans quelle mesure la théorie de la sensation fournit-elle à Aristote les instruments conceptuels qui l'autorisent à mettre le plaisir du côté de l'activité au lieu du devenir et du mouvement ?

Plaisir et activité : le modèle de la sensation

Si la sensation a à voir avec le plaisir, ce n'est pas simplement parce qu'elle en est l'occasion mais plus profondément parce qu'elle comporte une parenté ontologique avec celui-ci. Dès lors, il nous faut d'abord comprendre en quoi la vision, et plus généralement la sensation, relèvent de l'activité plutôt que du mouvement. L'idée n'est pas sans faire difficulté, du moins de prime abord, puisque la sensation semblerait plus intuitivement relever de la réceptivité en l'âme. Comme le souligne P.-M. Morel,

> le problème est donc de savoir comment la sensation peut être une activité, alors qu'elle est d'abord une affection, c'est-à-dire une modification (*alloiôsis*) provoquée par la réception d'un certain mouvement[1].

Que le sentir soit plus spontanément apparenté à ce qui est de l'ordre du pâtir est d'ailleurs une opinion commune que partagent aussi bien Platon que les philosophes présocratiques et qu'Aristote est loin de rejeter immédiatement. Le chapitre II 5 du *De Anima* consacré à la fonction sensitive commence au contraire par rappeler que

> la sensation [αἴσθησις] consiste à être mû et à pâtir [ἐν τῷ κινεῖσθαί τε καὶ πάσχειν], comme on l'a dit : elle semble être une forme d'altération [ἀλλοίωσίς τις]. (*DA* II 5, 416b33-34)[2].

1. P.-M. Morel, *Aristote. Une philosophie de l'activité*, p. 142.

2. Certains textes aristotéliciens (*Physique* VII 2, 244b11-12 ; *Du Sommeil et de la Veille* 1, 454a8-10) paraissent même reprendre à leur compte les descriptions platoniciennes de la sensation comme mouvement de l'âme par l'intermédiaire du corps qu'on trouve notamment dans le *Philèbe* (33d) et le *Timée* (43c). Suivant S. Menn, « Aristotle's Definition of the Soul and the Programme of the *De Anima* », *Oxford Studies in Ancient Philosophy*, XXII, 2002, p. 87-90, ces textes « problématiques », datant probablement d'une période assez précoce où Aristote ne disposait peut-être pas encore de son concept d'*energeia* et qu'il n'a pu ou voulu réviser ensuite, doivent être lus comme l'horizon sur fond duquel s'est construit le *De Anima* au lieu d'être ignorés ou harmonisés à toute force avec les thèses de ce dernier.

Le livre II du *De Anima* vient préciser et affiner la conception aristotélicienne qui n'en reste pas à cette appréhension spontanée de la puissance de sentir comme passion. L'actualisation de cette puissance en présence du sensible est autre chose qu'une pure affection, ce que manifeste l'analogie avec le double modèle de l'art productif et de la science – deux formes d'actualisation qui n'induisent aucun changement dans l'être qui possédait la puissance. Ce refus de concevoir la sensation comme un pur *pathos*, un mouvement subi par lequel le sujet sentant serait altéré se justifie dès lors qu'on distingue les trois niveaux sur lesquels se déploie le couple puissance/acte auquel s'ajoute le niveau intermédiaire de la puissance seconde ou acte premier[1].

> Il faut faire des distinctions aussi au niveau de la puissance et de l'état accompli [περὶ δυνάμεως καὶ ἐντελεχείας] car jusqu'à présent, nous en avons parlé simplement. En effet, il est possible d'être savant au sens où nous dirions l'homme « savant » parce qu'il fait partie des êtres qui sont savants et qui ont la science [τῶν ἐπιστημόνων καὶ ἐχόντων ἐπιστήμην] (a). Il est possible d'être savant au sens où nous appelons déjà « savant » celui qui possède la connaissance des lettres [τὸν ἔχοντα τὴν γραμματικήν] (a')/(b). Or l'un et l'autre ne sont pas capables de la même manière : l'un l'est parce que son genre est tel, c'est-à-dire sa matière (a), l'autre parce qu'il est capable d'exercer son savoir [δυνατὸς θεωρεῖν] s'il le veut, à moins que quelque chose d'extérieur ne l'en empêche [ἂν μή τι κωλύσῃ τῶν ἔξωθεν] (a')/(b). Quant à celui qui exerce actuellement son savoir [θεωρῶν] (b'), il est savant à l'état accompli [ἐντελεχείᾳ] et il sait au sens propre que ceci est un "A". (*DA* II 5, 417a21-29)

Où placer la sensation à l'intérieur de ces trois niveaux entre lesquels se déploient l'acte et la puissance ? La sensation n'est jamais pure puissance ou potentialité, au sens d'un pouvoir à constituer (a). À la différence de la puissance de savoir, la puissance de sentir est d'emblée actualisable sitôt l'être vivant engendré (cf. *DA* II 5, 417b16-19). Elle se situe donc entre l'acte premier (b), possession effective en même temps que puissance seconde (a') – le sujet n'étant pas toujours en train de sentir, par exemple lorsqu'il dort – et l'acte second (b') qui est actualisation effective de cette capacité. Autant le passage de la puissance première (a) à l'acte premier (b) implique un changement qualitatif du côté du sujet que l'apprentissage transforme d'ignorant en savant, autant le passage de la puissance seconde (a') à l'acte second (b'), exprimé dans ces lignes par le couple ἐπιστήμην ἔχειν / θεωρεῖν, ne provoque pas de modification de l'état de celui qui exerce la puissance (qu'elle soit acquise dans le cas de la science ou innée dans celui de la sensation), de la même manière que la science n'est nullement altérée du fait d'être utilisée.

1. Les lignes suivantes reprennent la systématisation traditionnelle de la « *Dreistufenlehre* ». Comme le rappelle à raison S. Menn (« The Origins of Aristotle's Concept of *Energeia* », p. 88-104), cette systématisation *a posteriori* (seule l'expression πρώτη ἐντελέχεια se trouvant dans le corpus en *DA* II 1, 421a27, b5) masque une élaboration progressive, et différenciée selon les contextes, de la double distinction entre, d'un côté, puissance (δύναμις) et activité (ἐνέργεια) – correspondant au couple puissance seconde/acte second – et, de l'autre, « en puissance » (δυνάμει) et « à l'état accompli » (ἐντελεχείᾳ) – correspondant au couple puissance première/acte premier.

En effet, ce qui possède la science [τὸ ἔχον τὴν ἐπιστήμην] en vient à exercer son savoir [θεωροῦν], ce qui précisément ou bien ne signifie pas être altéré (car c'est un progrès vers soi-même et vers l'état accompli [εἰς αὑτὸ[1] γὰρ ἡ ἐπίδοσις καὶ εἰς ἐντελέχειαν]) ou bien constitue un autre genre d'altération [ἕτερον γένος ἀλλοιώσεως]. (*DA* II 5, 417b5-7)

La sensation relève ainsi de l'activité plutôt que de l'affection, elle est l'effectuation d'une puissance plutôt que son altération sous l'effet d'un mouvement. Il s'agit à présent d'appliquer cette analyse de la sensation à ce dont l'acte de vision constitue tout à la fois le modèle théorique et l'occasion concrète, à savoir le plaisir, afin de comprendre pourquoi le plaisir a partie liée avec l'activité portée à son point d'achèvement.

Le plaisir lié à l'activité : sentir qu'on sent

L'acte de vision n'est pas simplement un modèle extérieur permettant de comprendre par analogie le type d'être achevé dont relève le plaisir. Il donne aussi les moyens de fonder conceptuellement, et non pas seulement de constater empiriquement, le lien entre le plaisir et l'activité, ce qui exige d'emprunter quelques détours. Le premier passe par un chapitre du livre IX de l'*Éthique à Nicomaque* qui, s'interrogeant sur la nécessité quelque peu paradoxale pour le bienheureux d'avoir des amis, rencontre le phénomène du sentiment de sentir. La réponse d'Aristote à ce qui fait partie des questions disputées entourant l'amitié mobilise, entre autres arguments, un raisonnement qui entreprend de dériver le caractère désirable de l'existence de l'ami du seul fait que l'existence est en soi désirable pour un homme de bien[2]. L'une des étapes préalables de cette argumentation consiste à rappeler les raisons qui font de la vie un bien et une source de plaisir par elle-même.

Et si vivre est en soi un bien et une source de plaisir (c'est ce qui semble ressortir aussi du fait que tous désirent vivre et surtout les hommes de valeur et bienheureux [τοὺς ἐπιεικεῖς καὶ μακαρίους] car c'est pour eux que l'existence est la plus désirable [αἱρετώτατος] et leur vie est la plus heureuse qui soit) … (*EN* IX 9, 1170a25-29)

Est vivant ce qui possède une âme : c'est donc par l'activité de ses puissances que se caractérise la vie. Or Aristote avait précisément rappelé, conformément aux analyses ouvrant le livre II du *De Anima*[3], que la vie pour les animaux se définit par la possession de la faculté de sentir, à laquelle s'ajoute pour l'homme la faculté de penser. Pour qu'on puisse parler de vie au sens plein, il faut cependant que cette possession n'en reste pas à l'état de puissance mais qu'il en soit fait effectivement usage (1170a16-19). Si la vie, qui ne se définit pas autrement que par l'exercice de nos facultés, procure du plaisir, il semble que ce soit dans cet

1. En suivant le texte édité par Ross (*DA*, OCT).
2. Pour une analyse plus détaillée de l'argument, voir *infra* p. 181 *sq*.
3. Cf. *DA* II 3, 414a29-32 ; b18-19.

usage, à même l'activité et la conscience de celle-ci, qu'il faille en chercher la source. En effet,

> celui qui voit sent qu'il voit, celui qui entend qu'il entend, celui qui marche qu'il marche et il en va de même partout ailleurs où il y a quelque chose qui sent que nous sommes en activité, de sorte que nous sentirions que nous sentons et que nous penserions que nous pensons, et sentir que nous sentons ou que nous pensons, c'est sentir que nous sommes (puisque être, c'est sentir ou penser) ; or sentir que l'on vit fait partie des choses agréables par elles-mêmes (car la vie est un bien par nature et sentir le bien présent en soi-même est agréable). (*EN* IX 9, 1170a29-b3)[1]

De la conscience des activités qui définissent la vie pourrait bien naître le plaisir, parce que se sentir en activité est sentiment d'exister. Si parler de conscience en terrain aristotélicien[2] nous fait entrer dans une question controversée, les pages qui suivent préciseront le sens et la portée que nous donnons à ce terme. Il nous faut cependant dire d'emblée que cette conscience, liée à l'activité plus qu'à la réflexivité, n'est pas à entendre en un sens « cartésien »[3]. Ainsi comprise, elle nous semble contribuer à élucider le lien entre plaisir et activité[4] qui est au centre de la redéfinition aristotélicienne du plaisir et qu'il s'agit à présent d'éclaircir. Par là, elle gouverne aussi plus largement la question du plaisir pris à

1. ὁ δ' ὁρῶν ὅτι ὁρᾷ αἰσθάνεται καὶ ὁ ἀκούων ὅτι ἀκούει καὶ ὁ βαδίζων ὅτι βαδίζει, καὶ ἐπὶ τῶν ἄλλων ὁμοίως ἔστι τι τὸ αἰσθανόμενον ὅτι ἐνεργοῦμεν, ὥστε αἰσθανοίμεθα δ' ἂν ὅτι αἰσθανόμεθα καὶ νοοῖμεν ὅτι νοοῦμεν, τὸ δ' ὅτι αἰσθανόμεθα ἢ νοοῦμεν, ὅτι ἐσμέν (τὸ γὰρ εἶναι ἦν αἰσθάνεσθαι ἢ νοεῖν), τὸ δ' αἰσθάνεσθαι ὅτι ζῇ, τῶν ἡδέων καθ' αὑτό (φύσει γὰρ ἀγαθὸν ζωή, τὸ δ' ἀγαθὸν ὑπάρχον ἐν ἑαυτῷ αἰσθάνεσθαι ἡδύ). Le texte suivi en 1170a31-32 est celui des manuscrits L^b et M^b (où la présence du δέ fait difficulté : Bekker le supprime). Bywater, souvent suivi par les traducteurs, corrige en ὥστε ἂν αἰσθανώμεθ', ὅτι αἰσθανόμεθα, κἂν νοῶμεν, ὅτι νοοῦμεν, pour éviter le passage problématique à une pensée de la pensée. Mais si sentir et penser viennent illustrer le fait qu'il y a quelque chose en nous qui sent (τι τὸ αἰσθανόμενον) que nous sommes en activité quelle qu'en soit la forme, la difficulté ne semble pas insurmontable.

2. B. Cassin souligne que le terme n'existe pas chez Aristote dans l'article « Conscience » du *Vocabulaire européen des philosophies. Dictionnaire des intraduisibles*, B. Cassin (dir.), Paris, Seuil-Le Robert, 2004, p. 261-262.

3. Les commentateurs qui assument l'emploi du terme s'accordent en général pour souligner le caractère non-cartésien de cette « conscience » (selon une certaine réception, la plus massive mais elle aussi sujette à discussion, du *cogito* cartésien comme réflexivité d'un sujet substantiel). Sur cette question discutée de la conscience chez Aristote, voir C. Kahn, « Sensation and Consciousness in Aristotle's Psychology », *in* J. Barnes, M. Schofield & R. Sorabji (eds.), *Articles on Aristotle. 4. Psychology & Aesthetics*, London, Duckworth, 1979, p. 22-31 ; R. Bodéüs, « Notes sur quelques aspects de la conscience chez Aristote », *Phronesis*, 20 (1), 1975, p. 63-74 ; W. Hardie, « Concepts of Consciousness in Aristotle », *Mind*, 85, 1976, p. 388-411 ; D. Modrak, *Aristotle : the Power of Perception*, Chicago-London, the University of Chicago Press, 1987, p. 133-154 ; V. Caston, « Aristotle on Consciousness » *Mind*, 111, 2002, p. 751-815 ; P. Gregorić, *Aristotle on the Common Sense*, O. U. P., 2007 p. 174-192 ; A. Stevens « L'apparition de la conscience dans le *De Anima* et d'autres œuvres d'Aristote », *in* G. van Riel & P. Destrée (eds.), *Ancient Perspectives on Aristotle's De Anima*, Leuven, Leuven University Press, 2009, p. 35-48.

4. Le rapprochement entre plaisir, conscience et activité remonte au moins à A. Grant, *The Ethics of Aristotle*. Essay IV, vol. I, London, Longmans, Green & Co., 1866, p. 193-201.

l'action qui constitue une pièce maîtresse de l'éthique aristotélicienne en même temps qu'un des fils directeurs de notre enquête.

Commençons par examiner ce qu'il en est du sentiment de sentir succinctement décrit dans ces lignes comme présence à ses propres perceptions. La question délicate d'une sensation de la sensation fait l'objet d'un traitement plus ample lors d'une enquête sur l'idée éminemment problématique d'un sens commun ou d'une sensation commune[1] menée dans les traités de philosophie naturelle. Ce sentiment de sentir est-il du ressort d'un sens supplémentaire, spécial, ou de chacun des cinq sens ? Quoique l'hypothèse d'un sixième sens (doté d'un organe particulier en dehors des cinq déjà étudiés) ait été définitivement écartée à l'issue de *De Anima* III 1, ce rejet est loin de résoudre toutes les difficultés. Qu'on choisisse alors d'attribuer cette sensation de la sensation au sens propre lui-même ou à un sens autre[2], il y a dans le dédoublement qu'implique cette saisie quelque chose qui ne va pas de soi.

Après avoir mis en évidence les impossibilités attenantes à l'hypothèse d'une perception de la sensation (par exemple visuelle) par un sens différent du sens propre (la vision), Aristote envisage de chercher à même cette sensation l'origine de sa propre perception. Si cette voie n'est pas non plus sans difficulté[3], le type d'*energeia* impliqué par la sensation est toutefois susceptible de dissiper l'obscurité qui entoure la conscience du sentir. L'unité de l'acte perceptif dissimule la réciprocité d'une actualisation conjointe du sensible et du sens. Cette coïncidence

1. Voir J. Brunschwig, « Les multiples chemins aristotéliciens de la sensation commune », *Revue de Métaphysique et de Morale*, 96, n° 4, 1991, p. 455-474 et « En quel sens le sens commun est-il commun ? », dans G. Romeyer-Dherbey (dir.) & C. Viano (éd.), *Corps et âme : sur le De Anima d'Aristote*, Paris, Vrin, 1996, p. 189-218. Le sens commun remplit essentiellement trois fonctions – la perception des sensibles communs, la conscience du sentir, et la perception de la différence entre sensibles propres – qui sont elles-mêmes la reprise d'apories platoniciennes. La question de la perception des sensibles communs comme de la différence entre les sensibles propres est abordée dans le *Théétète* (184c-185e), celle de la possibilité pour une faculté de saisir elle-même dans le *Charmide* (167c-169b). Sur la reprise aristotélicienne de ces problèmes platoniciens, voir M. Narcy, « *Krisis* et *aisthesis* (*De anima* III, 2) », *Corps et âme : sur le De Anima d'Aristote*, p. 239-256 et F. De Haas, « Know Thyself : Plato and Aristotle on Awareness », *Ancient Perspectives on Aristotle's De Anima*, p. 49-69.

2. Cf. *DA* III 2, 425b12-17.

3. À l'objection selon laquelle si la vision est saisie du sensible propre à la vue qu'est la couleur, cette perception de la sensation visuelle, puisqu'elle passe par la vue, devrait être elle-même colorée – objection qui paraphrase le *Charmide* (168d-e) comme le relève P. Gregorić, *Aristotle on the Common Sense*, p. 180 – Aristote oppose deux atténuations. La première met en avant un cas de discrimation où la vue est vecteur d'une perception alors même qu'elle ne saisit pas son sensible propre (par exemple lorsqu'on perçoit dans l'obscurité qu'on ne voit pas), la seconde consiste à rappeler en quel sens particulier le principe de la vision peut être dit coloré : au sens où dans la vision, le sens reçoit la forme sensible sans la matière, ce dont témoigne la persistance de nos perceptions même après la disparition du sensible. Suivant F. De Haas (*ibid.* p. 57), cet élargissement de ce que recouvre l'acte de vision au-delà de son sensible propre prépare l'extension de la perception visuelle à la saisie d'elle-même.

ne doit pas masquer le fait que l'opération est en même temps double au sens où il y a bien deux objets en jeu dans ce passage à l'acte.

> Mais l'activité du sensible et celle du sens sont une seule et même activité [ἡ δὲ τοῦ αἰσθητοῦ ἐνέργεια καὶ τῆς αἰσθήσεως ἡ αὐτὴ μέν ἐστι καὶ μία], quoique leur essence ne soit pas la même. Je veux parler par exemple du son en activité et de l'ouïe en activité : il est possible en effet de posséder l'ouïe et de ne pas entendre, et ce qui est doué de sonorité ne résonne pas toujours, mais lorsque ce qui a la puissance d'entendre est en activité et que ce qui a la puissance de résonner résonne, alors il y a en même temps l'ouïe en activité et le son en activité [τότε ἡ κατ' ἐνέργειαν ἀκοὴ ἅμα γίνεται καὶ ὁ κατ' ἐνέργειαν ψόφος]. (*DA* III 2, 425b26-426a1)

Cette double actualisation ménage pour le sens qui en est le lieu (426a9-11) l'espace d'une fonction qui ne soit pas réceptivité pure. Aussi G. Rodier, voyant dans la description précise de l'acte de sentir une indication de solution à l'aporie que constitue l'idée d'une sensation de la sensation, souligne-t-il à propos de ces lignes que

> la sensation est en partie sentiment de nous-mêmes parce qu'elle est quelque chose de nous-mêmes ; elle n'est pas entièrement passive. Nous sommes en puissance la forme que l'objet actualise en nous. La sensation n'est pas un changement qui renouvelle notre nature, c'est un changement qui l'achève et qui la développe, un progrès vers une plus grande réalité de nous-mêmes (v. II, 5, 417b12-16 ; 16-19 ; 20 ; II, 12, 424b 12-18 ; *EN* IX, 9, 1170a29)[1].

L'acte de sentir n'est pas simple impression par un objet extérieur, autrement il serait pure affection, comme on l'a souligné plus haut[2]. La sensation est également saisie d'elle-même à travers cette extériorité sensible. Cette identité dans l'actualisation n'annule en aucun cas l'autonomie du sensible qui, rappelle Aristote, existe bien en puissance antérieurement à et indépendamment de la sensation qui l'actualise (426a16-27). L'identité des deux actes – de l'objet et du sens – dans la sensation est l'occasion pour Aristote d'introduire une précision supplémentaire, et avec elle incidemment la mention du plaisir. L'actualisation de sensibles qui sont source de plaisir, comme c'est le cas de l'harmonie, suppose une identité

1. G. Rodier, *Aristote. Traité de l'âme. Commentaire*, Paris, Vrin, 1985, p. 369-370. La question de la compatibilité de cette thèse avec le traité *Du Sommeil et de la Veille* 2, 455a12 *sq.*, est complexe et disputée. En faveur de la compatibilité des deux textes, voir F. De Haas, *ibid.* p. 60, T. K. Johansen, *The Powers of Aristotle's Soul*, p. 196-198 et G. Rodier : « Le *De Anima* affirme que la *sunaisthèsis* n'est pas la fonction d'un sens spécial ; le *De Somno* qu'elle est l'œuvre de la sensibilité commune à tous les sens spéciaux. Non seulement ces assertions ne se contredisent pas, mais la seconde explique la première. [...] Ce n'est pas, en effet, en tant que sens spécial et différencié, que le sens de la vue nous donne la conscience de la vision ; c'est en tant qu'il participe aux caractères communs de toute sensibilité » (*ibid.* p. 266). Pour une interprétation différente, voir C. Kahn, « Sensation and Consciousness », p. 11 *sq.*, suivi par D. Modrak, *The Power of Perception*, p. 66-67.

2. Cf. *Physique* VII 2, 244b6-245a2 soulignant la différence entre les êtres animés à qui l'altération, lorsqu'elle est subie par leurs sens, n'échappe pas (οὐ λανθάνει), et les êtres inanimés qui subissent des altérations sans s'en apercevoir. L'expression οὐ λανθάνει est une manière caractéristique chez Aristote d'exprimer la conscience (cf. *De la Sensation et des Sensibles* 2, 437a28 ; *EN* VIII 2, 1156a3 cité *infra* p. 165 ; VIII 3, 1156a8 ; *Sec. An.* II 19, 99b27 cité *infra* p. 233).

structurelle du côté du sens afin d'assurer l'unité de l'acte sensitif dont il a été question. Dans ce cas précis, la proportion qu'est l'harmonie exige du côté du sens, l'ouïe, une proportion symétrique (cf. *DA* III 2, 426b28-30). Lorsque cette proportion dans l'objet sensible fait défaut (par excès), le sens en pâtit sous forme de douleur ou destruction (426a30-b8). Il n'est pas anodin que cette précision concernant le plaisir ou la douleur intervienne justement à la fin du passage destiné à dénouer l'aporie d'une sensation de la sensation.

Plaisir et conscience

La structure complexe de la sensation, en permettant de penser une saisie par la faculté sensible de son activité, autrement dit une forme de conscience immanente, pourrait ainsi contribuer à élucider le plaisir qui lui est attaché. Dans la sensation, nous nous saisissons nous-mêmes comme en acte, nous saisissons cette activité de nos puissances en laquelle consiste la vie. Loin que la sensation nous absorbe, elle nous révèle à nous-mêmes, ce dont le plaisir, qui parfois l'accompagne, est justement l'expression. Celui-ci n'est ni la simple traduction dans notre âme d'une propriété de l'objet, ni une qualité sensible comme la couleur, ni non plus seulement l'expression d'un bon état du sujet, issu ou non d'une restauration de ses facultés naturelles selon le schéma hérité de Platon. Le plaisir dépend de l'objet et du sujet dans la mesure où il naît de cet acte qui est leur réalisation commune. La sensation source de plaisir est en effet celle qui atteint la plénitude de l'activité lorsque rien, ni du côté de l'organe ni du côté de l'objet, ne vient entraver cette actualisation conjointe.

> En effet, il y a un plaisir pour chaque sens, de même que pour la pensée et la contemplation. L'activité la plus achevée est la plus agréable [ἡδίστη δ' ἡ τελειοτάτη], or la plus achevée, c'est l'activité de la faculté dans son meilleur état s'exerçant sur le meilleur de ses objets. Le plaisir vient achever l'activité [τελειοῖ δὲ τὴν ἐνέργειαν ἡ ἡδονή]. (*EN* X 4, 1174b20-23)

Il n'y a pas non plus de rupture entre ce qui a lieu dans l'activité parfaite de la sensation et dans celle de l'intelligence. Au-delà de ce qui différencie la perception sensible de la saisie intellectuelle[1], la structure d'actualisation réciproque de

1. En *DA* III 3 Aristote critique ceux de ses prédécesseurs qui identifient la pensée et la sensation, voyant dans la pensée et l'intelligence une sorte de sensation au motif que « dans les deux cas l'âme juge [κρίνει] et connaît quelque chose de ce qui est » (427a19-21). Néanmoins il admet qu'il y a bien dans le processus de l'intellection quelque chose d'analogue à la sensation qui fait que « ce que le sens est par rapport aux sensibles, l'intelligence l'est par rapport aux intelligibles » (III 4, 429a13-15, 17-18). Les limites et difficultés de l'analogie entre sensation et pensée, employée avec constance par Aristote qui ne cesse en même temps d'en restreindre la portée, sont analysées par M. Zingano, « Considérations sur l'argumentation d'Aristote dans *De Anima* III 4 », *Ancient Perspectives on Aristotle's De Anima*, p. 89-106 : la pensée se distingue essentiellement de la sensation par le fait qu'elle est impassible (*apathès*, *DA* III 4, 429a15), sans mélange (*amigès*, 429a18), et séparable (*chôristos*, 429b5) au sens où elle ne passe pas par l'intermédiaire d'un organe spécifique (p. 89-91).

la faculté et de l'objet est analogue pour l'une et l'autre de ces opérations de l'âme, à ceci près que l'intelligence, contrairement aux sens, se donne elle-même ses objets (cf. *DA* II 5, 417b23-28). Dans chacun des cas, cette actualisation portée à son achèvement, à la conscience de sa perfection, est source de plaisir. Le modèle de la sensation semblerait donc opératoire pour rendre raison du plaisir pris à l'activité intellectuelle, comme l'examen des plaisirs inhérents à la vie théorétique permettra de le vérifier.

L'activité non empêchée

Ce dispositif d'actualisation réussie expliquerait aussi, indirectement, la première caractérisation du plaisir proposée au livre VII de l'*Éthique à Nicomaque*, comme activité non empêchée.

> En effet, les plaisirs ne sont pas des devenirs et ils ne sont pas tous accompagnés de devenir [οὐ γὰρ γενέσεις εἰσὶν οὐδὲ μετὰ γενέσεως πᾶσαι], au contraire ils sont activités et fin [ἐνέργειαι καὶ τέλος]. Ils ne surviennent pas non plus lors d'un devenir mais lors de l'exercice <d'une faculté>. Tous n'ont pas pour fin quelque chose de différent d'eux, seulement ceux qui conduisent à l'achèvement d'une nature [τῶν εἰς τὴν τελέωσιν ἀγομένων τῆς φύσεως]. C'est pourquoi on a tort de dire que le plaisir est un devenir (a) senti (b) [αἰσθητὴν γένεσιν], il faut plutôt dire que c'est une activité (a') de la disposition qui est conforme à la nature [ἐνέργειαν τῆς κατὰ φύσιν ἕξεως], et au lieu de sentie, la dire plutôt sans entrave (b') [ἀνεμπόδιστον]. (*EN* VII 13, 1153a9-15)

On sait que le livre X revient sur cette description en définissant le plaisir non comme activité mais comme ce qui accompagne l'activité[1]. Si d'une part le plaisir a lieu dans ces moments où l'activité ne connaît nul empêchement à son déploiement, s'il est d'autre part inhérent à la conscience d'une perfection dans l'actualisation de nos puissances, on peut comprendre que cette première caractérisation proposée au livre VII confonde ou réunisse dans sa définition le plaisir et ce qui en est le support, à savoir l'activité. Le plaisir, parce qu'il présuppose une forme de conscience de l'activité, tend si bien à se fondre avec celle-ci qu'il en devient difficilement discernable. Il est donc tentant, au moins provisoirement, d'assimiler les deux niveaux et de définir le plaisir par ses conditions de possibilité.

L'intérêt de cette première caractérisation, même sujette à révision, tient au fait qu'elle corrige terme à terme la définition platonicienne, marquant nettement les points de divergence avec l'héritage platonicien, notamment celui du *Philèbe*. Ces lignes réaffirment les couples antithétiques fondamentaux autour desquels s'organise chacune des conceptions du plaisir. Dans le cadre platonicien, le plaisir est un devenir (a), ou survient à l'occasion des processus en nous qui ont une fin extérieure à eux-mêmes. Dans la conception aristotélicienne, le plaisir est activité

1. On peut alors se demander, comme le remarque M. Pakaluk (*Aristotle's Nicomachean Ethics. An Introduction* p. 304), si Aristote au livre VII entendait vraiment proposer sa définition du plaisir ou bien s'il rectifiait simplement la formulation de ses adversaires de manière à la rendre plus satisfaisante, ce qui suffisait à son argumentation, largement *ad hominem*.

(a'), c'est-à-dire fin immanente à elle-même, et advient à l'occasion de l'usage, c'est-à-dire de l'actualisation non empêchée, de nos puissances. Dans cette analyse ontologique dont les éléments s'opposent point par point, si la première substitution récuse la caractérisation générique par le devenir pour lui préférer le concept d'activité, la seconde démarcation, elle, va moins dans le sens d'une opposition frontale que d'une inflexion par approfondissement.

En effet, la qualification de « senti » (b) dans la définition platonicienne est peut-être moins fausse qu'insuffisante aux yeux d'Aristote. Elle décrit bien le plaisir comme lié à une certaine conscience mais sans en donner la raison propre. Le *Philèbe* a en effet distingué entre les mouvements du corps qui parviennent jusqu'à l'âme, sous la forme de la sensation, et ceux qui sont trop faibles pour devenir sensibles (33d2-6). Le *Timée* (63b-64b) en a donné les causes physiologiques : les affections qui parviennent jusqu'au siège de la pensée, au *phronimon*[1], réunissent certaines qualités (elles se produisent avec vivacité et brusquerie) et passent par des matières organiques « conductrices », à la différence des os, cheveux et autres parties trop terreuses qui absorbent l'impression, comme les os, vides de *phronèsis* (75a3). Plaisir et douleur sont liés à un certain mouvement dans le corps qui doit être assez vif pour parvenir au siège de la sensibilité. Il y entre donc une dimension de conscience, au moins au sens où il n'y a de plaisir que perçu, mais la conscience en question ici n'indique jamais qu'un certain seuil – quantitativement mesurable – de perceptibilité, en deçà duquel il n'y a plus ni plaisir ni douleur.

En mettant en évidence la condition nécessaire au déploiement de l'activité, l'absence d'obstacle (b'), Aristote donne peut-être à comprendre ce que la description platonicienne n'avait fait qu'approcher sans parvenir à l'élucider. Cette précision pourrait certes sembler redondante, comme déjà la formule qu'elle vient amender[2]. N'est-il pas évident, de même qu'il n'y a pas de plaisir qui ne soit

1. L'interprétation de ce terme fait débat au sein des interprètes : voir la discussion entre D. O'Brien « Perception et intelligence dans le *Timée* de Platon » et L. Brisson « Perception sensible et raison dans le *Timée* », *in* L. Brisson & T. Calvo (eds.), *Interpreting the Timaeus-Critias. Proceedings of the Fourth Symposium Platonicum, Selected Papers*, Sankt Augustin, Academia Verlag, 1997, 1997, p. 291-305 & 307-316. Nous suivons D. O'Brien dans son interprétation du *phronimon* comme conscience.

2. D. Bostock, « Pleasure and Activity in Aristotle's Ethics », *Phronesis*, 33 (3), 1988, p. 270-271, s'interrogeant sur la nécessité de la substitution du ἀνεμπόδιστον au αἰσθητήν, en propose une explication dans la ligne de la thèse générale qu'il défend, à savoir que tous les plaisirs, y compris ceux dits de réplétion, ne sont plaisirs qu'en tant qu'ils sont activités, sachant qu'il n'y a d'activité au sens strict que celle de la perception et celle de la pensée. Si Aristote n'a pas besoin de préciser que le plaisir est activité sensible ou sentie, c'est qu'il n'y a pas d'activité d'un état naturel qui ne doive être consciente, le plaisir consistant précisément dans cette perception. Cette explication, néanmoins, ne nous semble pas tout à fait rendre compte de la nécessité de la substitution. Comme le relève M. Pakaluk (*Aristotle's Nicomachean Ethics. An Introduction*, p. 305), il s'agit aussi de mettre l'accent sur le versant subjectif du plaisir, notre expérience de l'activité non empêchée, ressentie comme plaisante. Sur le problème débattu de

pas senti, que l'activité doit être sans entrave ? N'est-ce pas là la condition nécessaire de l'actualisation d'une puissance, comme le rappelle *Métaphysique* Θ 5, 1048a16-21[1] ? Substituer « sans entrave » à « sentie », c'est néanmoins mettre en évidence la condition de possibilité du plaisir, à savoir une certaine perfection de l'activité. Pourquoi prenons-nous plaisir à certaines sensations ? Pourquoi certains plaisirs pour Platon, ou le plaisir en tant que tel pour Aristote, est-il exempt de douleur et de manque ? Parce qu'on y sent justement cette absence d'obstacle qui rend possible le plein déploiement de nos puissances. Cette précision permet au passage d'éliminer une ambiguïté : même au niveau des plaisirs du corps, qui coïncident avec la satisfaction d'un manque, ce n'est pas dans le manque qu'il faut chercher le plaisir, mais dans ce que cette actualisation comporte malgré tout de perfection non empêchée. Jusque dans le cas des plaisirs curatifs qui sembleraient les plus adéquats au schéma de la *genesis*, il est en effet question de *praxis* pour décrire le plaisir[2]. Que ces plaisirs soient par accident n'empêche pas qu'ils comportent une part d'activité, de sorte qu'ils ne semblent pas faire exception à la liaison du plaisir avec l'*energeia*[3].

Si le plaisir est une forme d'activité, c'est parce que, loin d'être la restauration d'une nature toujours inachevée, il est au contraire expression d'une nature en acte qui n'est plus entravée par quelque forme d'imperfection que ce soit. La définition du second traité (X), dissociant clairement le plaisir de sa condition de possibilité qu'est l'activité portée à son point de perfection, s'avère donc plus satisfaisante que celle proposée en VII 13, qu'elle rectifie sur deux points. Plutôt que d'activité, il est plus adéquat de parler d'achèvement de l'activité, et plutôt que de fin, de préciser qu'il s'agit d'une fin survenue par surcroît (1174b33). Il y a en effet de bonnes raisons d'être réticent à une identification qui, d'une part, érigerait le

savoir à quoi s'applique exactement cette absence d'obstacle – à l'actualisation de la puissance ou bien à la conscience de cette actualisation –, voir C. C. W. Taylor, « Pleasure : Aristotle's Response to Plato » p. 12-18 suggérant qu'une des raisons du changement de définition du plaisir entre VII et X tiendrait justement à la nécessité de dissiper cette ambiguïté.

1. Voir aussi *Métaph.* Θ 7, 1049a7 et *Physique* VIII 4, 255b4.

2. Cf. *EN* VII 15, 1154b17-20 : « J'appelle agréables par accident les plaisirs curatifs : c'est parce que le fait d'être soigné coïncide avec l'action de ce qui demeure sain [τοῦ ὑπομένοντος ὑγιοῦς πράττοντός τι] que cela semble agréable. Mais ce qui est par nature agréable, c'est ce qui produit l'action de cette nature saine [ἃ ποιεῖ πρᾶξιν τῆς τοιᾶσδε φύσεως]. » Selon Aspasius, le terme de *praxis* doit être ici compris comme *energeia* : Aristote « a dit "action" [πρᾶξιν] à la place d'"activité" [ἐνέργειαν]. » (*In Ethica Nichomachea,* 156.30-31) Sur ce point, voir G. Aubry, « The pain of the living and divine pleasure : *Nicomachean Ethics* VII, 14, 1154a22-b34 », *Aristotle* : *Nicomachean Ethics Book* VII, p. 253.

3. Pour autant que les plaisirs nés de la restauration d'un état naturel relèvent de ce modèle. Sans nier que celui-ci soit moins facilement opératoire pour les plaisirs entrant dans le genre des plaisirs curatifs ou par accident, nous ne partageons pas les doutes de certains interprètes quant à la capacité ou la volonté aristotélicienne de proposer un modèle unitaire du plaisir. Ces doutes sont exprimés par D. Frede, « Pleasure and Pain in Aristotle's *Ethics* », p. 270-273 et C. Rapp, *Aristoteles. Rhetorik*, vol. 2, Berlin, Akademie Verlag, 2002, p. 543-583.

plaisir en réalité autonome, de l'autre risquerait de faire du plaisir une fin en soi, en accord avec les thèses hédonistes, puisque les activités sont des fins.

L'achèvement de l'activité

Aussi ne faut-il pas confondre, précise Aristote au livre X, l'activité qu'est par exemple la sensation, et le plaisir en général dont elle peut être l'occasion : l'un et l'autre relèvent de deux types d'achèvement différents.

> Le plaisir n'est pas un achèvement de l'activité [τελειοῖ] au même titre que le sont sensible et sens lorsque les deux sont excellents, de même que ce n'est pas non plus de la même manière que la santé et le médecin sont cause du fait d'être en bonne santé. (*EN* X 4, 1174b23-26)

Dans le cas de la sensation, on a affaire à un achèvement consistant dans une actualisation réciproque : c'est la présence du sensible qui fait passer à l'acte le sens et réciproquement. Cependant, de même que la cause (efficiente) de la bonne santé que sont les actes ou les prescriptions du médecin diffère de la cause (formelle) du fait d'être en bonne santé qu'est la possession de la santé, de même l'achèvement que représente le plaisir n'est pas actualisation de ce qui est en puissance comme c'est le cas pour la sensation[1]. Il ne fait qu'accompagner l'actualisation d'une puissance, se situant sur un autre plan : l'achèvement qu'il constitue ne se réduit pas à sa condition de possibilité. Le plaisir est donc sans doute inséparable de l'activité de vivre (1175a19-20) c'est-à-dire de penser ou de sentir, sans toutefois se confondre avec elle. C'est précisément cette non-coïncidence qui marque l'espace de la conscience puisque l'un, le plaisir, ne se conçoit pas sans l'autre, l'activité, sans toutefois s'y résorber tout à fait. Si les chapitres 4 et 5 s'efforcent de lier le plaisir à l'activité, Aristote reste toujours attentif à ne pas les identifier. Parmi les diverses expressions signalant cette corrélation sans identité[2], on trouve la formule οὐκ ἄνευ (« ne va pas sans ») à laquelle il a souvent recours pour désigner des réalités si proches qu'elles sont difficilement distinguables quoiqu'elles demeurent de nature différente[3]. S'il est donc clair qu'il

1. Sur ces lignes difficiles qui divisent les commentateurs, voir G. van Riel (« Bonheur et plaisir. Aristote est-il un hédoniste ? », dans P. Destrée (éd.), *Aristote. Bonheur et vertus*, Paris, PUF, 2003, p. 183) qui récuse les interprétations traditionnelles de ces lignes en termes de cause formelle et/ou finale, soulignant à raison que le plaisir ne saurait être cause finale ou cause formelle d'un état ou d'une activité. Selon l'interprétation de S. Broadie (*Aristotle. Nicomachean Ethics,* p. 436) que nous suivons, ces lignes font simplement ressortir l'ambiguïté du terme τελειοῖ en faisant le parallèle avec une autre ambiguïté vraisemblablement plus familière aux auditeurs d'Aristote, celle du mot « cause ».

2. Cf. χωρισμὸν οὐ δέχεσθαι (1175a20), ἕπεται γὰρ τῇ ἐνεργείᾳ (1175a5), σύνεγγυς (1175b32), ἀδιόριστοι (1175b32), ἄνευ τε γὰρ ἐνεργείας οὐ γίνεται ἡδονή (1175a20).

3. C'est le cas en *Éthique à Nicomaque* VI 13 lorsqu'il s'agit de qualifier le rapport entre vertu éthique et *phronèsis.* Le parallèle est significatif puisque dans les deux cas on a affaire à des réalités qui dépendent l'une de l'autre et dont l'une achève l'autre, puisqu'il n'y a pas de *phronèsis* sans vertu éthique et que la *phronèsis* achève la vertu éthique. De même, il n'y a pas de plaisir sans activité et le plaisir achève l'activité. Sans nier la différence entre les deux couples

refuse l'identité entre plaisir et activité, ce que signifie exactement cet achèvement de l'activité ou cette fin survenant par surcroît l'est cependant beaucoup moins : son discours nous laisse ici des métaphores pour tout secours (cf. 1174b33). C'est peut-être dans les manifestations empiriques du lien entre plaisir et activité évoquées au chapitre suivant (X 5), évoquant la manière dont le plaisir intensifie l'activité qu'il complète, qu'il faudra chercher un supplément d'éclaircissement[1].

Si cet achèvement de l'activité a bien quelque chose à voir avec ce que la théorie de la sensation nous permet de penser, à savoir la conscience immanente à l'activité, la définition aristotélicienne du plaisir n'apparaît plus si éloignée de notre expérience concrète. Il entre dans le plaisir une dimension de conscience même si celle-ci n'est pas à comprendre au sens moderne de saisie subjective de soi, constitutive d'un *ego*, d'un moi qui serait substance pensante à la manière cartésienne[2]. Elle consiste plutôt dans l'appréhension de son activité par l'agent, terme qu'il faudrait préférer dans ce contexte à celui de sujet. Cette conscience est moins perception d'une essence que saisie d'une existence. Comme l'a bien souligné J.-P. Vernant, elle ne passe pas par un retour, encore moins un repli sur soi :

> De même que l'œil ne se voit pas lui-même, l'individu pour s'appréhender regarde vers l'ailleurs, au-dehors. Sa conscience de soi n'est pas réflexive, repli sur soi, enfermement intérieur, face à face avec sa propre personne : elle est existentielle. (…) Jamais je ne pense mon existence à travers la conscience que j'en ai. Ma conscience est toujours accrochée à l'extérieur : j'ai conscience de voir tel objet, d'entendre tel son, de souffrir telle douleur. Le monde de l'individu n'a pas pris forme d'une conscience de soi, d'un univers intérieur définissant, dans son originalité radicale, la personne de chacun[3].

L'agent prend « conscience de » et « plaisir à » son existence à travers l'exercice réussi de ses facultés. Cet exercice est réalisation de soi au double sens

(puisque vertu et *phronèsis* sont toutes deux des vertus, alors que le plaisir n'est pas une activité), on admettra qu'ils relèvent tous deux d'une forme de coïncidence sans identité.

1. Voir notamment *infra* p. 143.

2. J. Brunschwig à propos d'*EN* IX 7, 1167b31-1168a9 (passage sur lequel nous reviendrons *infra* p. 167 *sq.*) parle ainsi de « traces, dans la pensée grecque, d'une sorte de *cogito* paradoxal, qui pourrait se formuler ainsi : je me vois (dans mon œuvre, ou dans quelque autre des projections de moi-même qui ont été énumérées ci-dessus [*i.e.* mon ami, mon obligé, mon enfant, mon reflet, mon ombre]) donc je suis ; et je suis là où je me vois : je *suis* cette projection de moi que je vois », « Aristote et l'effet Perrichon », dans J.-L. Marion (dir.), *La passion de la raison. Hommage à F. Alquié*, Paris, PUF, 1983, p. 361-377.

3. J.-P. Vernant, « L'individu et la cité » (IV.1 le moi), *L'individu, la mort, l'amour. Soi-même et l'autre en Grèce ancienne*, Paris, Gallimard, 1989, p. 225-226. Ces lignes trouveraient un écho dans les analyses de D. Modrak qui souligne que quatre des fonctions dévolues à la conscience dans nos conceptions modernes (unité de l'expérience, réflexivité, intentionnalité et mise en relation des contenus cognitifs) peuvent être attribuées chez Aristote au sens commun, qui en tiendrait donc lieu. Elle relève aussi ce qui limite le rapprochement, à savoir la primauté aristotélicienne de l'objet sur le sujet, l'unité de l'objet de l'expérience produisant l'unité de l'activité mentale (*The Power of Perception*, p. 150).

d'accomplissement de et d'apparition à soi. L'agent réalise ce qu'il est en même temps qu'il « réalise » qu'il est. C'est cela qui procure indissolublement le sentiment d'existence et de plaisir. Plutôt qu'au *cogito* cartésien, la conscience que nous avons essayé de ressaisir dans cette analyse du plaisir s'apparenterait davantage, toutes choses égales par ailleurs, au plaisir esthétique analysé par Kant dans la *Critique de la faculté de juger*, qui s'éprouve dans le libre jeu des facultés. Le plaisir esthétique naît de ce que la représentation sensible, libérée – comme chez Aristote – de tout lien au désir, est l'occasion d'un déploiement de nos facultés dans leur spontanéité qu'il est tentant de rapprocher de ce qui accompagne l'actualisation non empêchée décrite dans l'*Éthique à Nicomaque*. Dans la conception kantienne du plaisir esthétique, c'est aussi quelque chose de soi que l'on saisit au travers de la perception de la forme de l'objet[1]. La forme de la représentation sensible ne pouvant venir que de la spontanéité de nos facultés de connaître, on aurait ici l'analogue de cette actualisation de nous-mêmes dont parle Aristote en *De Anima* II 5 pour décrire cette forme particulière d'affection qui n'est pas altération mais réalisation[2]. Tout comme chez Aristote, la conscience enveloppée dans cette expérience n'implique donc pas de réflexivité pure, encore moins la saisie d'une subjectivité faite substance. Ce qui s'éprouve à travers le plaisir esthétique, cette vie plus intensément ressentie, n'est autre que l'activité de nos facultés, libérées de toute visée théorique ou pratique[3]. Pour Kant comme pour Aristote, cette saisie ne peut donc avoir lieu indépendamment d'un objet ni se prendre elle-même pour objet, sans quoi il n'y aurait précisément plus de plaisir.

Une inspiration platonicienne ?

Comme le laissait déjà pressentir la première caractérisation du plaisir (*EN* VII 13), la réélaboration de la définition du plaisir n'est pas simplement en rupture avec le modèle développé dans le *Philèbe*, elle en est aussi le prolongement : ne voyait-on pas en effet Socrate, dans ce dialogue, mettre d'emblée en exergue le lien nécessaire entre plaisir et conscience ? Rappelons la première objection que Socrate avance (21a-d) à l'encontre d'une vie de plaisir exclusive de toute autre

1. Ce qui vaut pour le plaisir esthétique ne vaut pas pour le pur agréable, qui est, lui, pathologiquement déterminé. De plus, à la différence du schéma aristotélicien, le plaisir n'est pas objectivement causé par la perfection de l'objet, la forme de ce dernier étant simplement l'occasion de ce jeu harmonieux des facultés dans le sujet. Notre objet étant moins de rapprocher deux analyses du plaisir que deux expériences de la conscience dont le plaisir dans un cas et un certain plaisir – esthétique – dans l'autre sont l'occasion, nous nous sommes autorisés à les mettre en regard l'une de l'autre, au-delà de ces différences.

2. Cf. *DA* II 5, 417b5-7 cité *supra* p. 101.

3. Voir par exemple Kant, *Critique de la faculté de juger*, § 12 : « La conscience de la finalité purement formelle, dans le jeu des facultés de connaître du sujet à l'occasion d'une représentation par laquelle un objet est donné, est le plaisir lui-même, parce qu'elle contient un principe déterminant de l'activité du sujet, quant à la dynamisation de ses facultés de connaître », trad. fr. A. Renaut, Paris, Flammarion, GF, 1995, p. 201.

composante. Si la vie de plaisir pur n'est pas désirable pour un être humain, c'est parce qu'en l'absence de ce qui s'apparente à la conscience, elle perd toute consistance. Cette réfutation de l'hédonisme radical a ceci d'original qu'elle ne s'appuie pas sur certains arguments moralisateurs comme c'est le cas de la précédente confrontation de Socrate avec la thèse hédoniste dans le *Gorgias* : on ne peut se contenter de dire que le jouisseur mène une vie de pluvier (494b) ou de tenter de le faire rougir en faisant allusion aux démangeaisons honteuses du débauché (494e), autant d'arguments rhétoriques qui irritent plutôt qu'ils ne convainquent un adversaire aussi coriace que Calliclès. Socrate ne cherche pas non plus à réfuter la vie de plaisir à partir de ses conséquences, en la montrant condamnée à la tâche infinie de satisfaire un désir sans cesse renaissant, selon l'image des tonneaux percés du mythe sicilien (493d5-494a1). Il s'agit de montrer plus directement pourquoi l'idée d'une vie de pur plaisir, dénuée de toute pensée, abolit ce que précisément elle recherche, à savoir la jouissance. Pour qu'il y ait plaisir, il faut que celui qui le ressent en ait perception et souvenir, que le plaisir soit présent d'une manière ou d'une autre à son esprit. Pour tout être doué de sensation, l'idée d'un plaisir absolument pur, où n'entrerait nulle forme de conscience[1], se détruit elle-même.

S. – Mettons que tu ne possèdes ni intelligence ni mémoire ni science ni opinion vraie, pour commencer, ce simple fait de savoir si tu as du plaisir ou si tu n'en as pas, n'est-il pas forcé que tu l'ignores, étant vide de toute pensée [κενόν γε ὄντα πάσης φρονήσεως] ? **P.** – C'est nécessaire. **S.** – Et de la même façon, faute de mémoire, nécessairement tu ne te souviendras pas d'avoir éprouvé un jour du plaisir, ni ne pourras conserver un quelconque souvenir du plaisir qui survient dans le moment présent. En outre, faute d'opinion vraie, tu ne pourras juger que tu as du plaisir quand tu en éprouves, et privé de raisonnement tu seras dans l'incapacité de conjecturer les plaisirs dont tu jouiras dans le temps à venir. Ce n'est pas une vie d'homme que tu vivras, mais celle de quelque poumon marin ou de ces êtres vivant dans la mer, le corps enfermé dans une coquille. (*Philèbe* 21b-c)

L'énumération des différentes formes de la pensée montre qu'elles entrent toutes à titre de condition de possibilité dans le plaisir. Jouir présuppose la conscience dans les trois dimensions temporelles qui la constituent, la mémoire, l'attention et l'attente. Une vie de pur plaisir, vie sans conscience, n'est même pas une vie qu'on pourrait qualifier de bestiale : elle se trouve réduite à une existence de mollusque. Vouloir séparer le plaisir et la pensée transforme le bonheur en une forme d'immédiateté vide, éternelle succession d'instants auxquels manque ce lien

1. Suivant la remarque de S. Delcomminette, le terme de *phronèsis* employé dans le passage de 21a-d ne peut avoir ici le sens fort qui est le sien à la fin du dialogue (59d1-6) : « Il se réfère bien plutôt au pouvoir de l'âme qui est la condition de tous ses autres pouvoirs, et peut-être le terme "conscience" en serait-il la meilleure traduction dans ce contexte » (*Le Philèbe,* p. 175). D. Lefebvre (« Qu'est-ce qu'une vie vivable ? La découverte de la vie mixte dans le *Philèbe* 20b-22b », *La fêlure du plaisir*, p. 70) et M. Dixsaut (« Une certaine espèce de vie (*Phil.*, 34d-36c) », *ibid.* p. 346) comprennent également *phronèsis* au sens générique de conscience.

qu'est la conscience[1]. Si la jouissance implique par définition qu'on en ait conscience pour pouvoir la ressentir, on ne peut séparer le plaisir d'une forme quelconque de pensée sans quoi la vie de pur plaisir est une vie – paradoxe suprême – sans plaisir, la moins plaisante de toutes. Cette expérience de pensée aboutit donc à la négation de cela même qu'elle prétend promouvoir, plaçant le tenant de l'hédonisme radical en situation de contradiction performative. La vie sans pensée se voit dépossédée de son propre plaisir, si bien que même un partisan de l'hédonisme comme Protarque n'est pas prêt à la vivre.

Cet argument de Socrate contre un hédonisme poussé à l'extrême trouve un écho dans le livre I de l'*Éthique à Eudème*. Dans le cadre d'une interrogation similaire sur la nature du bonheur, il s'agit de savoir ce qui rend une vie désirable (αἱρετόν), valant d'être vécue. Or bien des choses dans la vie pourraient nous faire préférer la non-existence à l'existence, à commencer par les souffrances et les malheurs qu'elle comporte. Quant aux valeurs du vulgaire (les plaisirs corporels), elles ne suffisent pas à rendre la vie digne d'être choisie.

> Mais personne, à moins d'être absolument servile, n'accorderait non plus de prix au fait de vivre pour les seuls plaisirs de la nourriture ou de l'amour, en l'absence des autres plaisirs que procurent aux hommes la connaissance, la vision ou quelque autre sensation. En effet, il est évident que pour celui qui ferait ce choix-là, il n'y aurait aucune différence entre le fait d'être né bête ou d'être né homme : nul doute que le bœuf révéré en Égypte sous le nom d'Apis jouit de ces biens en plus grande quantité que bien des monarques. De même, on ne voudrait pas non plus vivre pour le plaisir de dormir car quelle est la différence entre dormir d'un sommeil ininterrompu du premier jour jusqu'au dernier, pendant mille ans ou quelque durée que ce soit, et vivre comme une plante ? (*EE* I 5, 1215b30-1216a5)

Sur fond d'une problématique parallèle à celle du *Philèbe*, l'hypothèse aristotélicienne d'une vie tout entière passée dans le sommeil rejoue l'expérience de pensée socratique. Si une vie endormie ne vaut pas d'être vécue, c'est parce qu'on n'y vit qu'en puissance, dépourvu de la conscience d'être en activité qui fait tout le prix et le plaisir de la vie. L'idée d'un plaisir de dormir est aussi contradictoire que celle d'un plaisir sans pensée car il n'est d'autre signe du fait d'être éveillé que le fait de sentir[2]. Cette vie de sommeil serait comparable à la vie de ce qui est encore moins qu'un animal. La plante, privée de sensation (laquelle, si fruste soit-elle, implique peine et plaisir[3]) est ce qu'il y a de plus radicalement opposé sur

1. Cet oubli du plaisir aussitôt ressenti rappelle la fable italienne du *Gorgias* où l'âme des insensés, percée de trous, est incapable de rien retenir, au propre comme au figuré (493c). La *Seconde Considération Intempestive* de Nietzsche s'ouvre sur un argument quasi analogue, montrant l'homme illusoirement envieux de la forme d'immédiateté, insouciante parce que nécessairement inconsciente, d'une vie animale réduite à l'instant, « attaché[e] au piquet du moment » (trad. fr. H. Albert, Paris, Flammarion, GF, 1988, p. 75).

2. Cf. *Du Sommeil et de la Veille* 1, 454a2-7, et P.-M. Morel, « La sensation et l'unité des facultés », *De la matière à l'action*, p. 79.

3. Ce qui signifie qu'en toute rigueur, même au poumon marin, forme si fruste soit-elle de l'animalité, il faudrait reconnaître la possibilité, même embryonnaire, de plaisir (et de désir) dès lors qu'il possède la sensation. Rappelons que dans le *Timée* (92b-c), les êtres aquatiques sont au

l'échelle des vivants à l'homme et à son caractère d'être pensant. Si le bonheur humain ne peut consister en une vie réduite aux sensations les plus grossières ou *a fortiori* à l'activité simplement végétative, c'est en vertu de ce qui définit en propre l'humanité, à savoir la possession d'une âme douée de pensée. Il faut donc que la vie heureuse contienne une activité du *logos* entendu au sens large.

La réfutation de la vie de plaisir permet d'établir le lien intrinsèque que celui-ci entretient avec la conscience: pour qu'il y ait plaisir il faut qu'il y ait, peu ou prou, sentiment d'être affecté. Le plaisir ne peut donc se penser, et ce dès Platon, indépendamment d'une sensation déjà conçue comme impliquant une forme de conscience[1]. Tout en reprenant l'idée que la conscience, sous la forme d'une simple présence à soi de la sensation, est condition de possibilité du plaisir, Aristote l'intègre à la notion de plaisir même. Dans le *Philèbe* c'est la pensée qui vient donner consistance à la sensation qui, sans elle, est trop évanescente pour être véritablement ressentie. Le plaisir dépend certes de la pensée, mais lui demeure extérieur. Chez Aristote, la condition de possibilité du plaisir se trouve à même l'acte de sentir (ou de penser). Le lien entre plaisir et conscience est, si l'on peut dire, plus analytique que synthétique puisque le plaisir, en tant qu'achèvement de l'acte, implique cette réflexivité qui double le sentir. Il suppose cette propriété immanente aux facultés sensitive et pensante de l'âme qui fait qu'en s'exerçant, elles sentent ou peuvent sentir en même temps leur exercice. Cette possibilité d'un sentiment du sentir, d'une conscience de l'activité inhérente à son exercice vient donner un contenu à la définition du plaisir.

La rupture aristotélicienne avec l'optique du *Philèbe* semble donc l'aboutissement d'un mouvement d'approfondissement. En liant plaisir et conscience de sa propre activité, la pensée aristotélicienne poursuit l'exigence socratique initiale qui était de réintroduire une part de conscience dans la vie de plaisir. Cependant, il ne s'agit pas simplement pour Aristote d'accréditer la thèse de la vie mixte, dans une stratégie de réfutation de l'hédonisme radical aussi économique qu'efficace, et de récuser ainsi les termes d'une antithèse brutale entre plaisir et pensée, deux

plus bas de l'échelle des espèces animales, étant la moins noble des réincarnations pour l'âme. Le *De Anima* s'interroge sur le type de *phantasia* et d'*epithumia* que peuvent posséder les animaux imparfaits, doués du seul sens du toucher, mais déjà capables de se mouvoir. Étant donné qu'ils ont plaisir et douleur, ils doivent aussi avoir une forme de désir, mais celle-ci est indéterminée, à l'instar de leurs mouvements, eux aussi indéterminés (*DA* III 11, 433b32-434a5). Sur les différences entre les actes des animaux en fonction de leur degré de complexité, voir *Histoire des Animaux* VIII 1, 588b22 *sq.* Sur la portée que revêt la possession de la sensation, même sous la seule forme du goût et du toucher, selon qu'on la compare avec l'intelligence ou avec l'insensibilité, voir *Génération des Animaux* I 23, 731a30 *sq.*

1. Voir M. Dixsaut: « Dans la sensation la plus élémentaire comme dans le plaisir le plus immédiat, de la *phronèsis* est présente: c'est sa présence en nous qui nous les rend présents, c'est-à-dire ressentis et éprouvés. Plus tard, on nommera cela conscience », « Des multiples sens de la *phronèsis* dans les dialogues de Platon », dans D. Lories & L. Rizzerio (dir.), *Le jugement pratique. Autour de la notion de phronèsis*, Paris, Vrin, 2008, p. 129.

ingrédients qu'il va falloir ensuite tant bien que mal réconcilier. Ce lien nécessaire vient plutôt élucider la nature du plaisir, en déterminant ce qui fait sa positivité. La liaison entre plaisir et conscience s'effectue donc autrement que dans le *Philèbe :* c'est le concept d'*energeia* qui contribue non pas à les réconcilier – puisque précisément ils ne s'opposent pas – mais à en révéler la complémentarité.

Le plaisir réhabilité

Le concept aristotélicien de plaisir conquiert ainsi une positivité qui lui était refusée par la réflexion platonicienne. Les analyses du *Philèbe*, dans leur tentative de déterminer l'*apeiron* du plaisir pour statuer sur son rôle dans la vie bonne, ont révélé la diversité et l'hétérogénéité de ses formes, qui n'ont en commun que leur appartenance à la catégorie de la *genesis* (entraînant une dépréciation ontologique et axiologique) et leur liaison plus ou moins sensible avec le manque. Au sein d'une problématique éthico-ontologique héritée de Platon, en exploitant une « faille » du modèle platonicien, à savoir le statut problématique des plaisirs purs, la redéfinition du plaisir en fait apparaître l'unité et la consistance ontologique autour de la notion d'*energeia.* Faire retour au texte platonicien permet donc de mieux cerner les enjeux et les ressorts de la réfutation de la thèse platonicienne du plaisir-devenir et de la réhabilitation ontologique et éthique du plaisir qui s'ensuit : la disparition de la problématique des vrais et des faux plaisirs comme du critère de la pureté tel qu'il est défini par Platon[1] en sont par exemple autant de conséquences.

Aristote, comme Platon, souligne avec vigueur que la recherche du plaisir participe du vivant et en constitue un trait irréductible. Toutefois ce constat n'est pas à entendre dans le même sens. Le plaisir aristotélicien n'est pas le signe de notre appartenance à l'animalité mortelle, le sceau de notre condition incarnée comme le disait le *Timée* (69d). On en voudra pour preuve le fait que, si la vie de pensée pure ne saurait constituer le bien humain pour Socrate et Protarque, il n'est pas exclu qu'elle suffise à contenter des êtres divins (cf. *Philèbe* 22c, 33b). L'état neutre, sans plaisir ni peine, n'a rien de divin pour Aristote, pour qui le symptôme de notre mortalité n'est pas le plaisir, qu'il soit ou non mêlé de peine, mais bien plutôt l'impossible continuité de ce dernier. Son usure, allant de pair avec l'extinction de l'activité qui en est le support, tient à cette nature composée ou double qui est le signe de notre humanité[2]. Chez Aristote, comme l'analyse des

1. Aristote n'applique que deux fois (1176a1 cité *infra* p. 117 et 1177a21 p. 127) le terme de pureté [καθαρειότης] aux plaisirs mais ce n'est plus pour signifier l'absence de douleur comme c'était le cas chez Platon. Voir G. van Riel, *Pleasure and the Good Life,* p. 71.

2. Voir *infra* p. 128 et le commentaire de G. Aubry soulignant que la nature humaine est composée de deux natures dont la contrariété explique à la fois l'existence des plaisirs par accident et la possibilité d'un état neutre, « The pain of the living and divine pleasure : *Nicomachean Ethics* VII, 14, 1154a22-b34 », p. 255-256.

plaisirs de la contemplation sera l'occasion de le montrer, la vie de pensée pure ne saurait être privée de plaisir pour le dieu même, avec qui nous partageons le caractère de vivant. Le plaisir étant la manifestation de notre propriété d'être en vie[1], c'est-à-dire en activité, c'est le plaisir et non l'état neutre qui est divin. La redéfinition aristotélicienne du plaisir lui confère donc, au revers des positions académiques qu'il combat, perfection et plénitude. Plus la vie sera activité, plus elle sera plaisante : plus nous sommes actifs, plus nous sommes vivants. Selon *Métaphysique* Λ 7 c'est parce qu'elles sont des actes que

> la veille, la sensation [αἴσθησις], la pensée [νόησις] sont plaisantes au plus haut point [ἥδιστον], et les espoirs et les souvenirs le sont aussi à travers elles. (*Métaph.* Λ 7, 1072b17-18)

La veille fait partie des actes les plus plaisants parce qu'elle engage une certaine conscience de l'existence, dont parlait déjà le *Philèbe*, sans laquelle nul plaisir n'est envisageable. Si le plaisir entre de plein droit dans la vie heureuse, ce n'est donc plus au titre de concession faite à la part animale de notre nature humaine. Loin d'être le symptôme d'un inachèvement, la trace d'une nature imparfaite ne trouvant satisfaction que sur fond de manque, il est au contraire le signe d'une perfection.

Pourquoi le plaisir est divers

En refusant de définir le plaisir comme mouvement au profit d'une caractérisation par l'activité, Aristote a modifié les termes de la question (le plaisir est-il ou non le bien ?) et par là aussi ceux de la solution. Dire que le plaisir n'est pas mouvement mais achèvement de l'acte lui confère un supplément de dignité ontologique, une forme de perfection liée à celle de l'activité, sans en impliquer cependant la valorisation unilatérale. Cette revalorisation ontologique s'accompagne d'un déplacement axiologique : le problème de la valeur n'est plus intrinsèque au plaisir puisque sa valeur est indexée sur l'évaluation de l'activité qui en est le support.

> Les activités différant par leur caractère excellent ou vil, les unes étant dignes de choix, les autres à fuir, d'autres encore indifférentes, il en va de même aussi des plaisirs. En effet, chaque activité comporte un plaisir qui lui est propre [καθ' ἑκάστην γὰρ ἐνέργειαν οἰκεία ἡδονὴ ἔστιν]. Donc le plaisir propre à l'activité vertueuse est excellent, celui propre à l'activité vile est mauvais. (*EN* X 5, 1175b24-28)

Les caractéristiques ontologiques et axiologiques du plaisir ne sont donc pas superposables : ce n'est pas parce qu'ontologiquement le plaisir est parent de l'acte, qui est une fin, que tous les plaisirs sont bons ni que le plaisir est une fin inconditionnée, comme le souligne P.-M. Morel.

1. On s'autorisera ici encore un rapprochement avec la *Critique de la faculté de juger* de Kant (§ 54) : « le plaisir (...) semble toujours consister dans un sentiment d'intensification de toute la vie de l'homme », trad. fr. A. Renaut, p. 318.

Si l'action procure du plaisir, c'est parce que celui-ci vient en surplus, comme l'achèvement de l'acte, sans être la fin même de l'action. Aussi, bien que tous les plaisirs ne se valent pas, le plaisir n'a pas en tant que tel de valeur morale, parce que celle-ci dépend de l'action qui le produit[1].

Cette dissociation qui permet de concilier dignité ontologique du plaisir élevé au niveau de l'*energeia* et souplesse axiologique explique que les traités aristotéliciens ne proposent pas de comparaison ou d'évaluation des plaisirs classant ses formes ou espèces en fonction des critères de pureté et vérité comme le faisait le *Philèbe* (52c-d), ou du degré de réalité de son objet comme en *République* IX. S'il y a bien des plaisirs qui valent mieux que d'autres, le critère de cette valeur n'est plus à chercher dans la nature même du plaisir (dans son caractère pur ou impur en tant que mêlé ou non de douleur) mais dans la nature de l'activité qu'il accompagne. La pluralité axiologique est ainsi à l'abri du soupçon de relativisme.

> Les choses formellement différentes sont selon nous achevées par des choses différentes (en effet, c'est visiblement le cas pour les êtres naturels et les produits de l'art, par exemple les animaux, les arbres, un tableau, une statue, une maison, un meuble) ; de même, les activités qui diffèrent par la forme sont achevées par des choses formellement différentes. Or les activités de la pensée diffèrent par la forme des activités des sens, et toutes ces activités diffèrent à leur tour formellement entre elles : c'est donc aussi le cas pour les plaisirs qui achèvent ces activités [καὶ αἱ τελειοῦσαι δὴ ἡδοναί]. (*EN* X 5, 1175a 22-28)

Cette différence se manifeste au niveau des espèces de plaisir non seulement relevant de facultés différentes, comme c'est le cas pour sensation et pensée, mais aussi sur la base de différences spécifiques au sein d'un même genre, par exemple celui de la sensation.

> De même donc que les activités sont différentes, de même en va-t-il des plaisirs. La vue diffère du toucher par la pureté [καθαρειότητι], comme l'ouïe et l'odorat diffèrent du goût. De la même façon leurs plaisirs diffèrent, et diffèrent des plaisirs de la pensée, et les plaisirs de chacune des deux sortes diffèrent les uns des autres. (*EN* X 5, 1175b36-1176a3)

La valeur respective des plaisirs sensibles, énoncée sans plus de justification par Aristote dans ces lignes, suit en fait de près la hiérarchie des sens établie dans les traités de philosophie naturelle[2]. Celle-ci est fonction du lien qu'ils entretiennent avec les activités élémentaires de la vie animale, et du degré de développement des fonctions psychiques de l'animal. Il existe en effet une différence entre le goût et le toucher, directement liés à la consommation de la nourriture, et les trois sens de la perception à distance (vue, ouïe, odorat), qui concourent à sa détection, mais qui peuvent aussi, chez l'homme, être appréciés pour eux-mêmes. Ces plaisirs libres de tout appétit se distinguent des plaisirs gustatifs et tactiles,

1. P.-M. Morel, « Action humaine et action naturelle chez Aristote », *Philosophie*, 73, 2002, p. 37.

2. Cf. *DA* III 12, 434b14-24 ; *De la Sensation et des Sensibles* 1, 436b12-437a1.

toujours liés, de près ou de loin, à la satisfaction d'un besoin nutritif ou sexuel[1]. Ainsi le traité *De la Sensation et des Sensibles* signale-t-il que seul l'homme est sensible aux odeurs qui sont agréables en soi, à la différence des senteurs dont l'agrément est lié au désir de nourriture.

> Il y a en effet un type d'odeurs indexées sur les saveurs, comme on l'a dit, et elles sont agréables et désagréables par accident car du fait qu'il s'agit d'affections de la faculté nutritive, ces odeurs sont agréables pour ceux qui ont de l'appétit, mais non pour ceux qui sont rassasiés et ne manquent plus de rien ni non plus pour ceux qui n'ont pas d'appétit pour la nourriture dont elles proviennent. Par conséquent, ces odeurs, comme on le disait, sont agréables ou désagréables par accident, et c'est pourquoi elles sont communes à l'ensemble des animaux. Certaines odeurs, elles, sont agréables en soi, par exemple celles de fleurs. En effet, elles n'appellent absolument pas l'animal vers la nourriture et ne contribuent nullement à l'appétit [πρὸς ἐπιθυμίαν], mais ont plutôt l'effet inverse. (*De la Sensation et des Sensibles* 5, 443b19-24)

Ce qui vaut pour l'odorat vaut *a fortiori* pour la vue et l'ouïe, qui sont liées au développement de l'intelligence[2]. Ces sens sont vecteurs d'un plaisir indépendant de tout appétit dont témoigne l'existence des arts, qu'ils soient plastiques, musicaux ou dramatiques[3]. Cette gratuité de la sensation explique la supériorité des plaisirs qu'elle comporte sur ceux du goût et du toucher, communs à l'homme et aux animaux, lesquels n'ont pas de plaisirs par d'autres sens (cf. *EN* III 13, 1118a16-23).

Cette libéralité de la sensation se traduit aussi par le fait que les plaisirs de la vue, de l'ouïe et de l'odorat sont exempts du vice portant le nom d'intempérance (*akolasia*)[4]. À y regarder de près, même les plaisirs du goût à strictement parler (1118a26-32) ne relèvent pas de l'intempérance[5] qui concernerait donc en définitive quasi exclusivement le toucher, et plus précisément le seul plaisir tactile attaché à certaines parties du corps, à savoir les organes de la nutrition et de la

1. Chez tous les animaux, nourriture et reproduction sont donc accompagnées d'un plaisir qui en suscite le désir. Cf. *Parties des Animaux* II 17, 661a6-8 pour la nutrition et *Histoire des Animaux* VI 18, 571b8-10 pour la copulation.

2. Cf. *Métaph.* A 1, 980a21-26 et *De la Sensation et des Sensibles* 1, 437a3-17.

3. Le plaisir procuré par les sens de la vue et de l'ouïe est évoqué en *EN* III 13, 1118a3-9, en *Pol.* VIII 5, 1339b20, 1340a2-5, et bien sûr dans la *Poétique*.

4. Les plaisirs de l'âme – plaisirs de l'ambition, du savoir ou du bavardage – même poursuivis à l'excès ne relèvent pas de l'intempérance ne concerne en effet que les plaisirs dont la source est corporelle (*EN* III 13, 1118b35-36). Les plaisirs de la vue, de l'ouïe ou de l'odorat, eux, n'ont jamais de lien qu'accidentel avec l'intempérance, lorsqu'ils évoquent la présence de l'objet de l'appétit nutritif ou sexuel (*EN* III 13, 1118a12-16 ; *EE* III 2, 1230b26-36).

5. Au motif que le plaisir recherché par l'intempérant consisterait moins dans le raffinement de la sensation que dans la jouissance éprouvée à se sentir se remplir. C'est ce que semble prouver l'exemple du goinfre de comédie souhaitant se rallonger le gosier, lieu de la sensation tactile, plutôt que la langue, organe proprement gustatif. Cf. *EN* III 13, 1118a30-35 ; *EE* III 2, 1231a15-17.

reproduction[1]. Les plaisirs en cause dans l'intempérance sont condamnés en tant qu'ils ont quelque chose de bestial parce que ces plaisirs sont partagés par tous les animaux, étant liés à l'accomplissement des deux fonctions, la nutrition et la reproduction, qui sont le but de toute activité animale[2]. Lorsque nous prenons plaisir à ce type de sensation, c'est en tant qu'animaux et non en tant qu'hommes :

> Le sens le plus commun [le toucher] est donc celui pour lequel il y a intempérance [ἀκολασία] ; et il semblerait qu'on ait raison d'en faire un objet de reproche parce que ce n'est en tant qu'êtres humains [οὐχ ᾗ ἄνθρωποί] qu'il nous appartient mais en tant qu'animaux [ᾗ ζῷα]. Prendre plaisir à ces sensations et les aimer par-dessus tout est donc bestial [θηριῶδες]. (*EN* III 13, 1118b1-4)

Cette relégation des plaisirs du toucher[3] au plus bas de l'échelle des plaisirs sensibles se révèle donc corrélée à la valeur de l'activité qui en est le support. C'est bien l'analyse de l'activité, selon qu'elle distingue ou non l'homme du reste des animaux, qui permet de rendre raison des conclusions éthiques concernant les plaisirs des sens. Les plaisirs tactiles liés à la consommation de nourriture et à la copulation sont attachés à des activités (nutrition, reproduction) dans lesquelles ne s'exprime rien de proprement humain. Ils font donc partie des plaisirs nécessaires parce que liés à l'accomplissement de fonctions vitales, mais ils n'ont rien en eux qui leur confère une valeur puisqu'ils sont le lot de tous les animaux et qu'à la différence de certains plaisirs procurés par les autres sens, ils ne sont pas liés à des activités susceptibles d'avoir leur fin en elles-mêmes. La vie de plaisir a donc été rejetée avec raison au début de l'enquête sur le bonheur[4] : elle ne saurait satisfaire l'humanité de l'homme, dont l'accomplissement est ailleurs que dans la nutrition

1. Sont encore exclus de l'intempérance certains plaisirs innocents du toucher, qualifiés de libéraux (αἱ ἐλευθεριώταται τῶν διὰ τῆς ἁφῆς ἡδονῶν 1118b4-5), à savoir ceux pris aux échauffements et frictions du gymnase.

2. Cf. *Histoire des Animaux* VIII 1, 589a3-5 : « Les actions ayant trait à la reproduction constituent donc pour les animaux une partie de la vie, tandis que l'autre tient dans celles qui visent la nourriture. En effet, tous leurs efforts et leur existence sont tournés vers ces deux objets. »

3. Cette dévalorisation du toucher est néanmoins difficile à réconcilier avec la promotion qu'en fait Aristote dans les traités psychologiques, en soulignant à l'envi son exceptionnelle précision chez l'être humain et le lien qu'il entretient avec l'intelligence (cf. *DA* II 9, 421a18-26 ; *De Sens.*, 4, 441a2-3). Le problème a été souligné par G. Romeyer-Dherbey (« Voir et toucher. Le problème de la prééminence d'un sens chez Aristote », *Revue de Métaphysique et de Morale*, 96, 1991, p. 437-454 et « La construction de la théorie aristotélicienne du sentir », *Corps et âme : sur le De Anima* d'Aristote, p. 127-147) et C. Freeland, (« Aristotle on the Sense of Touch », *in* M. C. Nussbaum & A. O. Rorty (eds.), *Essays on Aristotle's De Anima*, Oxford/NY, O. U. P., 1992, p. 227-250). Nous avons exposé cette difficulté dans « Comment hiérarchiser les sens ? Perspectives aristotéliciennes », dans G. Puccini (éd.), *Le débat des cinq sens de l'Antiquité à nos jours*, Pessac, Presses universitaires de Bordeaux, à paraître (2013), dont les pages qui précèdent reprennent et résument les développements.

4. Cf. *EN* I 3, 1095b16-22 ; *EE* I 5, 1215b30-35 cité *supra* p. 113.

ou la reproduction et les plaisirs qui accompagnent ces fonctions[1]. La traditionnelle comparaison des vies (vie de plaisir, vie politique, vie contemplative) ne doit donc pas induire en erreur : le plaisir dans la vie apolaustique n'est pas un objet qu'on pourrait choisir ou élire contre d'autres. Ce sont des actes qu'on choisit derrière cette vie, et ces actes ne peuvent constituer la fin ultime d'une vie proprement humaine. Dès lors le bonheur ne saurait donc consister dans la poursuite de n'importe quel plaisir, surtout pas de ceux dont la recherche immodérée est justement qualifiée de bestiale.

La hiérarchie aristotélicienne des plaisirs en X 5, fondant leur différenciation axiologique sur le type d'activité qu'ils accompagnent, permet de mesurer le déplacement qu'Aristote opère par rapport à la perspective platonicienne. Sans renoncer à rendre raison du constat dressé par Platon au début du *Philèbe*, à savoir que le plaisir est infiniment divers, il fonde cette diversité, non sur une appartenance au genre de l'*apeiron* mais sur la pluralité des actes qui constituent la vie[2]. Aristote n'admet pas plus que Platon l'identité inconditionnelle du plaisir et du bien. Le plaisir n'est pas le bien, non pas seulement parce qu'il y aurait des plaisirs mauvais, mais plus essentiellement parce que le bien recherché dans l'éthique est activité et que le plaisir lui-même n'est pas un bien autonome, il ne peut au contraire qu'accompagner cette dernière. La réponse hédoniste à la question du souverain bien est donc à juste raison récusée, même si ce ne peut être pour les raisons avancées par les Platoniciens qui dévaluent ontologiquement le plaisir.

Si la solution du *Philèbe* à la question du bien humain sous la forme du bon mélange ne saurait être retenue, on en comprend désormais les raisons : le plaisir n'est pas une composante autonome de la vie heureuse car il n'est pas séparable de l'activité dont il est l'expression réussie. Il est exclu de le penser comme un ingrédient séparé de la pensée – comme le miel est séparé de l'eau – et qui, mêlé à la sagesse, donne la vie bonne (cf. *Philèbe* 61c). Aristote lui préfère sa propre solution dans laquelle, par le biais du lien consubstantiel du plaisir à l'*energeia*, les actes de notre âme rationnelle sont unis intrinsèquement et non plus extérieurement au plaisir qui en est le couronnement. Cette analyse semble donc en mesure de satisfaire à son objectif de départ, à savoir de rendre compte de la place du plaisir dans la vie heureuse[3] dans la continuité de l'entreprise initiée par le *Philèbe*. Il reste maintenant à voir de plus près comment elle y parvient, en entrelaçant le plaisir aux diverses activités qui en sont constitutives.

1. L'*Éthique à Eudème* I 5 précise de même que si nous plaçons la valeur de la vie dans les plaisirs de la nourriture et du sexe, autant vaudrait-il vivre la vie du bœuf Apis, qui, sous ce rapport, est aussi heureux que nous.

2. Sur la diversité des plaisirs corrélée à celle des activités qui constituent la vie, voir D. Lefebvre, « Avoir un *èthos* et être *philotoioutos* », p. 168-170.

3. Voir A. O. Rorty, « The Place of Pleasure in Aristotle's Ethics », *Mind*, 83, 1974, p. 483.

DEUXIÈME PARTIE

DE L'ACTIVITÉ À L'ACTION

CHAPITRE III

PLAISIRS DE LA VIE VERTUEUSE

Les analyses qui précèdent font apparaître que le concept d'*energeia*, qui parcourt l'*Éthique à Nicomaque*, en est aussi l'un des fils conducteurs. Introduit dès le premier livre qui en fait la formule du bonheur, il vient étoffer cette caractérisation du bien jusqu'au dernier en autorisant le plaisir à entrer de plain pied et de plein droit dans la vie heureuse. À l'articulation des analyses du plaisir, de l'action et du bonheur en rendant raison du plaisir à être qui se manifeste dans les différentes activités humaines, l'*energeia* joue dans l'éthique aristotélicienne un rôle unificateur analogue à celui qu'elle tient en métaphysique[1] où elle traverse les différents genres de l'être. Les chapitres 5 à 7 du livre X réalisent cette articulation entre l'ontologie du plaisir et ses conséquences éthiques, la hiérarchisation des plaisirs en fonction des activités qui en sont le support.

Dire que le bien consiste dans l'activité, c'est aussi indiquer la manière dont nous le possédons et le réalisons car le bien, loin d'être étranger à l'homme, n'est autre qu'une façon, mais la plus pleine, d'être soi. Cet entrelacement du plaisir et du bien dans l'activité a cet avantage qu'il s'applique aux deux visages du bien *prakton*. Il fera d'abord apparaître en quel sens la vie selon l'activité qui représente la perfection de notre humanité, la vie contemplative, est effectivement la promesse des plaisirs les plus grands. L'articulation du bien et du plaisir autour de la notion d'*energeia* éclairera ensuite l'autre facette de la vie bonne, en rendant compte du plaisir spécifique qu'il y a à être vertueux, comblant ainsi un silence laissé par le modèle platonicien du bonheur esquissé dans le *Philèbe*.

1. G. Aubry a montré en détail comment l'*energeia*, en réalisant l'unité de l'être et du bien, confère au projet métaphysique une unité organisée autour d'une ontologie essentiellement axiologique (*Dieu sans la puissance*, p. 20). Sur l'importance de la notion d'*energeia* au sein de la philosophie aristotélicienne, on se reportera aussi aux différents travaux de S. Menn déjà cités.

L'ACTIVITÉ CONTEMPLATIVE

C'est dans la qualité de cette *energeia* à l'œuvre dans la contemplation qu'Aristote va chercher les preuves de la supériorité de la vie de pensée. Cette démonstration est menée au chapitre X 7 qui reprend les exigences formelles de I 5 concernant le bonheur, à savoir d'être une fin (*telos*), au caractère achevé (*teleion*) et autosuffisant (*autarkès*), afin de montrer que la *theôria* est l'activité la plus à même d'y satisfaire[1]. Parmi les six arguments de ce chapitre[2] figure sa supériorité en matière de plaisir. Si les plaisirs purs de la pensée sont admis dans la vie heureuse, ce n'est pas seulement parce qu'ils ne nuisent pas à l'activité de penser ou parce qu'ils ont en commun avec les objets de la pensée une affinité avec la mesure et la vérité (cf. *Philèbe* 65c-d). Il s'agirait là d'une simple ressemblance dans laquelle demeure une forme d'extériorité. C'est plus fondamentalement parce qu'ils émanent de l'acte même de penser que la pensée et le plaisir pur qu'elle procure ne se séparent pas, en vertu de cette inhérence du plaisir à l'activité. D'où vient la supériorité du plaisir qui en émane et qui est à l'origine de la promotion finale de la vie contemplative ? Voyons comment la description aristotélicienne du phénomène du plaisir depuis le modèle de la sensation s'applique à cette autre forme d'activité qu'est contempler et rend compte de son caractère suprêmement plaisant.

La contemplation combine d'abord perfection de la faculté et perfection de son objet, qui en fait la vertu la plus achevée.

> En effet, cette activité est la meilleure (car c'est le cas de l'intelligence [ὁ νοῦς] parmi ce qui nous appartient, et des intelligibles sur lesquels porte l'intelligence). (*EN* X 7, 1177a19-21)

L'analyse de X 4 a montré que cette double perfection de l'objet et de la faculté constituait le ressort du plaisir de la sensation. Il en ira de même pour le plaisir de la pensée dont le fonctionnement peut, dans une certaine mesure, être comparé à celui de l'acte perceptif (cf. *DA* III 4, 429a10-b10). En acte la pensée, comme la sensation, s'identifie à ses objets et le passage de la puissance à l'acte ne se pense pas, dans les deux cas, comme simple passion ou altération mais comme acheminement vers une perfection[3]. En vertu de cette similitude structurelle des actes, on peut supposer que le plaisir de la pensée, comme celui de la sensation, vient parachever une activité conjuguant meilleur état de l'objet et meilleur état de la faculté. Or la supériorité de l'intelligence sur les autres

1. Cf. *EN* I 5, 1097b20-21 cité *supra* p. 46.

2. Ces arguments sont la supériorité de l'objet et de la faculté (1177a19-21), la continuité (1177a21-22), le plaisir (1177a22-27), l'autosuffisance (1177a27-b1), le caractère autotélique de l'activité (1177b1-4) et le loisir (1177b4-16).

3. Cf. *DA* III 4, 429a17-18 cité *supra* p. 105 ; III 7, 431a1-7 ; III 8, 431b21-23.

puissances de l'âme est affirmée à plusieurs reprises dans l'*Éthique à Nicomaque*: le *noûs* est ce que l'homme possède de meilleur[1]. Cette suprématie réside dans sa capacité à saisir les principes, ces réalités supérieures échappant à la démonstration[2]. L'homme n'étant pas la réalité la plus haute de l'univers, le sage a des objets de pensée plus divins que le prudent, ce qui fait de la sagesse la plus achevée des formes de savoir[3]. L'activité de contempler réunissant les deux réquisits de la perfection, du côté de l'objet comme du sujet, le plaisir théorétique résulte d'une double perfection née d'une double supériorité.

Continuité et autosuffisance

L'activité contemplative a aussi la propriété d'être la plus continue.

En effet, nous sommes capables de nous livrer à la contemplation [θεωρεῖν] plus continûment [συνεχῶς] qu'à toute autre activité. (*EN* X 7, 1177a21-22)

La continuité de la contemplation s'explique d'abord par son indépendance vis-à-vis des contingences de l'extériorité, ce qui l'expose moins à la discontinuité que l'action morale. Les chapitres X 7-8 montrent en effet que l'exercice des vertus morales est suspendu à la possession de biens extérieurs, à commencer par la simple présence d'autrui.

Ce qu'on appelle autosuffisance [αὐτάρκεια] concerne au plus haut point l'activité contemplative. En effet, ce qui est nécessaire à la vie [τῶν μὲν γὰρ πρὸς τὸ ζῆν ἀναγκαίων], le sage comme le juste et les autres en ont besoin, mais une fois qu'ils en sont suffisamment pourvus, le juste a encore besoin de gens envers qui et avec qui faire acte de justice [πρὸς οὓς δικαιοπραγήσει καὶ μεθ' ὧν], de même pour le tempérant, le courageux et chacun des autres caractères, tandis que le sage [ὁ δὲ σοφὸς], même laissé à lui-même, est capable de contempler [θεωρεῖν], et ce d'autant plus qu'il est plus sage. (*EN* X 7, 1177a27-34)

Le chapitre X 8 rend raison de cette différence entre *theôria* et *praxis* selon leur degré respectif d'autarcie. Si le politique et le sage sont égaux sous l'angle des besoins vitaux, l'écart se creuse au niveau des conditions intrinsèques de l'activité. Il y a en effet deux types de biens extérieurs: ceux qui sont nécessaires à l'existence en général et ceux que requiert l'exercice des activités vertueuses[4].

1. Cf. *EN* IX 8, 1168b29-31 cité *infra* p. 172 ; X 7, 1177a13-16.
2. Cf. *EN* VI 6, 1140b31-1141a8 ; *Métaph.* A 2, 982b1-10.
3. Cf. *EN* VI 7, 1141a34-b3. La *sophia* est la vertu de l'âme réunissant science et intelligence, démonstration et saisie des principes (1141a17-21).
4. Voir une distinction analogue en *EE* I 2, 1214b14-22: «En effet, ce n'est pas la même chose que ce sans quoi on ne peut être en bonne santé et le fait d'être en bonne santé. Il en va de même dans bien d'autres cas, de sorte que ce n'est pas non plus la même chose que le bien vivre et ce sans quoi on ne peut bien vivre (parmi ces conditions il y en a qui ne sont pas propres à la santé ni à la vie mais communes à tout pour ainsi dire, aux dispositions comme aux actions, par exemple sans respirer ni être éveillés ni être doués de mouvement nous ne saurions avoir part ni au bien ni au mal, tandis que d'autres conditions sont propres à chaque nature).»

Mais du point de vue des activités [πρὸς δὲ τὰς ἐνεργείας], la différence est grande. En effet, le généreux aura besoin de richesses pour faire acte de générosité, le juste pour rendre ce qu'il doit (car les souhaits restent cachés et même ceux qui ne sont pas justes font semblant de vouloir agir avec justice), le courageux aura besoin de force s'il veut accomplir les actes conformes à sa vertu et le tempérant aura besoin de la liberté d'action : comment, sinon, ce dernier ou l'un des autres manifestera-t-il sa vertu ? (...) Tandis que pour qui contemple [τῷ δὲ θεωροῦντι], nul besoin de telles choses pour son activité, ce sont même au contraire pour ainsi dire des obstacles à la contemplation [τὴν θεωρίαν]. (*EN* X 8, 1178a28-b5)

L'indépendance totale de la contemplation vis-à-vis de la présence de conditions nécessaires à son exercice la rend moins vulnérable aux aléas de l'extériorité, ce qui en garantit davantage la continuité. Plus fondamentalement, c'est parce qu'elle comporte moins de puissance que les autres actes de l'âme engageant notre être en tant que composé que l'activité contemplative l'emporte en continuité. La contemplation est plus continue que la sensation dont les objets ne sont pas au pouvoir du sujet et dont l'actualisation est par conséquent subordonnée à une forme de réceptivité (cf. *DA* II 5, 417b23-27). À la différence de la sensation, l'intelligence est séparée du corps au sens où son activité n'est, elle, pas tributaire d'un organe susceptible d'être altéré[1]. Or il faut se souvenir que la continuité de l'activité et du plaisir qui en résulte tient à la propension qu'ont la faculté et l'objet à rester dans la meilleure disposition qui a suscité ce plaisir :

Tant que l'objet intelligible ou l'objet sensible ainsi que la faculté qui discerne ou celle qui contemple [τὸ κρῖνον ἢ θεωροῦν] sont dans la condition requise, il y aura du plaisir dans l'activité [ἔσται ἐν τῇ ἐνεργείᾳ ἡ ἡδονή]. (X 4, 1174b33-1175a1)

Les objets de l'activité contemplative, étant éternels, ne sont pas sujets à variation et la faculté qui les saisit peut être dite impassible et « séparée ». Elle comporte de ce fait moins de puissance que d'autres actes de l'âme et se trouve moins exposée au changement que les autres facultés ou dispositions humaines qui peuvent, elles, pâtir de leurs objets. À l'instar des sens qui peuvent être endommagés par les sensibles lorsque ceux-ci détruisent la proportion nécessaire à leur appréhension, les dispositions morales qui ne sont donc nullement des états d'impassibilité[2] peuvent pâtir de l'excès ou du défaut (cf. *EN* II 2, 1104a12-30). Les vertus morales comportent ainsi une dimension de passion qui en fait des vertus du composé, inséparables elles aussi d'une certaine réceptivité. De ce lien avec le composé, même la vertu intellectuelle de *phronèsis* (prudence ou sagesse pratique) ne peut totalement s'émanciper.

La vertu du caractère [ἡ τοῦ ἤθους ἀρετή] semble être intimement liée à bien des égards aux affections [τοῖς πάθεσιν]. La *phronèsis* va de pair avec la vertu du caractère, et celle-ci avec la

1. Cf. *DA* II 12, 424a28-32 ; III 4, 429a29-b10. Loin d'altérer la faculté contemplative, l'exercice de celle-ci en augmente au contraire la puissance (seconde), c'est-à-dire la rend capable de passer à l'acte d'elle-même sans plus avoir besoin d'aide extérieure, comme celle du maître dans l'apprentissage.

2. Cf. *EN* II 2, 1104b23-27. Voir sur ce point M. Zingano dans « Émotion, action et bonheur », *Aristote. Bonheur et vertus*, p. 108-120 et F. Woerther, *L'èthos aristotélicien. Genèse d'une notion rhétorique*, Paris, Vrin, 2007, p. 157-159.

phronèsis, puisque les principes de la *phronèsis* sont en conformité avec les vertus éthiques [κατὰ τὰς ἠθικάς... ἀρετάς] et que la rectitude des vertus éthiques est en conformité avec la *phronèsis*. Or ces dernières, étant liées aux affections, concerneront le composé[1]. (X 8, 1178a15-20)

La vertu de l'intelligence théorétique, n'étant pas liée au composé, est donc indépendante de cette réceptivité propre aux autres facultés et vertus de l'âme. Ces propriétés de l'activité contemplative – perfection de ses objets et supériorité de la faculté en jeu, qui dépasse en activité et en autosuffisance toutes les autres facultés humaines – font donc des plaisirs de la connaissance les plus purs et les plus stables :

Il est reconnu que celle des activités selon la vertu qui comporte le plus de plaisir est celle de la sagesse [ἡδίστη δὲ τῶν κατ' ἀρετὴν ἐνεργειῶν ἡ κατὰ τὴν σοφίαν] ; en vérité, il semble que la philosophie [ἡ φιλοσοφία] comporte des plaisirs merveilleux par leur pureté et leur stabilité [καθαρειότητι καὶ τῷ βεβαίῳ], et il est normal que l'existence soit plus plaisante pour ceux qui savent que pour ceux qui recherchent le savoir [τοῖς εἰδόσι τῶν ζητούντων]. (X 7, 1177a23-27)

Ce raisonnement *a fortiori* prend appui sur les conclusions du livre IX de la *République* quant à la supériorité des plaisirs du philosophe[2]. Les deux propriétés (pureté, stabilité) reconnues aux plaisirs de la pensée se laissent cependant aisément dériver des deux arguments précédents, la première tenant à la supériorité de la faculté engagée (1177a19-20)[3], la seconde à la continuité de l'activité (1177a20-21). C'est la propension de l'objet et de la faculté à se maintenir dans leur meilleur état qui garantit le caractère plaisant de l'activité. Ainsi la stabilité des plaisirs contemplatifs a-t-elle partie liée avec la continuité de cette même activité, d'autant plus que ce plaisir même vient la renforcer.

Puisque le plaisir propre à l'activité augmente la précision des activités, les rend plus durables et meilleures [ἡ μὲν οἰκεία ἡδονὴ ἐξακριβοῖ τὰς ἐνεργείας καὶ χρονιωτέρας καὶ βελτίους ποιεῖ] tandis que les plaisirs qui y sont étrangers les détruisent, il est clair qu'il y a entre les deux une grande différence. (*EN* X 5, 1175b13-15)

Certes le plaisir n'étant pas mouvement, ne se développant pas dans le temps, cette continuité ne saurait augmenter quantitativement le plaisir. En revanche, le caractère précaire de l'activité menace du même coup le plaisir. Tout ce qui tend à interrompre la continuité d'une activité explique la fin ou l'affaiblissement du plaisir qui l'accompagne : que l'effort physique soit pénible va de pair avec l'impossibilité qui est la sienne d'être continu. L'homme en effet se fatigue vite, si bien que tant son activité que son plaisir tendent à s'émousser.

1. Sans être directement des affections (*pathè*), les vertus éthiques sont une certaine manière de réagir vis-à-vis des affections (*EN* II 4, 1105b19-30).

2. Cf. *Rép.* IX, 585c-588b. Sur la pureté et la stabilité des plaisirs de la pensée que ne connaissent pas ceux qui se complaisent dans les satisfactions corporelles, voir *Rép.* IX, 586c : « Ils n'ont pas non plus goûté au plaisir stable et pur [οὐδὲ βεβαίου τε καὶ καθαρᾶς ἡδονῆς ἐγεύσαντο]. »

3. Les plaisirs théorétiques sont dits supérieurs aux plaisirs sensibles, eux-mêmes hiérarchisés en fonction de leur pureté (1175b36-1176a3, voir *supra* p. 117).

Comment donc se fait-il que personne n'éprouve de plaisir continûment [συνεχῶς ἥδεται] ? Est-ce qu'on se fatigue ? En effet, rien de ce qui est humain n'est capable d'être en activité de façon continue [ἀδυνατεῖ συνεχῶς ἐνεργεῖν]. Donc le plaisir ne le sera pas non plus car il accompagne l'activité. (*EN* X 4, 1175a3-6)

La raison de cette fatigue tient notamment à notre nature d'êtres composés[1]. La simplicité n'appartient en effet qu'à l'acte pur dont la continuité et le plaisir ne souffrent aucune intermittence. Plus une activité implique le corps, participe de la matière, moins elle sera en mesure de garantir cette continuité. C'est pourquoi les plaisirs sensibles sont de ceux qui demandent variation. Les plaisirs de la pensée sont les plus hauts et les plus stables parce que dans la pensée notre nature est au plus près de la simplicité et réussit donc à préserver la continuité de l'acte. Sans avoir la fragilité de la sensation, les plaisirs de l'action vertueuse impliqueront néanmoins davantage la matière que la pensée, qu'il s'agisse de la matière «corporelle» des passions ou de la matière «extérieure» des conditions de l'action. En dépit de la difficulté propre à l'acte de penser tenant à la supériorité de ses objets qui forcent l'homme à s'élever au-dessus de sa condition[2], c'est donc dans la pensée pure que la continuité de l'activité semble la moins menacée. L'intelligence étant en nous ce qui est le plus acte, son exercice peut atteindre la plus grande continuité possible et toucher par là à cette immortalité qui est le propre de l'acte pur de l'intelligence divine[3], exempt de la discontinuité inhérente à l'humaine nature. L'acte du premier principe est en effet toujours ce que nous ne sommes que par intermittence[4].

Plaisir et continuité de l'activité sembleraient donc se renforcer l'un l'autre : on peut penser qu'une activité continue est plaisante car elle est moins empêchée. D'un autre côté, une activité plaisante, dans la mesure où le plaisir augmente

1. Cf. *EN* VII 15, 1154b20-24: «Jamais une même chose ne procure toujours du plaisir parce que notre nature n'est pas simple mais contient un autre élément, en tant que nous sommes des êtres corruptibles. (…) En effet, si la nature d'un être est simple, la même action sera toujours la plus agréable.» La nature exacte de la dualité mentionnée n'est pas facile à interpréter: s'agit-il de la dualité âme/ corps (R.-A. Gauthier & J.-Y. Jolif, *EN* II-2, p. 814, R. Bodéüs, *EN*, GF p. 405) ou partie rationnelle/ irrationnelle de l'âme (G. Aubry, «The pain of the living and divine pleasure: *Nicomachean Ethics*, VII, 14, 1154a22-b34», p. 257) ? Néanmoins les deux oppositions se recoupent dans leur contraste avec la simplicité de la nature divine (dont la condition est le plaisir et non l'état neutre, en opposition à *Philèbe* 33c).

2. Cf. *EN* X 7, 1177b26-30.

3. Voir R.-A. Gauthier & J.-Y. Jolif, *EN* II-2, p. 879: «Ce qui nous empêche de nous adonner à une activité de façon continue, c'est la fatigue qu'elle engendre, et cette fatigue elle-même vient de ce que pour nous adonner à cette activité nous devons passer de la puissance à l'acte (…); or, plus une faculté est immatérielle, moins elle comporte de puissance, et plus continûment par conséquent elle peut s'exercer.» Sur l'articulation entre fatigue et puissance, voir *Métaph.* Θ 8, 1050b22-28 ; Λ 9, 1074b28-29 ; sur l'idée que la continuité avec laquelle meut le premier moteur est sans peine (ἄπονον), voir *Métaph.* H 8, 1050b25 et *Physique* VIII 10, 267b3.

4. Cf. *Métaph.* Λ 7, 1072b14-16.

l'activité, a des chances de gagner en continuité, d'être moins facilement interrompue par des obstacles ou des plaisirs étrangers[1]. Les objets de l'activité contemplative lui permettent donc d'être la plus continue possible, même si la faiblesse de l'humaine nature n'échappe pas aux interruptions de la fatigue : le sommeil en est la traduction physiologique, signifiant cette impossibilité d'une activité continue pour les vivants mortels que nous sommes[2]. Le dieu, dont l'activité est continue sans être pénible, lui, ne saurait dormir. Cette discontinuité inhérente à notre nature de composé fait que l'activité de l'intelligence humaine, n'ayant pas l'immédiateté et l'éternité de l'*energeia* divine se pensant elle-même, ne se conçoit que dans le temps[3]. Le bien est atteint par l'être humain dans une certaine durée, ce qui vaut déjà pour le bonheur de la vie contemplative mais plus encore pour le bonheur de la vie pratique, davantage entremêlé de puissance puisqu'il est davantage vie du composé.

Fin en soi

Le fait d'être une fin en soi augmente le caractère achevé de l'activité et par là le plaisir qu'elle peut procurer. En effet, le fait d'avoir sa fin en soi-même, et non pas dans un résultat extérieur à soi-même, est le propre des actions achevées selon *Métaphysique* Θ 6.

> Or [la contemplation] semblerait seule être aimée [ἀγαπᾶσθαι] pour elle-même car rien n'en ressort en dehors de l'acte de contempler [παρὰ τὸ θεωρῆσαι], tandis que des activités pratiques nous retirons plus ou moins quelque gain en dehors de l'action [παρὰ τὴν πρᾶξιν][4]. (*EN* X 7, 1177b1-4)

La célèbre description de la sagesse en *Métaphysique* A 2 confirme cette absolue immanence de la fin : « connaître et savoir pour connaître et savoir appartiennent au plus haut point à la science du plus haut objet de science » (982a30). Dans l'activité contemplative il n'y a rien à côté de l'action, nulle récompense à en attendre même à titre secondaire, comme ce peut être le cas de l'honneur dans la vie politique. Le bonheur ne saurait tenir lieu de bénéfice de la *theôria* puisqu'il coïncide si intimement avec la vie contemplative qu'il est difficile d'en faire une fin « séparée » de l'activité.

> Aussi loin que s'étend la contemplation s'étend aussi le bonheur, et ceux qui ont le plus part à la contemplation sont aussi ceux qui ont le plus part au bonheur, et non pas par accident, mais en

1. Ce point fera l'objet d'un examen plus détaillé *infra* p. 142 *sq*.

2. Cf. *Du Sommeil et de la Veille* 1, 454b4-9.

3. Cf. *Métaph.* Λ 9, 1075a7-9 : « L'intelligence humaine [ὁ ἀνθρώπινος νοῦς], ou du moins celle des êtres composés, se trouve dans une certaine durée (car elle n'a pas le bien [τὸ εὖ] à tel et tel moment mais atteint le souverain bien dans le tout [d'une vie], ce bien étant quelque chose d'autre [ὂν ἄλλο τι]). » Voir aussi *EE* VII 12, 1245b17-19 cité *infra* p. 177.

4. Le même verbe ἀγαπᾶσθαι est utilisé en *Métaph.* A 1, 980a23 pour exprimer le plaisir pris à la sensation elle-même, indépendamment de son utilité.

vertu de la contemplation. En effet, celle-ci a sa valeur en elle-même, de sorte que le bonheur est une forme de contemplation [ἡ εὐδαιμονία θεωρία τις]. (*EN* X 8, 1178b28-32)[1]

On ne saurait en dire autant de l'activité politique, qui comporte en effet une dimension d'affairement, en impliquant nombre d'actions qui ne sont pas poursuivies pour elles-mêmes, notamment la pratique de la guerre ou encore de la justice pénale[2]. Un passage de la *Politique* établit justement la subordination de la guerre à la paix, de l'affairement au loisir :

Et toute vie est divisée en labeur et en loisir [ἀσχολίαν καὶ σχολὴν], en guerre et en paix, et parmi ce qui est objet d'action, certaines choses visent ce qui est nécessaire et utile [ἀναγκαῖα καὶ χρήσιμα], les autres ce qui est beau [καλά]. Et en ce domaine le choix ne peut qu'être le même que pour les parties de l'âme et leurs actions, choix de la guerre en vue de la paix, du labeur en vue du loisir, de ce qui est nécessaire et utile en vue du beau[3]. (*Pol.* VII 14, 1333a30-36)

À certaines des actions impliquées par la vie politique s'appliquent pleinement les remarques faites à propos du courage, à savoir qu'

il ne revient pas à toutes les vertus sans exception d'être agréables dans leur exercice, si ce n'est dans la mesure où la fin est atteinte. (*EN* III 12, 1117b15-16)

Parce qu'elle est composée d'actions plus hétérogènes, parce qu'elle nécessite davantage de médiations externes prenant la forme des biens extérieurs, d'autrui ou du temps nécessaire à l'atteinte de la fin visée, la vie politique est donc plus discontinue que la vie contemplative et réclame davantage la médiation de la durée. Aussi les plaisirs procurés par la contemplation qui, plus que toute autre activité, tire sa valeur et sa récompense d'elle-même, seront-ils plus grands et plus stables que ceux qui accompagnent l'action politique.

Loisir et critique du jeu

Toute activité qui semble être poursuivie pour elle-même et receler du loisir n'est pas pour autant susceptible de constituer le contenu de la vie heureuse. Le chapitre X 6 oppose ainsi un sens vulgaire et un sens authentique de la *scholè*, un peu à la manière dont le livre V de la *République* démarquait le sens véritable du mot *philosophos* d'une compréhension vulgaire de ce terme qui engloberait toute la tribu des curieux (475c-e). À prendre en compte le seul caractère autotélique d'une activité, une vie consacrée au jeu risquerait en effet d'être préférable à la vie politique. Aussi Aristote consacre-t-il un chapitre entier à écarter la possibilité que le jeu puisse constituer le bonheur en montrant que, contrairement aux apparences, le jeu est aux antipodes de l'authentique loisir. La discussion est loin d'être ano-

1. Voir aussi *EN* VI 13, 1144a4-5.

2. Cf. *EN* X 7, 1177b6-12 ; *Pol.* VII 13, 1332a12-15.

3. Pour une analyse de cette thèse dans le contexte du chapitre VII 14, voir T. Bénatouïl, « "Choisir le labeur en vue du loisir" : une analyse de *Politiques* VII 14 », dans E. Bermon, V. Laurand & J. Terrel (dir.), *Politique d'Aristote : famille, régimes, éducation*, Pessac, Presses Universitaires de Bordeaux, 2011, p. 155-176.

dine puisqu'elle occupe également une grande partie du livre VIII de la *Politique*. Lorsqu'on s'interroge sur les raisons d'un tel détour[1], on peut y voir un nouvel argument contre la vie de plaisir. En effet, ceux-là mêmes qui incarnent la vie apolaustique (les tyrans) sont aussi ceux qui complaisent dans le jeu. Les lignes 1176b19-21 et 1177a6-9 articulent ainsi cette critique du jeu à la condamnation des plaisirs corporels, comme si elle participait à la réfutation de la vie de plaisir[2].

Le développement consacré au jeu confirme *a contrario* les critères que doit réunir une activité pour avoir cette valeur intrinsèque. Même si le terme (*paidia*) recouvre des réalités bien différentes, allant des amusements enfantins aux distractions des débauchés en passant par les plaisirs que procure la musique[3], le jeu constitue une bonne pierre de touche pour discriminer ce qui est véritablement *energeia*. Le jeu pourrait en effet prétendre au rang de fin en soi, puisqu'il semble être le type même d'activité qui n'a pas de but extérieur à elle. N'y voit-on pas le passionné s'y oublier au point d'en négliger le reste de ses biens (1176b9-11) ? Pourquoi joue-t-on en effet si ce n'est pour le plaisir ? À y regarder de plus près, on peut cependant déjà douter que le jeu puisse constituer une fin en elle-même. Comme tout comportement perverti, l'attitude des tyrans qui cherchent à faire de leur vie une suite de distractions a tendance à transformer en fin ce qui n'est en fait qu'un moyen[4]. Cette erreur est d'ailleurs explicitement analysée en *Politique* VIII 5.

Il est arrivé aux hommes de faire des jeux [τὰς παιδιὰς] une fin [τέλος] : sans doute la fin comporte-t-elle aussi un certain plaisir [ἡδονήν τινα], mais pas n'importe lequel, et les gens prennent le plaisir du jeu pour le plaisir qu'ils recherchent, celui de la fin, parce que le premier entretient une certaine ressemblance avec la fin de leurs actions. En effet, la fin n'est pas désirable [αἱρετόν] en vue de quelque chose à venir, tout comme la raison d'être de ce genre de plaisirs n'est pas ce qui est à venir mais ce qui est passé, par exemple les efforts et les peines. On peut donc vraisemblablement supposer que c'est là la raison pour laquelle les gens cherchent à obtenir le bonheur [τὴν εὐδαιμονίαν] grâce à ces plaisirs. (*Pol.* VIII 5, 1339b31-40)

1. R.-A. Gauthier & J.-Y. Jolif, *EN* II-2, p. 867-869, y voient une critique indirecte des développements du livre VII des *Lois* (803b-e) sur la vie vertueuse comme un jeu sérieux, critique qui aurait un parallèle en *Pol.* VIII 2, 1337b33-1338a13. Au-delà de cette hypothèse dans laquelle la lecture littéraliste d'Aristote manque (délibérément ou non) le sens métaphorique des développements platoniciens, il y a des raisons plus fortes de réfuter le jeu comme candidat au bonheur : débouter une nouvelle fois la vie de plaisir dont le jeu pourrait participer, ou encore dessiner par contraste les contours de l'*energeia* véritable, dont le jeu n'a jamais que l'apparence, comme ces lignes essaieront de le montrer.

2. Voir R.-A. Gauthier & J.-Y. Jolif, *ibid.* p. 870 ; C. Reeve, *Practices of Reason*, p. 151-153 ; S. Broadie & C. Rowe, *Aristotle. Nicomachean Ethics*, p. 74.

3. Cf. *Pol.* VIII 5 1139b11- 42 où la musique relève à la fois de la catégorie du jeu, de la vie de loisir et de l'éducation.

4. De manière analogue au passage de la bonne à la mauvaise chrématistique (cf. *Pol.* I 9, 1257b36-38).

En réalité, la fin du jeu tient dans le délassement qu'il procure[1]. Appelé par les fatigues de l'activité, il est nécessaire à la reprise de celle-ci.

En effet, le jeu [ἡ παιδιά] ressemble à un délassement [ἀναπαύσει], et vu qu'on est incapable de faire effort continûment [συνεχῶς], on a besoin de se délasser. Or le délassement n'est pas une fin [τέλος] car il est en vue de l'activité [ἕνεκα τῆς ἐνεργείας]. (*EN* X 6, 1176b34-1177a1)

En dépit des apparences, le jeu fait donc partie de ces actions qui ont une autre fin qu'elles-mêmes. Ce n'est donc pas une fin en soi mais un remède[2], à l'instar de ce qui vaut pour le sommeil. Ce dernier, aussi décrit comme délassement[3], constitue une interruption indispensable à la reprise de l'activité qui en est la fin, à savoir le réveil (cf. *Du Sommeil* 2, 455b22-25). Le besoin du jeu est ainsi le symptôme de cette inaptitude à l'activité continue (qu'elle soit physique ou intellectuelle) qui est le lot de notre nature composée. C'est la raison pour laquelle enfants et jeunes gens ont davantage besoin de jeux, eux chez qui le phénomène de la croissance est source de tension et de fatigue, ce qui les rend moins capables d'une activité continue qu'un homme adulte.

Si le jeu n'est pas une fin véritable, c'est que la faculté dont il constitue l'actualisation n'est pas celle qui exprime en propre notre humanité. Ce n'est pas la faculté rationnelle qu'il mobilise: sinon le jeu ne pourrait pas exercer sa fonction bénéfique de relâchement en venant nous distraire des fatigues de l'activité, ni son rôle dans l'éducation des enfants dont la rationalité est encore en germe. Le jeu est bien une activité mais seconde et subordonnée, ayant en vue l'activité première dont il permet la reprise. Sans être en soi blâmable, non plus que les plaisirs du corps tant qu'ils ne sont pas poursuivis à l'excès, il ne peut représenter la plus haute expression de nos facultés. En faire la fin de la vie est dès lors un comportement puéril, aussi absurde que de vouloir vivre toute sa vie une vie d'enfant (cf. *EE* I 5, 1215b22-24). Un parallèle entre la description aristotélicienne du jeu et l'analyse qu'en propose R. Caillois, montrera à la fois ce qui le rapproche et ce qui le différencie de l'authentique *energeia*.

Le jeu est selon Caillois une activité 1/ libre (et non contrainte), 2/ séparée (circonscrite dans le temps et l'espace), 3/ incertaine dans son résultat et son déroulement, 4/ improductive (ne créant pas de richesses), 5/ réglée par des conventions en rupture avec celles de la vie quotidienne, 6/ fictive (accompagnée de la conscience que la réalité qu'il instaure est séparée de celle de la vie courante)[4]. Cette analyse retourne en un sens positif certains des traits prouvant

1. Cf. *EN* VII 8, 1150b17: «Le jeu est une détente, puisqu'il est un délassement [ἡ γὰρ παιδιὰ ἄνεσίς ἐστιν, εἴπερ ἀνάπαυσις].» Sur la différence entre loisir (*scholè*) et délassement (*anapausis*), voir P. Demont, *La cité grecque archaïque et classique et l'idéal de tranquillité*, Paris, Les Belles Lettres, 1990, p. 344-347.

2. Cf. *Pol.* VIII 3, 1337b37-42.

3. Cf. *Pol.* VIII 5, 1339a16-17 ; *Du Ciel* 284a32-34.

4. R. Caillois, *Les Jeux et les hommes*: *le masque et le vertige*, Paris, Gallimard, 1991, p. 41-44.

aux yeux d'Aristote son caractère second qui interdit de l'ériger en fin absolue. Si le caractère libre et improductif est commun au jeu et à l'activité au sens strict, la propriété d'être soumis à des règles conventionnelles, d'instaurer un espace séparé du réel est ce qui interdit au jeu, dans l'optique aristotélicienne, d'être une fin en soi. Il n'a d'existence que par rapport à cette réalité dont il se détache. Ce qui est valorisé par Caillois est ainsi le signe qu'il n'est pour Aristote *energeia* qu'en un sens postérieur et non antérieur, ce qui justifie sa subordination à l'activité véritable. L'exclusion du jeu, nouvel argument justifiant le rejet de la vie apolaustique, prouve encore une fois que la valeur du plaisir est fonction de la valeur de l'activité qu'il parachève. Celle-ci doit être activité d'une faculté proprement humaine, ayant sa fin en elle-même.

Les développements consacrés au bonheur de la vie contemplative permettent donc de rendre compte de l'union du plaisir et de l'activité, sans qu'il soit possible de séparer l'une de l'autre[1]. Ils parviennent aussi à dépasser ce que comportait d'insatisfaisant la solution par la vie mixte du *Philèbe* où les plaisirs ne sont admis qu'à titre de compléments, voire d'assaisonnements – puisque même les plaisirs purs de la pensée n'y entrent jamais qu'au cinquième rang (65c) – dans une vie qui, réduite à la pure pensée, serait d'une sobriété inhumaine. Plaisir et pensée ne sont pas à mélanger car pensée et plaisir de penser ne font qu'un. Cette union du plaisir et de l'activité ne se limite pas au domaine des vertus que sont la science et la sagesse (cf. *EN* VI 2, 1138b36-1139a1). Sachant qu'il est donné à bien peu de s'immortaliser autant qu'il est possible et compte tenu de la dualité inhérente à la conception aristotélicienne du bonheur, il reste à montrer que ce modèle qui entrelace le plaisir à l'activité est également apte à rendre compte du bonheur selon « l'autre espèce de vie », la vie selon les vertus éthiques. Sans quoi il est à craindre qu'il ne suffise pas à relever intégralement le défi du *Philèbe*.

Ces plaisirs de l'action vertueuse sont précisément les grands absents de ce dialogue : alors même qu'il est consacré à la détermination de la vie heureuse et de son contenu, il se révèle muet sur la question, sauf à considérer que ces plaisirs sont implicitement compris dans le traitement des plaisirs purs et logés à la même enseigne que les plaisirs de la pensée. Les plaisirs de la vertu se voient en effet convoqués abruptement à la toute fin du dialogue. Il leur est fait *in extremis* une place dans le mélange, sans qu'en soit explicitée la nature (sont-ils réplétion d'un manque ?) ni précisé en quel sens ils satisferaient la condition de pureté puisqu'ils n'ont fait l'objet d'aucun examen au préalable[2].

Les plaisirs véritables et purs [ἡδονὰς ἀληθεῖς καὶ καθαρὰς] dont tu as parlé, considère-les presque comme intimement liés à nous, et en plus de ceux-ci, ceux qui accompagnent la santé et

1. Cf. *EN* X 5, 1175a18-21 cité *infra* p. 150.

2. Voir R. Hackforth, *Plato's Examination of Pleasure : a Translation of the Philebus*, Cambridge, University Press, [1958] 2011, p. 128.

la tempérance [τὰς μεθ' ὑγιείας καὶ τοῦ σωφρονεῖν], et spécialement tous ceux qui, formant cortège à la vertu complète comme à une déesse [συμπάσης ἀρετῆς ὁπόσαι καθάπερ θεοῦ ὀπαδοὶ γιγνόμεναι], l'accompagnent partout, tous ceux-là ajoute-les au mélange. (*Philèbe* 63e)

On peut s'étonner de ce traitement expéditif, d'autant qu'une des raisons pour lesquelles Socrate se refusait initialement à faire du plaisir unilatéralement un bien venait justement de la nécessité de différencier les plaisirs du vertueux de ceux du vicieux (12d). La différence entre les plaisirs du vice et de la vertu a certes fait une apparition timide au moment de la discussion concernant la possibilité des plaisirs faux. Socrate, afin de faire admettre à Protarque que l'homme vicieux ne peut avoir que de faux plaisirs[1], basés sur de faux espoirs, l'oppose au cas de l'homme juste et pieux et parfaitement vertueux, évidemment aimé des dieux (39e10). Tandis que les plaisirs de ce dernier, dont les espoirs se réalisent, sont vrais, les plaisirs anticipés par le premier sont faux, voués à la déception, en vertu d'une providence divine qui ne saurait favoriser les méchants et négliger les bons.

L'homme juste, pieux et bon sous tous rapports, n'est-il pas aimé des dieux [θεοφιλής] ? (...) De ces deux affirmations, laquelle soutiendrons-nous ? Que pour les hommes bons les images des plaisirs sont le plus souvent vraies, du fait qu'ils sont aimés des dieux, tandis que c'est le plus souvent le contraire pour les méchants, ou l'inverse ? (...) Donc les méchants jouissent généralement de plaisirs faux, et ceux des hommes qui sont bons de plaisirs vrais. (*Philèbe* 39e-40c)

Cet argument pour le moins expéditif, où l'appel aux croyances populaires permet à Socrate d'économiser la démonstration de la réussite du vertueux – laquelle tient vraisemblablement au caractère raisonnable de ses opinions et de ses attentes[2] – constitue l'une des seules mentions des plaisirs du vertueux avant que ceux-ci ne se voient ajoutés en dernière minute au mélange final. Cette lacune est d'autant plus surprenante qu'au moins par deux fois, au livre IX de la *République* et au livre V des *Lois*, Platon prend soin de démontrer que le vertueux aura une vie plus heureuse, c'est-à-dire aussi plus plaisante, que le vicieux. Ces démonstrations ne vont évidemment pas sans une part de rhétorique, en particulier si l'on songe à la conclusion de *République* IX selon laquelle le juste est 729 fois plus heureux que l'injuste, mais elles n'en sont pas moins le reflet du souci platonicien de montrer que la vie vertueuse comporte elle aussi des plaisirs.

On pourrait répliquer que le *Philèbe* parle si peu de ces plaisirs de la vertu pour la simple raison que ceux-ci se laissent penser sur le modèle des plaisirs de la pensée, dont ils seraient conséquence ou partie intégrante, dans la mesure où la vertu est avant tout savoir. Les plaisirs de la vie vertueuse étant le nécessaire accompagnement d'une vie vécue sous l'égide de la science ou au moins en

1. On n'entrera pas ici dans la question difficile et controversée du sens qu'il faut donner à cette fausseté (fausseté de la représentation contenue dans l'anticipation ou bien de l'expérience même du plaisir imaginé). Pour un résumé de ce débat complexe et des principales positions, voir M. Evans, « Plato on the Possibility of Hedonic Mistakes », *Oxford Studies in Ancient Philosophy*, XXXV, 2008, p. 89-124.

2. Voir D. Frede, *Philebos*, p. 258.

contact avec le vrai sous la forme de l'opinion droite, le *Philèbe* n'aurait donc nul besoin de leur prêter une attention particulière. Ce que l'argument pour le moins elliptique de la *theophilia* tendrait en effet à prouver, c'est que les plaisirs du vertueux procèdent de la vérité des opinions et des espérances qu'il entretient. On pourrait d'ailleurs en trouver confirmation dans la manière dont Socrate en *République* IX dérive la vérité des plaisirs liés aux parties irrationnelles de l'âme (appétit et ardeur) de l'hégémonie de la partie rationnelle. C'est seulement chez celui qui vit sous la conduite de la raison que de tels plaisirs peuvent être correctement éprouvés et atteindre le degré de vérité auquel ils peuvent prétendre, sans que Socrate ne soit là non plus très disert sur la manière dont le contrôle de l'intelligence est capable de conférer une vérité à ces espèces inférieures de plaisirs.

Un des principaux bénéfices de l'analyse aristotélicienne du plaisir en termes d'*energeia* sera précisément de parvenir à rendre raison des plaisirs de la vertu sans les assimiler aux plaisirs de la connaissance. Alors que le *Philèbe*, encore prisonnier de la conception du plaisir comme *genesis*, avait bien du mal à leur faire une place, Aristote, en liant le plaisir de bien agir à la réalisation de nos puissances, met en lumière la manière dont le bien de l'être humain consiste positivement dans l'action. Les actions bonnes sont constitutives de la vie heureuse en tant qu'elles viennent, elles aussi, porter sa nature à son point d'accomplissement. Il reste donc à vérifier que le modèle aristotélicien du plaisir s'applique également au cas de l'actualisation d'une vertu, autrement dit que cette actualisation suit le même schéma ontologique que la sensation ou la contemplation, même si elle se constitue différemment (par l'habitude) et met en jeu une puissance de l'âme autre que cognitive (le désir).

PLAISIRS DE LA VIE ÉTHIQUE

Le plaisir est une donnée omniprésente dans la vie et la réflexion morales. Aristote ne cesse de le répéter, en particulier aux livres II, VII et X de l'*Éthique à Nicomaque*, comme l'ont rappelé les ouvertures des deux traités consacrés au plaisir[1]. Ce dernier apparaît comme critère de l'action vertueuse à un double titre, « objectif » quand on le considère sous l'angle des objets ou des activités poursuivies par l'agent moral et « subjectif » quand on considère la manière dont il accompagne la disposition morale du sujet[2]. Ce double sens a été justement relevé par D. Frede :

1. Cf. *EN* VII 12, 1152b1-6 ; X 1, 1172a19-26 cité *supra* p. 69.

2. Ce double niveau pourrait faire l'unité du livre VII. La première partie consacrée à l'intempérance concerne le rapport aux plaisirs au sens « objectif », en recensant les diverses formes d'intempérance et le rapport des agents au plaisir considéré comme un objet extérieur à leur action et susceptible d'infléchir leur jugement, tandis que la seconde s'orientant vers une

Plaisir et peine n'apparaissent pas seulement comme faisant *partie intégrante* de nos comportements moraux, mais aussi en même temps comme leurs *objets*. Aristote doit avoir eu conscience de cette distinction. En effet, dans sa discussion de certaines vertus morales, il traite des plaisirs et des peines (a) comme constituant la matière des actes de poursuivre et de fuir à côté du noble (*kalon*) et de l'avantageux (*sumpheron*) (II 3, 1104b30-32) et (b) comme étant la caractéristique des activités elles-mêmes (1105a6-7)[1].

Le plaisir dans la vie éthique

Le plaisir est donc critère de l'activité vertueuse en un premier sens qu'on qualifiera d'objectif, correspondant au sens (a). Le rapport au plaisir est ce qui permettra à un observateur ou un éducateur de juger de la vertu d'un individu. Le plaisir est ici envisagé comme le terme d'une visée que trahissent tous les comportements humains. Si rien n'est plus naturel que de voir les hommes préférer les plaisirs aux peines, la vertu d'un agent moral se mesure néanmoins à la capacité de le rechercher dans les objets et dans la mesure qui conviennent.

> Dans le fait d'éprouver de la peur, de l'audace, du désir, de la colère, de la pitié, et en général tout sentiment de plaisir et de peine [ἡσθῆναι καὶ λυπηθῆναι], il y a du trop et du trop peu, qui ne sont bons ni l'un ni l'autre ; mais éprouver ces sentiments quand il faut, dans les cas et envers les personnes qui conviennent, pour les raisons et de la façon qu'il faut, c'est là le juste milieu et le meilleur [μέσον τε καὶ ἄριστον], ce qui relève précisément de la vertu [ὅπερ ἐστὶ τῆς ἀρετῆς]. (*EN* II 5, 1106b18-23)

Au contraire du débauché qui veut jouir sans retenue de tout plaisir, le tempérant poursuit le plaisir dans une juste mesure sans tomber pour autant dans le défaut inverse, quoique moins grave, de l'insensibilité (cf. *EN* II 2, 1104a23-25). L'analyse aristotélicienne se situe ici dans la parfaite continuité des antécédents platoniciens, comme le reconnaît Aristote lui-même dans une des rares allusions positives faites à Platon, citant quasi littéralement le livre II des *Lois*[2].

définition positive, quoique non encore définitive, du plaisir, concernerait davantage le plaisir au sens « subjectif », faisant une plus large place à la manière dont il dit quelque chose du rapport du sujet ou de l'agent à ses actes et dispositions, où il n'est plus envisagé uniquement comme un objet visé mais comme une certaine activité.

1. D. Frede, « Pleasure and Pain in Aristotle's Ethics », *The Blackwell Guide to Aristotle's Nicomachean Ethics*, p. 270 (*nous traduisons*).

2. Cf. *Lois* II, 653b-c : « J'appelle éducation la vertu telle qu'elle advient au début aux enfants ; si le plaisir, l'amitié, la douleur, la haine naissent comme il faut dans les âmes sans pouvoir être encore ressaisis par la raison, et une fois la raison acquise, s'accordent avec elle pour reconnaître qu'ils ont été bien formés par les habitudes qui conviennent, cet accord constitue la vertu totale. Ce qui est éduqué comme il faut en ce qui concerne le plaisir et la douleur, de façon à haïr ce qu'il faut haïr, depuis le début jusqu'à la fin, et de même aimer ce qu'il faut aimer, voilà ce à quoi, si tu l'isoles par la raison pour l'appeler éducation, à mon avis, tu donneras le nom qu'il convient. » On trouve un autre écho de ces propos en *Pol.* VIII 5, 1340a15-17.

La vertu éthique [ἡ ἠθικὴ ἀρετή] porte sur les plaisirs et les peines. C'est à cause du plaisir que nous agissons mal, à cause de la peine que nous nous abstenons des belles actions[1]. C'est pourquoi comme le dit Platon, il faut dès l'enfance être conduit d'une façon ou d'une autre à trouver nos plaisirs et nos peines là où il faut, car c'est là la droite éducation [ὀρθὴ παιδεία]. (*EN* II 2, 1104b8-13)

Le plaisir est d'abord employé par l'éducation comme un instrument de motivation et de persuasion, ce dont témoigne son utilisation par l'ensemble des institutions éducatives et législatives élaborées dans les *Lois* de Platon. Le plaisir y est présenté comme un mobile qu'il appartient à la nature du vivant de poursuivre (cf. *Lois* V, 732e). L'éducation doit alors lui fixer les bons objets : par l'intermédiaire du jeu, elle tâchera d'orienter les plaisirs et les désirs des jeunes enfants dans la direction des prescriptions de la raison. Éduquer passe d'abord par la formation de l'affectivité. À ce principe dont le livre VII des *Lois* constitue la mise en œuvre concrète, les principales dispositions préconisées aux livres VII et VIII de la *Politique* par Aristote restent parfaitement fidèles, nonobstant quelques différences mineures[2].

Le plaisir, mobile pour l'action, fait donc l'objet d'une régulation externe dans l'éducation. Ce plaisir qui est la grande affaire de l'éducateur se décline au pluriel, dans la mesure où il recouvre une multiplicité d'affections aux sources diverses et variées. La description des espèces de l'incontinence (*akrasia*) sera ainsi l'occasion d'en recenser différentes formes. À côté de l'*akrasia* au sens strict (*haplôs*) qui, comme l'intempérance, recouvre les plaisirs du toucher et du goût[3], on parlera aussi d'incontinence au sens dérivé (*kata x*) lorsque les excès concernent les plaisirs qu'on tire de « la victoire, de l'honneur, de la richesse et de tout ce qui relève des choses bonnes et agréables » (1147b29). Ces plaisirs et peines qui se rapportent à ce qui est par nature digne d'être choisi (αἱρετόν) sont certes susceptibles d'excès, mais sans que celui-ci puisse être qualifié d'incontinence au sens strict. Par ailleurs, au sein même des objets de plaisir auxquels s'applique l'*akrasia* au sens propre, il faudra encore distinguer entre les objets de plaisir par nature, et ceux qui ne le sont que pour certains individus, enfin ceux qui sont le résultat de quelque perversion de leur nature, qu'elle fasse suite à une déficience

1. On peut aussi lire dans ces mots un écho au *Timée* (69c) décrivant ces affections redoutables et inévitables, inhérentes à l'âme incarnée, que sont le plaisir incitant au mal et la douleur faisant fuir le bien.

2. L'éducation doit respecter le développement du corps et de l'âme de l'enfant dans leur temporalité propre, en cultivant les habitudes avant l'apparition de la raison (*Pol.* VII 15, 1334a parallèle à *Lois* II, 653b-c), en alternant labeur et détente au moyen des jeux (*Pol.* VIII 3, 1337b40 parallèle à *Lois* II, 653d, 659e-660a) dont il est nécessaire de contrôler la bonne tenue (*Pol.* VII 17, 1336 a 27-35 parallèle à *Lois* I, 643b-e, VII 793e-794a). Aristote précise par ailleurs que ces derniers livres des traités politiques se contentent d'une esquisse à l'usage du législateur (cf. *Pol.* VIII 7, 1341b30-32).

3. Cf. *EN* VII 6, 1148a4-17.

naturelle ou une maladie, ou acquise par habitude[1]. Les divers visages de l'incontinence et de l'intempérance sont ainsi l'occasion de mesurer combien les objets du plaisir sont multiples et combien sont nombreuses les déviations qu'il entraîne.

Mais le plaisir n'est pas seulement un objet extérieur à la vertu, un affect auquel le vertueux sait correctement se rapporter en en évitant l'excès et le défaut. S'il entrait en jeu uniquement à titre de critère quantitatif, définissant la vertu comme juste proportion des plaisirs et des peines, on serait dans l'impossibilité de distinguer le vertueux véritable de l'homme simplement maître de lui (*enkratès*), sachant se conformer à la règle et poursuivre les plaisirs dans les limites imposées par l'éducation et la loi. Le livre VII de l'*Éthique à Nicomaque* démarque pourtant l'homme capable de maîtriser ses appétits de celui qui possède véritablement la vertu de tempérance (*sophrosunè*). Ce n'est pas le rapport au type de plaisirs qu'ils poursuivent qui fait leur différence puisque l'un comme l'autre sont capables d'en éviter l'excès. C'est dans la manière même dont ils s'en abstiennent que se creuse l'écart entre vertu et simple maîtrise de soi : celui qui n'en éprouve aucun plaisir n'est pas vertueux, parce qu'il n'a pas véritablement intériorisé la disposition de tempérance. Son rapport aux plaisirs n'est pas encore parvenu au rang d'*hexis* vertueuse. Ce deuxième rapport de la vertu au plaisir est celui qui permet de comprendre véritablement pourquoi la vie vertueuse comporte un plaisir en elle-même.

Le plaisir de bien agir

Le plaisir comme signe de la disposition

Le plaisir est mesure de la vertu en un sens moins extérieur à l'activité vertueuse. Dans ce cas, il est à entendre non plus au pluriel, dispersé dans la multiplicité de ses sources, mais au singulier, en tant qu'il accompagne la disposition et l'action vertueuses, quelles qu'elles soient.

> Il faut prendre comme signe [σημεῖον] de nos dispositions [τῶν ἕξεων] le plaisir ou la peine qui vient s'ajouter à nos actes [τὴν ἐπιγινομένην ἡδονὴν ἢ λύπην]. (*EN* II 2, 1104b3-5)

Deux éléments sont à relever ici. Le premier est que le terme de *sèmeion* employé par Aristote comporte un sens technique bien précis qu'on retrouve dans ses traités scientifiques[2] : il sert à établir un diagnostic sur l'état moral de l'agent à l'instar du signe médical, du symptôme qu'est la fièvre ou la pâleur pour le médecin. Selon cette symptomatologie morale,

> l'homme qui s'abstient des plaisirs du corps et y trouve du plaisir est un homme tempérant [σώφρων] tandis que s'il en éprouve de la souffrance, c'est un intempérant [ἀκόλαστος] ; et l'homme qui fait face au danger avec plaisir, ou tout au moins sans en éprouver de la peine [μὴ

1. Cf. *EN* VII 6, 1148b15 *sq.*

2. Voir J.-M. Le Blond, *Logique et méthode chez Aristote. Étude sur la recherche des principes dans la physique aristotélicienne*, Paris, Vrin, 1970, p. 242-245.

λυπούμενός], est un homme courageux alors que s'il en ressent de la peine, c'est un lâche[1]. (*EN* II 2, 1104b5-9)

Le second point digne de remarque est que la formulation de 1104b4 anticipe les développements du livre X qui en donneront la raison. C'est en effet le même participe qui vient décrire la manière dont

le plaisir achève l'acte, non pas à la manière d'une disposition, mais à la manière d'une fin qui vient s'ajouter [ἐπιγινόμενόν τι τέλος], comme la beauté qui s'ajoute à la fleur de l'âge. (1174b31-33)

Ce plaisir est le révélateur d'une disposition incorporée, véritablement possédée par l'agent moral, et non d'une conduite soumise à la contrainte d'une règle encore ressentie comme extérieure.

En effet, il faut ajouter à ce qui a été dit que n'est pas véritablement bon [ἀγαθὸς] celui qui n'éprouve aucun plaisir aux belles actions [ὁ μὴ χαίρων ταῖς καλαῖς πράξεσιν], car personne ne qualifierait de juste qui n'a aucun plaisir à faire acte de justice, ou de libéral qui n'éprouve aucun plaisir à faire acte de libéralité, et ainsi de suite. Et s'il en est ainsi, les actions conformes à la vertu seront plaisantes par elles-mêmes. (*EN* I 9, 1099a17-20)

La présence du plaisir est donc toujours critère de la réalité d'une disposition vertueuse, même si selon les vertus, le plaisir ressenti différera en fonction de la facilité de l'acte à accomplir. Par exemple, le courage a rapport à des choses pénibles, quelle que soit la beauté de sa fin (1117a33-b7). C'est ce qui « compose » l'acte courageux qui est pénible : résister à la peur, à la douleur et à la fatigue du combat tandis que l'action courageuse (défendre la liberté de sa cité) elle-même est plaisir. À l'inverse, il y a des dispositions dont l'accomplissement n'implique en soi aucune souffrance, telles la libéralité : il n'y a rien de douloureux à donner. Qui n'éprouve aucun plaisir à faire acte de magnificence, est donc d'une nature mesquine (cf. *EN* IV 4, 1122b7-8). Le plaisir à agir vertueusement, que ne procure pas l'action qui serait simplement conforme à la vertu, relève de cet achèvement de l'acte dont il est question au livre X. En effet, les *hexeis* vertueuses véritablement possédées et durablement incorporées sont l'origine des formes achevées – et non empêchées – de l'action. Le plaisir est la manifestation sensible de cet achèvement : l'agent y éprouve cet accomplissement de soi que procure l'actualisation d'une disposition faite sienne.

Le plaisir de l'action vertueuse

Le plaisir de l'action vertueuse se comprend en effet sur le même modèle que le plaisir paradigmatique de cette activité qu'est la vision, moyennant la compli-

1. Le livre VII sera plus précis en distinguant quatre cas de figure là où le livre II se limite à une opposition binaire : c'est pourquoi Aristote parle ici d'intempérant (*akolastos*) là où il parlerait plutôt d'*enkratès* (maître de soi) en VII, pour désigner celui qui s'abstient bien des plaisirs du corps, mais dans la souffrance et l'effort.

cation ontologique que présente en amont la constitution d'une *hexis*[1]. La puissance actualisée dans l'acte de vision est une puissance immédiatement disponible à l'agent et immédiatement orientée[2] quand la disposition vertueuse est une puissance d'agir à constituer. L'acte y précède l'acquisition de la puissance et en détermine l'orientation, ce qui n'est pas le cas des puissances naturelles dont l'actualisation ne requiert nul exercice préalable et n'est susceptible d'aucune transformation. Si les deux types d'*hexeis* diffèrent selon leur mode de possession et de constitution (*EN* II 1, 1103a26-31), le mode d'actualisation de l'*hexis* vertueuse, qu'elle soit éthique ou intellectuelle, s'intègre parfaitement dans le schéma à trois degrés élaboré en *De Anima* II 5. Les dispositions éthiques ou intellectuelles correspondent au niveau de la puissance seconde/acte premier, prêtes à s'actualiser dans un sens déterminé à l'instar des puissances sensitives[3]. Pour la vertu éthique, cette constitution de la disposition ne passe pas par l'enseignement, à la différence des aptitudes intellectuelles, mais a lieu dans l'action.

> C'est ainsi qu'en faisant ce qui est juste nous devenons justes [τὰ μὲν δίκαια πράττοντες δίκαιοι γινόμεθα], en faisant ce qui est tempérant nous devenons tempérants, en faisant ce qui est courageux nous devenons courageux. (*EN* II 1, 1103a34-b2)

La vertu éthique est donc une habitude, mais habitude *d'agir*. Dire que la vertu se constitue par l'habitude n'est pas une innovation puisqu'on n'ignore pas qu'une telle caractérisation remonte à Platon[4]. Aristote lui emprunte d'ailleurs le jeu sur la parenté – étymologiquement fantaisiste – entre vertu du caractère (ἦθος) et habitude (ἔθος). Cependant, cette habitude n'est plus seulement analysée comme imitation à la manière platonicienne. L'éducation platonicienne par le jeu présentée dans les *Lois* (I 643b-e) décrit une stratégie éducative qui pense la formation éthique du citoyen sur le modèle de l'apprentissage d'un métier, d'une technique : le jeu, en tant qu'il imite les activités sérieuses à venir, oriente nos désirs dans la

1. Voir N. Sherman, *The Fabric of Character : Aristotle's Theory of Virtue*, Oxford, Clarendon Press, 1989, p. 185 *sq*.

2. Cf. *EN* II 1, 1103a20-31 et *EE* VIII 1, 1246a26-35. Même lorsqu'on entend en faire une utilisation qui déroge à l'actualisation « droite » de la faculté de vision, en forçant l'œil à loucher ou à voir double, c'est encore en tant qu'œil qu'on s'en sert, on ne peut contrarier cette actualisation : l'œil ne peut faire autre chose que voir. La puissance naturelle n'est pas puissance des contraires (cf. *Métaph.* Θ 5, 1048a8). En ce sens la sensation est déjà comme une *hexis*. Voir P.-M. Morel, *De la matière à l'action*, p. 80 : « Si nous la considérons cette fois comme faculté, la sensation est en effet une disposition naturelle déterminée et non pas une puissance (*dunamis*) de premier degré, c'est-à-dire une puissance des contraires. »

3. La déclaration selon laquelle « une disposition est définie par ses actes et par ce sur quoi ils portent [ἡ ἕξις ταῖς ἐνεργείαις ὁρίζεται, καὶ ὧν ἐστίν] » (*EN* IV 1, 1122b1), *i.e.* ses objets, en écho à l'injonction méthodologique du *De Anima* II 4 (415a18-22), va dans le sens du parallèle entre puissances sensitives et dispositions éthiques, comme le signale H. Lorenz, « Virtues of Character in Aristotle's *Nicomachean Ethics* », p. 104.

4. Cf. *Lois* VII, 792e. La notion d'ἦθος dans les corpus platonicien et aristotélicien est étudiée en détail par F. Woerther, *L'èthos aristotélicien*, p. 95 *sq*. Voir aussi D. Lefebvre, « Avoir un *èthos* et être *philotoioutos* », p. 155-167.

bonne direction en en fixant les objets. Aristote, lui, met au jour la structure ontologique commune à l'aptitude technique et à la disposition vertueuse, à savoir l'antériorité de l'acte sur la puissance (cf. *Métaph.* Θ 8, 1049b29-1050a3). Celle-ci explique que paradoxalement, de même qu'il faut faire œuvre d'architecte ou de cithariste pour le devenir, il faille faire acte de courage pour devenir courageux. Ce que le Platon éducateur des *Lois* avait bien perçu, à savoir d'un côté le pouvoir fixant de l'habitude, arrimant nos plaisirs et nos peines à une orientation déterminée, de l'autre la similitude entre l'acquisition d'une disposition éthique et celle d'une aptitude technique ou physique[1], la théorie aristotélicienne peut à présent en rendre raison ontologiquement. C'est par l'action que naît et dégénère la vertu éthique, c'est dans l'action que cette même vertu consiste une fois la disposition constituée (cf. *EN* II 2, 1105a14-16).

L'habitude n'est donc pas seulement un moyen de fixer des conduites, de stabiliser des réactions à des situations morales. Elle est moins une structure statique qu'une tendance qui nous porte à l'action[2], et cela pour le meilleur et pour le pire, selon la nature de la disposition en question. Le vicieux est ainsi comparable à celui qui s'est rendu malade par son comportement (cf. *EN* III 7, 1114a16-21). Cette répétition n'est donc pas routine mais augmentation de la puissance, renforcement de la tendance. L'action réagit sur la disposition qui en est le produit jusqu'au point où l'habitude finit par atteindre une stabilité analogue à celle de la nature, à en rejoindre la spontanéité[3]. Le plaisir pris à la facilitation toujours plus grande de l'action devenue habituelle vient de ce qu'on atteint alors celui que procure l'actualisation de sa nature. L'*hexis* vertueuse étant une forme d'achèvement, elle retrouve, une fois constituée, le plaisir plus immédiat qu'on ressent à exercer ses facultés naturelles, comme il ressortait de la caractérisation donnée en VII 13 du plaisir comme « activité de la disposition qui est conforme à la nature » (ἐνέργειαν τῆς κατὰ φύσιν ἕξεως, 1153a14). Cette description peut être étendue au plaisir issu de la disposition habituelle qui est seconde nature. Il y a un plaisir à

1. Cf. *Lois* II, 643b-c ; VII, 797a-798d. La description des dispositions, vertueuses ou vicieuses, comme des *hexeis*, est courante chez Platon (cf. *Rép.* IV, 443e pour la justice, *Philèbe* 48c sur l'ignorance) mais sans que cette notion fasse l'objet d'une élaboration spécifique quant à son mode de constitution, comme le notent R.-A. Gauthier & J.-Y. Jolif, *EN* II-1, p. 105.

2. Sur l'*hexis* dans l'éthique aristotélicienne, voir G. Aubry, « L'éthique du démonique », p. 75-94. Le volet cognitif du processus d'habituation éthique est étudié par M. Burnyeat dans « Aristotle on Learning to Be Good », *Essays on Aristotle's Ethics*, p. 69-92, et J. Moss, *Aristotle on the Apparent Good*, p. 200-219.

3. Cf. *EN* VII 11, 1152a30-33 et *De la mémoire et de la réminiscence*, 452a26-30 : « Si l'esprit est ainsi mû depuis longtemps, il est mû vers le plus habituel car l'habitude est déjà comme une nature [ὥσπερ γὰρ φύσις ἤδη τὸ ἔθος]. C'est pourquoi ce à quoi nous pensons souvent, nous nous en souvenons rapidement. En effet, de même que ceci vient après cela par nature, de même en va-t-il aussi du fait de l'activité [ἐνεργείᾳ] : ce qui a lieu souvent produit une nature. » Voir le commentaire de P.-M. Morel dans « L'habitude, une seconde nature ? », dans P.-M. Morel (dir.), *Aristote et la notion de nature. Enjeux épistémologiques et pratiques*, Talence, Presses Universitaires de Bordeaux, 1997, p. 131-148.

même l'action bonne, fruit de cette absence d'obstacle qui caractérise l'actualisation des dispositions de l'homme vertueux. Alors que la première acquisition de l'habitude représente un effort, une fois l'*hexis* enracinée et stabilisée, devenue spontanée, l'activité, non empêchée par la présence de désirs contraires ou de considérations parasites, est plaisante par elle-même. Par là, le plaisir devient un indice du degré de possession de la vertu. Une fois la bonne disposition acquise, le plaisir qui l'accompagne ne fera que la renforcer.

Le plaisir de l'activité explique ainsi la dynamique propre au comportement vertueux : plus nous sommes vertueux, c'est-à-dire mieux nous possédons une *hexis*, plus nous sommes enclins à agir conformément à celle-ci en vertu du lien intrinsèque entre le plaisir et l'activité qu'il parachève. On se souvient que le chapitre X 5 a mis en évidence l'indissoluble union existant entre chacun des plaisirs et l'activité qu'il complète.

> Une activité est en effet accrue par le plaisir qui lui est propre [συναύξει γὰρ τὴν ἐνέργειαν ἡ οἰκεία ἡδονή] car ceux qui exercent leur activité avec plaisir y font preuve en tout point d'un meilleur jugement et de davantage de précision [κρίνουσι καὶ ἐξακριβοῦσιν] : ceux qui prennent plaisir à faire de la géométrie deviennent meilleurs géomètres et en comprennent mieux chacun des éléments ; et de même ce sont les passionnés de musique, d'architecture et autres arts qui font des progrès dans l'œuvre qui leur est propre, parce qu'ils y trouvent leur plaisir. (*EN* X 5, 1175a30-35)

Quoique les exemples destinés à illustrer cette proposition soient tirés des domaines technique (musique, architecture) et scientifique (géométrie) et non du champ moral, il est possible d'étendre une telle description de la manière dont le plaisir accroît l'activité aux différents types d'*hexeis*, aussi bien intellectuelles[1] et techniques que morales. En témoignent tant le constant parallèle entre dispositions techniques et dispositions éthiques quant à leur mode d'acquisition[2] que la nature même des sciences, lesquelles sont aussi des *hexeis* où la puissance n'est pas immédiatement donnée mais demande à être constituée, quoique cette constitution ne passe pas par la répétition mais par l'enseignement. Mais comment comprendre que cet accroissement soit décrit comme un degré supérieur de discernement (*krisis*) et de précision (*akribeia*) ? Pourquoi le plaisir augmente-t-il la précision d'une activité et en quoi cette notion est-elle éclairante pour le domaine de l'action vertueuse ?

Une première mention de l'*akribeia*[3] appliquée à la vertu éthique se trouve dans un passage affirmant que

1. Cf. *EN* VII 12 1153a22-23.

2. Cf. *EN* II 1, 1103a32-b3 ; b7-23 ; II 3, 1105a17-26.

3. Aristote fait souvent de l'*akribeia* un critère de hiérarchisation, notamment dans le domaine des sciences (cf. *Sec. An.* I 27) : plus une science est précise ou exacte (*akribès*), plus elle sera élevée en valeur et dignité. Le terme est ainsi employé pour décrire la supériorité de la sagesse sur les autres arts et sciences (VI 7, 1141a9, a16), liée à l'autonomie d'une aptitude qui

la vertu est plus précise et meilleure que n'importe quel art [πάσης τέχνης ἀκριβεστέρα καὶ ἀμείνων], comme l'est aussi la nature (*EN* II 5, 1106b14-15).

L'affirmation pourrait se comprendre de la façon suivante : la vertu, qui implique l'atteinte du juste milieu, tolère moins encore que les arts les écarts par rapport à la norme, la détermination étant une des propriétés du bien. En effet, comme le déclare la suite du chapitre, s'il est facile de manquer le but en ce domaine, il est bien difficile de l'atteindre[1]. Cette précision permet de cerner la différence entre une disposition véritablement incorporée par l'agent et une répétition un peu mécanique de la règle chez celui qui en est encore au stade de l'acquisition. Les actes répétés auront la maladresse des gestes de l'apprenti, faute de posséder le discernement et la sûreté qui accompagnent la disposition pleinement acquise. En effet, Aristote précise qu'il y a plusieurs manières d'accomplir un même acte qui sont fonction du degré d'incorporation de la disposition, allant de la pure extériorité du hasard jusqu'à la complète assimilation de l'art[2].

Voyons maintenant comment le plaisir est susceptible d'augmenter cette précision. La réponse à cette question n'est pas sans rapport avec ce que les analyses précédentes ont montré du lien entre le plaisir et la conscience immanente à l'activité réussie. Si le plaisir apporte un supplément de discernement, c'est peut-être qu'il augmente la présence à soi de l'agent en train d'agir ou de faire, aiguise la perception qu'il a de son acte. Parce que le plaisir nous « tient » ou nous retient à l'activité[3], de ce qu'on fait avec plaisir, on se laissera-t-on moins facilement distraire, comme en témoigne *a contrario* l'exemple de ceux qui s'ennuient au théâtre et troquent alors l'activité de regarder pour celle de manger des sucreries. Une activité accomplie trop péniblement laisse la conscience de l'agent encore engluée dans l'effort car la peine est ce qui vient entraver le

en réduit la part de contingence et de hasard (III 5, 1112b1). Sur la liaison du critère de l'*akribeia* avec la dignité ontologique d'une discipline, voir *Philèbe* 57b-58d.

1. Cf. *EN* II 5, 1106b28-35 : « De plus il est de multiples manières d'être dans l'erreur (car le mal est de l'ordre de l'illimité [τοῦ ἀπείρου], comme l'ont conjecturé les Pythagoriciens, et le bien du délimité [τὸ δ' ἀγαθὸν τοῦ πεπερασμένου]), tandis qu'il n'y a qu'une seule manière de réussir – c'est pourquoi aussi l'un est facile et l'autre difficile ; il est facile de manquer le but et difficile de l'atteindre. Voilà pourquoi l'excès et le défaut sont de l'ordre du vice, et la médiété de la vertu [τῆς δ' ἀρετῆς ἡ μεσότης] : "l'honnêteté n'a qu'une seule forme, le vice en a de nombreuses". » Sur le caractère déterminé du bien, voir aussi *EN* IX 9, 1170a20-23.

2. Cf. *EN* II 3, 1105a22-26 : « En effet, il est possible d'écrire quelque chose correctement ou bien par hasard ou bien guidé par autrui. On saura donc écrire correctement si on écrit quelque chose correctement et comme quelqu'un qui sait écrire, c'est-à-dire selon l'art d'écrire qui est en soi-même. »

3. Kant note ainsi dans la *Critique de la faculté de juger* (§ 12) à propos du plaisir (esthétique) qu'il a pour effet de permettre « de conserver l'état même de la représentation et l'activité de nos facultés de connaître, cela sans autre intention. Nous nous attardons dans la contemplation du beau, parce que cette contemplation se fortifie et se reproduit elle-même » (GF, p. 201).

déploiement de l'activité[1]. Loin de fausser le jugement, contrairement aux accusations anti-hédonistes qui ne voient dans le plaisir qu'un obstacle aux dispositions morales ou à l'exercice de la pensée[2], le plaisir pris à une activité, lorsqu'il lui est approprié, c'est-à-dire lorsqu'il en est issu, en augmente la précision. Là encore les anti-hédonistes vont trop vite, en confondant l'accident et l'essence. C'est par accident que les plaisirs du corps viennent troubler l'attention ou fausser les résolutions de celui qui n'est encore qu'à demi vertueux, parce qu'ils sont purement extrinsèques à l'activité dans laquelle il est engagé. Pour l'homme vertueux qui est tout à ce qu'il fait, le plaisir qu'il retire de son activité, loin de l'en distraire, l'y maintient. Dès lors on comprendra pourquoi le vertueux est à la fois mesure dans son appréhension du bien et dans son plaisir même, point sur lequel on reviendra un peu plus loin. Le vertueux accompli dispose ainsi de cette capacité d'autorégulation qui fait qu'il sera plus « précis » que l'enfant ou l'apprenti qui en est encore au stade de l'imitation et dont le geste n'a pas la sûreté de celui qui a incorporé l'art. Si son plaisir est mesure de ce qui est proprement plaisant, alors il viendra aiguiser le jugement même de l'homme bon et son discernement du bien réel, dans ce cercle vertueux où plaisir et disposition se renforcent pour le meilleur.

L'objection du vice

L'idée que le plaisir et l'activité se renforcent mutuellement rend raison du dynamisme propre à l'apprentissage intellectuel et technique comme à la formation morale, puisqu'on a affaire à diverses sortes d'*hexis*.

> Les plaisirs accroissent les activités qu'ils accompagnent et ce qui accroît une chose lui est propre [συναύξουσι δὲ αἱ ἡδοναί, τὰ δὲ συναύξοντα οἰκεῖα]. (*EN* X 5, 1175a36)

Qu'en est-il cependant des dispositions vicieuses, qui, non moins que les vertus, sont à ranger dans le genre des *hexeis* ? En un sens il y a lieu de penser que leur cas ne diffère pas fondamentalement des vertus : le plaisir qu'on en retire est là encore un indice du degré de possession de la disposition. Et ce plaisir pourrait aussi nous ancrer durablement dans la vertu autant que nous endurcir dans le vice. Comme le souligne B. Besnier, action vertueuse et action vicieuse ont ceci de commun qu'elles seules

> réalisent une union adéquate de la délibération et du désir, et en ce sens on peut dire que c'est seulement en elles que se vérifie au sens propre que la *prohairesis* est le principe de la *praxis*[3].

1. Cf. *EN* VII 14, 1153b3 sur la peine comme mal à titre d'empêchement (ἐμποδιστική) ; X 5, 1175b17-22.

2. Voir l'objection de VII 12, 1152b16-18 et sa réponse en VII 13, 1153a20-23 citée *supra* p. 86.

3. B. Besnier, « Aristote et les passions », dans B. Besnier, P.-F. Moreau & L. Renault (dir.), *Les Passions antiques et médiévales. Théorie et critique des passions* I., Paris, PUF, 2003, p. 77.

En effet, le propre du vicieux, c'est d'agir délibérément[1] et de persévérer dans son choix : sa disposition aura donc une stabilité analogue à celle de l'*hexis* vertueuse.

L'homme intempérant [ὁ μὲν ἀκόλαστος], comme cela a été dit, n'est pas sujet au remords car il persiste dans son choix [ἐμμένει γὰρ τῇ προαιρέσει] ; l'incontinent [ὁ δ' ἀκρατὴς], lui, est toujours sujet au remords [μεταμελητικὸς]. (*EN* VII 9, 1150b29-31)

Or le fait d'être soustrait au remords est une caractéristique de l'homme vertueux quand l'incontinent ne cesse d'être en guerre avec lui-même[2]. Cette absence de revirement, signe de l'accord entre raison et désir, entre souhait et choix, est donc le propre de la vertu, mais aussi, hélas, de son contraire. Puisqu'on peut parler d'un « parfait gredin » par métaphore selon *Métaphysique* Δ 16, on pourrait tout aussi bien parler d'un parfait intempérant. Est-on pour autant autorisé à considérer que les actions du débauché relèveraient elles aussi du genre des actions achevées, en tant qu'actualisations non empêchées de dispositions constituées ? Un passage du livre VII de la *Physique* permettra de répondre à cette difficulté. Si « les vertus et les vices font partie des dispositions », c'est seulement dans le cas de la vertu qu'on est autorisé à parler d'achèvement.

La vertu est une forme d'achèvement [τελείωσίς τις] (car toute chose est dite achevée [τέλειον] lorsqu'elle a acquis la vertu qui est la sienne – c'est alors qu'elle est le plus conforme à sa nature – comme un cercle est achevé lorsqu'il est le plus et le mieux cercle) tandis que le vice est la destruction et la perversion de celle-ci. (*Physique* VII 3, 246a11-17)

Aussi un parfait vicieux est-il difficilement concevable. Comme le fait remarquer Aristote à propos des différents excès relatifs à la colère,

tous ces excès n'appartiennent pas à la même personne car cela ne serait pas possible. En effet, le mal se détruit lui-même et s'il est complet, il devient insupportable. (*EN* IV 11, 1126a11-13)

Cette remarque incidente semble pouvoir être étendue au cas du vice en général. On pourrait d'ailleurs en trouver un écho à travers la description de ces méchants qui finissent par être accablés de leur propre corruption, cherchant tous les moyens pour se fuir eux-mêmes jusqu'à penser à se supprimer[3]. Il est difficile de cumuler les vices comme on peut réunir les vertus car les premiers semblent s'annuler ou s'entrempêcher les uns les autres. Le propos d'*Éthique à Nicomaque* IV 11 pourrait ici faire écho au destin de la bande de brigands en *République* I (351c-352c), réduite, faute d'une forme minimale de justice entre ses membres, à la paralysie[4]. Peut-on être à la fois un avare sordide et un inconditionnel de la

1. Voir la description de l'intempérant qui recherche les plaisirs « par choix » (διὰ προαίρεσιν) en *EN* VII 8, 1150a19-21.

2. Cf. *EN* IX 4, 1166a29, 1166b6-8, b19-22.

3. Cf. *EN* IX 4, 1166b11-29. On peut tout de même se demander si de telles pensées sont le fait de vicieux endurcis ou d'incontinents déchirés de remords. Voir S. Stern-Gillet, « Des deux conceptions du "soi" chez Aristote », *Cosmos et psyché. Mélanges offerts à Jean Frère*, p. 244.

4. À cette différence près que l'argument platonicien évoque simplement l'impuissance, et non l'entière destruction. À ce titre, le développement de *République* I n'est pas incompatible

débauche ? Comme le montrait déjà le portrait de l'homme oligarchique en *République* VIII, certains vices requièrent la priorité de certaines passions sur les autres, en l'occurrence celle de l'argent sur celle du plaisir sensuel.

De plus, la symétrie n'est pas parfaite entre l'actualisation d'une disposition vertueuse et celle d'une disposition vicieuse. C'est ce qui semble ressortir, indirectement, d'une restriction au principe de l'antériorité de l'acte sur la puissance dégagé en *Métaphysique* Θ 8[1]. Cette priorité et cette supériorité ontologiques de l'acte ne sont valables que pour les actes bons, précise *Métaphysique* Θ 9.

> Nécessairement pour les maux, la fin et l'acte sont pires que la puissance [ἀνάγκη δὲ καὶ ἐπὶ τῶν κακῶν τὸ τέλος καὶ τὴν ἐνέργειαν εἶναι χεῖρον τῆς δυνάμεως]. En effet, c'est la même chose qui est en puissance des deux contraires à la fois. Il est donc évident qu'il n'y a pas de mal à part des choses car le mal est postérieur par nature à la puissance[2]. (*Métaph.* Θ 9, 1051a15-19)

Il y aurait donc postériorité du mal par rapport à la puissance pour les actes mauvais. Rappelons en effet que la puissance a beau être puissance des contraires, ces derniers ne sont pas dans un rapport exactement symétrique[3] : la puissance est d'abord puissance de la forme et seulement par accident de la privation, c'est-à-dire du mal. Si l'ordre de priorité ontologique et axiologique entre acte et puissance s'inverse dans le cas du mal, c'est que l'acte du mal n'existe que postérieurement à une puissance dont l'orientation mauvaise n'est pas elle-même première mais le résultat d'un détournement, toute puissance étant orientée vers le contraire positif (la forme et le bien), plutôt que négatif (le mal et la privation). Mais si l'acte du mal ne jouit pas de l'antériorité ontologique et de la supériorité axiologique propres aux actes bons, il serait dès lors permis de supposer que l'actualisation du vice, puissance du mal, ne procure pas un plaisir tout à fait analogue à celui que procure l'actualisation d'une disposition bonne. S'il y a un plaisir du vice, ce qu'Aristote n'aurait pas la naïveté de nier, il ne saurait égaler celui qui est inhérent à la vertu.

Certains interprètes[4] reprochent à Aristote de ne pouvoir donner une explication convaincante des plaisirs du vicieux. S'il est vrai que le philosophe s'intéresse davantage aux plaisirs de l'action morale, sa théorie de la disposition,

avec la preuve de l'immortalité de l'âme du livre X (608d-611c) montrant qu'une âme ne saurait être détruite ni par une cause extérieure, ni par son mal propre.

1. Le but de ce développement est ultimement d'éliminer le mal du rang des principes (1051a18-22). Voir J. Beere, *Doing and Being*, p. 325-328. Voir aussi *Métaph.* N 4, 1091b28-1092a9 où Aristote voit dans la possibilité d'un mal absolu l'une des conséquences fâcheuses de la conception platonicienne des principes consistant à identifier l'un et le bien.

2. Sur ces lignes concises et difficiles, voir J. Beere, *Doing and Being*, p. 341-344, et G. Aubry, *Dieu sans la puissance*, p. 111-113.

3. Son asymétrie a déjà été soulignée à deux reprises : en H 5 (1044b29-45a1) établissant que la matière n'est en puissance de la privation que par accident, et en Θ 2 (1046b9-16) montrant que la puissance rationnelle, qui peut effectivement réaliser les deux contraires, est par soi puissance de la forme et puissance de la négation seulement par accident.

4. Voir D. Frede, « Pleasure and Pain in Aristotles' Ethics », p. 267-268.

rendant compte du plaisir pris à son actualisation non empêchée, peut le soustraire à une telle critique. Que le vice soit perversion d'une nature explique cependant que cette jouissance ne puisse avoir la valeur du plaisir pris à l'actualisation d'une disposition bonne, où l'acte est meilleur et non pas pire que la puissance. Si le vicieux endurci éprouve sans doute du plaisir à agir sans l'empêchement que procure le remords, le plaisir qui accompagne l'actualisation de sa disposition ne saurait cependant être comparable au plaisir de la réalisation d'une nature, de l'accomplissement de soi que procure l'actualisation d'une disposition vertueuse. Il n'y a plus dès lors de difficulté à rendre compte de la différenciation axiologique des plaisirs. Si le plaisir naît de l'actualisation réussie d'une *hexis* on comprend sans mal que les plaisirs diffèrent selon les individus en fonction de leurs dispositions.

Le bonheur est fin [ἡ δ' εὐδαιμονία τέλος ἐστίν] et tous le conçoivent accompagné non pas de peine mais de plaisir [μεθ' ἡδονῆς]. Cependant ce plaisir, on ne le place plus dans la même chose, chacun le place selon ce qu'il est et selon la disposition qui est la sienne [καθ' ἑαυτοὺς ἕκαστος καὶ τὴν ἕξιν τὴν αὑτῶν][1], et l'homme le meilleur le place dans la meilleure disposition dérivant des choses les plus belles. (*Pol.* VIII 3, 1338a5-9)

Il n'y a donc rien d'incompréhensible à ce qu'il y ait des plaisirs pervers, résultant des dispositions corrompues de l'homme vicieux, ni rien de surprenant à ce que tout le monde n'ait pas les goûts et dégoûts qui conviennent à un individu vertueux.

Et les choses qui lui sont désagréables, si elles apparaissent à un tel agréables, cela n'a rien d'étonnant. En effet, nombreuses sont les corruptions et perversions humaines. Et ces choses-là ne sont pas agréables, sauf pour ceux qui sont ainsi disposés. Les plaisirs reconnus comme honteux, il est clair qu'on ne peut les dire plaisirs, sauf pour les gens corrompus. (*EN* X 5, 1176a19-24)

Du vertueux comme mesure

La valeur du plaisir étant à chercher dans la forme d'*energeia* qu'il accompagne, et la meilleure activité résultant elle-même de la vertu la meilleure[2], la règle du plaisir est donc à rechercher dans l'homme vertueux. Non pas qu'il soit un gage extérieur de vertu, un témoin de moralité ou un modèle à imiter, mais parce que son activité constitue l'expression la plus haute du bien humain, obtenue à partir du propre de l'homme qu'est la raison. Que le vertueux soit critère du plaisir découle à la fois de la promotion générale de sa personne comme mesure[3] et de la structure même du plaisir naissant d'une double excellence. Le vertueux conjugue excellence de la disposition – puisque telle est la définition de

1. Cf. *EN* VII 14, 1153b29-31 : « Puisque ce n'est ni la même nature, ni la même disposition qui est ou semble être la meilleure, tous ne poursuivent pas le même plaisir, même si tous poursuivent le plaisir. »

2. Cf. *EE* II 1, 1219a7-8 ; *EN* I 6, 1098a14-15.

3. Cf. *EN* III 6, 1113a29-33 ; IX 4, 1166a12-15 ; X 5, 1176a15-25.

la vertu[1] – et excellence des « objets » puisque le vertueux sait aussi reconnaître le bien véritable. C'est ainsi qu'il

> juge toutes choses correctement [κρίνει ὀρθῶς], et dans chacune le vrai lui apparaît [τἀληθὲς αὐτῷ φαίνεται]. En effet, chacune des dispositions comporte des choses belles et agréables qui lui sont propres, et le vertueux [ὁ σπουδαῖος] se distingue le plus sans doute par le fait de voir le vrai en toutes choses, dont il est comme la règle et la mesure [ὥσπερ κανὼν καὶ μέτρον αὐτῶν ὤν]. (*EN* III 6, 1113a29-33)

Cette excellence des objets est certes plus compliquée à saisir dans le cas de la vertu que dans celui de la sensation ou mieux encore de la pensée théorique pour laquelle le qualificatif de « vrai » ne fait pas difficulté. Le vertueux saisit bien pourtant une forme de vérité qu'Aristote qualifiera de pratique en *EN* VI 2, 1139a26. Par ailleurs la définition de la vertu éthique en II 6 permet également de donner un contenu à cette excellence de l'objet, et par là de penser le plaisir de l'action sur le modèle structurel dont relèvent les plaisirs de la sensation et de la pensée. Ce qui est formellement défini comme médiété (*mesotès*) est en réalité un sommet (*akrotès*) dans l'ordre de l'excellence et du bien (cf. *EN* II 6, 1107a6-8). Le vertueux saisira les bons objets parce qu'il est capable de bien délibérer, et qu'il actualise sa disposition en discernant, dans chaque acte, le juste milieu[2]. Le vertueux est mesure du plaisir parce que son activité elle-même est mesure : de l'actualisation de sa disposition qui le rend capable de saisir les bons objets résultera l'acte le meilleur. Celui-ci, du même coup le plus plaisant, sera mesure objective du plaisir.

La vertu comporte enfin une stabilité supérieure à toute autre disposition[3], ce qui garantit celle du plaisir. Le vertueux

> partage peines et plaisirs avant tout avec lui-même [συναλγεῖ τε καὶ συνήδεται μάλισθ' ἑαυτῷ] ; en effet, c'est toujours la même chose qui lui est douloureuse ou agréable, et non pas tantôt une chose tantôt une autre car il est pour ainsi dire dépourvu de remords [ἀμεταμέλητος]. (IX 4, 1166a27-29)

Ses engouements n'accusent pas la versatilité de ceux qui sont soumis aux fluctuations de leur tempérament, que celles-ci soient dues à l'instabilité d'une nature soumise à l'impétuosité des affections de la jeunesse aux plaisirs changeants (*EN* VIII 3, 1156a32-35), à l'oscillation continuelle de l'acratique (*EN*

1. Cf. *EE* II 1, 1218b37-1219a1 ; *EN* II 5, 1106a15-22.

2. La définition récapitulative de la vertu donnée en II 6, 1106b36-1107a2 (Ἔστιν ἄρα ἡ ἀρετὴ ἕξις προαιρετική, ἐν μεσότητι οὖσα τῇ πρὸς ἡμᾶς, ὡρισμένῃ λόγῳ καὶ ᾧ ἂν ὁ φρόνιμος ὁρίσειεν, OCT) est difficile à interpréter, notamment en raison de la double leçon, indirecte et directe, sur ὡρισμένῃ/ὡρισμένη et ᾧ/ὡς. Nous suivons ici la lecture majoritaire : « La vertu est donc une disposition à choisir, consistant dans une médiété relative à nous, déterminée par la raison et comme le déterminerait le prudent. » Pour une interprétation différente, adoptée notamment par R. Bodéüs, voir la note *ad loc.* (*EN*, GF, p. 116-117) et les arguments de J.-L. Labarrière dans « Du *phronimos* comme critère de l'action droite chez Aristote », *Le jugement pratique*, p. 151-152.

3. Cf. *EN* I 11, 1100b14-18 cité *infra* p. 253 ; *Cat.* 8, 8b27-33.

IX 4, 1166b18-25) ou encore à une nature trop corrompue pour ne pas avoir besoin de la perpétuelle stimulation de la nouveauté (*EN* VII 15, 1154b30-31). La vertu au contraire est stable, ainsi que ses objets, ce qui permet au plaisir qui en résulte d'avoir la continuité voulue. Le plaisir du vertueux est donc critère parce que, plus que tout autre, son activité vertueuse possède les qualités qui en garantissent l'avènement. L'*energeia* du vertueux est ainsi la plus pleine actualisation des potentialités humaines. Telle est la conclusion du chapitre X 5, où plaisir et bonheur comme réalisation du propre de l'homme se rejoignent.

> Mais parmi les plaisirs qui sont reconnus comme étant de valeur, de quel genre ou duquel faut-il dire qu'il est le propre de l'homme ? N'est-ce pas évident à partir des activités ? En effet, les plaisirs les accompagnent [ἐκ τῶν ἐνεργειῶν δῆλον ; ταύταις γὰρ ἕπονται αἱ ἡδοναί]. Donc que l'activité de l'homme accompli et bienheureux [τοῦ τελείου καὶ μακαρίου ἀνδρός] soit une ou multiple, les plaisirs qui en sont l'achèvement seront appelés plaisirs propres de l'homme au sens strict, et les autres ne seront des plaisirs qu'à titre secondaire et à un moindre degré, à l'instar des activités correspondantes. (*EN* X 5, 1176a24-29)

Si le plaisir de l'homme vertueux est mesure, c'est bien parce que son activité elle-même est mesure. Aristote rejoint ici, par une voie différente, une conclusion à laquelle Platon était parvenu dans les *Lois*. Dans les pages consacrées au plaisir musical, l'Athénien refusait que le plaisir soit seul critère de la valeur d'une œuvre musicale, autrement dit que l'homme soit la mesure de toutes choses[1]. L'homme étant une mesure changeante, il est nécessaire de mesurer le plaisir esthétique à autre chose que lui-même : ce sont l'éducation (*paideia*) et la vertu qui en donneront le critère (cf. *Lois* II, 658e-659a). Si le plaisir du vertueux est seul plaisir véritable chez Platon, c'est une conséquence des opinions vraies qui sont les siennes, les plaisirs des vicieux s'expliquant de la même façon par des opinions erronées qu'ils forment sur le bien. Le plaisir ressenti à une chose ou à un spectacle est donc l'indice du degré d'enracinement d'une opinion, vraie ou fausse. Jusque dans les *Lois*, c'est en termes d'ignorance qu'il est rendu compte des mauvais plaisirs et des goûts pervertis entrant en contradiction avec le jugement de la raison ou de la loi (cf. *Lois* III 689a-b). Aristote n'entend pas plus que Platon faire de concession au relativisme axiologique. Cependant, si l'homme vertueux est mesure du plaisir et capable d'en dissiper les faux-semblants, c'est moins par la possession d'un savoir lui permettant de faire le tri entre les plaisirs d'après les opinions vraies ou fausses qui les accompagnent, que par son activité même.

1. Si la formule du vertueux comme mesure convoque Protagoras contre Platon (voir J.-L. Labarrière, « Du *phronimos* comme critère », p. 155), elle peut également se lire comme une reprise de la proposition des *Lois*, qui était déjà une manière de prendre le contrepied du sophiste. Les *Lois* (notamment IV, 716c) offrent en effet une réponse amplement détaillée au versant anthropologique et politique de la thèse protagoréenne, après sa réfutation sur le terrain épistémologique dans le *Théétète*. Sur le rapport Aristote-Protagoras, voir P. Gottlieb, « Aristotle and Protagoras : the Good Human Being as the Measure of the Goods », *Apeiron*, 24 (1), 1991, p. 25-45.

L'explication aristotélicienne, parce qu'elle s'appuie sur la structure de l'*hexis*, est davantage apte à rendre compte du lien entre vertu et qualité du plaisir. Là où, pour fonder la hiérarchie des plaisirs entre vrais et faux, la théorie platonicienne postulait un lien, plus supposé que véritablement élucidé, entre vérité de l'opinion et réalité du plaisir, Aristote va plus loin. Sa théorie de l'*hexis* jointe à celle du plaisir comme achèvement de l'activité est en mesure de surmonter le fossé entre ce qui relève de la problématique épistémologique du jugement et de la problématique axiologique du plaisir. Si seul le plaisir du vertueux est mesure véritable du plaisir chez Aristote, ce n'est pas simplement que ses objets seuls seraient réels ou ses opinions seules vraies. Cela tient au fait que l'activité qui suscite ce plaisir est la plus pleinement humaine. L'homme vertueux actualise dans ses actions ce qui, en lui, exprime le plus son humanité et ce par quoi il a le plus conscience d'exister.

PORTÉE ET LIMITES DU CONCEPT D'*ENERGEIA*

La théorie aristotélicienne du plaisir explique ainsi l'universelle tendance à rechercher le plaisir, sans pour autant aboutir à une légitimation sans nuance. Elle satisfait par là aux exigences d'une analyse éthique qui se doit de rester en conformité avec les faits. Les hommes ne peuvent pas ne pas rechercher le plaisir dans la mesure où celui-ci est lié à l'activité, c'est-à-dire à la vie.

> On pourrait penser que tous désirent le plaisir, parce que tous aspirent à vivre[1] ; la vie est une certaine activité [ἐνέργειά τις] et chaque homme déploie cette activité au sujet et au moyen de ce qu'il chérit [ἀγαπᾷ] le plus : par exemple le musicien c'est au moyen de l'ouïe sur les mélodies, l'ami du savoir au moyen de la pensée sur les objets d'étude [ὁ δὲ φιλομαθὴς τῇ διανοίᾳ περὶ τὰ θεωρήματα], et ainsi de suite pour chacun dans le reste des cas. Le plaisir vient achever les activités et par là la vie à laquelle on aspire [ἡ δ' ἡδονὴ τελειοῖ τὰς ἐνεργείας, καὶ τὸ ζῆν δή, οὗ ὀρέγονται]. Il est donc normal que les hommes tendent aussi au plaisir, puisque pour chacun d'eux le plaisir achève la vie, laquelle est une chose désirable [αἱρετὸν]. Quant à savoir si nous choisissons la vie à cause du plaisir ou le plaisir à cause de la vie, laissons cela de côté pour le moment. En effet, les deux semblent aller de pair sans admettre aucune séparation car sans activité il ne naît pas de plaisir [ἄνευ τε γὰρ ἐνεργείας οὐ γίνεται ἡδονή] et le plaisir vient achever toute activité [πᾶσάν τε ἐνέργειαν τελειοῖ ἡ ἡδονή]. (*EN* X 4-5, 1175a10-21)

1. On trouve d'autres expressions de cet universel désir de vivre en *EN* IX 9, 1170a26-27 cité *supra* p. 101 et *Pol.* I 9, 1258a1. Est-il contredit par les doutes d'*EE* I 5, 1215b19-22 sur le caractère désirable de la vie ou par le fragment 6 de l'*Eudème* (ΕΥΔΗΜΟΣ Η ΠΕΡΙ ΨΥΧΗΣ, *Aristotelis Fragmenta Selecta*, OCT, p. 18-19) cité par Plutarque dans la *Consolation à Apollonios* (115b-e) où Silène répond à Midas que, pour nous mortels, le plus grand bien serait encore de n'être jamais né ? Ces dernières considérations se situent sur un autre plan, plus normatif que descriptif, de l'αἱρετόν : il y a ce qui est empiriquement constaté, à savoir que les hommes désirent vivre, et ce qui est fondé en raison, à savoir les conditions auxquelles vivre est objectivement désirable. La question est alors celle de la valeur susceptible de rendre une vie digne d'être vécue, de fonder rationnellement ce désir dont on ne peut que constater l'universalité.

Le concept d'*energeia* permet de concilier l'identité ontologique des plaisirs (tous sont des achèvements d'une certaine activité) et leur diversité axiologique (tous n'ont pas la même valeur). Il autorise aussi une définition unitaire du bonheur tout en y laissant le jeu d'une diversité d'activités : même au sein de l'âme humaine, il y a différentes manières d'exercer les vertus proprement humaines qui sont l'expression de notre nature rationnelle. Cette pluralité, quoique signe d'imperfection comparée à la simplicité du divin, est néanmoins une richesse pour les êtres inscrits dans le devenir, puisque les êtres ont différentes manières de réaliser leur bien.

> Ici-bas les actions de l'homme sont les plus nombreuses. En effet, nombreux sont les biens qu'il peut obtenir, si bien qu'il agit de multiples manières, et à des fins différentes (pour l'être qui est le meilleur, nul besoin d'action [οὐθὲν δεῖ πράξεως] car lui-même est la fin [τὸ οὗ ἕνεκα]. L'action, elle, consiste toujours en deux choses, la fin et ce qui est en vue de cette fin[1] [ἡ δὲ πρᾶξις ἀεί ἐστιν ἐν δυσίν, ὅταν καὶ οὗ ἕνεκα ᾖ καὶ τὸ τούτου ἕνεκα]). Pour les autres animaux, les actions sont en plus petit nombre, et pour les plantes ce nombre est encore plus faible, peut-être même n'y en a-t-il qu'une[2]. (*Du Ciel* II 12, 292b2-8)

Les actions vertueuses qui naissent d'une disposition constituée par l'habitude et qui se déploient dans le monde impliquent l'inscription dans une temporalité et dans une matière : elles présupposent donc cette distance vis-à-vis de la fin qui les différencie-là de l'immédiateté divine. Cependant, comparée aux autres animaux et aux plantes qui sont plus ou moins rivés à leur fin sans pouvoir choisir de quelle manière la réaliser, cette pluralité est en même temps richesse. Parce que la vie humaine a ceci de propre qu'elle comporte différents types d'actions, elle autorise l'ouverture de la définition du bonheur à cette multiplicité des modes selon lequel on est en acte. Des activités qui n'ont pas la divine perfection de l'activité contemplative sont en mesure de procurer plaisir et bonheur, même si on soutient que cette vie heureuse, selon la vertu autre que théorétique, ne l'est que d'une façon secondaire (cf. *EN* X 8, 1178a6-10). S'il est vrai qu'il y a plusieurs moyens de réaliser son bien, d'atteindre sa fin pour des êtres comme les humains, le concept d'*energeia*, à travers les différentes formes qu'il revêt, dit à la fois l'unité de cette fin dans la définition du bonheur, et ses multiples expressions dans les activités qui composent une vie humaine.

Cette subsomption de la *praxis* sous le schème de l'*energeia* laisse néanmoins plusieurs problèmes en suspens. La réévaluation de l'action et de sa contribution au bien humain passe par sa commensurabilité avec les autres modèles de l'activité humaine, les archétypes de l'action achevée que sont sensation et pensée et que la fin de *Métaphysique* Θ 6 distingue des mouvements[3]. L'action morale est

1. Cf. *EE* I 7, 1217a31-41. Voir *supra* p. 43.

2. Le terme de *praxis* est doté dans ces lignes de son sens large comprenant aussi les mouvements. Voir *supra* p. 36.

3. Selon un trait constant de la pensée aristotélicienne érigé en principe méthodologique en *Physique* VII 2, la nature d'une réalité ou d'un être devra se penser à partir de sa forme la plus parfaite. Comme le souligne C. Natali (*L'action efficace*, p. 4), « Aristote préfère argumenter au

bien une action qui a sa fin en elle-même, consistant dans le déploiement d'une *hexis* et portant les facultés du sujet humain à leur accomplissement, réalisant ainsi l'achèvement d'une nature[1]. Elle ne saurait pourtant constituer la forme la plus achevée de l'*energeia*. Des multiples activités et dispositions humaines, toutes n'ont pas la même valeur. Elles sont ordonnées selon leur perfection respective qui est fonction de leur caractère autotélique et de la dignité de leurs objets. Or on a vu que c'est la contemplation qui est l'acte le plus parfait, le moins exposé à l'extériorité, le moins soumis aux aléas et incertitudes de la fortune. Dans ce cadre, si la *praxis* morale a bien une valeur, celle-ci ne pourra être qu'inférieure à la *theôria*, dont les objets surpassent en teneur ontologique ceux de l'action éthique et par laquelle l'homme excède jusqu'à sa condition.

Voilà qui semble nécessairement aboutir à la subordination de l'action à la contemplation, faisant du bonheur de la vie pratique un bonheur de second ordre. Les objets des actions vertueuses, en tant qu'ils sont simplement humains, liés aux affections et besoins des êtres mortels et composés que nous sommes, ne peuvent prétendre à la même dignité. La preuve en est qu'il serait extravagant et quelque peu scandaleux d'attribuer au dieu les vertus de justice, de tempérance ou de courage, vertus qui n'ont de sens que pour nous hommes[2]. Une fois proscrites l'action éthique, strictement et simplement humaine, et plus encore la production, la seule activité dont il est possible de créditer la divinité sans risquer de lui faire injure demeure la *theôria*.

> À l'être doué de vie, une fois soustraites l'action [τοῦ πράττειν] et plus encore la production [τοῦ ποιεῖν], que reste-t-il, sinon la contemplation [θεωρία] ? Aussi l'activité du dieu, qui l'emporte en béatitude, sera-t-elle contemplative. (*EN* X 8, 1178b20-22)

Par cette activité qui l'apparente au divin, l'homme peut espérer être suprêmement heureux. Aussi, à partir d'instruments conceptuels différents, voit-on Aristote au livre X de l'*Éthique à Nicomaque* s'accorder pleinement avec Platon pour consacrer la suprématie de la vie contemplative. Reconnaître une perfection à l'action semblerait donc entraîner Aristote à la subordonner ultimement à ce qui,

moyen de cas paradigmatiques. (…) Cette façon d'argumenter est théorisée dans la *Physique* (246a13-16) où il dit qu'un étant atteint la parfaite conformité à sa nature propre quand il est dans le meilleur état possible. »

1. En ce sens l'action morale relève pleinement de l'ontologie générale de l'action analysée par D. Charles montrant qu'elle repose sur l'ontologie des processus qui sont essentiellement les réalisations de capacités déterminées dans des sujets déterminés, *Aristotle's Philosophy of Action*, Ithaca (NY), Cornell University Press, 1984, p. 17.

2. Cf. *EN* X 8, 1178b8-17. Plotin retrouvera ces interrogations dans le traité 19, « Des vertus », de la première *Ennéade*. En quel sens peut-on attribuer des vertus au dieu, s'il est vrai que c'est en cultivant les vertus qu'on se rendra semblable à lui, suivant l'injonction du *Théétète* (176a) sur laquelle s'ouvre le traité, et qu'il est pourtant invraisemblable que le dieu ait les vertus civiles (1, 10-27) ? Ceci le conduit à distinguer deux formes de la vertu, l'une supérieure, qui vaut pour l'Intellect et le sage parvenu à s'assimiler au divin, et l'autre inférieure, humaine, conformément à laquelle ce dernier pourra cependant agir à l'occasion.

dans ce genre même, l'excède. N'est-ce pas le prix à payer pour cette absorption dans le schème général de l'*energeia* au sens strict ? L'action éthique pourrait alors risquer de perdre en spécificité ce qu'elle gagne en commensurabilité. Son originalité tendrait ici à se voir résorbée plutôt que soulignée.

La difficulté est redoublée dès lors qu'on se demande jusqu'où le modèle théorético-perceptif de l'*energeia* est tenable pour penser l'action morale. Est-il possible de comprendre l'action uniquement à partir du paradigme offert par nos facultés cognitives[1] ? Autant la supériorité des plaisirs de la pensée se laisse aisément cerner à partir de la supériorité de ses objets, divins principes, comme de la faculté par laquelle nous pouvons par instants nous immortaliser, autant le plaisir pris à agir demande un supplément d'élucidation. Il n'est pas difficile de concevoir quel plaisir il peut y avoir à se sentir vivre par la partie la plus haute de soi-même, celle par laquelle l'homme a accès à ce qui le dépasse, lui qui est loin d'être ce qu'il y a de plus haut dans l'univers (cf. *EN* VI 7, 1141a34-b1). On peut concevoir quelle jouissance procurent ces instants d'éternité éprouvés dans l'atteinte de ces réalités suprêmes que sont les principes. Mais comprendre pourquoi il existerait un plaisir à agir, pourquoi on se sent également vivre dans l'action comporte peut-être quelque chose de plus obscur, dans la mesure où ce plaisir-là ne peut être expliqué par la suprême dignité de ses objets, ou par l'éminence de la faculté ainsi exercée.

L'application du modèle théorico-perceptif, si opératoire pour rendre raison des plaisirs de la contemplation, rencontre ici ses limites, qui tiennent à la nature particulière de cette réalité qu'est l'action humaine. Alors que les plaisirs sensoriels et intellectuels résultent de l'actualisation « simple » de nos facultés, on ne peut en dire autant de l'action. Agir n'est pas tout à fait sentir, ni tout à fait penser, ne serait-ce que parce que l'action mobilise non pas une mais différentes facultés, la pensée et le désir. Les objets de l'action n'obéissent pas non plus au même régime que les objets de la sensation et de l'intellection. On verra qu'ils appartiennent à la sphère du contingent et sont en même temps au pouvoir de l'agent, ce qui les démarque radicalement de l'objet de la sensation ou de la connaissance. Si l'objet de l'action n'a des objets théoriques ni l'indépendance, ni la perfection, ni même la subsistance, comment le modèle qui a permis la promotion des plaisirs de la pensée pourrait-il également être à même de rendre raison d'une dignité des objets de l'action et de la valeur des plaisirs qui l'accompagnent ?

Telles sont donc les obscurités qui demeurent autour de la question des plaisirs de l'action. Comment l'action vertueuse nous permet de nous accomplir, comment elle procure ce plaisir d'exister qui participe de la vie heureuse, voilà ce qu'il nous

1. Comme le remarque à juste titre D. Bostock (« Pleasure and Activity in Aristotle's Ethics », p. 253-254), perception et pensée sont les deux seuls modèles du plaisir qu'on trouve en *EN* X et Aristote ne développe pas d'analyse spécifique du plaisir d'agir (p. 271).

reste à mettre en évidence à partir de l'analyse d'une expérience qui révèle de manière exemplaire le plaisir propre éprouvé à l'action : celle de l'amitié. Voyons comment Aristote, tâchant d'en rendre raison, y dialogue de nouveau avec Platon.

CHAPITRE IV

DE L'AMITIÉ OU DU PLAISIR D'AGIR

L'analyse de l'amitié constitue la pierre de touche permettant d'éprouver les conclusions dégagées de la théorie du plaisir et par là d'explorer le lien entre activité, plaisir et conscience de soi qui est au fondement de l'éthique aristotélicienne. En effet, l'amitié est une vertu ou du moins ne va pas sans vertu, déclaration sur laquelle s'ouvre le livre VIII de l'*Éthique à Nicomaque*. Elle est donc qualifiée pour nous fournir une élucidation du plaisir né de l'action morale. Plus qu'une simple illustration, il s'agit d'une exploration du type d'achèvement inhérent à l'action vertueuse, exploration qui passe par la résolution des paradoxes et apories dont elle est riche.

Comme le plaisir, le bonheur ou la vertu, l'amitié fait partie de ces questions éthiques sur lesquelles abondent opinions savantes et populaires dont la foisonnante contradiction doit être débrouillée (*EN* VIII 1-2). Parmi les opinions savantes figure celle de Platon, puisque ses *Dialogues* se sont penchés sur le problème éthique et politique de l'amitié. Si Platon ou Socrate ne sont pas explicitement nommés dans les chapitres de l'*Éthique à Nicomaque* traitant de la *philia* (alors qu'ils le sont dans la *Politique*), il n'est pas difficile de reconnaître dans les deux livres consacrés à cette vertu la trace des apories platoniciennes, en particulier, comme les commentateurs s'accordent en général à le souligner, celle du *Lysis*[1].

L'enquête aristotélicienne menée aux livres VIII et IX de l'*Éthique à Nicomaque* commence par une double réduction liminaire du champ de l'amitié, en rupture nette avec le traitement platonicien du *Lysis*[2]. Il s'agit d'abord d'en construire un concept strict, dégagé de toutes ses extensions poético-physiques[3] : on ne parlera d'amitié au sens propre et non figuré qu'entre des hommes puisque

1. Selon A. Price (*Love and Friendship in Plato and Aristotle*, Oxford, O. U. P., 1990, p. 1, 9), tant dans l'*Éthique à Nicomaque* que dans l'*Éthique à Eudème*, Aristote prend le *Lysis* pour point de départ. Voir aussi C. Kahn, *Plato and the Socratic Dialogue*, p. 259 et J. Whiting, « The Nicomachean Account of *Philia* », *The Blackwell Guide to Aristotle's Nichomachean Ethics*, p. 279.

2. Voir F. Wolff, « L'homme heureux a-t-il besoin d'amis ? Figures entrecroisées de l'amitié chez Aristote et Epicure », *L'être, l'homme, le disciple. Figures philosophiques empruntées aux Anciens*, Paris, PUF, 2000, p. 160, à la suite d'A.-J. Voelke, *Les rapports avec autrui dans la philosophie grecque : d'Aristote à Panétius*, Paris, Vrin, 1961, p. 22.

3. Cf. *EN* VIII 2, 1155b8-13.

ce qu'on recherche doit être une vertu ou être accompagné de vertu, autrement dit doit avoir une signification éthique. La seconde décision théorique consiste, à l'intérieur de la sphère éthique, à isoler la spécificité de l'amitié au sein du vaste champ du désir. Le premier réquisit pour parler d'amitié est en effet que cette affection satisfasse à la condition de réciprocité. C'est pourquoi

> sachant qu'il y a trois choses qui font qu'on aime, on ne parlera pas d'amitié [φιλία] pour l'affection envers les êtres inanimés car on ne peut en recevoir de l'affection en retour [ἀντιφίλησις] ni leur vouloir du bien [βούλησις ἐκείνῳ ἀγαθοῦ] ; en effet, il serait sans nul doute ridicule de vouloir du bien au vin, et s'il est vrai qu'on veut le préserver, c'est pour l'avoir soi-même. À un ami on dit qu'il faut vouloir du bien pour lui-même. (*EN* VIII 3, 1155b27-31)

Les clauses restrictives entourant l'amitié entendue au sens strict, à savoir la réciprocité et le fait de vouloir le bien de l'ami pour lui-même, viennent circonscrire l'objet de l'amitié. On peut certes aimer un objet inanimé, le désirer, le rechercher mais on n'a pas pour autant de l'amitié pour lui : on ne sera jamais ami de la médecine qu'au sens figuré, contrairement à ce que laisse penser l'analogie socratique (cf. *Lysis* 218e-219a). Limité par le double réquisit du caractère humain de son objet et du caractère réciproque de l'affection, l'objet de l'amitié (*philèton*), selon qu'il recouvre l'une des trois valeurs susceptibles d'inspirer nos choix – le beau (*kalon*), l'utile (*sumpheron*, *chrèsimon*) et l'agréable (*hèdu*)[1] – permettra de distinguer ainsi l'amitié réelle des amitiés accidentelles (cf. *EN* VIII 2, 1155b17-1156a18). Il ne saurait toutefois être conçu simplement sur le mode d'un objet de désir, à la différence de ce qui se dégage des analyses du *Lysis*, dialogue aporétique dans lequel Socrate et ses interlocuteurs se révèlent impuissants à élucider la nature et l'objet de l'amitié.

1. Cf. *EN* II 2, 1104b30-32.

L'AMITIÉ PLATONICIENNE OU LES IMPASSES DU DÉSIR

Que la cause de l'amitié soit le désir constitue en effet un des acquis du dialogue en dépit de son échec final. Pour aporétique que soit la fin du *Lysis*, la discussion a au moins permis de dépasser les difficultés nées de ce qu'on a cherché la cause de l'amitié dans une qualité, celle de semblable ou de contraire, rendant chacune impensable le phénomène de l'attirance (214a-216b) et menaçant ainsi de faire de Socrate et de ses compagnons la proie facile des antilogiques. La première étape de cette résolution consiste dans l'identification de l'état intermédiaire comme condition de possibilité de l'amitié (218b-c), qui est cependant à l'origine d'une double difficulté. La première, relative à la cause finale de l'amitié, tient dans le risque de la régression à l'infini. Puisque c'est un état mixte, fait de bon et de mauvais qui est à l'origine de cette tension vers une plénitude, il faut parvenir à trouver une cause finale qui soit ultime et non pas indéfiniment renouvelée. Au fondement de l'amitié se trouve donc une aspiration en direction d'un premier objet d'amour (*prôton philon*) visé à travers tous les objets intermédiaires sur lesquels se porte le désir (219c-d).

Une fois cet objet vers lequel tend toute amitié identifié comme le bien (220b), surgit une seconde difficulté tenant au paradoxe que c'est un mal qui se verrait en fin de compte promu au titre de cause première de notre amitié pour le bien. Le premier objet d'amour (*prôton philon*), cause de tous nos attachements, aurait ainsi une origine radicalement différente de ce dont il est cause, étant le seul à avoir pour cause l'ennemi et non l'ami, le mal et non le bien (220d-e). Le premier objet d'amour y perdrait surtout du même coup son rang de cause première, la disparition de ce qui est antérieur dans une série entraînant la disparition de la série (221c). C'est précisément pour sortir de cette aporie que Socrate propose de voir dans le désir (*epithumia*), plutôt que dans le mal, la cause de l'amitié.

> **S.** – À présent du moins, semble-t-il, il apparaît qu'il y a une autre cause du fait d'aimer et d'être aimé. **M.** – Il semblerait. **S.** – Est-ce que donc en réalité, comme nous venons de le dire, le désir est la cause de l'amitié [ἡ ἐπιθυμία τῆς φιλίας αἰτία] et ce qui désire est ami de ce qu'il désire et lorsqu'il le désire, tandis que ce que nous avons appelé ami auparavant n'était que vaines paroles, comme un long poème ? (*Lysis* 221d)

L'identification du désir comme cause marque un tournant dans le dialogue. Le bien, loin d'être un remède dont l'utilité disparaîtrait avec la cause du mal, nous est bien plutôt présent sous la forme de ce qui nous manque, précédant le désir dont il est l'objet au lieu d'être consécutif à la lacune qu'il viendrait combler. Comment faire pour que le désir survive à l'extinction du manque, pour que la suppression du mal n'entraîne pas avec elle la suppression du désir (cf. *Lysis* 221a-b) ? Ce point demeurerait obscur et la solution socratique incomplète sans l'adjonction d'un terme rendant raison de l'objet propre du désir.

Le désir et son objet : l'oikeion

Socrate s'extrait de cette difficulté par une analyse plus poussée de la nature du désir (221d-e). Si le désir est véritablement cause, c'est qu'il n'est pas une simple privation, dont on comprendrait difficilement qu'elle puisse avoir un réel pouvoir moteur[1] : l'ignorance absolue ne saurait désirer le savoir, le méchant absolu être ami du bien (218b-c). Ce que l'état neutre, ni bon ni mauvais, permettait déjà de penser, c'était précisément le mouvement du désir, cet attrait du bien qui mettait en échec la logique binaire des semblables et des contraires. Ce mouvement n'a pas pour cause une simple privation, parce qu'il suppose un pressentiment de ce qui manque, une expérience préalable de ce qu'on doit rejoindre (cf. *Philèbe* 35d). Le désir, en tant que manque dont l'âme est consciente, suppose une antériorité logique et chronologique du bien, à laquelle les théories de la réminiscence et de l'immortalité de l'âme développées dans le *Phédon* et le *Phèdre* apporteront un fondement métaphysique. L'*oikeion*, c'est-à-dire le propre ou l'approprié, est ce qui vient en dernière instance mettre un nom sur ce manque.

S. – Cependant, dis-je, ce qui désire, c'est ce qui lui manque qu'il désire [οὗ ἂν ἐνδεὲς ᾖ, τούτου ἐπιθυμεῖ], n'est-ce pas ? **M.** – Oui. **S.** – Et ce qui manque est ami de ce dont il manque ? **M.** – À mon avis, oui. **S.** – Or vient à nous manquer ce qui nous a été enlevé ['Ενδεὲς δὲ γίγνεται οὗ ἄν τι ἀφαιρῆται]. **M.** – Effectivement. **S.** – C'est donc, semble-t-il, sur ce qui nous est propre que l'amour, l'amitié et le désir se trouvent porter [Τοῦ οἰκείου δή, ὡς ἔοικεν, ὅ τε ἔρως καὶ ἡ φιλία καὶ ἡ ἐπιθυμία τυγχάνει οὖσα]. (*Lysis* 221d-e)

L'objet de l'amitié, de l'amour et du désir, valant pour toutes les formes, amoureuses, amicales, objectales de l'affection, c'est donc l'*oikeion*. Nous appartenant sans pour autant que nous le possédions, l'*oikeion* a pour première fonction de rendre compte de cette présence-absence de l'objet aimé qu'implique le désir[2]. En effet, le manque qui s'y exprime n'est pas privation première mais privation seconde. Le premier objet d'amour, ultime objet du désir, auquel et par lequel les amis sont apparentés, est ce dont nous avons été dépossédés. Le désir, parce qu'il est désir de l'*oikeion*, représente ainsi la médiation entre l'objet et le sujet qui en est privé, entre l'amant et l'aimé[3].

1. Comme l'a révélé la comparaison avec la blancheur accidentelle produite par de la céruse (217c-e), il faut que la présence du mal ne corrompe pas la chose dans laquelle elle est présente, sous peine de rendre impensable jusqu'au mouvement de cette dernière vers le bien.

2. Voir M. Bordt, *Platon. Lysis*, Übersetzung und Kommentar von M. B., Göttingen, Vandenhoeck & Ruprecht, 1998, p. 221.

3. Voir M. Narcy, « Le socratisme du *Lysis*. II. *Prôton philon* et *oikeion* », dans G. Giannantoni & M. Narcy (ed.), *Lezioni Socratiche*, Naples, Bibliopolis, 1997, p. 233 : « Montrant l'absurdité d'une conception qui, ne faisant du bien que le contraire du mal, ne rendrait le bien désirable que pour échapper au mal, Socrate remplace ce qui ne serait qu'une problématique de la fuite par une problématique du désir, ce qui lui permet de substituer, à l'alternative bien-mal, celle entre possession et manque. »

L'*oikeion* a pour seconde fonction de faire le lien entre cette théorie du désir et le phénomène concret de l'amitié. Il doit rendre raison du caractère « horizontal » de l'amitié, c'est-à-dire des affinités entre les êtres, car le désir, dans sa dimension « verticale » polarisée vers ce premier objet d'amour, laissait un peu de côté la réciprocité de la relation amicale ou amoureuse. Cette réciprocité est possible si nous reconnaissons en l'autre ce propre dont le désir est en nous la trace. Comme l'*oikeion* est à la fois en nous et hors de nous, il pourrait expliquer que l'amitié puisse prendre la forme d'une relation réciproque. S'il est vrai que nous sommes amis de ce qui nous est *oikeion*, que Lysis et Ménéxène soient amis signifie qu'ils sont « quelque part appropriés par nature l'un à l'autre [φύσει πῃ οἰκεῖοί] » (221e). Tels sont les résultats positifs auxquels parvient Socrate dans les dernières pages du *Lysis* : le désir et la nature de son objet permettent de penser l'amitié, rendant intelligible ce manque dans lequel elle prend racine et qui n'aurait plus la pure négativité du mal. Pourtant la nature de cet *oikeion* reste une question ouverte : quel contenu donner à cet objet du désir qui approprie les amis l'un à l'autre ? Sans doute – telle est la solution privilégiée par les commentateurs du *Lysis* – s'agit-il de ce bien qui

> est ce qui est propre à toute chose [τἀγαθὸν οἰκεῖον θήσομεν παντί], tandis que le mal est ce qui lui est étranger [τὸ δὲ κακὸν ἀλλότριον] ? (*Lysis* 222c)

Le bien est à entendre positivement comme ce qui, tout en nous faisant défaut, nous est quand même présent, « quelque chose, dans celui qui désire, préfigure l'objet désiré et lui répond par une affinité essentielle » selon les mots de J.-C. Fraisse[1]. C'est par là qu'il est en mesure de réaliser un apparentement davantage posé que véritablement élucidé puisque la nature de cet *oikeion* demeure problématique, échouant à nouveau sur les paradoxes du semblable et de l'autosuffisance auxquels Socrate et Lysis s'étaient précédemment heurtés (214b-215c). Parmi les tentatives pour rendre compte de l'amitié, Socrate a en effet avancé l'explication traditionnelle par le semblable ou le contraire, privilégiée par les poètes. La solution par les contraires s'est vue rapidement disqualifiée puisqu'elle revient à faire du bon l'ami du méchant et du méchant l'ami du bon, conséquence par trop contre-intuitive. La solution par le semblable, en apparence plus plausible (ne dit–on pas que qui se ressemble s'assemble ?), s'avère non moins insatisfaisante en se heurtant à deux impossibilités. D'abord elle conduit à la conclusion que le méchant est ami du méchant, or les méchants ne peuvent être amis[2]. Même restreinte aux bons, cette définition de l'amitié rend ensuite incompréhensible le désir d'ami. En effet, je désire ce qui m'est utile. Or l'ami qui m'est semblable ne m'est utile en rien puisque j'ai déjà ce qu'il serait susceptible

1. J.-C. Fraisse, *Philia. La notion d'amitié dans la philosophie antique. Essai sur un problème perdu et retrouvé*, Paris, Vrin, 1974, p. 142.

2. Le méchant n'étant pas semblable à lui-même, car en état de dissension permanente, ne peut être semblable à personne ni ami avec personne, pas même avec ses pairs en méchanceté, selon une conviction partagée par Platon (*Rép.* I, 351c-352a) et Aristote (*EN* IX 4, 1166b6-25).

de m'apporter (214e-215a). L'ami semblable ne me sera d'aucun secours : comment pourrais-je bien rechercher sa présence ? Serait-il possible de dire que l'ami est ami, non pas en tant qu'il me ressemble, mais en tant qu'il est bon et que je suis moi-même bon ? Ce qui nous rendrait amis, c'est notre commune bonté, puisqu'il n'y a d'amitié véritable qu'entre les bons (215a-c). Pas plus que la ressemblance, la bonté ne peut cependant expliquer l'amitié parce que le bon n'a besoin de rien, et donc ne saurait désirer quoi ou qui que ce soit. La ressemblance, parce qu'elle est redondance, rendait l'amitié superflue, la bonté, parce qu'elle est autosuffisance, rend l'amitié superfétatoire. L'*oikeion*, si on tente de l'identifier au semblable, nous fait retomber dans l'objection de l'inutilité des semblables comme dans la conséquence impossible d'une amitié des méchants entre eux. Si on tente de l'identifier au bien, il ne permet pas d'échapper au paradoxe plus redoutable encore de l'autosuffisance du bon.

Amour et amitié supposent un désir qui entre en contradiction avec la plénitude du bien et rend incompréhensible l'amitié du bon pour le bon. Comment penser, pour emprunter la belle formule d'Emmanuel Levinas, un désir que la satisfaction « ne comble pas mais creuse »[1] ? Peut-être n'y a-t-il effectivement d'amitié que pour des êtres intermédiaires qui désirent le bien sans le posséder. Peut-être, au risque du paradoxe, aurait-il fallu soutenir que le bon absolument parlant est inutile au bon mais que si nous sommes amis, si nous sommes amants, c'est que nous sommes des êtres intermédiaires et qu'à ce titre l'*oikeion* qu'est le bien ne nous appartiendrait pas entièrement, nous conduisant à désirer un autre être. Socrate et ses interlocuteurs refusant néanmoins d'assumer le paradoxe, cette aporie finale retrouve la double impasse de 214e-215c, le dialogue se terminant sur un constat d'échec.

L'amitié, telle qu'elle est problématisée dans le *Lysis*, rejoue ainsi sur le terrain affectif l'aporie épistémologique du *Ménon* : sans la présence en nous du vrai, comment savoir qu'on a trouvé, comment reconnaître devant nous le vrai ? Sans l'absence en nous de cette vérité, comment se mettre en marche pour la chercher ? De la même façon, on peut dire que sans une forme en nous de présence du bien, le désir d'ami ne saurait être car il ne saurait où aller. Sans une forme en nous d'absence du bien, le désir d'ami ne saurait être car il n'aurait plus rien à désirer. Le *Lysis* jette ainsi les bases d'une théorie du désir auquel l'analyse du *Banquet* donnera toute son extension et son véritable objet[2]. Cette présence-absence du bien ou du vrai se voit métaphysiquement résolue par l'introduction d'une transcendance sous la forme mythiquement contée de la réminiscence dans

1. E. Levinas, *Totalité et infini. Essai sur l'extériorité*, Paris, Librairie générale française, 1990, p. 22.

2. Sur la continuité entre le *Lysis* et le *Banquet*, voir C. Rowe, « The *Lysis* and the *Symposium* : aporia and euporia ? », *in* R. Robinson & L. Brisson (eds.), *Plato : Euthydemus, Lysis, Charmides. Proceedings of the Fifth Symposium Platonicum*, Sankt Augustin, Academia Verlag, 2001, p. 207-211 et C. Kahn, *Plato and the Socratic Dialogue*, p. 266.

le *Ménon* ou du récit de Diotime dans le *Banquet*. Dans un cas comme dans l'autre, c'est la présence dans l'individu d'une forme ou d'une trace de ce dont il est à présent privé qui rend compte du mouvement du désir, qu'il prenne la forme de la recherche de la connaissance ou de la quête de l'être aimé.

La solution du Banquet

On peut voir en effet dans le *Banquet* une nouvelle tentative platonicienne pour dépasser l'aporie du *Lysis*, à travers la double réponse d'Aristophane et de Diotime à la question du désir amoureux. Même si l'amitié n'est plus au centre des préoccupations des interlocuteurs, la reprise du problème du désir va faire intervenir des éléments déjà croisés dans le *Lysis* : il n'est pas insignifiant par exemple que le terme d'*oikeion* apparaisse à deux reprises (192c1, 193d2) dans le discours d'Aristophane. La théorie d'une unité originelle scindée par la colère de Zeus et la conception de l'amour comme recherche éperdue de la moitié perdue donnent un premier contenu à l'intuition socratique de cette privation à l'origine du désir amical ou amoureux (221e). Cette vision d'Aristophane est néanmoins critiquée par Diotime : l'appropriation originelle, pour être en mesure d'expliquer le désir, ne saurait avoir n'importe quel fondement. Seul le bien peut rendre raison de la force d'un tel attachement.

> Il y a bien un discours, dit-elle, selon lequel ceux qui cherchent leur moitié, ce sont ceux qui sont amoureux. Mais mon discours à moi affirme que l'amour [τὸν ἔρωτα] n'est ni de la moitié, ni du tout, à moins, mon ami, que ceci ne se trouve quelque part être bon, puisque les hommes consentent à se faire couper les pieds et les mains si ces parties d'eux-mêmes leur semblent mauvaises. En effet, chacun, je crois, n'est attaché à ce qui lui appartient qu'à condition qu'on appelle bon ce qui nous est propre et nous appartient, et mauvais ce qui nous est étranger [εἰ μὴ εἴ τις τὸ μὲν ἀγαθὸν οἰκεῖον καλεῖ καὶ ἑαυτοῦ, τὸ δὲ κακὸν ἀλλότριον], de sorte qu'il n'y a rien d'autre dont les hommes sont amoureux que le bien. (*Banquet* 205d-206a)

Quelle que soit la manière dont on interprète la relation entre les deux œuvres[1], on ne peut manquer de remarquer que ces propos de Diotime reprennent quasiment mot pour mot l'une des propositions finales du *Lysis*[2]. Cette analyse du désir amoureux permettrait-elle de comprendre quelle forme prendrait cet *oikeion* pour nous humains ? En effet, Diotime ne se contente pas d'analyser le désir comme désir du beau ou du bien. Substituant au beau le bon (204d-e) comme l'avait fait

1. En faveur de la continuité entre le *Banquet* et le *Lysis*, voir T. Penner & C. Rowe, *Plato's Lysis*, translation and commentary by T. P. & C. R., Cambridge, C. U. P., 2002, p. 297-307, ramenant la différence entre les deux dialogues à une simple différence d'échelle. Pour une interprétation du *Lysis* comme esquisse préparatoire au *Banquet*, voir L. Robin (*La théorie platonicienne de l'amour*, Paris, PUF, 1964, p. 39-43), J.-C. Fraisse (*Philia*, p. 165-166) et G. Vlastos pour qui le *Lysis* signerait déjà l'abandon de l'*elenchos*, son Socrate étant à demi-platonicien (*Socrate*, p. 162-165). Pour une vue opposant au contraire le socratisme du *Lysis* et le platonisme du *Banquet,* voir M. Narcy, « Le socratisme du *Lysis*. II. », p. 224 *sq*.

2. Cf. *Lysis* 222c cité *supra* p. 159.

Socrate sans plus d'hésitation dans le *Lysis* (216c-d), elle y ajoute une précision décisive.

> En effet, Socrate, dit-elle, l'amour n'est pas amour du beau [τοῦ καλοῦ ὁ ἔρως] comme tu le crois. – Mais de quoi alors ? – De l'engendrement et de l'enfantement dans le beau. – Admettons, dis-je. – Tout à fait, dit-elle. Pourquoi de l'engendrement ? Parce que c'est l'engendrement qui est éternité et immortalité pour un mortel. Il est nécessaire de désirer l'immortalité avec le bien, d'après ce qui a été accordé, s'il est vrai que l'amour est désir d'avoir pour toujours le bien à soi [τοῦ ἀγαθοῦ ἑαυτῷ εἶναι ἀεὶ ἔρως ἐστίν]. De ce discours il résulte nécessairement que l'amour est aussi amour de l'immortalité. (*Banquet* 206e-207a)

Selon le propos de Diotime, c'est dans cette tentative pour atteindre l'immortalité qu'est l'enfantement dans le beau que s'incarnerait la poursuite de l'*oikeion*. Le bien accompagné de l'immortalité répondrait en effet pleinement à la description précédente de l'*oikeion* comme ce dont nous, mortels, avons été privés[1]. Cela permettrait également d'échapper à la difficile objection de l'inutilité du bon pour le bon. Peut-être en tant que bon, l'homme n'a-t-il pas besoin du bon, mais en tant que mortel[2], subsiste pour lui le besoin de cette immortalité qu'il atteint sous la forme d'un détour par l'engendrement. Le bien étant quelque chose qu'il nous faut posséder pour toujours, l'engendrement, selon le corps ou l'âme, serait ce substitut d'immortalité qui nous est *oikeion*. La résolution proposée dans le *Banquet* apporte-t-elle alors une solution à la question de l'*oikeion* ?

Cette solution a cependant un premier coût qui tient d'abord dans un certain déplacement de la question. En effet cette nouvelle théorie du désir entraîne le passage d'une problématique de l'amitié à celle de l'amour et nous éloigne insensiblement de la *philia*. Le modèle du *Banquet* est peut-être trop haut, en excès par rapport à ce qu'on entend derrière ce terme, et ce même en admettant que le concept grec couvre un spectre plus large que notre notion moderne. S'il est concevable qu'on cherche à s'immortaliser dans l'amour, il est plus difficile de penser que c'est là l'aspiration consubstantielle à l'amitié, même dans ses formes les plus intenses et les plus solides. Le second prix à payer est donc celui de l'ontologie, puisque l'ascension dans le beau culmine dans la vision de la beauté éternelle, au-delà de ses instanciations dans des corps ou dans des âmes (211a-e). Même si le mot n'est pas prononcé par Diotime[3], la description de la beauté éternelle en 221b1-5 rassemble les propriétés ontologiques des Formes, et la mention du beau comme *mathèma* (211c) au terme de l'ascension ne peut manquer d'évoquer le *megiston mathèma* qu'est le bien en *République* VI (505a). En outre, au terme de cette ascension, il semble qu'on ait quelque peu perdu

1. Voir L. Robin, *La théorie platonicienne de l'amour*, p. 39-43.

2. Le *Banquet* reste silencieux sur la question de l'immortalité de l'âme, qui sera reprise et tranchée par le *Phédon*, le *Phèdre*, la *République* et enfin les *Lois*, dialogues qui en déploieront différentes preuves.

3. Les termes d'*idea* et d'*eidos* sont absents de son discours, à l'exception du μονοειδὲς de 211b1. En dépit de cette absence des termes techniques, l'ontologie des Formes est bien là, sous forme condensée, selon C. Kahn, *Plato and the Socratic Dialogue*, p. 342.

autrui, et que l'ami ou l'amoureux se voie à son tour dépassé dans cette rencontre ultime avec le beau en soi[1]. Les exemples donnés par Diotime de l'immortalité qui se réalise dans les œuvres de l'esprit (celles d'Homère, Hésiode, Lycurgue, Solon) ne semblent déjà plus guère requérir la présence d'un autre. Si c'est du beau en soi dont on est amoureux, autrui n'est plus requis, tout au plus sert-il d'échelon intermédiaire, sous la forme d'un beau corps ou d'une belle âme, tel un marche-pied dans cette quête de la beauté. La résolution du *Banquet* a donc un coût élevé et des implications métaphysiques qui se voient encore alourdies dans le *Phèdre* (246a-248c) développant le mythe de la vision des Formes par les âmes avant leur incarnation.

L'amitié sans un prôton philon est-elle possible ?

Aristote qui a congédié les Idées ne saurait de toute façon faire sienne une théorie aux conséquences métaphysiques si lourdes. Si on se refuse à ce détour métaphysique et qu'on en revient à la conception de l'amitié du *Lysis,* il faut trouver un moyen de dépasser l'alternative aporétique[2] de l'*oikeion* comme semblable ou comme bien, et surmonter l'objection cruciale de l'inutilité[3]. Même en admettant que l'identification de l'*oikeion,* du *prôton philon* et du bien constitue la solution de l'aporie finale, reste que la nature ontologique de ce bien y demeure dans l'ombre.

L'élaboration de cette solution impose d'abord de déplacer les termes ou au moins un des termes du problème. Ce qu'on possède d'ores et déjà, sous la forme du semblable ou du bon, on ne saurait le désirer. Quel réquisit de l'amitié faut-il reformuler : le semblable, le bon ou encore le désir ? Si le *Lysis* échoue là où le *Banquet* ne réussit qu'au prix de la supposition des Formes, c'est qu'il faut remettre en question le terme commun à l'aporie et à sa solution, à savoir le désir. Tout *prôton philon* ou plus généralement tout bien conçu sur le mode transcendant et universel de l'Idée peine à expliquer l'amitié entendue au sens strict, comme relation réciproque entre deux êtres. Selon un mouvement que l'on a déjà vu à l'œuvre lors de la discussion avec le *Philèbe*, la problématique platonicienne du

1. Comme le souligne aussi F. Ildefonse, *Les Stoïciens* I., Paris, Les Belles Lettres, 2000, p. 83.

2. Nombre d'interprètes voient dans le *Lysis* une fausse aporie, alléguant que Socrate fait échouer volontairement la discussion à la fin de l'entretien, en tendant sans scrupule un piège aux deux jeunes gens qui s'y précipiteraient allègrement. Voir L.-A. Dorion, *Charmide. Lysis*, Paris, Flammarion, GF, 2004, p. 217-218, 296 ; C. Kahn, *Plato and the Socratic Dialogue*, p. 289-290 ; M. Narcy « Le socratisme du *Lysis.* I. *Philia* et *dialegesthai* », *Lezioni Socratiche*, p. 209 ; T. Penner & C. Rowe, *Plato's Lysis*, p. 173, 184. Outre les difficultés que soulèvent les interprétations postulant la duplicité socratique, transformant ainsi l'accoucheur des esprits en avorteur, il nous semble qu'il subsiste bien une aporie tenant à la nature obscure de cet *oikeion* demeurant prisonnier d'une alternative intenable entre le semblable et le bien.

3. Ce point est bien souligné par A. Price, *Love and Friendship*, p. 12.

désir se verra dépassée par une problématique aristotélicienne fondée sur l'activité. Là où Platon développe une théorie qu'on pourrait dire « pascalienne » du désir dans laquelle à un désir « infini » ou indéfiniment fragmenté doit correspondre un objet lui-même infini[1] – premier objet d'amour identifié ou non à l'Idée du bien –, Aristote va substituer une problématique de l'activité cherchant moins à expliquer le désir d'amitié que le plaisir qu'il y a à être ami. La perfection n'y est plus à atteindre dans un objet posé du même coup comme transcendant et supérieur à ses instanciations sensibles, mais dans l'agent et son activité. Authentique ou accidentelle, l'amitié, dans tous les cas de figure, implique une relation réciproque, dans laquelle non seulement je désire mais je fais le bien de mon ami. Comment l'action faite en vue du bien de l'ami explique à la fois le plaisir et le désir qui se trouvent au fondement de l'amitié, voilà ce dont la théorie aristotélicienne doit rendre raison, en dépassant les apories et les paradoxes soulevés par le concept.

En mettant en évidence ce déplacement de problématique, du désir à l'activité et en insistant sur cette dimension fondamentale de l'amitié qu'est l'action, on verra comment Aristote parvient à lever les paradoxes qui enchaînaient le *Lysis* et à fournir une réponse à la question de savoir pourquoi nous sommes amis. L'élimination du *prôton philon*, qui n'implique pas de renoncer au bien comme fondement de l'amitié véritable, ouvre la possibilité de penser autrement l'amitié, d'en faire un concept « mondain », libéré des contraintes platoniciennes, en rendant plus efficacement compte des liens interpersonnels. La réponse à la question de savoir de quelle manière nous sommes reliés au bien en même temps que liés à nos amis passe par la reprise par Aristote de la notion d'*oikeion*, dont il faudra montrer comment elle vient dénouer l'aporie finale du *Lysis*. À cette occasion, il apparaîtra que ce n'est pas seulement avec les termes de la question platonicienne, comme cela a été souvent souligné par les interprètes, mais aussi, ce qui est moins souvent remarqué, avec les termes de sa « solution » qu'Aristote dialogue dans les traités sur l'amitié.

1. Pascal : « Qu'est-ce donc que nous crie cette avidité et cette impuissance, sinon qu'il y a eu autrefois dans l'homme un véritable bonheur, dont il ne lui reste maintenant que la marque et la trace toute vide et qu'il essaie inutilement de remplir de tout ce qui l'environne, recherchant des choses absentes le secours qu'il n'obtient pas des présentes, mais qui en sont toutes incapables parce que ce gouffre infini ne peut être rempli que par un objet infini et immuable, c'est-à-dire que par Dieu même ? » (Br. 425/Laf. 148), dans L. Brunschvicg (éd.), *Pascal, Pensées et opuscules*, Paris, Classiques Hachette, 1990, p. 519.

ARISTOTE ET LE *LYSIS* : DU DÉSIR À L'ACTIVITÉ

De la bienveillance à l'amitié ou du souhait à l'action

Plus qu'un sentiment, plus qu'un désir, l'amitié est une vertu ou ne va pas sans vertu, ce qui requiert donc non seulement de souhaiter le bien de son ami mais d'être en mesure de réaliser ce souhait, double condition qu'on retrouve jusque dans la définition endoxale de l'amitié donnée dans la *Rhétorique*[1]. Le critère de l'effectivité, impliquant réciprocité et publicité de l'affection, est un premier trait qui distingue l'amitié de la bienveillance.

> Ceux qui souhaitent ainsi du bien à autrui sont dits bienveillants [εὔνους] si la même disposition ne se trouve pas aussi chez l'autre car la bienveillance [εὔνοιαν], dans les cas où elle est réciproque, est amitié [φιλίαν]. Ne faut-il pas ajouter qu'elle ne doit pas rester ignorée [μὴ λανθάνουσαν] ? En effet, beaucoup de gens sont bienveillants envers des personnes qu'ils n'ont jamais vues et qu'ils pensent être des gens de valeur ou utiles. Et l'une de ces personnes pourrait également éprouver le même sentiment envers l'autre. Elles apparaissent alors comme animées d'une bienveillance mutuelle mais comment les dirait-on amies [φίλους] si elles ignorent leurs dispositions mutuelles [λανθάνοντας ὡς ἔχουσιν ἑαυτοῖς] ? (*EN* VIII 2, 1155b32-1156a3)

La bienveillance est une sorte de prédisposition affective qui pourra éventuellement donner naissance à l'amitié mais dont la gratuité et la spontanéité vont de pair avec une forme d'abstraction ou de désengagement.

> La bienveillance [ἡ δ' εὔνοια] peut venir tout d'un coup, comme il arrive au sujet d'athlètes ; en effet, on devient bienveillant à leur égard et on s'associe à leurs souhaits mais sans contribuer en rien à leurs actions [συμπράξαιεν δ' ἂν οὐδέν]. C'est précisément ce que nous disions, on devient bienveillant tout d'un coup et on se prend d'affection superficiellement. (*EN* IX 5, 1166b34-1167a3)

La bienveillance est ainsi qualifiée dans ce chapitre d'amitié paresseuse[2], faute de se traduire en actes : elle est donc sans *ergon*, en écho à l'analyse de I 6 qui se refusait à admettre que l'homme soit naturellement sans œuvre (*argon*) ou encore paresseux. Distinguer l'amitié de la bienveillance est ainsi une manière de la démarquer clairement de la simple *boulèsis*, qui constitue une des espèces du désir[3]. Rappelons que le souhait, à la différence du choix,

1. *Rhét.* II 4, 1380b36-1381a1 : « Soit être ami [τὸ φιλεῖν] le fait de souhaiter pour quelqu'un ce qu'on considère comme des biens [τὸ βούλεσθαί τινι ἃ οἴεται ἀγαθά], de les vouloir pour lui-même et non pour soi-même, et le fait d'être apte à les réaliser [πρακτικὸν εἶναι τούτων]. »

2. Cf. *EN* IX 5, 1167a11 : αὐτὴν ἀργὴν εἶναι φιλίαν.

3. Cf. *EE* II 7, 1223a27-30. La *boulèsis* est cette forme du désir la plus perméable à la raison. En *DA* III 9, 432b5-6, la *boulèsis*, à la différence de l'*epithumia* et du *thumos*, est rangée dans la partie rationnelle *(logistikon),* ce qui n'est cependant pas toujours le cas (cf. *Pol.* VII 15, 1334b22-23).

porte aussi sur ce qui peut n'être nullement accompli par notre initiative [περὶ τὰ μηδαμῶς δι' αὑτοῦ πραχθέντα ἄν], par exemple qu'un acteur ou un athlète emporte la victoire : personne ne choisit [προαιρεῖται] ce genre de choses, mais on choisit ce qu'on pense pouvoir faire advenir par notre initiative [ὅσα οἴεται γενέσθαι ἂν δι' αὑτοῦ]. (*EN* III 4, 1111b23-26)

L'exemple de l'athlète, commun aux deux passages ci-dessus, démarquant, l'un, la bienveillance de l'amitié, l'autre, la *boulèsis* de la *proairesis* qui est principe de l'action[1], permet d'établir qu'il faut, pour parler d'amitié, que le sentiment soit en mesure de s'exprimer dans des actions.

Quand la bienveillance a la soudaineté d'une affection, l'amitié requiert la stabilité d'une disposition (*hexis*) et la fermeté réfléchie d'un choix (*proairesis*)[2], double condition dans laquelle on reconnaît les trois critères qui caractérisent la vertu : le choix de l'action en connaissance de cause, pour elle-même, avec la ferme résolution de s'y tenir (cf. *EN* II 3, 1105a30-35). Sans cela l'amitié resterait une affection qu'on hésite à qualifier de vertu comme c'est le cas pour la modestie ou pudeur (*aidôs*) à laquelle

l'appellation de vertu ne convient pas, car elle ressemble davantage à une affection [πάθει] qu'à une disposition [ἕξει] (*EN* IV 15, 1128b10-11).

Plus qu'un simple sentiment nous portant vers autrui, l'amitié entendue comme vertu impliquera un rapport actif à l'ami. La bienveillance, faute de remplir ces critères, est donc une condition nécessaire mais non suffisante de l'amitié (cf. *EN* IX 5, 1167a7-10). S'il s'agit bien d'une affection désintéressée puisqu'elle est suscitée par la beauté des actes de ceux qui font l'objet de ce sentiment[3], la pureté de cet élan ne suffit à en faire une *hexis* qui doit pouvoir s'exprimer dans des actions sous peine d'être menacée de disparition, à l'instar de toute disposition éthique.

Comme dans le cas des vertus les uns sont dits bons d'après leur disposition, les autres d'après leur activité [οἳ μὲν καθ' ἕξιν, οἳ δὲ κατ' ἐνέργειαν], il en va de même dans le cas de l'amitié. Ceux qui vivent ensemble [οἱ μὲν γὰρ συζῶντες] prennent plaisir les uns aux autres et font le bien les uns des autres tandis que ceux qui dorment ou qui sont séparés par le lieu n'exercent pas leur amitié mais sont seulement disposés à l'exercer [οὐκ ἐνεργοῦσι μέν, οὕτω δ' ἔχουσιν ὥστ' ἐνεργεῖν φιλικῶς]. En effet, la séparation ne dissout pas purement et simplement l'amitié, seulement son activité [ἀλλὰ τὴν ἐνέργειαν], et si l'absence devient trop longue, elle semble aussi provoquer l'oubli de l'amitié. (*EN* VIII 6, 1157b5-12)

Le contre-exemple récurrent du sommeil[4] permet encore une fois de distinguer la vertu de la simple disposition sans considération de son actualisation. L'amitié étant vertu par ce qu'elle comporte d'activité, elle ne saurait pas se limiter à la *boulèsis*, qui peut demeurer aussi velléitaire que le simple désir de bien agir. Aimer est du côté de l'activité, être aimé de la passivité de sorte qu'il est naturel que ceux qui excellent dans l'action soient davantage portés à aimer (cf. *EN* IX 7,

1. Cf. *EE* II 7, 1241a10-12.
2. Cf. *EN* VIII 6, 1157b28-31.
3. Cf. *EN* IX 6, 1167a18-21.
4. Cf. *EN* I 3 1095b32 ; I 9, 1099a1 ; X 6, 1176a34 ; X 8, 1178b19.

1168a19-21). Les différentes vertus éthiques s'expriment en effet dans l'action, se manifestant dans le fait d'agir plutôt que de subir (cf. *EN* IV 1, 1120a10-15). La libéralité, bon usage des richesses, s'exprimera donc surtout dans le fait de donner. Pour se transformer en amitié véritable, la bienveillance doit devenir bienfaisance, c'est-à-dire faire œuvre.

Les paradoxes de la bienfaisance (*EN* IX 7)

L'amitié ne doit pas rester cachée mais s'exprimer dans des actes. Dans cette action résidera son plaisir : celui-ci ne naît pas de la satisfaction d'un désir qui en serait la cause, mais de l'achèvement de cette action, ce dont témoignent les paradoxes relatifs à la bienfaisance. Pour expliquer ce fait étrange que les bienfaiteurs semblent aimer leurs obligés davantage qu'ils en sont aimés, Aristote récuse la comparaison courante avec la relation du débiteur à son créancier pour lui substituer une analogie à deux niveaux : il développe ainsi un parallèle entre le couple bienfaiteur/obligé et la relation des artistes à leurs œuvres, elle-même comparée au lien unissant les parents à leurs enfants.

Il semblerait que la cause soit plus naturelle [φυσικώτερον] et qu'elle ne soit pas semblable au cas des prêteurs. En effet, il n'y a pas d'affection chez eux, juste le souhait de la conservation de leurs obligés en vue de recouvrer leur bien. Tandis que ceux qui ont prodigué des bienfaits aiment et chérissent [φιλοῦσι καὶ ἀγαπῶσι] ceux qui les ont reçus même s'ils ne retirent de ces derniers aucune utilité ni n'en retireront par la suite. C'est ce qui se passe précisément dans le cas des artistes. Chacun, en effet, chérit l'œuvre qui est la sienne plus qu'il ne serait chéri par cette œuvre si elle devait s'animer [πᾶς γὰρ τὸ οἰκεῖον ἔργον ἀγαπᾷ μᾶλλον ἢ ἀγαπηθείη ἂν ὑπὸ τοῦ ἔργου ἐμψύχου γενομένου]. C'est peut-être par excellence ce qui se passe chez les poètes : ils chérissent plus que tout leurs propres poèmes [ὑπεραγαπῶσι γὰρ οὗτοι τὰ οἰκεῖα ποιήματα], auxquels ils sont attachés comme à leurs enfants [στέργοντες ὥσπερ τέκνα]. (*EN* IX 7, 1167b28-1168a3)

Cette affection du bienfaiteur pour son obligé, affection tellement gratuite qu'elle en semblerait irrationnelle, est à l'image du cas extrême des poètes qui placent tout leur amour comme en pure perte dans un être qui, faute d'être animé, ne pourra jamais leur rendre la pareille. Plutôt qu'à la rationalité économique de la relation entre débiteur et créancier, c'est à l'apparente irrationalité de la relation de l'artiste à son œuvre qu'il faut assimiler le cas des bienfaiteurs.

Le bénéficiaire du bienfait constitue leur œuvre [ἔργον ἐστὶν αὐτῶν]. C'est là ce qu'ils chérissent [ἀγαπᾷ] plus que l'œuvre ne chérit son auteur. La cause de ce fait est que pour tout le monde le fait d'être est chose désirable et aimable [τὸ εἶναι πᾶσιν αἱρετὸν καὶ φιλητόν], or nous existons par l'activité (par le fait de vivre et d'agir) [ἐσμὲν δ' ἐνεργείᾳ (τῷ ζῆν γὰρ καὶ πράττειν)] et celui qui a fait l'œuvre existe d'une certaine manière par son activité [ἐνεργείᾳ δὲ ὁ ποιήσας τὸ ἔργον ἔστι πως[1]] : aussi est-il attaché à son œuvre parce qu'il est attaché aussi au

1. La construction de ce membre de phrase [ἐνεργείᾳ δὲ ὁ ποιήσας τὸ ἔργον ἔστι πως·] pose problème. Les interprétations divergent, selon que l'on fait de τὸ ἔργον un sujet ou un complément d'objet et selon que l'on donne à ἐνεργείᾳ son sens non technique (voir R.-A. Gauthier & J.-Y. Jolif, *EN* II-2 p. 742 ; S. Menn, « The Origins of Aristotle's Concept of

fait d'être [στέργει[1] δὴ τὸ ἔργον, διότι καὶ τὸ εἶναι]. Cela est naturel [φυσικόν] car ce qui est en puissance, l'œuvre le signifie en acte [ὃ γάρ ἐστι δυνάμει, τοῦτο ἐνεργείᾳ τὸ ἔργον μηνύει]. En même temps, pour le bienfaiteur, ce qu'accomplit son action [τὸ κατὰ τὴν πρᾶξιν] est beau [καλὸν], de sorte qu'il se réjouit de ce en quoi elle réside tandis que pour celui qui reçoit il n'y a rien de beau dans celui qui agit, tout au plus de l'utile [συμφέρον]. Et cela est moins agréable et moins aimable. (*EN* IX 7, 1168a3-12)

L'œuvre est à l'image de l'enfant qui est comme un soi séparé[2]. L'amour des parents pour leurs enfants est là aussi l'exemple d'une affection dont l'intensité semble aller contre l'ordre attendu. De même qu'on serait en droit de supposer que l'obligé éprouve plus d'affection envers son bienfaiteur que l'inverse, de même serait-il naturel que les enfants aiment leurs parents, à qui ils doivent ce suprême bienfait qu'est l'existence[3], davantage qu'ils n'en sont aimés. En réalité c'est tout l'inverse qui se produit dans ces deux cas qui relèvent d'un amour de bienfaisance. Si les enfants sont effectivement plus redevables[4], ils ont néanmoins une conscience de la relation les liant à leurs bienfaiteurs moins vive que celle des parents à l'égard de ces enfants qui sont leur œuvre. Ils existent moins à travers leurs parents que leurs parents n'existent à travers eux, au sens où le principe existe à travers ce qui en est l'effet.

En effet, les parents sont attachés à leurs enfants parce qu'ils sont quelque chose d'eux-mêmes [στέργουσι τὰ τέκνα ὡς ἑαυτῶν τι ὄντα], et les enfants à leurs parents parce qu'ils en sont issus. Mais les parents savent mieux ce qui provient d'eux que leur progéniture ne sait qu'elle en est issue et il y a une liaison plus intime de ce qui engendre à ce qui est engendré [μᾶλλον συνῳκείωται τὸ ἀφ' οὗ τῷ γεννηθέντι] que du produit à ce qui l'a fabriqué. En effet, ce qui provient de quelque chose appartient en propre à l'être dont il dérive [τὸ γὰρ ἐξ αὐτοῦ οἰκεῖον τῷ ἀφ' οὗ] comme une dent, un cheveu, ou quoi que ce soit, appartiennent à leur possesseur tandis que pour l'être qui est dérivé, celui dont il provient ne lui appartient nullement en propre, ou en tout cas à un degré moindre. Cela est dû aussi à l'étendue temporelle car les parents s'attachent aux enfants dès qu'ils sont nés, tandis que ces derniers le font au bout d'un

Energeia» p. 113, qui se fondent sur le parallèle avec l'occurrence d'ἐνεργείᾳ à la ligne précédente et que nous suivons) ou son sens métaphysique. Cette dernière option, qui peut s'autoriser de *Physique* III 3, 202b6-8 et *DA* III 2, 426a4-5, est majoritaire chez les traducteurs et défendue par J. Brunschwig dans «Aristote et l'effet Périchon», p. 367-375. Une solution intermédiaire se trouve chez A. Grant (*The Ethics of Aristotle*) et H. Rackham (*The Nicomachean Ethics*, Cambridge Mass., Harvard University Press, 1968): «Celui qui a fait une œuvre est d'une certaine manière en acte.»

1. Le verbe στέργειν sert ici à filer la comparaison entre amour des œuvres et amour des enfants. Après l'avoir employé en son sens premier où il désigne l'attachement que l'on éprouve pour ses enfants (cf. 1168a2 dans la citation précédente, aussi 1161b18, 1161b24 dans la suivante), Aristote y recourt ici pour désigner l'œuvre ou les choses que l'on aime parce qu'elles sont sorties de nous-mêmes (cf. 1168a7, a22).

2. Cf. *EN* VIII 14, 1161b27-29: «Les parents aiment leurs enfants comme eux-mêmes (car ces derniers, qui sont issus d'eux-mêmes, sont comme d'autres soi-mêmes, par le fait d'être séparés) [τὰ γὰρ ἐξ αὐτῶν οἷον ἕτεροι αὐτοὶ τῷ κεχωρίσθαι].»

3. Cf. *EN* VIII 13, 1161a17 ; 14, 1162a5-7.

4. Cf. *EN* VIII 16, 1163b20-22.

certain temps, une fois qu'ils en ont la compréhension ou la perception [σύνεσιν ἢ αἴσθησιν λαβόντα]. (*EN* VIII 14, 1161b18-26)

L'appropriation dont il est fait mention à travers l'usage du verbe συνοικειοῦσθαι en 1161b21 est celle qui lie l'acte ou l'œuvre à son principe. Rappelons en effet qu'il est deux choses dont l'homme est principe : ses enfants et ses actes[1]. L'amour des parents l'emporte sur celui des enfants parce que la conscience d'avoir agi, d'avoir fait œuvre – en l'occurrence donné naissance – est présente chez les auteurs et non chez les produits. Cette conscience est poussée à l'extrême dans le cas des mères qui semblent même un défi à l'exigence de réciprocité, pourtant fondatrice de toute amitié. Il leur suffit en effet de savoir que leur enfant existe, quand bien même celui-ci resterait ignorant de cette affection (cf. *EN* VIII 10, 1159a27-33). L'amour maternel réunit ainsi toutes les manifestations affectives caractéristiques de l'amitié, depuis le plaisir pris à aimer plus qu'à être aimé jusqu'à celui pris à la simple existence de l'objet de l'affection et au partage de ses peines et plaisirs (cf. *EN* IX 4, 1166a5-8). Si les mères sont l'archétype d'un amour désintéressé, c'est que les enfants sont précisément leur œuvre, qu'elles semblent, plus encore que les pères qui ne les ont pas enfantés, avoir la vive conscience qu'ils proviennent d'elles-mêmes (cf. *EN* VIII 14, 1161b27). Aux enfants il manque aussi, un certain temps du moins, cet élément décisif qu'est la conscience, laquelle sera de toute façon plus vive chez les auteurs parce que perpétuée et entretenue dans la simple présence et la simple vision de ces *erga* (œuvres, enfants) qui sont les fruits de leur activité. On est davantage attaché à ce qui provient de nous car c'est quelque chose de notre activité qui existe et subsiste par là.

Ce qui vaut pour ces œuvres que sont les enfants ou les poèmes ne vaut pas moins pour les *erga* que sont les actions vertueuses, faites par générosité. Les occurrences du terme *oikeion* dans les passages concernant la libéralité confirment cet attachement à ce qui est à soi. La libéralité s'exprime davantage dans le fait de donner que de ne pas prendre parce qu'

on se défait moins volontiers de ce qui nous est propre [τὸ γὰρ οἰκεῖον] qu'on ne s'abstient de prendre ce qui appartient à autrui [τὸ ἀλλότριον]. (*EN* IV 1, 1120a17-18)

De même la valeur d'un service ou d'une prestation doit-elle être fixée de préférence par le bénéficiaire, parce que son auteur aura une tendance naturelle à la surévaluer :

En effet, ce qui est propre [τὰ γὰρ οἰκεῖα] et ce qu'on donne apparaît à chacun d'une grande valeur. (*EN* IX 1, 1164b17-18)

Même quand ce propre consiste en des objets, autrement dit en des possessions, Aristote souligne que cette possession a d'autant plus de valeur qu'elle est le résultat de notre activité. C'est pourquoi, explique-t-il, reprenant une remarque

1. Cf. *EE* II 6, 1222b20 ; *EN* III 7, 1113b18-20.

incidente de Socrate au livre I de la *République*[1], on est plus attaché aux biens qu'on a acquis par son labeur qu'à ceux dont on a hérité

> et tous chérissent davantage ce qui est leur œuvre [ἀγαπῶσι μᾶλλον τὰ αὑτῶν ἔργα], à l'instar des parents et des poètes. (*EN* IV 2, 1120b13-14)

Il n'est pas étonnant de voir réapparaître ici l'analogie avec l'amour respectif des parents et des poètes. Parce que ces biens acquis sont le fruit voire le reflet de notre activité, ils nous sont plus propres et plus chers, de même que les mères sont davantage attachées à leurs enfants que les pères, parce qu'elles ont davantage conscience que ces enfants proviennent d'elles, autrement dit qu'ils sont davantage leur œuvre.

Est-on à présent en mesure de rendre raison du paradoxe que constitue le plaisir de la bienfaisance ? Celui-ci réside dans un plaisir pris au propre. Ce propre réside dans le cas du bienfaiteur non pas dans une œuvre ou dans un être qu'il aurait produit, mais dans des actions. Le vertueux qui fait acte de bienfaisance existe à travers ses actes ; il prendra plaisir à accomplir le bien et à se souvenir de ses bonnes actions. Des trois dimensions de la conscience, c'est l'acte lui-même qui procure le plus de plaisir, ensuite son souvenir qui subsiste comme « œuvre ».

> Ce qui est agréable, c'est l'activité du présent [τοῦ μὲν παρόντος ἡ ἐνέργεια], l'espoir du futur, le souvenir du passé ; le plus agréable [ἥδιστον], c'est ce qui est de l'ordre de l'activité et c'est également le plus aimable [φιλητὸν]. Donc, pour qui a agi, son œuvre [τὸ ἔργον] subsiste (car ce qui est beau [καλόν] est durable), tandis que pour qui a reçu, l'utile [χρήσιμον] s'évanouit. (*EN* IX 7, 1168a13-15)

Le souvenir et l'espoir sont plaisants en tant qu'ils sont le reflet de l'activité, la répétition, quoiqu'affaiblie, de l'acte[2]. C'est donc une certaine conscience de ce qu'on est qui se joue à travers l'acte de bienfaisance, à entendre moins comme une contemplation narcissique de sa valeur que comme cette sensation d'exister que nous procure l'action, et par excellence l'action bonne. Dans le geste généreux du vertueux envers son ami, celui-ci est en acte et fait œuvre. Cette dernière subsiste, non pas sous la forme extérieure d'une œuvre d'art ou d'un être autre que soi comme les enfants, mais dans le souvenir même du vertueux, qui perpétue cette *energeia*.

L'analyse de la relation parentale, artistique ou amicale nous conduit au concept qui est au cœur de l'intensité de cette affection, à l'opposé de toute recherche de l'utilité, à savoir l'*oikeion* dont Socrate avait fait le centre du désir amical. En aimant nos enfants, nos œuvres ou nos amis, nous jouissons de quelque chose qui nous est propre, et ce propre est notre œuvre. À travers ses œuvres ou à travers ses enfants, ou encore à travers ses belles actions, on désirerait peut-être moins être immortel, comme l'expliquait la Diotime du *Banquet* (208e-209e), que tout simplement être. Au parallèle entre l'enfantement et la création poétique, le

1. Cf. *Rép.* I, 330b-c cité *infra* p. 195.
2. Cf. *Métaph.* Λ 7, 1072b17-18 cité *supra* p. 116.

Banquet a donné tout son sens métaphysique et existentiel en y déchiffrant un désir d'éternité universellement partagé, une tentative inscrite dans la nature de tout vivant mortel pour s'extraire du devenir. Si Aristote a lui aussi recours à ce parallèle, c'est pour y diagnostiquer, plutôt qu'une propension à la *genesis*, fût-ce dans l'éternité du beau, une tension vers l'*energeia*. Aimer exprime moins un désir d'éternité que d'activité[1]. Plutôt que de traduire le désir de laisser derrière soi un autre que soi, enfants, poèmes et autres *erga* témoignent du plaisir que nous avons à l'existence, de notre joie à être de manière pleine et entière, à savoir en acte. Dès lors, il devient compréhensible qu'à travers le bien qu'on fait à autrui, et non pas simplement celui qu'on lui souhaite, on prenne soi-même plaisir à être, et qu'il y ait ainsi plus de joie à donner qu'à recevoir.

Amour du propre et amour de soi (*EN* IX 8)

Il n'est en un sens rien de moins désintéressé que la relation amicale si on entend par désintéressement le fait que rien de ce qui concerne l'intérêt de l'agent ne doit entrer en jeu : on verra que c'est au contraire ce qui nous est propre qui en constitue le centre de gravité. Mais désintéressée, l'amitié l'est suprêmement au sens commun de l'intérêt, à savoir la recherche de l'utile ou du profit. La théorie du noble égoïsme développée dans le chapitre IX 8 apporte la confirmation de ce rapport à soi qui se joue à l'intérieur du rapport à l'ami pour le bien duquel on agit. Ce n'est pas le moindre des paradoxes concernant l'amitié qu'affronte Aristote dans ce chapitre s'attachant à réhabiliter l'amour de soi bien compris, contre les condamnations platoniciennes de la *philautia* (cf. *Lois* IV, 731e-732a). Le vertueux, égoïste au sens noble du terme, s'attache à cultiver tout ce qui est en lui de valeur véritable, au détriment des biens extérieurs qu'il sacrifiera sans remords à la différence du mauvais égoïste dont l'amour de soi se trompe de « soi » en préférant les choses aux êtres[2]. À l'issue de la longue analyse visant à mettre en correspondance les sentiments que l'homme vertueux éprouve pour lui-même et les caractéristiques de l'amitié vertueuse, c'est l'intelligence qui s'avère constituer l'être de chacun. L'homme bon fait le bien pour lui-même

> car il le fait pour l'amour de sa faculté pensante, ce qui précisément semble constituer l'être de chacun [τοῦ γὰρ διανοητικοῦ χάριν, ὅπερ ἕκαστος εἶναι δοκεῖ] ; et il veut vivre et veut la conservation de sa personne, surtout de ce par quoi il pense. (*EN* IX 4, 1166a16-19)

1. Les deux finissent d'ailleurs par se rejoindre si l'on songe que l'acte de contemplation, cette forme particulière d'*energeia* qu'est la *theôria* est ce par quoi nous humains pouvons nous immortaliser autant qu'il est possible, et cela parce que l'activité y atteint sa plénitude (*EN* X 7, 1177b27-35). Mais cette immortalité ponctuellement atteinte est un effet et non une cause de l'activité.

2. Sur le mauvais égoïsme des méchants, voir *EE* VII 2, 1237b30-34.

Les caractères de l'amitié dérivent en effet d'une relation fondamentale de l'homme avec lui-même[1] (1166a1-2): les différents actes de l'âme définissant l'amitié sont autant d'actes qui lient le vertueux à sa personne, et analogiquement, tout homme à lui-même pour autant qu'il se trouve bon (1166a11-12). En voulant son bien et son existence, l'homme de bien œuvre à la sauvegarde de ce qu'il a de plus précieux puisqu'à travers chacune de ses activités ou de ses affections[2] s'exprime ce qu'il y a en lui d'intelligence[3]. Quand il fait preuve de générosité, se dévoue pour son ami, poussant le sacrifice jusqu'à lui laisser la gloire d'une belle action, c'est la part de lui qui est le plus lui-même qu'il honore par ce geste, ce qu'a bien compris le noble égoïste qui ne confond pas son bien véritable et les biens extérieurs convoités par le vulgaire.

En effet, si quelqu'un mettait tous ses efforts à faire lui-même, plus que tout, ce qui est juste ou ce qui est tempérant ou n'importe quelle action qui soit conforme aux vertus, et si en général il se procurait toujours ce qui est beau [τὸ καλὸν], personne n'irait le dire égoïste ni le blâmer. Un tel homme pourrait pourtant sembler plus égoïste [φίλαυτος]: il s'attribue en vérité à lui-même ce qu'il y a de plus beau et de bon par excellence, il s'abandonne à la part la plus souveraine de lui-même et obéit en tout à celle-ci. (*EN* IX 8, 1168b25-31)

Le bienfait inhérent à l'amitié effective, l'acte d'aimer sont ainsi rapport à autrui en même temps qu'au meilleur de soi-même. En cultivant les actions qui honorent sa raison, l'homme vertueux s'attache à cultiver ce principe par lequel il existe, son *noûs*, comme ce à travers quoi il existe, à savoir ses actions en tant qu'elles l'expriment en propre.

Et celui qui s'aime le plus lui-même [φίλαυτος], c'est celui qui chérit cette partie de lui-même et qui s'y abandonne. On est dit maître de soi [ἐγκρατὴς] ou incontinent [ἀκρατής] selon que gouverne ou non l'intelligence [τῷ κρατεῖν ἢ μή τὸν νοῦν] parce que celle-ci constitue l'être de chacun [ὡς τούτου ἑκάστου ὄντος], et les actes dont on considère qu'ils sont accomplis par soi-même et volontairement sont avant tout ceux qui sont accompagnés de raison [μετὰ λόγου]. Que donc cet élément constitue notre être ou ce que nous sommes avant tout [ὅτι μὲν οὖν τοῦθ' ἕκαστός ἐστιν ἢ μάλιστα], c'est une évidence tout comme le fait que c'est là ce que l'homme de valeur chérit le plus [ὁ ἐπιεικὴς μάλιστα τοῦτ' ἀγαπᾷ]. (*EN* IX 8, 1168b33-1169a3)

Le vertueux recherche son bien là où il est vraiment, c'est-à-dire dans l'activité de l'âme selon la vertu et dans les œuvres de celle-ci. Son amour-propre est véritablement amour du propre tandis que l'égoïste au sens vulgaire se fourvoie en

1. Sur l'amitié comme extension et réalisation de l'amour de soi, voir T. Irwin, *Aristotle's First Principles*, Oxford, Clarendon Press, 1988, § 203, p. 379-381, sur la discussion relative à l'amour de soi et l'altruisme, § 210-212, p. 391-397. Sur l'égoïsme, voir J. Whiting, « The Nicomachean Account of *Philia* », p. 277 *sq.*

2. Plaisir et douleur n'y font pas exception. Cf. *Rhét.* II 4, 1381a5-8 : « Tous se réjouissent quand arrive ce qu'ils souhaitent, s'attristent dans le cas contraire, de sorte que les peines et les plaisirs sont le signe du souhait [ὥστε τῆς βουλήσεως σημεῖον αἱ λῦπαι καὶ αἱ ἡδοναί]. »

3. Cf. *EN* IX 8, 1169a17-18 : « En effet, toute intelligence choisit le meilleur pour elle-même et l'homme de valeur obéit à son intelligence [πᾶς γὰρ νοῦς αἱρεῖται τὸ βέλτιστον ἑαυτῷ, ὁ δ' ἐπιεικὴς πειθαρχεῖ τῷ νῷ]. »

confondant le propre et la propriété[1]. Cherchant à exister à travers les choses et non les actes, il confond les biens extérieurs avec les biens réels, la possession (honneurs, richesses ou plaisirs corporels) avec l'action. De même que ceux qui recherchent la jouissance pensent trouver le bonheur à travers la forme la plus inférieure et la moins humaine d'activité, de même ceux qui courent après les richesses croient exister à travers les choses qu'ils possèdent, quand elles ne valent que par ce qu'elles nous permettent d'accomplir[2], et confondent ainsi l'action et ses occasions. Ce que l'analyse de l'amour de soi propre au vertueux comme du plaisir du bienfait met donc en lumière, c'est ce plaisir à exister par le meilleur de soi-même que l'amitié donne elle aussi l'occasion de ressentir.

Ce plaisir à être qui s'exprime dans l'acte de bienfaisance nous a conduit vers la raison profonde pour laquelle il est de l'essence de l'amitié de s'exprimer dans l'action. Lorsque nous agissons, nous sommes. L'amitié ne saurait rester cachée, sans quoi elle ne saurait être pleinement en acte puisqu'il est de son essence de s'exprimer à travers les bienfaits prodigués. Mais l'ami ne risque-t-il pas de disparaître dans cette conception de l'amitié où il se trouve réduit à n'être qu'un auxiliaire éthique, nécessaire à la manifestation de la vertu dans laquelle se réalise l'homme de bien[3] ? Sa présence est-elle requise uniquement parce qu'il est plus beau de faire le bien de ses amis que des étrangers (IX 9, 1169b12) ?

Ce risque semble d'autant plus réel que l'homme de bien est à lui-même son meilleur ami et que la relation amicale n'est que la conséquence et la dérivation de ce rapport à soi. De plus si l'ami est le plus grand des biens extérieurs, si je désire sa présence parce qu'elle me permet de jouir du plaisir de donner plutôt que de recevoir, comment la conception aristotélicienne de l'amitié est-elle en mesure de préserver l'autosuffisance inhérente au bonheur ? Si nous avons besoin de l'ami pour faire le bien et jouir du plaisir de la bonne action, on peut se demander ce qui reste de l'autarcie du vertueux : interrogation d'autant plus cruciale qu'elle semble nous reconduire à l'ultime paradoxe du *Lysis*.

Les paradoxes de l'autosuffisance (*EN* IX 9)

Aristote n'ignore pas cette difficulté puisqu'il affronte la classique et redoutable question de savoir si l'homme heureux a besoin d'amis. L'homme heureux, c'est-à-dire bon (car on n'est pas heureux sans être vertueux, pas plus pour Aristote que pour Socrate), a en propre de ne manquer de rien, d'être *autarkès* et en même temps on ne saurait se le représenter sans amis, sans quoi il semblerait bien manquer quelque chose à son bonheur. La manière dont est construite et

1. Sur la distinction entre ce que l'on est et ce que l'on a, voir *Alcibiade Majeur* 131a-b.

2. Que le bonheur nécessite des biens extérieurs est une chose, que ceux-ci constituent le bonheur en est une autre (cf. *EN* I 9, 1099a32-b3).

3. Voir A.-J. Voelke. *Les rapports avec autrui dans la philosophie grecque*, p. 37-38.

résolue l'antinomie dialectique du chapitre IX 9 fait écho aux interrogations du *Lysis*[1]. Le fondement de la thèse qui rend impensable le besoin d'amitié pour l'homme bon est double : il vient du concept de bonheur comme autosuffisance (*autarkeia*) et du concept endoxal d'ami comme recours dans l'adversité. L'ami c'est celui sur qui, dans le besoin, on peut compter comme l'a rappelé le relevé des opinions communes ouvrant les traités sur l'amitié (cf. *EN* VIII 1, 1155a11-14). Si nous avons besoin d'amis, c'est que, jeunes ou vieux, riches ou pauvres, nous ne nous suffisons pas à nous-mêmes. Cette amitié fondée sur le besoin contredit le concept d'autosuffisance constitutif du bonheur si bien qu'il y aurait un paradoxe à affirmer que l'homme heureux, c'est-à-dire bon, a besoin de quelque chose. On retrouve ici les termes de l'aporie de *Lysis* 215a-b. Faut-il renoncer alors à l'idée que des hommes bons et heureux puissent être amis ?

Une telle position, trop paradoxale pour être vraie, entrerait en contradiction non moins flagrante avec d'autres opinions relatives à la vie heureuse et à l'amitié, qui font de l'ami le plus grand des biens extérieurs (1169b10), parce qu'il est nécessaire à l'homme bon pour faire acte de bienfaisance (1169b10-16) et parce que l'idée d'un bonheur solitaire vient contredire la nature politique de l'homme (1169b18-20), l'homme heureux, si parfait soit-il, n'étant pas un dieu. Tel est l'état de la question avant la première résolution de l'antinomie. Celle-ci passe, suivant la méthode dialectique[2], par une étiologie de l'erreur.

> Pourquoi donc les premiers [*i.e.* ceux qui soutiennent que l'homme heureux n'a pas besoin d'amis] tiennent-ils ce discours et en quoi sont-ils dans le vrai ? Est-ce parce que la plupart des gens estiment que sont nos amis ceux qui nous sont utiles [χρησίμους] ? Or de telles personnes, le bienheureux [ὁ μακάριος] n'aura nul besoin, puisqu'il est en possession des biens ; il n'aura pas besoin non plus d'amis aimés pour le plaisir [διὰ τὸ ἡδύ] ou à peine (car sa vie étant agréable elle n'aura nul besoin d'un plaisir adventice) ; et puisqu'il n'a pas besoin d'amis de ce genre, il semble qu'il n'ait pas besoin d'amis. Mais cela n'est sans doute pas vrai. (*EN* IX 9, 1169b22-28)

Aristote pointe ainsi une des raisons de l'aporie socratique du *Lysis*. L'objection sur laquelle échouait en dernière instance le dialogue résidait précisément dans l'inutilité du bon pour le bon[3]. Or c'était là une conséquence d'une problématique fondée sur le désir, comme l'expliquait très bien Socrate dans les dernières pages du dialogue : on désire ce dont on manque et dont on a été privé. Cette focalisation sur le désir rendait la perspective du *Lysis* nécessairement prisonnière d'une description de l'amitié dominée par le critère de l'utilité, qui ne vaut que dans le cas et dans le cadre des amitiés inférieures où l'ami est recherché pour ce qu'il est susceptible de nous apporter en termes de plaisir ou de profit. Dans ces amitiés imparfaites analysées en *EN* VIII 3 et 5, l'effet disparaît avec la

1. Comme le relève aussi J. Whiting, « The Nicomachean Account of *Philia* », p. 279. Pour une analyse pénétrante de l'antinomie, voir F. Wolff, « L'homme heureux a-t-il des amis ? », p. 157-187.

2. Cf. *EN* VII 1, 1145b2-7 cité *supra* p. 23 et VII 15, 1154a22-25.

3. Cf. *Lysis* 215a-c repris en 222d.

cause : lorsque l'intérêt qui en était à l'origine a disparu, qu'il soit plaisir ou profit, l'amitié cesse. La vérité partielle de cette première opinion tient dans l'élimination d'un besoin d'amitié à concevoir comme un manque. Sa fausseté non moins partielle tient dans le fait qu'elle commet un sophisme *secundum quid*, transformant une impossibilité relative à un certain type d'amitié en une impossibilité absolue. Une telle description est en effet inadéquate pour rendre compte de l'amitié fondée sur la vertu.

Même en congédiant la problématique de l'utilité, qui ne vaut que pour les formes inférieures d'amitié, on n'en a pas pour autant fini avec le paradoxe car si les amis ne sont plus recherchés pour ce qu'ils nous apportent, il n'en reste pas moins qu'il faut expliquer en quoi leur présence est désirable pour l'homme heureux. Il faut donc trouver la cause de ce besoin, quand bien même ce dernier ne présupposerait pas de manque, et pour cela modifier peut-être notre représentation du besoin. Si l'homme heureux a besoin d'amis, ce n'est pas parce qu'il lui manquerait quelque chose mais parce que ceux-ci lui apportent comme un supplément, dont il faut découvrir la nature. Aristote, selon un geste qui lui est coutumier, va sortir de la perspective du désir pour lui substituer celle du plaisir, autrement dit celle de l'activité. L'amitié est inhérente au bonheur parce qu'elle participe de ce qui en constitue la définition, rappelée ici par Aristote, à savoir l'activité.

En effet, on a dit au début que

> (a) le bonheur est une certaine activité [ἡ εὐδαιμονία ἐνέργειά τις], et l'activité, manifestement, vient à être et n'est pas comme quelque chose que l'on possède [γίνεται καὶ οὐχ ὑπάρχει ὥσπερ κτῆμά τι]. Si être heureux consiste à vivre et être en activité,
>
> (b) et que l'activité de l'homme bon est vertueuse et agréable en elle-même [τοῦ δ' ἀγαθοῦ ἡ ἐνέργεια σπουδαία καὶ ἡδεῖα καθ' αὑτήν], comme on l'a dit au début,
>
> (c) et si le propre fait partie des choses agréables [ἔστι δὲ καὶ τὸ οἰκεῖον τῶν ἡδέων],
>
> (d) et que nous pouvons davantage contempler nos proches que nous-mêmes et leurs actions que nos propres actions [θεωρεῖν δὲ μᾶλλον τοὺς πέλας δυνάμεθα ἢ ἑαυτοὺς καὶ τὰς ἐκείνων πράξεις ἢ τὰς οἰκείας],
>
> (e) et que les actions des hommes vertueux [αἱ τῶν σπουδαίων δὲ πράξεις] qui sont nos amis sont agréables aux hommes bons (car les deux comportent du plaisir par nature [ἄμφω γὰρ ἔχουσι τὰ τῇ φύσει ἡδέα])[1],
>
> (f) le bienheureux [ὁ μακάριος] aura donc besoin d'amis de ce genre puisqu'il choisit de contempler des actions de valeur et qui lui sont propres [θεωρεῖν προαιρεῖται πράξεις ἐπιεικεῖς καὶ οἰκείας] et que telles sont celles de l'homme bon qui est son ami. (*EN* IX 9, 1169b28-1170b4)

1. Les traducteurs rapportent en général ἄμφω à τὰ τῇ φύσει ἡδέα : ainsi R. Bodéüs (*EN*, GF, p. 483) qui traduit « puisqu'elles comportent ce double agrément naturel ». On peut également prendre ἄμφω comme sujet renvoyant ou bien aux actions de l'homme bon et à celles de son ami (« les deux comportent du plaisir par nature ») ou bien à l'homme bon et à son ami (« les deux possèdent ce qui est plaisant par nature »).

L'argument se compose de cinq prémisses (a-e) et d'une conclusion (f) si l'on suit le texte édité par Bywater[1]. Aristote commence par un rappel concernant la nature du bonheur (a), soulignant l'erreur de l'opinion précédente, ou plutôt la solidarité de deux erreurs consistant à concevoir l'amitié comme fondée sur le besoin d'une chose extérieure utile (1169b10) et le bonheur comme un état de plénitude acquis, une autarcie possédée à la manière dont on possède une chose. Les deux erreurs semblent solidaires jusque chez le Socrate du *Lysis*, puisqu'on peut lui imputer à la fois l'idée que l'amitié implique nécessairement l'utilité et celle que le bonheur, dans la mesure où il s'identifie à la vertu, est quelque chose que l'on peut posséder une fois pour toutes. L'homme bon, une fois bon, n'aura besoin de rien et sera incapable de désirer quoi que ce soit. Cette précision sur la nature du bonheur indique qu'il ne faut plus chercher comment l'ami est un bien qui s'ajoute à ce que le vertueux a déjà mais comment il contribue à l'activité qui constitue son bonheur.

Après les deux premières prémisses (a) et (b) qui sont des rappels du livre I, le cœur de l'argument réside dans les prémisses (c) et (d), au centre desquelles se trouve la notion de propre (*oikeion*). L'idée que le propre était source de plaisir est déjà apparue à plusieurs reprises dans les traités consacrés à l'amitié : une première fois lors de la définition de l'amitié parfaite entre les vertueux[2], une seconde lors de la résolution des paradoxes de la bienfaisance (cf. *EN* IX 7, 1168a1-10). À cette occasion, on a pu voir que le plaisir du propre se comprenait comme plaisir à être, c'est-à-dire à être en activité, à travers ses œuvres ou ses actes. Parents et poètes constituaient des paradigmes de cet attachement à ce qui est à soi car ces deux cas rendaient tangible le fait que le propre réside dans une œuvre, un *ergon*. Si l'idée que le propre soit agréable ne fait plus à présent mystère, reste à comprendre le rôle que joue l'ami dans sa saisie.

Telle quelle, l'idée qu'on puisse passer du plaisir du propre au plaisir de l'amitié a en effet quelque chose de paradoxal. C'est la prémisse (d) qui est l'opérateur du passage du plaisir pris au propre à celui pris à la présence de l'ami : nous voyons davantage nos proches que nous-mêmes, et leurs actions que nos propres actions. La première partie de cette prémisse, entendue au sens littéral, est de l'ordre d'une évidence : si, pour nous voir, nous avons besoin d'un miroir selon l'image qu'utilisera explicitement un passage des *Magna Moralia* (II 15, 1213a14-26) en écho aux analyses de l'*Alcibiade*, nous pouvons voir nos proches directement, sans cette médiation. Aristote étend ici ce constat aux actions. Cette extension demande cependant à être fondée en raison.

1. Le texte des manuscrits donne à la ligne 1169b35 αἱ τῶν σπουδαίων δὴ πράξεις au lieu de αἱ τῶν σπουδαίων δὲ πράξεις, faisant donc de la prémisse (e) une (première) conclusion. Nous conservons ici le texte édité par Bywater (OCT).

2. Cf. *EN* VIII 4, 1156b15-17 cité *infra* p. 179.

Le propre auquel on a accès dans l'amitié semble donc consister en des actes. Il y a des actions qui me sont propres, au sens où elles expriment ce que je suis, non moins que le font les œuvres des poètes et les enfants des parents. Les actions qui sont propres au vertueux sont celles qui ont pour principe son *noûs*, dont on a vu plus haut qu'il constituait son identité, le soi-même auquel il se dévoue[1]. Les actions faites par vertu expriment le propre de l'homme bon parce qu'elles ne sont pas faites par obéissance à une règle qui lui serait extérieure, ou sous la contrainte. Parce qu'elles lui sont propres, elles constituent pour lui un plaisir. Cependant, à la différence du cas des poètes ou des parents, ce propre ne peut être contemplé directement, puisqu'il n'a pas de traduction « matérielle », l'action ayant sa fin en elle-même et non dans une œuvre extérieure. L'œuvre dans laquelle s'exprime le propre du vertueux ne laisse pas de trace, mis à part celle, affaiblie, du souvenir. Le besoin de l'amitié vertueuse s'expliquerait alors par le fait que, pour pouvoir contempler cette action qui nous est propre en tant qu'elle exprime ce que nous sommes, nous avons besoin d'une médiation.

Si l'*Éthique à Nicomaque* n'en dit pas davantage sur l'impossibilité d'une immédiate réflexivité, l'*Éthique à Eudème*, affrontant les difficultés nées de la comparaison avec le bonheur paradigmatique du dieu[2], élucide cette nécessité d'un détour pour se percevoir soi-même qui est la marque de notre humaine condition[3]. Plus que tout autre, l'homme heureux qu'est le sage est semblable au dieu, modèle de bonheur (*EN* X 8, 1178b8-9) – ce dont témoigne l'étymologie même du mot – et paradigme d'autarcie, et pourtant, moins que tout autre, l'homme heureux ne peut se passer d'amis. D'où vient qu'il existe une telle différence entre les conditions de la félicité divine et celles du bonheur humain ?

> En effet, le dieu n'est pas tel qu'il ait besoin d'ami, et nous estimons que le vertueux [ὁ σπουδαῖος] lui est semblable. Néanmoins, selon ce raisonnement, le vertueux ne pensera pas non plus car ce n'est pas ainsi que le dieu est dans une heureuse disposition, il est trop bon pour penser lui-même autre chose en dehors de lui-même [ἄλλο τι νοεῖν παρ' αὐτὸς αὐτόν]. Et la raison en est que pour nous le bien réside dans quelque chose de différent de nous, tandis que lui est à lui-même son propre bien [ἡμῖν μὲν τὸ εὖ καθ' ἕτερον, ἐκείνῳ δὲ αὐτὸς αὑτοῦ τὸ εὖ ἐστίν]. (*EE* VII 12, 1245b14-19)

La connaissance humaine, si haute soit-elle, a besoin d'un objet, à la différence de la pensée divine, si entièrement et complètement acte qu'elle ne saurait penser autre chose qu'elle-même sous peine de déchoir en primauté et perfection. Telle était précisément la difficulté que devait affronter le chapitre Λ 9 de la *Métaphysique* à propos de l'intelligence divine : que pense-t-elle si toute pensée est pensée de quelque chose, si nulle faculté ne semble pouvoir se prendre elle-

1. Sur ce point, voir T. Irwin, *Aristotle's First Principles*, § 210, p. 392.

2. Sur la comparaison avec le dieu, voir H.-G. Gadamer, « Amitié et connaissance de soi », *Interroger les Grecs : études sur les présocratiques, Platon et Aristote*, Montréal, Fides, 2006, p. 304-305.

3. Sur l'amitié comme nécessaire médiation anthropologique, voir P. Aubenque, « Sur l'amitié chez Aristote », *La prudence chez Aristote*, Paris, PUF, [1963] 2004, p. 179-183.

même pour objet ? On en trouvait déjà l'expression dans les apories du *Charmide* (167c-169b) où la connaissance de soi se révélait inconcevable sur le mode de la réflexivité pure. Nos activités ne s'effectuent qu'à travers un corrélat objectif qui doit toujours les précéder[1] et à travers lequel elles ne se saisissent que par surcroît : il n'y a pas de sensation sans un sensible (*aisthèton*) qui lui préexiste, ni de science sans un objet de science (*epistèton*)[2], si bien que l'effectivité de cette capacité est subordonnée à l'existence de cet objet. Cela ne vaut pas cependant pour l'intelligence divine puisque lui supposer un objet antérieur et extérieur à son acte même serait en annuler le caractère premier et principiel[3]. Cette différence entre la condition du dieu et la nôtre explique, selon l'*Éthique à Eudème*, qu'on ne puisse concevoir notre pensée et nos facultés sur le modèle de l'autosuffisance divine. Nous autres humains existons à travers les objets donnés à nos facultés de percevoir et de penser[4] et une faculté ne peut saisir quelque chose d'elle-même qu'au travers des objets qui forment la matière de son exercice, autrement dit à travers son activité[5].

Revenons maintenant à la manière dont cette inévitable médiation explique la nécessité de l'amitié. Cet objet à travers lequel on pourra prendre conscience de soi-même agissant ne nous est pas donné comme n'importe quel objet de sensation ou de connaissance offert à nos facultés. Contempler ses propres actes,

1. Cf. *Métaph.* Λ 9, 1074b35-36 : « Mais il apparaît que science, sensation, opinion et pensée portent toujours sur un objet autre qu'elles-mêmes, et sur elles-mêmes seulement par surcroît [φαίνεται δ' ἀεὶ ἄλλου ἡ ἐπιστήμη καὶ ἡ αἴσθησις καὶ ἡ δόξα καὶ ἡ διάνοια, αὑτῆς δ' ἐν παρέργῳ]. »

2. Cf. *Cat.* 7, 7b29-38 : « En effet, en l'absence de l'objet de science, il n'y a pas de science [ἐπιστητοῦ γὰρ μὴ ὄντος οὐκ ἔστιν ἐπιστήμη] (car il n'y aura plus science de rien), tandis qu'en l'absence de science rien n'empêche qu'existe l'objet de science. (…) Il en va de même pour ce qui est de la sensation : il semble que le sensible soit antérieur à la sensation [τὸ γὰρ αἰσθητὸν πρότερον τῆς αἰσθήσεως δοκεῖ εἶναι] car la suppression du sensible entraîne avec elle l'abolition de la sensation alors que la suppression de la sensation n'entraîne pas avec elle l'abolition du sensible. »

3. Cf. *Métaph.* Λ 9, 1074b18-21. Sur ce chapitre, voir J. Brunschwig, « *Metaphysics* Lambda 9 : a Short-Lived Thought-Experiment ? », *in* M. Frede & D. Charles (eds.), *Aristotle's Metaphysics Lambda. Symposium Aristotelicum* (14 ; 1996), Oxford, O. U. P., 2000, p. 275-306.

4. Cf. *EE* VII 12, 1245a4-10 : « Puisque donc nous ne sommes pas chacun de ces objets par nous-mêmes mais par participation aux facultés mises en œuvre dans le sentir ou le connaître (car en sentant on devient l'objet senti d'une façon déterminée et relativement à une chose déterminée, à savoir ce dont on a la sensation en premier, de la manière dont et là où on a cette sensation ; et en connaissant on devient soi-même l'objet connu [αἰσθανόμενος μὲν γὰρ αἰσθητὸς γίνεται ταύτῃ καὶ κατὰ τοῦτο, καθὰ πρότερον αἰσθάνεται καὶ ᾗ καὶ οὗ, γνωστὸς δὲ γινώσκων]), en conséquence on veut aussi toujours vivre parce qu'on veut toujours connaître, et ceci parce qu'on est soi-même l'objet connu [ὅτι αὐτὸς εἶναι τὸ γνωστόν]. » Pour les difficiles lignes 1245a7-9, nous nous appuyons sur la traduction de C. Dalimier (*Éthique à Eudème,* traduction et présentation par C. D., Paris, Flammarion, GF, 2013).

5. Voir J.-C. Fraisse, « *Autarkeia* et *philia* en *EE* VII 12 1244b1-1245b19 », *Untersuchungen zur Eudemischen Ethik*, p. 247.

voir sa propre activité exige un détour par la médiation d'autrui, plus précisément de l'ami en tant qu'être agissant. Cette première résolution dialectique est sous-tendue par la définition de l'ami comme autre soi-même : sans cette condition de similitude, on ne comprendrait pas, ou difficilement, que l'ami puisse être le vecteur d'une saisie de soi. Celui-ci procure l'extériorité nécessaire à la réflexivité en même temps que la similitude permettant d'accéder à soi. Le rapport de l'homme bon à lui-même passe par le truchement de l'ami parce que les actes de l'ami sont semblables aux siens propres, rien ne ressemblant plus à un homme bon qu'un homme bon.

> De fait les hommes bons sont sources de plaisir à la fois absolument et les uns pour les autres. En effet, ce qui donne du plaisir à chacun d'eux ce sont les actions qui lui sont propres [ἑκάστῳ γὰρ καθ' ἡδονήν εἰσιν αἱ οἰκεῖαι πράξεις] et celles du même genre, et les actions des hommes bons sont identiques ou semblables [τῶν ἀγαθῶν δὲ αἱ αὐταὶ ἢ ὅμοιαι]. (*EN* VIII 4, 1156b15-17)

Les actions des hommes semblables en vertu se ressemblent parce qu'elles ont les mêmes caractères : en elles s'accordent le désir et la raison, se manifeste la constance d'un choix. Elles sont identiques ou peu s'en faut parce que la vertu est un sommet : c'est la perversion qui est multiforme[1]. En effet, le vice est du côté de l'indéterminé tandis que le bien relève du déterminé – argument qu'Aristote invoquera quelques lignes plus loin (1170a20-24). En conséquence, on est fondé à affirmer qu'il n'y a rien de plus semblable à un homme bon qu'un homme bon. L'ami procure donc la faculté de connaître ses propres actions dans la mesure où il est cet autre en qui se reconnaître. L'homme bon se plaît à contempler ce qui lui est propre ou ce qui y ressemble : c'est donc ce même propre que l'on reconnaît en l'ami et que l'on prend plaisir à contempler.

À travers les actions vertueuses de l'ami, on prend conscience de soi et plaisir à ce qui nous est propre, parce qu'il est plus facile de saisir cette activité en autrui qu'en soi-même[2]. Autrui n'est donc pas simplement l'objet passif de l'amitié, le bénéficiaire des actes généreux, l'auxiliaire éthique permettant à l'homme bon d'actualiser sa vertu comme il ressortait de l'un des premiers arguments de l'antinomie (1169b10-14). C'est en tant qu'il est lui aussi actif, qu'il agit et qu'il agit bien, qu'il est le vecteur d'un rapport à soi-même. Le propre a doublement besoin d'une extériorité, celle des actions et celle d'autrui, pour se réfléchir. L'ami est ce miroir éthique par lequel passent la conscience de ce que nous sommes et le plaisir de la reconnaissance de soi. Les analyses conjuguées d'*EE* VII 12 et

1. Cf. *EN* II 5, 1106b28-35 cité *supra* p. 143.

2. Sur la manière dont l'ami est vecteur d'une connaissance de soi, voir J. M. Cooper, « Aristotle on Friendship », *Essays on Aristotle's Ethics*, p. 322 *sq.* et A. Price qui en partage les conclusions, *Love and Friendship* p. 120-124. J. M. Cooper attire l'attention sur le fait que l'image du miroir, reprise de l'*Alcibiade*, telle qu'elle est explicitement présente dans les *Magna Moralia* (1213a10-26), permet d'étayer l'argumentation d'*EN* IX 9, bien qu'il soit question dans cette dernière de conscience plutôt que de connaissance de soi.

EN IX 7 permettent de rendre raison des différents arguments qui sous-tendent cette première résolution du paradoxe de l'amitié vertueuse.

Sans l'extériorité de l'amitié, il est probable qu'une partie au moins de ce propre et du plaisir qu'il procure nous échapperait. Parce que cet *oikeion* n'est pas substance mais action, pas objet mais activité, on a plaisir à contempler les actions de notre ami qui nous y donnent accès. Aristote, en même temps qu'il rend raison par l'argument du propre du besoin d'ami vertueux, met aussi en lumière la nature de ce qui était resté mystérieux dans le *Lysis*. L'*oikeion* s'y présentait sous la forme de cette présence-absence imprimée en nous comme en creux parce que nous en avions été privés. L'argument aristotélicien élucide ce double caractère. L'*oikeion* est bien en nous, est bien nôtre puisqu'il réside dans notre activité. Mais parce que cette activité, d'une part n'existe pas sur le mode de la chose possédée, d'autre part n'est pas saisissable directement, ce propre est en même temps hors de nous : aussi l'ami est-il la condition nécessaire de son appropriation. L'action n'ayant pas l'objectivité matérielle de l'enfant ou de l'œuvre, elle requiert donc la médiation de l'ami pour que l'agent puisse la voir et s'y reconnaître.

On ne saurait alors conclure, comme le fait J. Brunschwig[1], que la version aristotélicienne de l'argument du miroir serait « humaniste », axée sur une connaissance de soi comprise en un sens « individuel, psychologique et moral », en retrait par rapport aux analyses de l'*Alcibiade*. À supposer que cette interprétation vaille pour le passage correspondant des *Magna Moralia* que cite J. Brunschwig, elle ne rend pas totalement justice aux textes de l'*Éthique à Nicomaque* IX 9 et de l'*Éthique à Eudème* VII 12, lesquels, faisant l'économie de cette image du miroir, autorisent une lecture beaucoup moins psychologisante. Il apparaît en effet que c'est bien une essence que l'on saisit dans l'autre en contemplant ses actions, comme c'était le cas dans l'*Alcibiade* de Platon. Mais cette essence se donne sous la forme – et c'est là le cœur de l'argument aristotélicien – de l'activité. Le soi que l'on contemple en l'ami, ce sont nos actes en tant qu'ils nous expriment. Comme les analyses relatives au plaisir et à son lien avec la conscience ont déjà permis de le montrer, la conscience que nous procure l'amitié est d'abord à entendre comme conscience de l'existence, ce qui se voit confirmé par la seconde résolution des paradoxes de l'autosuffisance.

Amitié et conscience d'être

Aristote propose en effet un second argument destiné à dépasser le paradoxe de l'homme heureux. Cet argument qui prend explicitement appui sur la définition aristotélicienne de l'ami comme autre soi-même offre encore un moyen de vérifier

1. Voir J. Brunschwig, « La déconstruction du "Connais-toi toi-même" dans l'*Alcibiade Majeur* », dans M.-L. Desclos (éd.). *Réflexions contemporaines sur l'Antiquité classique. Journées Henri Joly* (Grenoble 1993), Paris, Vrin, 1996, p. 61-84.

notre hypothèse, à savoir que le traitement de l'amitié est destiné à lever la double objection de la redondance et de l'autosuffisance héritée du *Lysis*. De ce second argument, il ressort en effet que loin d'être un obstacle à la possibilité de l'amitié, la similitude des hommes bons en est la condition. L'argument dérive intégralement la valeur de l'amitié du rapport de l'homme bon à lui-même, c'est-à-dire du plaisir que celui-ci ressent à être, se fondant exclusivement sur le rapport que nous avons à nous-mêmes et à notre existence. C'est donc l'argument le plus invulnérable à l'objection d'un besoin qui serait incompatible avec l'autosuffisance de l'homme bon, car il réduit au maximum la part d'extériorité. Si l'ami vertueux est un bien en soi, c'est parce que l'existence est un bien en soi.

La structure générale de l'argument, dont le détail comporte davantage de circonvolutions, est la suivante :

(a) Vivre (c'est-à-dire pour l'homme exercer l'activité de sentir et de penser) est un bien en soi, en particulier pour l'homme bon. (1170a14-28)

(b) Sentir que l'on sent et que l'on pense, c'est sentir que l'on vit. (1170a29-b1)

(c) Sentir que l'on vit est agréable (puisque la sensation de posséder un bien est agréable et que la vie est un tel bien). (1170b1-5)

(d) L'ami étant un autre soi-même, l'homme bon a donc le même rapport à son ami qu'à lui-même. (1170b5-7)

(e) La sensation de l'existence de l'ami (lorsqu'on le sent penser et sentir) est donc aussi désirable et agréable que l'est pour l'homme la sensation de sa propre existence. (1170b7-12).

Les trois premières prémisses doivent établir que la vie est un bien et l'existence plaisante. La vie est non seulement désirée comme un bien mais éprouvée comme tel à travers l'expérience du plaisir, une fois rappelé que la sensation de notre existence est concomitante à l'actualisation des puissances de l'âme définissant la vie. Ayant montré quel plaisir naît de cette conscience de se sentir vivre, il est ensuite possible de dériver la valeur intrinsèque de l'existence de l'ami du simple fait que le rapport que l'homme bon entretient avec lui-même est identique à celui qu'il entretient avec l'ami, ce qu'a montré le chapitre décisif de IX 4 dérivant le rapport à autrui du rapport à soi-même.

> … puisque le fait de vivre est désirable, avant tout pour les hommes bons, parce que le fait d'être est un bien pour eux et un plaisir (car ils ont plaisir à sentir en même temps ce bien par soi), et puisqu'il en va du rapport du vertueux à lui-même comme du rapport qu'il a à son ami (car l'ami est un autre soi-même), de même donc que sa propre existence est désirable pour chacun, il en va de même aussi, ou quasiment, pour celle de son ami. Or le fait d'exister est désirable parce qu'on sent qu'on est soi-même bon, et une telle sensation est agréable en elle-même. Donc il faut sentir aussi en même temps que son ami existe et cela naîtra du fait de vivre ensemble et de partager discours et pensées[1]. (*EN* IX 9, 1170b3-12)

1. αἱρετὸν δὲ τὸ ζῆν καὶ μάλιστα τοῖς ἀγαθοῖς, ὅτι τὸ εἶναι ἀγαθόν ἐστιν αὐτοῖς καὶ ἡδύ (συναισθανόμενοι γὰρ τοῦ καθ' αὑτὸ ἀγαθοῦ ἥδονται), ὡς δὲ πρὸς ἑαυτὸν ἔχει ὁ σπουδαῖος, καὶ πρὸς τὸν φίλον (ἕτερος γὰρ αὐτὸς ὁ φίλος ἐστίν)· καθάπερ οὖν τὸ αὐτὸν εἶναι αἱρετόν ἐστιν ἑκάστῳ, οὕτω καὶ τὸ τὸν φίλον, ἢ παραπλησίως. τὸ δ' εἶναι ἦν αἱρετὸν διὰ τὸ αἰσθάνεσθαι αὑτοῦ ἀγαθοῦ ὄντος, ἡ δὲ τοιαύτη αἴσθησις ἡδεῖα καθ' ἑαυτήν.

Le caractère désirable de l'existence de l'ami sera donc équivalent, ou presque (παραπλησίως 1170b8), au caractère désirable de la sienne propre. Mais Aristote précise que ce sentiment de l'existence se trouve renforcé par une activité partagée (1170b10-12). Cette sensation de vivre est d'autant plus vive que nous partageons sensations et pensées avec un ami qui nous ressemble, ce qui nécessite une vie en commun. Par là, nous participons aussi au plaisir de vivre qui est le sien.

Nous disposons à présent des éléments qui permettent de comprendre pourquoi l'amitié est une condition de la conscience de sa propre activité. L'amitié fait partie de ces expériences dans lesquelles s'éprouve cette sensation de la sensation, prolongeant les analyses élaborées dans le *De Anima* déjà croisées lors de notre enquête sur le plaisir. C'est à une forme d'appréhension de notre être qu'elle permet d'accéder, puisque c'est notre existence que nous percevons dans la diversité des actes que nous partageons avec l'ami, à travers la mise en commun des paroles et des actes qui fait la vie en amicale société (1170b11-14)[1]. On peut d'ailleurs trouver confirmation du lien entre l'amitié et la conscience de soi comprise comme sensation de l'existence, présence à sa propre activité, en rapprochant deux hypothèses que formule Aristote, comme en passant, au livre IX. Chacune montre qu'il est certaines conditions dans lesquelles personne ne choisirait de vivre, dût-il posséder tous les biens. La première souligne que

συναισθάνεσθαι ἄρα δεῖ καὶ τοῦ φίλου ὅτι ἔστιν, τοῦτο δὲ γίνοιτ' ἂν ἐν τῷ συζῆν καὶ κοινωνεῖν λόγων καὶ διανοίας. L'interprétation et la traduction de συναισθάνεσθαι aux lignes 1170b4-5 et b10 fait difficulté. Le sens attendu (qu'on trouve dans la seule autre occurrence aristotélicienne de συναισθάνεσθαι en *EE* VII 11, 1244b24-26), « sentir ensemble ou avec », est difficilement compatible avec la première occurrence en 1170b5 à laquelle il est donc tentant de donner le sens de conscience, qui deviendra courant chez Alexandre d'Aphrodise et Plotin (voir R.-A. Gauthier & J.-Y. Jolif, *EN* II-2, p. 759). Nous avons préféré garder la même traduction à quelques lignes d'intervalle (1170b5, puis b10) et rendre donc le συναισθάνεσθαι plus faiblement par « sentir en même temps », tout en comprenant l'expression comme renvoyant à cette sensation de second ordre dont il a été question dans les lignes 1170a29-32 citées *supra* p. 102 – sensation qui accompagne l'activité effectuée et s'apparente dès lors à de la conscience. L'interprétation de ces lignes en termes de conscience a été critiquée par P. Rodrigo, dans « *Sunaisthanesthai* : le point sensible de l'amitié parfaite chez Aristote », *Philosophie* 12, 1986, p. 35-51. Si le phénomène en question dans ces lignes est bien de l'ordre d'une « sensation conjointe » (p. 50), l'insistance sur le caractère sensible de cette expérience n'empêche nullement selon nous de la décrire en termes de conscience. Voir ainsi J. Moss, *Aristotle on the Apparent Good*, p. 212-219.

1. *EN* IV 14, 1128b5 : « Telles sont les trois médiétés dans l'existence dont on vient de parler et toutes concernant la communauté des discours et des actions [περὶ λόγων τινῶν καὶ πράξεων κοινωνίαν]. » Le parallélisme des formules de 1128b5 et 1170b12 comme la double référence (1169b18 et 1170b13-15) à la nature politique de l'homme nous inclinent à penser qu'il ne faut pas restreindre la portée de la conclusion de IX 9 à la communauté d'une activité théorétique.

personne ne choisirait de vivre même en possédant tout ce qu'un homme rêverait de posséder s'il devait être privé de la pensée, constitutive de son être[1].

> En effet, c'est un bien pour l'homme vertueux que d'être [ἀγαθὸν γὰρ τῷ σπουδαίῳ τὸ εἶναι] et chacun veut pour lui-même ce qui est bon, et nul ne choisit de devenir autre pour que ce qu'il sera devenu possède tous les biens (car il y a un être qui possède actuellement le bien, c'est le dieu) mais on fait ce choix seulement à condition d'être ce qu'on est. Et il semblerait que ce qui constitue l'être de chacun ou ce qu'il est avant tout, c'est sa pensée [δόξειε δ' ἂν τὸ νοοῦν ἕκαστος εἶναι ἢ μάλιστα]. (*EN* IX 4, 1166a19-23)

L'*Éthique à Eudème* utilise d'ailleurs un raisonnement contrefactuel similaire pour montrer qu'il y a quelque chose de désirable en soi à se connaître soi-même : que quelqu'un connaisse à notre place ou vive à notre place n'a aucun intérêt pour nous[2]. En nous ôtant la conscience, l'hypothèse qu'on puisse connaître à notre place rend vide de sens l'idée que quelque chose puisse avoir pour nous une quelconque valeur.

Le second argument tiré de l'*Éthique à Nicomaque* se trouve invoqué au détour de la question dialectique qui a retenu notre attention, celle de savoir si l'homme heureux a besoin d'amis :

> Il serait absurde sans aucun doute de faire du bienheureux [τὸν μακάριον] un solitaire car personne ne choisirait d'avoir tous les biens pour lui seul [οὐδεὶς γὰρ ἕλοιτ' ἂν καθ' αὑτὸν τὰ πάντ' ἔχειν ἀγαθά] ; en effet, l'homme est un être politique [πολιτικὸν] et par nature fait pour vivre en communauté [συζῆν]. (*EN* IX 9, 1169b16-19)

L'explication immédiatement donnée renvoie à la nature politique de l'homme mais la suite du chapitre formulera la raison plus fondamentale pour laquelle même, et surtout, l'homme heureux[3] a besoin d'amis : le plaisir de se sentir exister dont participe l'amitié. Que faire de tous les biens s'ils ne peuvent être partagés, c'est-à-dire s'ils ne donnent pas matière à une action ? De même que nul n'en voudrait au prix de devenir quelqu'un d'autre, de même personne n'en ferait cas s'il

1. On peut rapprocher cet argument de celui utilisé par Leibniz pour montrer que l'immortalité de l'âme est vaine si elle n'implique le souvenir de l'identité personnelle. « Aussi l'immortalité qu'on demande dans la morale et dans la religion ne consiste pas dans cette subsistance perpétuelle toute seule qui convient à toutes les substances, car sans le souvenir de ce qu'on a été, elle n'aurait rien de souhaitable. Supposons que quelque particulier doive devenir tout à coup roi de la Chine, mais à condition d'oublier ce qu'il a été, comme s'il venait de naître tout de nouveau ; n'est-ce pas autant dans la pratique, ou quant aux effets dont on se peut apercevoir, que s'il devait être anéanti, et qu'un roi de Chine devait être créé dans le même instant à sa place ? Ce que ce particulier n'a aucune raison de souhaiter », *Discours de métaphysique* § 34, Paris, Flammarion, GF, 2001, p. 252.

2. Cf. *EE* VII 12, 1244b28-34 : « Car il faut poser que vivre est une certaine forme de connaissance [τὸ γὰρ ζῆν δεῖ τιθέναι γνῶσιν τινά]. Donc si on séparait et posait le fait de connaître par soi et non par référence à autre chose [...], cela ne ferait aucune différence que quelqu'un d'autre connaisse à notre place ; et ceci est semblable au cas où quelqu'un d'autre vive à notre place. Il est donc normal que se percevoir [τὸ ἑαυτοῦ αἰσθάνεσθαι] et se connaître soi-même soient quelque chose de plus désirable [αἱρετώτερον]. »

3. Cf. *EN* VIII 6, 1157b20-22.

devait demeurer seul, comme si une même condition essentielle du bonheur faisait défaut dans l'un et l'autre de ces cas imaginaires : la conscience de soi et de ce qui nous est propre, que procure et renforce la présence de cet autre soi qu'est l'ami, à travers les actes que l'on partage avec lui et les bonnes actions que l'on fait pour lui. Sans amis, tout porte à croire que cette conscience d'être à travers nos actes se trouverait pour le moins amoindrie. On voit donc comment la notion d'*energeia*, déployée à travers les diverses activités de l'âme qui nous définissent en propre, de la pensée à l'action généreuse, permet de sortir des apories de l'autosuffisance. Plus nous sommes amis, plus nous sommes en acte, plus nous sommes[1].

Le traité sur l'amitié se termine par voie de conséquence sur cette condition du vivre ensemble (*suzèn*), absolument essentielle à l'amitié (cf. *EN* VIII 6, 1157b19). La notion d'existence partagée venant conclure la démonstration de IX 9 est au cœur du chapitre 12 dans lequel le concept de sensation (*aisthèsis*) occupe une place centrale. La conscience d'être et le plaisir qu'elle suscite sont décuplés par la présence d'autrui et la vie avec lui[2]. Le chapitre s'ouvre sur une analogie avec la primauté dont jouit la sensation visuelle pour les amants. Cette sensation, dont Aristote a déjà dit qu'elle faisait naître l'amour[3], est aussi ce qui l'entretient ; étant acte, elle permet l'actualisation continuée du sentiment amoureux. Le vivre ensemble pour les amis est donc l'analogue du voir pour les amants : c'est le plus précieux et le plus plaisant, en permettant la réactualisation constante de cette sensation de l'existence qui est source de plaisir par elle-même.

> L'amitié en effet est une communauté [κοινωνία], et il en va du rapport à soi comme il en va du rapport à l'ami. En ce qui concerne soi-même, la sensation d'exister est désirable [περὶ αὑτὸν δ' ἡ αἴσθησις ὅτι ἔστιν αἱρετή], et c'est aussi le cas en ce qui concerne l'ami [καὶ περὶ τὸν φίλον] ; celle-ci s'actualise dans le fait de vivre ensemble [ἡ δ' ἐνέργεια γίνεται αὐτῆς ἐν τῷ συζῆν], de sorte qu'il est normal qu'on y aspire. (*EN* IX 12, 1171b32-1172a1)

Partager la conscience de mon existence avec mon ami augmente mon propre plaisir à être en aiguisant la conscience que je suis et de ce que je suis. Il n'est peut-être de meilleur moyen de se sentir vivre, c'est-à-dire sentir, penser et agir qu'en présence de son semblable. L'ami est donc beaucoup plus qu'un simple auxiliaire éthique au sens où il fournirait le terrain le plus propice aux bonnes actions de l'homme vertueux. Il est véritablement ce par quoi nous prenons conscience de ce que nous sommes et prenons plaisir à l'actualisation de nos puissances. Se trouvent ainsi dépassés les paradoxes de l'autosuffisance qui paralysaient le *Lysis :* s'il peut y avoir amitié du bon pour le bon, si l'homme

1. Cette intuition aristotélicienne travaillant la résolution des paradoxes de l'amitié trouve une heureuse formulation dans un propos d'Alain intitulé « Amitié » : « Tant qu'on est seul on ne peut être soi. Les nigauds de moralistes disent qu'aimer c'est s'oublier ; vue trop simple ; plus on sort de soi-même et plus on est soi-même ; mieux aussi on se sent vivre. Ne laisse pas pourrir ton bois dans ta cave », *Propos*, 27 décembre 1907, Paris, Gallimard, 1990, tome I, p. 25.

2. Voir H.-G. Gadamer, « Amitié et connaissance de soi », p. 307.

3. Cf. *EN* IX 5, 1167a3-7.

heureux a besoin d'ami, ce n'est pas parce que cette présence est utile, mais parce qu'elle est plaisante. L'amitié est nécessaire à la vie heureuse car en procurant ce plaisir de se sentir être qui fait la saveur de la vie, elle intensifie par ce biais notre capacité à agir, c'est-à-dire à être.

L'amitié comme supplément d'acte

Le tout début du traité sur l'amitié l'avait déjà mentionné sous la simple forme de l'opinion admise que « "deux hommes marchant ensemble" ont en effet plus de puissance pour penser et pour agir [νοῆσαι καὶ πρᾶξαι] » (VIII 1, 1155a15-16). Cette continuité entre mon action et celle de l'ami est sensible jusque dans le fait que les actions faites par cet autre moi-même peuvent être dites miennes au sens où elles ont leur principe en moi[1]. L'ami étant un autre moi-même, les choses qui sont faites grâce à lui et à son aide restent pour ainsi dire de mon fait, en vertu de l'identité du principe directeur de l'action. En effet, pensée et désir, les composantes du choix au principe de l'action, sont identiques chez des amis auxquels il appartient par définition de vouloir et de choisir les mêmes choses (cf. *EN* IX 4, 1166a7). Mais la présence d'un ami n'augmente pas seulement notre puissance au sens où elle viendrait étendre le champ de notre action possible, elle accroît aussi directement notre activité en soutenant notre capacité d'être en acte. La conscience de soi qui fait le plaisir de l'activité se trouve en effet médiatisée par la présence d'un autre moi, qui non seulement en accroît la matière, mais plus fondamentalement en entretient l'effectivité, et cela parce que sa présence intensifie l'actualisation de nos puissances.

> La vie solitaire est difficile : s'il n'est pas facile d'être en activité de façon continue [καθ' αὑτὸν ἐνεργεῖν συνεχῶς], en compagnie d'autrui et en rapport avec les autres, c'est plus facile. L'activité sera donc plus continue, étant agréable par elle-même [ἔσται οὖν ἡ ἐνέργεια συνεχεστέρα, ἡδεῖα οὖσα καθ' αὑτήν], ce qui doit être le cas pour le bienheureux [ὃ δεῖ περὶ τὸν μακάριον εἶναι]. (*EN* IX 9, 1170a5-8)

La présence d'autrui vient pallier la discontinuité de l'*energeia* inévitable pour l'être humain[2], procurant ce supplément d'acte qui rend l'activité plus complète et plus plaisante. Elle est ce moyen par lequel s'éprouvent plus intensément les différentes activités dans lesquelles l'homme se sent vivre, Aristote ne cessant d'insister sur cette condition essentielle de l'amitié qu'est la vie en commun. L'amitié, parce qu'elle est plaisante et parce que le plaisir soutient l'activité[3] augmente par là notre puissance d'agir. Ce lien entre amitié et activité explique

1. Cf. *EN* III 5, 1112b27-28. De la même façon, l'homme magnamine qui représente une des plus hautes réalisations de la vertu ne saurait vivre en référence à personne d'autre, sauf si cet autre est un ami (*EN* IV 8, 1124b32-1125a1), et cela vraisemblablement parce que cet ami est un autre lui-même, d'une vertu et d'une noblesse comparable.

2. Cf. *EN* X 4, 1175a3-6 cité *supra* p. 128.

3. Cf. *EN* X 5, 1175a30-35 cité *supra* p. 142.

aussi pourquoi les amitiés trop nombreuses se contrarient exactement comme se contrecarrent les plaisirs nés d'activités concomitantes, puisqu'il est impossible d'être doublement en acte (cf. *EN* X 5, 1175b5-10).

Être ami de nombreuses personnes en même temps empêche même l'amitié [τὸ φιλεῖν] car il n'est pas possible d'être en activité à l'égard de nombreuses personnes en même temps [πρὸς πολλοὺς ἐνεργεῖν]. (*EE* VII 2, 1238a8-10)

Le fait de sentir ensemble, ou la communauté de perception, ne pourra se réaliser qu'entre un petit nombre de personnes. Si l'amitié est donc fondamentalement une relation duale comme l'énonçait la citation d'Homère (1155a15) et ne saurait se disperser entre un trop grand nombre d'individus (1156b25), ce n'est pas seulement parce que les hommes d'une vertu achevée sont rares et difficiles à trouver. Cela tient plus fondamentalement à cette structure d'actualisation conjointe qui explique que des activités comme des attachements simultanés trop nombreux se contrarient. La présence d'un autre qui est mon semblable, en augmentant mon activité et mon sentiment de cette activité, augmentera aussi le plaisir qui la parachève. En cela réside la supériorité du plaisir partagé qui explique aussi qu'on recherche la compagnie d'autrui pour s'adonner aux activités qui font la joie de l'existence.

Et ce qui constitue pour chacun l'existence ou ce pour quoi chacun choisit de vivre, c'est à cela que chacun veut passer son temps en compagnie d'amis. C'est pourquoi les uns se réunissent pour boire, les autres pour jouer aux dés, d'autres pour pratiquer la gymnastique ou la chasse ou la philosophie ensemble, tous passant leurs journées à ce qu'ils chérissent le plus dans la vie [μάλιστ' ἀγαπῶσι]. (*EN* IX 12, 1172a1-7)

C'est pour la même raison et dans un même mouvement qu'on recherche le plaisir et qu'on cherche à le partager avec des amis : au fond de ce mouvement se trouve cette intensification du sentiment de l'existence qui fait le prix de la vie et qui explique que même les plaisirs vulgaires préfèrent être savourés en compagnie d'autrui[1]. L'amitié se reconnaît en effet à la présence de deux caractères par nature indissociables : toute amitié doit comporter du plaisir et toute amitié requiert de vivre ensemble[2].

Nous voilà à présent en mesure de rendre pleinement raison de la double caractéristique de l'amitié sur laquelle Aristote ouvrait son traité : celle-ci exige réciprocité, et réciprocité active, impliquant la conscience mutuelle des amis. L'amitié nécessite une activité car dans celle-ci réside le plaisir à être qui

1. Cf. *EE* VII 12, 1245a35-39 : « Percevoir un ami, c'est nécessairement d'une certaine façon se percevoir soi-même [τὸ οὖν τοῦ φίλου αἰσθάνεσθαι τὸ αὑτοῦ πως ἀνάγκη αἰσθάνεσθαι εἶναι] et se connaître soi-même, de sorte qu'il est normal que partager avec son ami même des plaisirs vulgaires et vivre [συζῆν] avec lui soit agréable [ἡδὺ] (car cela va toujours avec la perception de celui-ci), et que partager des plaisirs plus divins le soit encore davantage. »

2. Cf. *EN* VIII 7, 1158a8-10. Si les personnes moroses ou les vieillards sont dès lors moins enclines à ressentir ou à susciter l'amitié, c'est que leur font défaut ces deux traits caractéristiques de l'amitié dont le point commun réside dans l'activité. Voir J.-C. Fraisse, *Philia*, p. 218.

accompagne l'action bonne : voilà qui permet de sortir des paradoxes de la bienfaisance. Elle implique aussi réciprocité car dans les actions de mon ami et dans celles que je partage avec lui se joue cette saisie de soi qui fait le plaisir de l'activité : voilà qui permet de sortir des paradoxes de l'autosuffisance. Les *erga* de l'amitié et le supplément d'*energeia* qu'elle confère expliquent pourquoi l'amitié s'exprime dans l'action. Réciprocité et activité la démarquent radicalement d'un simple désir du bien, fût-il désir du bien d'autrui.

Aristote et le Lysis : l'oikeion et le bien

La résolution des divers paradoxes constitutifs de l'amitié met en lumière l'origine du plaisir propre à l'amitié, qu'il s'exprime à travers la joie de faire le bien d'autrui ou de partager avec lui les occupations qui font mon existence. Qu'il s'agisse du plaisir pris à agir et à la conscience de cette activité ne fait plus à présent mystère. Nous avons essayé de montrer qu'en définissant l'ami comme autre moi-même, Aristote aborde de front les points qui faisaient difficulté dans le *Lysis*. La description de l'amitié parfaite en *EN* VIII 4 en retrouve les deux termes problématiques mais entend maintenir les deux réquisits de similitude et de bonté au lieu de vouloir en éliminer un. Les vertueux sont amis parce qu'ils sont bons et parce qu'ils se ressemblent. Il est essentiel que l'ami soit un autre moi-même, qu'il soit bon et semblable à moi pour pouvoir constituer ce miroir éthique dans lequel je saisis ce qui m'est propre. Similitude et bonté qui rendaient inintelligible le besoin de l'ami conçu comme réponse à un manque rendent parfaitement intelligible le plaisir de l'amitié. Loin d'être une inutile redondance, la présence de l'ami procure ce redoublement nécessaire à la conscience de soi. Dès lors qu'on ne conçoit plus d'abord l'amitié sur le mode du besoin entendu comme manque à combler, il devient peut-être possible de dépasser le paradoxe de l'inutilité qui ne vaut que dans le cas des formes inférieures d'amitié, où l'on cherche encore à pallier une insuffisance, où on aime l'ami pour ce qu'il apporte, plaisir ou profit, et non pour ce qu'il est. Dans le cas de l'amitié fondée sur la vertu, l'homme bon ne manque effectivement de rien, sans que cette suffisance rende pour autant l'ami superflu. Pour emprunter une distinction stoïcienne remontant à Chrysippe et reprise par Sénèque dans la *Lettre IX à Lucilius*, on pourrait dire que l'homme bon ne manque pas d'amis mais qu'il a besoin d'amis.

> Je veux aussi t'indiquer la distinction de Chrysippe. Il dit que rien ne manque au sage et cependant qu'il a besoin de beaucoup de choses : l'insensé, au contraire, n'a besoin de rien (car il est incapable de faire usage de quoi que ce soit) mais tout lui manque. (*Ad Lucilium. Epistulae Morales*, I, 9, §14)

Dans la forme parfaite de l'amitié, on aime son ami pour lui-même, c'est-à-dire parce qu'il nous est semblable et parce qu'il est bon. L'amitié du semblable pour le semblable ou du bon pour le bon, loin d'être superflue, est bien plutôt supplément, un peu à la manière dont le plaisir est dit achever l'activité : si le plaisir ne lui apporte rien qui lui manquerait puisqu'il suppose déjà la perfection de l'objet comme de la faculté engagés dans l'activité, il s'y ajoute néanmoins comme une fin survenue par surcroît. De même, la similitude des amis vertueux les enrichit mutuellement en les révélant à eux-mêmes, en les faisant accéder à ce qui échappe en partie à une vie solitaire. L'origine de l'amitié parfaite est donc plénitude et non manque. C'est ainsi que la définition aristotélicienne de l'ami comme autre soi-même dépasse les impasses du *Lysis* comme les insuffisances de la théorie d'Aristophane dans le *Banquet* qui ont le commun défaut d'enraciner l'amitié dans la privation.

Il est donc possible de réconcilier l'*oikeion*, le semblable et le bon, et de dépasser ainsi l'aporie finale du *Lysis*, à condition de mesurer que cet *oikeion* n'est pas à concevoir comme un *prôton philon* qui orienterait de loin nos affections, pas plus que l'Idée du bien n'est capable de diriger d'en haut nos conduites. Ce qui nous est propre et qu'on recherche dans l'amitié, c'était, selon Socrate, le bien, dont la présence sous la forme paradoxale d'une absence demeurait une question sans réponse, de même que la manière dont il nous apparentait à notre semblable. Pour savoir sous quelle forme se présente notre bien, il suffit de revenir à la définition du bonheur donnée en *EN* I 6 : pour nous le bien n'a d'autre forme que celle de notre activité, mais notre activité la plus parfaite. Ce qui nous est propre, c'est notre *ergon* en tant que s'y exprime notre humanité. La conception aristotélicienne de l'amitié garde quelque chose de l'*oikeion* platonicien mais le comprend à partir de son expression pour les hommes que nous sommes. Il s'agit du produit de notre activité, actions aussi bien qu'œuvres. C'est aussi la raison pour laquelle nos œuvres (*erga*) – actes, enfants ou poèmes – nous sont si chères et nous procurent tant de plaisir. Dans les actions de son ami vertueux on contemple ce propre qui en nous-mêmes est difficile à voir et qui pourtant nous réjouit, parce qu'il nous procure le sentiment d'être. Ce propre consiste à vivre et agir selon la meilleure part de nous-mêmes, c'est-à-dire selon l'activité qui exprime le plus ce que nous sommes. Plus encore que dans nos poèmes, nos richesses ou nos enfants, cet *ergon* qui nous définit est à chercher dans l'activité de notre raison et dans l'action vertueuse qu'elle guide. La question de savoir pourquoi les vertueux sont si bien apparentés les uns aux autres trouve du même coup sa réponse. Ils n'ont pas besoin pour ce faire de la médiation d'un troisième terme, d'un *prôton philon*. Comme le souligne M. Narcy,

> le raisonnement d'Aristote ne prétend à rien de plus que d'identifier « le plus grand bien » de chaque chose, et donc ce à quoi elle tend ou doit tendre en dernière instance, avec ce qui lui est propre (οἰκεῖον). C'est, comme chacun sait, le terme auquel parvient la discussion du *Lysis* (221d7-222b2) avant que Socrate ne la fasse échouer en posant par hypothèse la différence du semblable et du propre (222c1-3)[1].

Si notre analyse s'accorde avec lui pour souligner les affinités repérables entre le développement final du *Lysis* et l'éthique aristotélicienne, elle conteste néan-

1. M. Narcy, « Le socratisme du *Lysis*. II », p. 233.

moins que ce développement ne soit que la reprise d'un échec volontaire de la discussion socratique[1]. L'échec socratique nous semble au contraire résulter d'une réelle difficulté à rendre compte du lien qui unit propre, semblable et bien. Socrate qui se déclare, avec ses interlocuteurs, enivré par l'argument (222c2) est impuissant à montrer pourquoi ce désir du bien est de nature à susciter notre attachement pour un autre, bref comment un manque ou la conscience d'un manque suffirait à nous rapprocher. Si la fin du dialogue doit également revenir sur la question du semblable, ce n'est pas pour se saborder volontairement mais pour pointer un aspect non élucidé de l'amitié, que l'*oikeion* qu'est le bien est mis en demeure d'expliquer.

Les traités aristotéliciens permettent de sortir des impasses socratiques qui butent sur la réciprocité et la similitude essentielles à la relation amicale. Si l'ami doit être mon semblable, et si la réciprocité de notre affection doit s'exprimer dans le partage d'une existence, c'est parce que ces deux conditions sont nécessaires pour susciter cette reconnaissance de soi inhérente à l'amitié. Les amis vertueux sont semblables par leurs activités, expression de leur commune perfection. Les uns et les autres existent dans et par leurs bonnes actions. Comme l'a montré la théorie de l'amour de soi vertueux, à la différence de l'égoïsme vicieux qui confondait l'acte et la possession, les vertueux placent leur être dans des actions et non dans des choses. L'*oikeion* aristotélicien se construit et se comprend en réponse aux analyses platoniciennes, qu'elles se présentent sous la forme aporétique du *Lysis* ou euporétique du *Banquet*: il n'est pas à chercher dans la possession éternelle du bien mais dans l'œuvre, et ce, comme nous l'avons dit plus haut, non pas afin d'atteindre l'immortalité mais pour tout simplement être. Socrate avait sans doute raison de suggérer que l'*oikeion* et le bien sont à rapprocher, à condition de concevoir le bien non pas sur le mode d'un lointain objet du désir, mais comme ce bien *prakton* qui est à notre portée parce qu'il tient tout entier dans notre activité.

1. En admettant même que Socrate, intentionnellement, « reste muet, en particulier, sur le lien entre cet οἰκεῖον et la σοφία, auparavant présentée à Lysis comme l'unique nécessaire ou le seul désirable, et qu'on s'attendrait à voir maintenant dans le rôle de πρῶτον φίλον » et que la solution réside dans cette *sophia* à laquelle aboutit le premier entretien entre Socrate et Lysis, le silence de Socrate n'en serait que plus incompréhensible : comme le remarque M. Narcy, « il est vrai que Socrate, à la différence d'Aristote, ne dit rien sur ce que serait pour nous ce propre » (*ibid.*). Si ce premier entretien pose effectivement d'importants jalons amenés à être développés dans la suite du dialogue (voir F. Gonzalez, « Socrates on Loving One's Own : a Traditional Conception of ΦΙΛΙΑ Radically Transformed », *Classical Philology*, 95, 2000, p. 379-398) son caractère insuffisant tient entre autres au fait que la *sophia* rend difficilement compte du caractère réciproque de l'amitié et de la réalité des affections.

Ces conclusions peuvent être prolongées en se tournant vers le traitement politique de l'amitié. Son importance n'est nullement sous-estimée dans les œuvres politiques de Platon, la *République* et les *Lois*, où elle figure en bonne place. S'il y a loin de la *philia* unissant les membres d'une communauté politique à la relation duale et privilégiée entre deux parfaits vertueux, l'analyse aristotélicienne, critique et constructive, des dispositifs communautaires destinés à la susciter contient de significatifs recoupements avec les développements précédents. On y verra notamment que l'importance accordée à l'action, une fois de plus négligée Platon, est un élément d'explication du rôle politique joué par cette vertu.

Politiques de l'amitié

L'amitié politique comme communauté d'action

Que l'amitié constitue le lien des cités et qu'elle soit à ce titre non moins indispensable que la justice, fait partie des *endoxa* universellement partagées.

> Il semble que l'amitié unisse aussi les cités [τὰς πόλεις συνέχειν ἡ φιλία] et que les législateurs s'en soucient plus que de la justice. En effet, la concorde semble être quelque chose de semblable à l'amitié [ἡ γὰρ ὁμόνοια ὅμοιόν τι τῇ φιλίᾳ ἔοικεν εἶναι] et les législateurs la recherchent avant tout tandis qu'ils fuient plus que tout la sédition qui est son ennemie. Et entre des amis, il n'y a plus besoin de justice, tandis qu'à des gens justes manque encore l'amitié. (*EN* VIII 1, 1155a22-28)

Ce sentiment que s'efforcent donc de développer toutes les dispositions législatives joue un rôle primordial dans la critique à laquelle Aristote soumet les dispositifs platoniciens de la *République*[1]. En effet, s'il est un point sur lequel il s'accorde sans hésiter avec Platon[2], c'est bien l'importance politique de l'amitié, quoiqu'il soit très sarcastique sur le moyen censé la susciter[3] : la mise en commun des femmes et des enfants (ou des biens, point qu'il abordera dans le chapitre suivant).

> En résumé, avec une loi de ce genre, il ne peut qu'arriver le contraire de ce dont des lois bien instituées doivent être cause et de ce pour quoi Socrate pensait qu'il fallait prendre de telles dispositions au sujet des femmes et des enfants. En effet, nous considérons l'amitié comme le plus grand des biens pour les cités (car c'est ainsi qu'il y aura le moins de séditions) et Socrate loue le fait qu'une cité soit la plus une [μίαν] possible, ce qui semble, d'après ce qu'il dit lui aussi, être l'œuvre de l'amitié [τῆς φιλίας ἔργον]. (*Pol.* II 4, 1262b3-10)

1. Sur le rôle de l'amitié dans la *République*, voir D. El Murr, « L'amitié (*philia*) dans le système social de la *République* », *Revue Philosophique de Louvain*, 110 (4), 2012, p. 587-604.

2. L'amitié, dès les premières pages des *Lois*, est présentée comme le plus grand bien des cités et le but que doit se proposer le législateur (628c-d).

3. Cf. *Pol.* II 4, 1262a40-b3.

Si la communauté des femmes, des enfants ou des biens échoue à faire naître l'amitié, c'est d'abord pour la raison générale qu'elle entraîne un appauvrissement éthique, en grevant la possibilité pour l'homme de cultiver les différentes vertus dans lesquelles il s'accomplit[1]. La communauté politique ne se borne pas à éviter les injustices mutuelles et à protéger les intérêts privés. Si la cité doit être unie par des liens d'amitié, et si selon le proverbe qu'Aristote comme Platon aiment à rappeler, entre amis tout est commun, il faut bel et bien faire exister ce commun. Comment le faire émerger sans dissoudre ce qui en est le fondement, à savoir le choix réfléchi d'une existence partagée[2] ? Aristote, tout en insistant sur le fait que la propriété ne doit pas être commune à l'origine[3], n'en déclare pas moins qu'elle doit le devenir, et ce par son usage.

> Il est évident que le mieux, c'est que les possessions soient privées [ἰδίας τὰς κτήσεις], mais qu'on les rende communes par l'usage [τῇ δὲ χρήσει ποιεῖν κοινάς]. (*Pol.* II 5, 1263a37-39)

Cette solution est à nouveau préconisée dans le cadre de la constitution conforme aux vœux du philosophe.

> Il ne faut pas selon nous que la propriété soit commune, comme l'ont dit certains, mais devienne commune par l'usage, comme entre amis [τῇ χρήσει φιλικῶς γινομένην κοινήν], et aucun des citoyens ne doit être privé de ressources. (*Pol.* VII 10, 1329b41-30a2)

La communauté naît en effet de l'usage des biens, autrement dit d'une activité partagée. En les collectivisant d'emblée, on court le risque de rendre impossible ce que cette disposition avait précisément vocation à susciter, à savoir la communauté d'action. C'est là ce qui distingue les dispositions législatives qui se contentent de supprimer ou de limiter la propriété[4], sans augmenter par là le sentiment de ce que nous partageons, et un dispositif comme celui des repas en commun, souvent cité en exemple de ce qui renforce l'amitié entre les citoyens[5]. L'usage commun favorise l'expression et le renforcement de l'unité civique sans entraver

1. Cf. *Pol.* II 5, 1263b8-14 et II 6, 1265a28-38 sur les *Lois* où Platon, tout en semblant amender la *République*, y reconduit les mêmes erreurs. Dans les *Lois* non moins que dans la *République*, Platon a négligé deux vertus allant de pair, dans l'accomplissement de l'homme, tempérance et libéralité, qui ont en commun de concerner un certain usage (*chrèsis*) des biens ou des plaisirs.

2. Cf. *Pol.* III 9, 1280b38-39 sur l'amitié comme « choix de vivre ensemble [ἡ γὰρ τοῦ συζῆν προαίρεσις φιλία] ».

3. Cf. *Pol.* II 5, 1263a26-27.

4. Ces dispositions restrictives ne sont pas les seuls moyens préconisés pour créer l'amitié dans les *Lois*. Outre l'éducation commune, la participation aux chœurs, l'Athénien insiste à plusieurs reprises sur les dispositifs favorisant l'amitié et la connaissance mutuelle des citoyens. De nombreuses occurrences des termes *philia* ou *philos* ont trait à des questions concrètes : le partage d'une langue et d'une législation (708c3), la participation aux sacrifices et aux activités de culte (759c3).

5. C'est d'ailleurs une des premières choses que s'empresse de supprimer la tyrannie, de peur que ne s'y forgent cette connaissance et confiance mutuelles, préalables à l'unité d'action de la rébellion (cf. *Pol.* V 11, 1313b1).

le bonheur des citoyens. Cet exemple montre que pour instaurer une véritable communauté, les lois doivent être formatrices, en suscitant de bonnes habitudes qui portent à l'action, et non consister en des dispositions privatives qui ne font jamais que restreindre l'activité. La théorie aristotélicienne de l'amitié comme action partagée laisse ainsi percevoir l'inanité de dispositions communautaires qui confondent les choses et les actes.

> Une telle législation pourrait sembler souriante et amie de l'homme [φιλάνθρωπος] car l'auditeur l'accueille avec contentement, en pensant que régnera une merveilleuse amitié [φιλίαν] de tous envers tous, surtout lorsqu'on accuse les maux existant actuellement dans les constitutions d'être le fruit de la non-communauté de la propriété [διὰ τὸ μὴ κοινὴν εἶναι τὴν οὐσίαν], j'entends par là les procès des uns envers les autres au sujet de contrats, les poursuites pour faux témoignage et les flatteries à l'égard des riches[1]. Mais rien de cela n'est dû à l'absence de communauté, c'est dû à la méchanceté, puisque nous voyons bien plus se disputer ceux qui ont des possessions en commun et les partagent que ceux dont les biens sont privés (…). De plus, il est juste de ne pas se contenter d'énoncer tous les maux dont seront délivrés ceux qui pratiquent la communauté des biens mais de dire aussi tous les biens dont ils seront privés. (*Pol.* II 5, 1263b15-28)

Ce n'est pas parce que les biens matériels sont prétextes à discorde et à corruption morale qu'ils en sont fondamentalement la cause. Platon semble confondre encore une fois la raison et l'occasion. Il reconduit au niveau politique une erreur qui est déjà la sienne à propos du plaisir, confondant la nature du phénomène (le plaisir) et les circonstances de son apparition (la réplétion d'un manque). De la même façon, sa théorie de la communauté confond les maux dont les biens possédés sont l'occasion, justement parce qu'ils sont la matière des actions, vertueuses ou vicieuses, avec le vice lui-même. Ce n'est pas en supprimant l'occasion qu'on supprimera la cause, d'autant qu'une telle suppression risquerait au contraire d'accroître encore le phénomène en entravant le développement des vertus. Aussi le sentiment du commun ne doit-il pas être confondu avec ce qui n'en est que l'auxiliaire, à savoir les biens matériels. Si ceux-ci peuvent être le support d'un sentiment de communauté, c'est uniquement en tant qu'ils constituent le support nécessaire de certaines actions. La communauté réside dans des actes et non dans des choses mais il demeure que ces dernières en sont la matière. L'usage (*chrèsis*) est action, implique une activité quand les propriétés ne sont que possession (*ktèsis*), en vertu de cette même hiérarchie entre *chrèsis* et *ktèsis* qu'on trouvait déjà énoncée entre *energeia* et *hexis* à propos du bonheur. Si certains biens sont nécessaires au vertueux pour être heureux, c'est parce qu'ils sont condition de l'action et indispensables à cette absence d'entrave dans l'activité qui est le propre du bonheur (cf. *EN* I 5, 1097b6-21). Priver l'homme libre de ces biens, c'est le priver de ses vertus, mutiler son excellence et son bonheur, diminuer l'homme et le citoyen.

Ce qu'on partagera dans la cité aristotélicienne, ce sont donc des actions plutôt que des biens, car ce qui fait tenir ensemble une communauté, quelle qu'elle soit,

1. Cf. *Rép.* V, 464d-e.

ce sont ses *erga*, actes ou œuvres, comme le confirme un passage du livre VIII de l'*Éthique à Nicomaque* concernant cet autre *koinon* qui assure le maintien de la communauté conjugale. Aristote remarque que cette communauté est d'autant plus solide qu'elle est cimentée par des enfants[1]. Les enfants sont justement un bien du couple parce qu'ils sont leur œuvre commune (cf. *EN* IV 2, 1120b13-15). Il n'en ira pas autrement au niveau de la communauté plus vaste qu'est la cité.

Le *koinon* qui doit tenir ensemble ses membres consistera dans des objets d'action plutôt que dans des objets. Le régime de la communauté civique est moins celui de la communauté de biens, qu'on entende celle-ci au sens fort de l'ensemble des propriétés mobilières et immobilières ou tout aussi bien au sens faible du territoire, que celui de la communauté d'action[2]. L'erreur des conventionnalistes représentés par le sophiste Lycophron est l'exact symétrique de celle de Platon. Ces deux visions, quoique radicalement opposées, manquent finalement la même chose, en pensant une unité trop forte ou trop lâche pour la cité. Contre les thèses conventionnalistes, Aristote rappelle que

> la cité n'est pas une communauté de lieu [κοινωνία τόπου] destinée à éviter les injustices mutuelles et à faciliter les échanges (*Pol.* III 9, 1280b30-31).

Le chapitre VII 8, recherchant ce quelque chose qui est « un, commun [κοινὸν] et le même pour ceux qui y participent » (1328a26), revient sur les raisons qui poussent à exclure le territoire : le commun recherché ne peut être un simple moyen étranger à la fin de l'action, au sens où un instrument comme la maison n'a rien de commun avec celui qui la construit. Le territoire n'est pas véritablement une partie du composé qu'est la cité[3] car une partie de la cité au sens strict, c'est-à-dire véritablement fonctionnelle, doit concourir activement à la réalisation de la fin, œuvrant au but commun, de la même façon que dans un corps vivant, la partie doit avoir une fonction propre, être associée à un *ergon*. Plutôt qu'un territoire ou des biens, ce sont d'abord les actions qui doivent être partagées dans la cité d'Aristote car ce sont elles qui suscitent et expriment un véritable vivre ensemble[4].

1. Cf. *EN* VIII 15, 1162a26-27 : « On estime que les enfants sont un lien. C'est pourquoi les couples qui n'ont pas d'enfants se dissolvent plus vite : les enfants sont un bien commun aux deux, et ce qui est commun unit [συνέχει δὲ τὸ κοινόν]. » Notons que le verbe συνέχειν est employé en *EN* VIII 1, 1155a23 cité *supra* p. 190 pour décrire l'amitié comme lien des cités.

2. Cf. *Pol.* III 9, 1281a2-4 : « C'est donc en vue des belles actions [τῶν καλῶν ἄρα πράξεων χάριν] qu'il faut poser l'existence de la communauté politique [τὴν πολιτικὴν κοινωνίαν] et non en vue de la coexistence. »

3. Cf. *Pol.* VII 8, 1328a33-35.

4. Cf. *EN* IX 9, 1170b11-14 : « Cela [le sentiment de partager les sensations de l'ami] naîtra du fait de vivre ensemble [συζῆν] et de mettre en commun discours et pensées [κοινωνεῖν λόγων καὶ διανοίας] : c'est là ce que signifie, semble-t-il, vivre ensemble pour les humains, ce n'est pas le fait de paître au même endroit comme pour les troupeaux. »

Partager un espace ou des propriétés n'implique jamais qu'une cohabitation consentie ou une communauté forcée, les deux échouant également à faire naître une amitié politique, faute de venir encourager une action commune. Tel est le point sur lequel achoppent le platonisme comme le conventionnalisme politiques, inaptes à susciter le sentiment du commun. Le commun doit être de l'ordre de l'*ergon*, consister en une activité ou ses fruits, de la même façon que l'amitié, pour être une vertu, doit être une action, exprimer un choix. En supprimant la matière de ce choix, – la décision de partager son bien avec autrui dans la libéralité, le geste d'apporter son écot dans un repas en commun –, on supprime du même coup la possibilité d'agir, l'acte créateur de communauté[1].

Le propre comme fonds commun de l'amitié éthique et politique

L'analyse socratique du *Lysis* avait échoué à dégager la manière dont l'*oikeion* nous rendait amis les uns des autres, faute de le placer dans son lieu véritable, à savoir l'activité. La législation de la *République* reconduit cet échec, sous-estimant l'importance d'un propre pour fonder l'amitié entre citoyens. En supprimant la famille, elle spolie l'homme de ce qui lui est le plus propre et se prive ainsi d'une des ressources les plus précieuses de la moralité.

> En effet, il y a deux choses qui, plus que tout, rendent les hommes pleins de sollicitude et d'affection [ποιεῖ κήδεσθαι τοὺς ἀνθρώπους καὶ φιλεῖν] : ce qui est à soi et ce qu'on chérit [τό τε ἴδιον καὶ τὸ ἀγαπητόν]. (*Pol.* II 4, 1262b22-24)

Les enfants font en effet à ce point partie du soi qu'on hésite à parler de justice au sens strict dans la relation à leur propos (cf. *EN* V 10, 1134b9-13). Abolir le propre ampute l'homme et coupe une des racines de l'amitié au moins pour deux raisons. La première est qu'on supprime cet intérêt éthique pour ce qui nous est cher, compromettant ainsi notre sollicitude pour un « mien » qui n'a de plus commun que le nom, puisque nul ne s'y reconnaît plus. La seconde, plus fondamentale, se dégage des analyses précédentes de l'amitié qui ont montré que tout sentiment amical dérive d'un rapport à soi-même, d'une amitié pour soi et ce qui nous est propre (*EN* IX 4). Or ce propre est le produit et la matière d'une activité, et en cela le vecteur du développement de la vertu. Le constat est en effet reconduit au chapitre suivant à propos de cette autre figure du propre que sont les possessions.

> De plus, pour ce qui est du plaisir [πρὸς ἡδονὴν], cela fait une différence incomparable de considérer quelque chose comme à soi [ἴδιόν]. En effet, il n'est pas possible que l'amitié que chacun a pour lui-même existe en vain, c'est au contraire quelque chose de naturel [φυσικόν]. On blâme à juste titre l'égoïsme [τὸ δὲ φίλαυτον εἶναι] mais celui ne consiste pas à s'aimer soi-même, mais à s'aimer plus qu'il ne faut, comme dans le cas de l'avarice, puisque tout le monde, pour ainsi dire, aime chacun de ces objets. Sans compter que faire plaisir et porter secours à ses

1. Voir M. Canto-Sperber, « L'unité de l'État et les conditions du bonheur public », dans P. Aubenque (dir.), *Aristote politique. Études sur la Politique d'Aristote*, Paris, PUF, 1993, p. 67.

amis, aux étrangers et à ses compagnons procure le plus grand plaisir, ce qui a lieu quand la propriété est privée [ὃ γίνεται τῆς κτήσεως ἰδίας οὔσης]. (*Pol.* II 5, 1263a40-b7)

Le plaisir procuré par ce qui nous appartient est double. Il s'enracine d'abord dans ce qui est nôtre car c'est en un sens notre œuvre (la richesse que nous avons acquise). Il est redoublé et enrichi dans les actions généreuses dont cette possession est la matière, la véritable définition de la richesse tenant dans l'usage des biens plus que dans la simple possession[1]. Le constat que Socrate était pourtant le premier à dresser en *République* I, à savoir que

> ceux qui ont acquis leur richesse y sont attachés deux fois plus que les autres car de même que les poètes chérissent [ἀγαπῶσιν] leurs poèmes, et les pères leurs enfants, pour la même raison ceux qui ont travaillé à gagner de l'argent en prennent soin parce que c'est leur œuvre [ἔργον ἑαυτῶν] – et aussi pour son utilité, comme les autres (*Rép.* I, 330c),

sa législation semble ne pas en avoir pris la mesure, faute d'en dégager la racine. Si cet attachement est si puissant et si universel, c'est qu'il est fondé dans le plaisir pris à son œuvre.

Plus grave encore donc que la négation de ce sentiment fondé en nature qu'est l'amour de soi, la communauté telle que Platon la conçoit dépossède l'homme vertueux de ce qui lui est plus propre que ses richesses ou ses enfants, à savoir ces actes vertueux qui s'expriment dans la bienfaisance et la libéralité et qui réclament les biens extérieurs pour matière. Certes, le terme employé dans les deux passages de *Politique* II 4-5 est *idion* – lequel désigne le propre au sens de privé, particulier par opposition à ce qui est commun (*koinon*) – et non pas *oikeion*, généralement opposé à ce qui est *allotrion*, étranger (cf. *EN* IV 1, 1120a17-18). Cependant la convergence de ces lignes avec la manière dont Aristote résout les paradoxes de la bienfaisance à partir de la jouissance prise à ses œuvres[2] ainsi que la mention de la *philautia* analysée en *Éthique à Nicomaque* IX 8 autorisent à rapprocher les conclusions dégagées précédemment sur l'enracinement de l'amitié dans le propre des analyses touchant aux impasses de la législation platonicienne.

À partir de ce rapprochement, on saisit mieux dans quelle mesure la législation platonicienne mine le développement de l'amitié comme des autres vertus éthiques. Toutes s'enracinent dans la possibilité pour l'homme d'agir et d'exprimer par ses actions ce qu'il est en propre. La *philanthrôpia* (1263b15) dont sem-

1. Cf. *Rhét.* I 5, 1361a23-24 : « En général être riche consiste dans le fait d'user plutôt que de posséder [ἐν τῷ χρῆσθαι μᾶλλον ἢ ἐν τῷ κεκτῆσθαι] car la richesse, c'est l'activité [ἡ ἐνέργειά] et l'usage [ἡ χρῆσις] de tels biens. »

2. Cf. *EN* IX 7, 1167b31-1168a9 analysé *supra* p. 167 *sq.* Outre la récurrence du vocabulaire de l'*agapè* dans ces passages de la *Politique*, ce plaisir pris à ce qui nous appartient en propre est également analysé comme un phénomène inhérent à la nature de l'homme : il est qualifié de naturel (*phusikon*) comme l'est aussi le fait de s'aimer soi-même en *Politique* II 5, 1263a40-b7. Or on se souvient que tant les paradoxes de la bienfaisance que ceux du besoin d'amis se trouvent résolus par le recours à une explication « plus fondée en nature » (φυσικώτερον 1167b29, 1170a13), laquelle se résume dans les deux cas à un plaisir pris à se sentir exister.

blait faire montre la législation platonicienne n'est donc qu'apparente puisqu'elle ignore ce qui, apparentant l'homme à l'homme, est la condition nécessaire de l'amitié. En restreignant le champ de son activité, en diminuant la sphère de son propre, elle met en péril sa possibilité de réaliser ses œuvres, en d'autres termes d'atteindre à ce qui constitue son bonheur.

La résolution des paradoxes entourant l'amitié permet donc de dégager ce qui fait la valeur de l'action partagée et du plaisir qu'elle procure : l'homme s'y éprouve existant et y exprime ce qui lui est propre. Le soi que l'on découvre en son fond n'est pas substance mais action. Dès lors l'idée que, dans l'agir, on se sente et on se voie vivre donne tout son sens au bonheur entendu comme activité. Au début du chapitre X 6, Aristote (ou un éditeur ultérieur, les transitions entre les chapitres étant souvent suspectées d'être d'une autre main) souligne qu'il s'apprête à revenir à la définition du bonheur, une fois traitées les questions relatives à la vertu, à l'amitié et au plaisir[1]. Qu'amitié et plaisir, à condition qu'ils soient fondés en vertu, forment le contenu du bonheur ne fait plus mystère. Dans ce triptyque des biens reprenant le plan de l'*Éthique à Nicomaque*, le premier, auquel la valeur des deux autres demeure suspendue, demande cependant un supplément d'éclaircissement. Il nous faut encore revenir sur les conditions de l'action vertueuse en conformité avec la raison, élucider la nature de cette rationalité pratique qui permet le déploiement des dispositions vertueuses de l'agent. Que faut-il savoir pour bien agir ? Loin de nous être inconnue, voilà une question qui nous rappelle étrangement cette interrogation lancinante que Socrate adresse à ses concitoyens, et à laquelle ceux-ci le pressent à leur tour de répondre. Si la vertu est science, de quoi est-elle science ? Conviction en même temps que question récurrente du Socrate mis en scène par les *Dialogues*, la réduction socratique de la vertu à la science n'en est pas moins célèbre pour faire l'objet d'une critique sévère par Aristote. On a vu qu'il ne pouvait davantage se satisfaire de la réponse platonicienne par l'Idée du bien, venue donner sens et consistance à la conviction socratique que la vertu est science, c'est-à-dire savoir du bien. Quel sera alors le contenu de ce savoir nécessaire pour bien agir si le ciel des Idées est désespérément vide ?

C'est ce qu'il nous faut à présent examiner, en étudiant le concept qui constitue, chez Aristote comme chez Platon, la clef de voûte de la rationalité pratique, à savoir la *phronèsis*. Notre défi est donc double : établir la possibilité d'un savoir en l'absence de l'Idée du bien pour le fonder, et montrer en même temps que cette redéfinition de la rationalité pratique est elle-même issue d'un débat avec les textes platoniciens. S'il est vrai que donner congé à l'Idée du bien ne signifie pas pour autant renoncer à un bien objectif, il nous faut à présent remonter de la réalité

1. Cf. *EN* X 6,1176a30-31 : Εἰρημένων δὲ τῶν περὶ τὰς ἀρετάς τε καὶ φιλίας καὶ ἡδονάς.

de ce bien *prakton*, qui s'incarne dans les plaisirs de l'action vertueuse, à sa condition de possibilité. Loin d'être clos avec la révocation de l'Idée du bien, le dialogue d'Aristote avec la conception platonicienne du savoir pratique ne fait que commencer.

TROISIÈME PARTIE

DE L'ACTION À SA PERFECTION : AUTOUR DE LA *PHRONÈSIS*

CHAPITRE V

GENÈSE DE LA *PHRONÈSIS* ARISTOTÉLICIENNE

Un premier constat précède toute confrontation entre les analyses platonicienne et aristotélicienne de la *phronèsis*. Autant ses mentions sont diverses à l'intérieur du corpus platonicien[1], autant son traitement se trouve précisément délimité et explicitement thématisé au livre VI de l'*Éthique à Nicomaque* (ou livre V de l'É*thique à Eudème*)[2]. Contre cet éparpillement platonicien Aristote recentre la notion autour d'une sphère propre, la pratique, et autour d'une figure propre, le prudent. Le statut particulier accordé à la *phronèsis*, forme de sagesse tournée vers l'action, constitue un point de rupture incontesté entre Aristote et son maître. De cette orientation exclusivement pratique la démarquant de la *sophia* – dévolue, elle, à l'activité théorétique – découlent un certain nombre de césures fondamentales avec la conception platonicienne dans laquelle les deux excellences et leurs objets se trouvent généralement confondus. État dans lequel l'âme est en contact avec l'être véritable, sans mélange et toujours identique à lui-même, à savoir les Formes[3], la *phronèsis* platonicienne est en même temps ce qui accompagne les vertus de courage, justice, tempérance[4]. L'acte d'intellection se trouvant au fondement de la connaissance comme de l'action, les *Dialogues* n'ont guère de scrupules à faire des deux termes de *phronèsis* et de *sophia* une utilisation interchangeable, voire à les associer en un couple aux allures d'*hendiadyn*[5].

1. Voir les analyses de M. Dixsaut, « De quoi les philosophes sont-ils amoureux ? Note sur la *phronèsis* dans les Dialogues de Platon », dans J.-Y. Château (éd.), *La vérité pratique. Éthique à Nicomaque, livre* VI, Paris, Vrin, 1997, p. 335-362 et « Des multiples sens de la *phronèsis* dans les dialogues de Platon », *Le jugement pratique*, p. 123-144.

2. Cette belle unité se fracture dès lors qu'on prend en considération l'ensemble du corpus : voir C. Bobonich, « Aristotle's Ethical Treatises », p. 12-36 et P. Aubenque, *La prudence chez Aristote*, Paris, PUF, 1963, p. 7-30. Sur la *phronèsis* dans l'*Éthique à Eudème*, voir C. Rowe, « The Meaning of *Phronesis* in the *Eudemian Ethics* », *Untersuchungen zur Eudemischen Ethik*, 1971, p. 73-92.

3. Cf. *Philèbe* 59c-d, *Phédon* 79d.

4. Cf. *Phédon* 69c-d, *Théétète* 176a-b. Comme le note D. Sedley (*The Midwife of Platonism. Text and Subtext in Plato's Theaetetus*, Oxford, Clarendon Press, 2004, p. 75), le marqueur de la vertu authentique car intellectualisée est l'expression μετὰ φρονήσεως, ou parfois μετὰ νοῦ.

5. Pour un exemple d'une substitution fréquente, voir la récapitulation des quatre vertus en *République* IV 428d-433b où la *sophia*, vertu qui est l'apanage des gouvernants (*Rép.* IV 428d *sq.*), se voit remplacée par la *phronèsis*. Également *Théétète* 161c-d. Pour un exemple d'*hendiadyn*, voir *Euthydème* 281b : « Au nom de Zeus, dis-je, les autres biens sont-ils de quelque utilité sans *phronèsis* ni sagesse [ἄνευ φρονήσεως καὶ σοφίας] ? »

Face à la plasticité d'une notion dont il est difficile, sinon impossible, de proposer une traduction unitaire dans l'ensemble des *Dialogues*, l'élaboration de la *phronèsis* dans le livre VI de l'*Éthique à Nicomaque* répond à une volonté de clarification et de démarcation entre des termes régulièrement, et trop légèrement, confondus par Platon. Au-delà du seul doublet *phronèsis/sophia*, il s'agit de démêler soigneusement le tissage platonicien entre les différents fils de la pensée dont *technè*, *epistèmè*, *noûs* sont d'autres expressions. Le livre VI de l'*Éthique à Nicomaque* procède ainsi à une cartographie méthodique du champ respectif des différentes vertus intellectuelles en fonction de leurs objets et opérations propres. Après deux premiers chapitres « introductifs » exposant la nécessité d'une enquête sur les vertus de la partie intellectuelle de l'âme sans laquelle la compréhension de la vertu éthique resterait inachevée[1], les chapitres 3-7 énumèrent les différentes dispositions par lesquelles l'âme est en contact avec la vérité tandis que le reste du livre VI (ch. 8-13) est plus exclusivement centré sur la *phronèsis*, donnant les cadres d'une épistémologie du savoir pratique[2]. Aristote entend l'émanciper du modèle épistémico-technique si prégnant dans la pensée platonicienne[3], en distinguant les modes de rationalité non coextensifs que sont *phronèsis*, *epistèmè* et *technè* – trois dispositions accompagnées de raison (*meta logou*). Dans cette entreprise de délimitation terminologique et conceptuelle, les définitions procèdent le plus souvent par exclusion et par opposition, ce qui répond à une double nécessité dialectique : isoler le concept à définir par une série de rétrécissements successifs, suivant une méthode dont Aristote est coutumier[4], et dissiper du même coup les assimilations hasardeuses opérées par les prédécesseurs, à commencer par Socrate et Platon.

Diverses hypothèses sur les raisons ayant poussé Aristote à remanier le concept de *phronèsis* ont été avancées. Les analyses désormais classiques de P. Aubenque mettent l'accent sur l'ancrage ontologique et cosmologique de cette vertu, celui d'un monde de la contingence échappant aux déterminations nécessaires et à la science qui en est l'étude[5]. Réinscrivant la *phronèsis* dans son contexte d'origine, « la source tragique », Aristote retrouverait ainsi cette sagesse

1. Cf. *EN* VI 1, 1138b3-34.

2. Les chapitres 8 et 9 entreprennent de déterminer son rapport avec le savoir politique (jusqu'à 1142a10) tandis que les chapitres 10 à 12 visent à éclaircir ses relations avec les autres dispositions intellectuelles (*euboulia*, *sunesis*, *gnomè*) qui en participent sans s'y identifier.

3. Cf. *Philèbe* 55a-59d pour la séquence *phronèsis*, *epistèmè*, *technè* ou l'*Hippias Mineur* 366a sur l'équivalence entre les qualificatifs de *dunatos*, *epistèmon*, *phronimos* et *sophos*. Sur l'importance du « modèle démiurgique », voir A. Macé, *Platon, philosophie de l'agir et du pâtir*, Sankt Augustin, Academia Verlag, 2006, en particulier ch. III, p. 75-78.

4. Voir notamment *EN* III 4-6 ; III 13.

5. On se reportera à la belle confrontation des pages 86-91 entre les éthiques aristotélicienne et stoïcienne à partir de leurs cosmologies respectives. Ses conclusions sur le « lien qui unit la conception aristotélicienne de la prudence à la vision aristotélicienne du monde » (p. 89) éclaireraient aussi bien son différend avec le platonisme.

des limites, propre à la culture grecque tant populaire que poétique. D'autres interprétations, comme celle de S. Broadie[1] insistent sur la démarcation spécifiquement aristotélicienne entre action technique et choix rationnel ou pointent, avec M. Dixsaut[2], deux conceptions métaphysiques de la causalité radicalement distinctes. Sans remettre en cause la pertinence de ces interprétations, il s'agit plutôt de revenir en amont de ces lignes de partage qui sont plus un aboutissement qu'un point de départ. Le livre VI ne fait-il que prendre acte de ce divorce avec les thèses socratico-platoniciennes ?

On relèvera que dans ce livre ni Platon ni Socrate ne sont nommés[3], à l'exception notable du dernier chapitre. Celui-ci, paradoxalement, apparaît comme le moment le plus « platonicien » de ce livre VI[4], et ce alors même qu'il finit par relever l'erreur de Socrate. Confronté au problème dialectique que constitue la contribution respective des deux principales vertus intellectuelles (*sophia* et *phronèsis*) à la vie heureuse[5], le chapitre 13 revient sur l'articulation entre *phronèsis* et vertus éthiques. Cette difficulté est la conséquence directe de sa critique des théories intellectualistes de la vertu[6]. Aristote affronte ici un problème socratique des plus classiques, puisque les dialogues s'interrogeant sur la nature et/ou le caractère enseignable de la vertu[7] en viennent à se demander si elle peut s'identifier à la *phronèsis* ou aux notions qui lui sont apparentées dans le champ lexical platonicien du savoir (*epistèmè*, *technè* ou *sophia*). Au-delà de la question, ce sont les termes mêmes de la solution aristotélicienne quant au rapport entre vertu et *phronèsis* qui semblent étonnamment proches de la position socratique.

1. S. Broadie, *Ethics with Aristotle*, p. 186-187 et p. 206-212.

2. Voir la conclusion de l'article « De quoi les philosophes sont-ils amoureux ? », p. 361 : « La rupture fondamentale est là, dans la notion même de cause efficiente, dans la conception de l'agent et de l'action humaine comme seule véritable cause efficiente. Cette rupture est liée au refus de la causalité des Formes. (…) Si les Formes sont causes, l'action par excellence, qu'on agisse ou qu'on produise, consiste à comprendre, toutes les actions sont intérieures à cette compréhension et l'expriment : elles manifestent et produisent de l'intelligibilité. Si une telle causalité n'existe pas, agir c'est choisir et délibérer, faire être une autre espèce de vérité, donner une figure pratique à la vérité, affirmer que la vérité est aussi à faire. »

3. *EN* VI 5, 1140b22-25 fait simplement allusion aux paradoxes socratiques de l'*Hippias Mineur*.

4. Voir J.-L. Poirier, « "Socrate avait raison …" (*EN* VI 12-13) », *La vérité pratique*, p. 139 et D. Lefebvre, « Comment défendre les vertus de la pensée ? (*EN* VI 13, 1148b18-1145a11) », *ibid.* p. 171.

5. Cf. *EN* VI 13, 1143b17-28.

6. L'objection dialectique de 1143b20-28 quant à l'utilité de la *phronèsis* pour qui est déjà vertueux fait écho à la critique de la conception socratique exprimée en substance dans l'*Éthique à Eudème*, à savoir que « nous ne voulons pas savoir ce qu'est le courage mais être courageux, ni savoir ce qu'est la justice mais être justes, tout comme nous voulons avoir la santé plutôt que de connaître la nature de la santé » (*EE* I 5, 1216b21-25).

7. Voir *Ménon* (87b-c, 89c *sq.*), *Euthydème* (282c-d), *Lachès* (185e-187b), *Protagoras* (350d-351b, 359a-361a).

C'est pourquoi certains disent que toutes les vertus sont des formes de *phronèsis*, et Socrate d'un côté cherchait dans la bonne direction, de l'autre se trompait : en pensant que toutes les vertus sont des formes de *phronèsis*, Socrate se trompait, mais en disant qu'elles ne vont pas sans *phronèsis*, il avait raison[1]. (*EN* VI 13, 1144b17-21)

Or par la double conclusion qu'il n'y a pas de vertu au sens strict indépendamment de la *phronèsis* ni de *phronèsis* en dehors de la vertu éthique, Aristote paraît au plus près des positions dont Socrate se fait le héraut et que lui-même n'a cessé de critiquer[2]. Il semble qu'il faille leur reconnaître une parcelle de vérité ou qu'au moins l'erreur socratique fasse fond sur une intuition du vrai. Ce dernier chapitre invite donc à regarder avec davantage de circonspection la machinerie anti-platonicienne mise en place dans le livre VI. Les claires lignes de partage qui viennent d'être rappelées sont peut-être moins le fruit d'une intention délibérément polémique que l'aboutissement de la reprise lente et patiente du problème que ne cesse de poser le Socrate des dialogues platoniciens : celui du rapport de la vertu et de la pensée. À en croire Aristote, Socrate réduirait tout bonnement la vertu à la *phronèsis*. Cette réduction est en effet traditionnellement attribuée à Socrate sous le nom de thèse de la vertu-science, Aristote étant avec Xénophon à l'origine de cette tradition. Les *Dialogues* de Platon en fournissent par ailleurs de nombreuses illustrations sous une forme moins dogmatique qu'interrogative ou aporétique. Le *Lachès* et le *Protagoras* avec le courage, le *Charmide* avec la *sophrosunè* sont autant de tentatives pour identifier la vertu à la science. Une des formulations les plus développées de l'identité entre vertu et *phronèsis* se trouve dans la dernière partie du *Ménon*. C'est à partir de ce dialogue qu'on tentera d'illustrer et d'interpréter le jugement d'Aristote en VI 13, et cela pour trois raisons.

D'abord parce que la formulation ici objet de la critique aristotélicienne s'y trouve formulée de manière quasi littérale[3]. Il n'y est pas seulement dit que la vertu est science mais qu'elle est *phronèsis*. Aussi ces lignes sont-elles souvent vues[4], et selon nous avec toute raison, comme une référence précise au *Ménon*.

1. διόπερ τινές φασι πάσας τὰς ἀρετὰς φρονήσεις εἶναι, καὶ Σωκράτης τῇ μὲν ὀρθῶς ἐζήτει τῇ δ' ἡμάρτανεν· ὅτι μὲν γὰρ φρονήσεις ᾤετο εἶναι πάσας τὰς ἀρετάς, ἡμάρτανεν, ὅτι δ' οὐκ ἄνευ φρονήσεως, καλῶς ἔλεγεν. Le pluriel φρονήσεις (de même que le pluriel λόγους dans les lignes suivantes citées *infra* p. 222) étant délicat à rendre, nous avons opté pour la périphrase « des formes de ». On trouve aussi une occurrence du pluriel φρονήσεις en *Philèbe* 63a9 où le terme désigne les différentes formes de pensée auparavant distinguées par Socrate.

2. Sur la critique de la vertu-science, voir aussi *EE* I 5, 1216b6-10 ; VIII 1, 1246b35-36 cité *infra* p. 210 ; *MM* I 1, 1182a15-23.

3. Voir A. Tessitore, « Aristotle's Political Presentation of Socrates in the *Nicomachean Ethics* », *Interpretation, a Journal of Political Philosophy*, 16, 1988, p. 15.

4. Voir R.-A. Gauthier & J.-Y. Jolif, *EN* t. II-2, p. 556 ; M. Dixsaut, « Des multiples sens de la *phronèsis* dans les dialogues de Platon », p. 137-138, R. Bodéüs, *Le philosophe et la cité. Recherches sur les rapports entre morale et politique dans la pensée d'Aristote*, Paris, Les Belles Lettres, 1982, n. 1 p. 341. Une discussion détaillée des sources supposées de ces lignes et de la

Ensuite parce que, contrairement au *Lachès* ou au *Charmide*, ce n'est pas une vertu particulière, le courage ou la *sophrosunè*, dont Socrate teste l'identité à la science, mais la vertu tout court, prenant ainsi le problème à un niveau plus général. Même dans l'*Euthydème* (278e-282e) où se trouvent examinés un certain nombre de thèses et de problèmes étroitement parallèles à ceux du *Ménon*[1], la formulation et la discussion de la thèse de la vertu science n'atteignent pas le même degré de précision : la question des rapports entre vertu et *phronèsis* n'est pas au centre de la discussion entre Socrate et Clinias comme c'est le cas entre Socrate et Ménon.

On verra en outre, à l'issue de l'examen attentif du dialogue, que la portée de la référence aristotélicienne au *Ménon* dépasse largement le statut d'une simple citation[2]. On trouve chez Aristote bien plus que la reprise d'un problème scolaire, à savoir une lecture attentive des difficultés que recèle le dialogue. Chacune des tentatives de solution proposées par Socrate dans la dernière partie du *Ménon* (86d-100c), non seulement celle de la réduction de la vertu à la *phronèsis* mais aussi la seconde, celle de la vertu des politiques comme opinion droite, informe de très près la construction du concept aristotélicien de *phronèsis*. La réélaboration de ce concept, loin de surgir *ex nihilo*, est le fruit d'une reprise précise du problème posé dans ce dialogue. Que la *phronèsis* aristotélicienne soit en débat avec l'héritage du *Ménon* est une hypothèse à mettre à l'épreuve, et cela pour éclairer non seulement le difficile chapitre VI 13, mais plus largement ce concept cardinal de l'éthique aristotélicienne.

Aristote et le Ménon

En cherchant à rendre compte du jugement aristotélicien de VI 13 à partir du *Ménon*, on s'expose néanmoins d'emblée à une double difficulté. Ce dialogue est traditionnellement considéré comme un des points de la rupture entre socratisme et platonisme[3], ce qui rend le statut des thèses présentées incertain : sont-elles

question de savoir si Aristote a en vue le Socrate historique ou le Socrate platonicien se trouve dans M. Narcy, « La *phronèsis* entre Platon et Aristote », *Aristote : rationalités*, p. 175-177.

1. Sont abordés dans les deux dialogues le thème de la valeur conditionnelle des biens autres que la sagesse (*Euthydème* 281a-e, *Ménon* 87c-89a), l'utilité de la sagesse pour l'action réussie (*Euthydème* 280a-b, *Ménon* 97c *sq.*), la question du caractère enseignable de la sagesse (*Euthydème* 282c, *Ménon* 87b-c, 89c *sq.*). La discussion est menée dans l'*Euthydème* à partir de la *sophia*, dans le *Ménon* à partir de la *phronèsis* (87c-89d).

2. Nous ne partageons donc nullement le point de vue de R. Bodéüs, selon lequel « l'influence des thèses du *Ménon* sur la pensée du Stagirite est assez superficielle » (*Le philosophe et la cité*, p. 97). R. Bodéüs note pourtant à juste titre que le dernier chapitre de l'*Éthique à Nicomaque* reprend le problème du *Ménon* (p. 100 *sq.*).

3. Voir G. Vlastos, « Elenchus et mathématiques », *Socrate*, p. 166-176, et D. Devereux, « Courage and Wisdom in Plato's *Laches* », *Journal of the History of Philosophy*, 15, 1977, p. 130-132. Le *Ménon* est souvent classé parmi les dialogues dits transitionnels, entre les

celles du Socrate historique ou du Socrate platonicien ? Aristote critique-t-il le personnage réel ou bien son double fictionnel[1] ? Sans chercher à départager ce qui revient au Socrate historique ou à l'auteur du *Ménon*[2], on s'intéressera plutôt à la manière dont Aristote reprend le problème posé dans ce dialogue. Cette entreprise se heurte cependant à une seconde difficulté, tenant au caractère aporétique du *Ménon*. Au vu des derniers mots de Socrate[3], c'est en effet le sentiment d'une conclusion déceptive plutôt que d'une solution effective qui domine. Cela a conduit certains interprètes, arguant du statut problématique des thèses qui sont soumises à l'examen dans la dernière partie (86c *sq.*), à considérer celle-ci comme « perdue d'avance »[4]. L'explication par « l'ironie » socratique dispense en effet en général de prendre au sérieux l'ultime recours à l'opinion droite comme solution au problème de la vertu. La première proposition identifiant la vertu à la science n'est pas forcément mieux considérée, en raison de son statut seulement hypothétique[5]. Outre le renoncement initial à résoudre directement le problème de l'essence, résultant de l'obstination de Ménon à vouloir enjamber la question de la définition (86d-e), elle serait donc hypothéquée par le fait qu'elle se trouve sous la dépendance de la méthode par hypothèse mise en place à partir de 86b. Il y a cependant de bonnes raisons de ne pas dédaigner cette méthode des géomètres qui

premiers, socratiques, et les dialogues intermédiaires contenant les principaux marqueurs de la philosophie platonicienne (théorie des Formes, immortalité de l'âme, tripartition de l'âme, doctrine de la réminiscence). Voir D. Sedley, *Plato. Meno and Phaedo*, Cambridge, C. U. P., 2010, p. ix-xii.

1. Le critère de l'article du canon de Fitzgerald (les noms de famille sans article renvoyant aux personnages hisoriques, avec article aux entités littéraires) et l'usage de l'imparfait inclinent à rapporter la mention des lignes 1144b17-21 au Socrate historique. Mais rien n'exclut que celui que Platon met en scène dans le *Ménon* lui soit hautement fidèle, même si cette « fidélité » demeure à interpréter : s'agit-il d'une mise en scène en vue d'une distanciation critique ou témoigne-t-elle d'une proximité avec celui dont il se ferait le porte-parole ?

2. Comme le souligne M. Narcy, « le Socrate dont Aristote dit qu'il tenait "toutes les vertus" pour les *epistèmai* est indissociable dans nos sources de sa représentation platonicienne », « La *phronèsis* entre Platon et Aristote », p. 183.

3. Cf. *Ménon* 100b : « Nous aurons un savoir clair sur ce point lorsque, avant de chercher de quelle manière la vertu advient aux hommes, nous entreprendrons au préalable de chercher ce qu'elle est en elle-même. »

4. Voir M. Narcy, « Enseignement et dialectique dans le *Ménon* », dans M. Canto-Sperber (éd.), *Les paradoxes de la connaissance. Essais sur le Ménon de Platon*, Paris, Odile Jacob, 1991, p. 175-176.

5. Socrate, cédant aux instances de Ménon, reprend la question initiale de savoir si la vertu est enseignable. Au lieu de rechercher directement la nature de la vertu, il cherchera à la cerner indirectement à l'aide d'une méthode inspirée des géomètres, consistant à raisonner par hypothèse. Les interprètes débattent sur le sens exact de l'exemple géométrique obscur censé illustrer la méthode par hypothèse qui entend substituer à une proposition *p* qu'on renonce à démontrer directement (la vertu est enseignable) une proposition équivalente *p'* (la vertu est science 89c2-4) dont la valeur de vérité vaudra aussi pour *p*. Pour une reconstruction, voir D. Scott, *Plato's Meno*, Cambridge, C. U. P., 2006, p. 133-137.

n'est pas sans points communs avec la « seconde navigation » du *Phédon* (99d *sq.*) : dans celle-ci Socrate contourne l'absence de certitude directe sur les causes des phénomènes de génération et de corruption en se tournant vers les raisonnements et en posant que c'est par la participation aux Formes intelligibles que les choses sont ce qu'elles sont, perdent ou acquièrent leurs propriétés. Procéder par hypothèse dans le *Ménon* est de même une tentative pour surmonter l'absence d'un savoir immédiat, en l'occurrence l'impuissance à formuler une définition de la vertu[1]. Voilà qui invite à ne pas discréditer trop vite les hypothèses soumises à l'examen dans le cadre de cette méthode et à ne pas renvoyer trop vite cette dernière partie à l'aporie et à l'ironie socratiques. Quel que soit le caractère finalement « déceptif » du *Ménon*, il ne doit pas dispenser de prendre au sérieux les tentatives de solution qui y sont discutées.

En effet, une lecture simplement déceptive de cette dernière partie qui n'y verrait que la mise en scène d'un échec programmé ne saurait que faire du jugement d'Aristote. À supposer qu'il ait lu le *Ménon*, Aristote n'aurait-il pas vu que la réduction de la vertu à la *phronèsis* et plus largement l'hypothèse de la vertu science dans le *Ménon* ne peuvent être l'expression littérale des convictions socratiques, que la perspective de la recherche est d'emblée vouée à l'échec, faussée par la recherche d'une qualité dans l'ignorance délibérée de l'essence ? Plutôt que de taxer le Stagirite de mauvaise foi ou, pire, de naïveté philosophique, prenons un instant au sérieux sa vision de l'entreprise socratique. Imaginons qu'il ait lu, et bien lu, le *Ménon*.

Cette hypothèse est d'autant moins improbable que d'autres allusions précises au sein du corpus aristotélicien[2] donnent à penser qu'il connaissait bien ce dialogue. La recherche des définitions dans le domaine des vertus dont il fait l'apport original de Socrate en philosophie[3] concorde parfaitement avec la démarche mise en œuvre dans la première partie du *Ménon*. Les *Seconds Analytiques* prennent au sérieux l'aporie sophistique exposée dans la deuxième partie du dialogue et récusent la solution que Socrate entreprend d'y apporter par le biais de la réminiscence, également critiquée dans les *Premiers Analytiques*. Tout cela tend à prouver qu'Aristote connaissait donc bien tant la première que la deuxième partie du dialogue, assez en tout cas pour les citer précisément. À la lumière de ces constats, il y a fort à parier qu'Aristote ait pu lire le *Ménon* jusqu'au bout[4].

1. Les deux démarches ont aussi en commun de raisonner à partir de l'hypothèse pour en vérifier la cohérence interne (voir D. Scott, *ibid.* p. 139-140).

2. Cf. *Sec. An.* I 1, 71a27-29 ; *Pr. An.* II 21, 67a21-24 ; *Pol.* I 13, 1260a21-26.

3. Cf. *Métaph.* A 9,987b1-2 ; M 4, 1078b16.

4. Indice supplémentaire du fait que les éléments de réponse examinés dans la dernière partie de ce dialogue n'ont pas échappé à Aristote, le livre VIII de l'*Éthique à Eudème* examine successivement l'hypothèse d'une identité entre la *phronèsis* et la science (VIII 1) et celle de son identification avec la chance sous la forme d'une inspiration qui n'est pas sans évoquer la *theia moira* de la fin de notre dialogue (VIII 2). La nature de ces deux propositions de réponse et leur

Son diagnostic paraît dès lors moins suspect de naïveté ou de mauvaise foi, prenant acte des apories auxquelles aboutissent les hypothèses discutées dans sa dernière partie. Si Aristote prend au sérieux non seulement les tentatives socratiques mais aussi les apories sur lesquelles elles débouchent, ne cherche-t-il pas le moyen de répondre à ces difficultés ? Voyons ce qu'on gagne à supposer que celui que Platon lui-même aurait surnommé « le liseur » savait lire.

Prenant acte du verdict aristotélicien, on cherchera à en comprendre les raisons, en revenant au texte pour regarder de près comment s'effectue la « réduction socratique » et voir ce qui peut en être dégagé de positif. Le *Ménon* constituera donc notre texte de référence puisque c'est là que l'identification entre *phronèsis* et *aretè* est envisagée de la manière la plus développée et que la réduction se voit en même temps le plus directement mise en cause. Il nous faudra donc analyser de près les étapes de la réduction et les raisons de son échec. Restera ensuite à montrer que de la considération de ces impasses, la compréhension du concept aristotélicien de *phronèsis* sort enrichie.

récusation successive plaident en faveur de l'hypothèse d'une filiation entre le concept aristotélicien de *phronèsis* et les différents problèmes auxquels tentaient de répondre la *phronèsis* et l'opinion droite dans le *Ménon*.

LA *PHRONÈSIS* DANS LE *MÉNON*

De la vertu à la phronèsis : une réduction hypothétique

Il convient d'être attentif au contexte discursif dans lequel prend place la réduction socratique de la vertu à la *phronèsis.* Alors même qu'on n'est toujours pas au clair sur la nature de la vertu, Socrate cède enfin au désir de Ménon impatient de le voir se mesurer au problème sophistique classique qu'en disciple de Gorgias, il lui a proposé de but en blanc : savoir si la vertu est enseignable[1]. Ce lieu commun des débats dialectiques[2] se voit abruptement mis en dialogue, en l'absence de ces prologues savamment composés dont Platon a le secret. Aucune mise en scène, même succincte comme dans le *Gorgias*, point de préliminaires : on est d'emblée *in medias res*, un peu à la manière du *Philèbe* dont le sujet fait lui aussi partie des thèmes classiques de controverses auxquels le lecteur n'a nul besoin d'être introduit.

Dans le *Ménon,* l'idée que la vertu soit une science qui s'enseigne est par ailleurs loin d'être présentée par Socrate comme une thèse qu'il se ferait fort de défendre. Le contraire serait d'ailleurs étonnant quand on connaît le soupçon socratique vis-à-vis des prétentions sophistiques à enseigner la vertu (cf. *Protagoras* 319a-320b). Elle n'est introduite qu'à titre d'hypothèse pour tenter de passer outre les échecs successifs des tentatives de définition de la vertu et répondre enfin à la question de son mode d'acquisition.

S. – C'est ainsi que nous procéderons au sujet de la vertu, puisque nous ne savons pas ce qu'elle est ni quel genre de chose elle est, faisons des hypothèses et examinons si elle est enseignable ou non [εἴτε διδακτὸν εἴτε οὐ διδακτόν ἐστιν][3], comme suit : si la vertu fait partie

1. Comme le fait justement remarquer M. Narcy, « la façon dont elle est posée, la précision dans l'énoncé des diverses réponses possibles, indiquent qu'il ne s'agit pas d'une question innocente. Sa forme disjonctive montre qu'elle implique déjà une enquête, un savoir : c'est en quelque sorte un « sujet » (au sens d'un sujet d'examen) que Ménon propose à Socrate », « Enseignement et dialectique dans le *Ménon* », p. 176.

2. Voir le sixième des *Dissoi logoi* énumérant les arguments pour et contre ce « discours qui n'est ni vrai ni neuf : à savoir que la sagesse et la vertu ne peuvent ni s'enseigner ni s'apprendre [ὅτι ἄρα σοφία καὶ ἀρετὰ οὔτε διδακτὸν εἴη οὔτε μαθητόν] » (VI 1). D'autres témoignages (Xénophon, Antisthène, Isocrate, etc.) sont cités par J. Barnes dans « Enseigner la vertu ? », *Revue Philosophique de la France et de l'Étranger*, Paris, 1991, p. 572.

3. La traduction et l'interprétation du terme διδακτόν fait difficulté : selon qu'on lui donne le sens modal d'« enseignable » ou le sens effectif d'« enseigné », on a affaire à une question de droit ou une question de fait. Voir le débat entre J. Barnes (« Enseigner la vertu ? », p. 571-589) et J. Brunschwig (« Pouvoir enseigner la vertu ? », *Revue Philosophique de la France et de l'Étranger*, 1991, p. 591-602), qui écartent tous deux le sens effectif, quoique pour des raisons différentes. Suivant J. Brunschwig, même la traduction proposée par J. Barnes « être de nature à être enseigné » revient à donner l'adjectif un sens modal.

des choses qui ont trait à l'âme, de quelle sorte doit-elle être pour être enseignable ou non ? Pour commencer, si elle est d'un autre genre que celui de la science, est-elle enseignable ou non, ou alors, comme nous l'avons dit tout à l'heure, remémorable [ἀναμνηστόν] – peu importe le nom que nous utilisons, la question étant de savoir si elle est enseignable ? Est-ce qu'il n'est pas évident pour tout le monde que rien d'autre ne peut être enseigné à l'homme que la science ? **M.** – Il me semble que oui. **S.** – Si la vertu est bien une certaine science, il est évident qu'elle sera enseignable [Εἰ δέ γ' ἐστὶν ἐπιστήμη τις ἡ ἀρετή, δῆλον ὅτι διδακτὸν ἂν εἴη]. (*Ménon* 87b-c)

Le fait d'être *didakton* étant, pour parler en termes aristotéliciens, un propre de la science[1], si on peut établir que la vertu est science, on pourra affirmer sans plus d'hésitation qu'elle s'enseigne. Cela exige donc de vérifier au préalable que la vertu soit effectivement science, ce qui fait l'objet du raisonnement déployé de 87c à 89c.

Notons d'abord le passage insensible de la thèse générale concernant l'*epistèmè* (88b1-3) à l'introduction de la *phronèsis* à l'occasion du cas particulier du courage (88b3-6). Cette substitution, facilitée par le lien que la *phronèsis* et les vertus en général entretiennent avec la question de l'utile, ne semble arrêter ni Socrate ni Ménon. La récapitulation de l'hypothèse et de sa remise en cause (98d-e) traitera de même les termes d'*epistèmè* et de *phronèsis* comme interchangeables, impliquant l'une comme l'autre la propriété d'être *didakton*. Ce type de substitution est monnaie courante dans les *Dialogues* du fait de la plasticité du vocabulaire platonicien : une fois établi que la vertu est *phronèsis* (89a), Socrate, après une parenthèse excluant qu'elle soit un don de nature, reviendra à la conclusion qu'elle est science (*epistèmè*) en 89c[2].

Il faut aussi être attentif aux étapes et au moyen de cette réduction. Après une première retraduction du bien et donc de la vertu en termes d'utilité (vertu→bien→utile)[3] et suite au constat de l'équivocité des biens extérieurs (tantôt utiles tantôt nuisibles), on en vient au cas des qualités de l'âme, les vertus,

1. Cf. *Top.* I 5, 102a18. Cette dernière proposition ne sera en effet pas remise en cause (cf. *Ménon* 89d). Sur cette conviction socratique, voir aussi *Protagoras* 361b-c.

2. Notons d'ores et déjà que ce passage subreptice de la *phronèsis* à l'*epistèmè* se verra explicitement récusé dans la réflexion aristotélicienne. Le chapitre VIII 1 de *l'Éthique à Eudème* développe ainsi à partir de 1246b5 plusieurs arguments visant à faire surgir les impossibilités et paradoxes nés d'une telle équivalence pour en arriver à la conclusion sans équivoque à propos de la *phronèsis* : « Qu'elle soit science, Socrate l'affirmait à tort : elle est vertu et n'est pas science [ἀρετὴ γάρ ἐστι καὶ οὐκ ἐπιστήμη], mais un autre genre de connaissance » (1246b35-36). S'il est vrai que toute science s'enseigne, prémisse du raisonnement socratique qui reste valable pour Aristote, ni la *phronèsis* ni *a fortiori* la vertu éthique ne proviennent de l'enseignement. Le Stagirite entend dissiper deux réductions socratiques étroitement interdépendantes et également illégitimes à ses yeux : celle qui établit l'équivalence entre *phronèsis* et science, et la réduction de la vertu à la *phronèsis* qui en est solidaire.

3. Cf. *Ménon* 87d-e.

qui se révèlent n'être pas moins ambiguës[1]. La deuxième étape consiste donc en une réduction des vertus à la *phronèsis* (88c-d) avant que la troisième (88d-89a), en une synthèse des deux premiers temps, n'étende la réduction à l'ensemble des biens. Tout bien est un bien, c'est-à-dire utile, sous condition de *phronèsis*, la vertu ne faisant pas exception à cette règle.

> Donc, dans tous les cas il est possible d'affirmer que, pour l'homme, tout le reste est suspendu à l'âme et que ce qui relève de l'âme elle-même est suspendu à la *phronèsis* pour pouvoir être un bien. D'après ce raisonnement, l'utile [τὸ ὠφέλιμον] serait la *phronèsis* ; or affirmons-nous que la vertu est utile ? **M.** – Tout à fait. **S.** – Nous disons donc que la vertu est *phronèsis*, ou bien en totalité ou bien en partie [Φρόνησιν ἄρα φαμὲν ἀρετὴν εἶναι, ἤτοι σύμπασαν ἢ μέρος τι;], n'est-ce pas ? (*Ménon* 88e-89a)

L'ensemble de l'argumentation qui identifie la vertu à la *phronèsis* est sous la dépendance du critère de l'utilité qui constitue l'opérateur de la réduction. L'équivalence entre la *phronèsis* – condition de tout bénéfice et par là coextensive à l'utile – et la vertu, qui est par définition un bien (87b), est obtenue par le biais de leur unité de mesure commune, l'utile. Enfin, il faut prendre garde à la portée de la réduction. L'extrême fin de ce raisonnement semble en effet ménager la possibilité d'une assimilation seulement partielle des deux termes.

Une réduction problématique

La première incertitude concerne le sens de l'identification : est-ce la vertu qui est *phronèsis* ou bien la *phronèsis* qui est vertu ? La seconde hésitation relève de l'attribution de l'alternative tout/partie qui pourrait, sans heurter la cohérence grammaticale, se rapporter au sujet comme à l'attribut. Les quatre possibilités de lecture se distribueraient donc comme suit :

> (a) Nous disons donc, n'est-ce pas, que la *phronèsis* est la vertu, ou bien toute la *phronèsis* ou bien une partie de la *phronèsis*.
>
> (b) Nous disons donc, n'est-ce pas, que la *phronèsis* est la vertu, ou bien toute la vertu ou bien une partie de la vertu.
>
> (c) Nous disons donc, n'est-ce pas, que la vertu est la *phronèsis*, ou bien toute la *phronèsis* ou bien une partie de la *phronèsis*.
>
> (d) Nous disons donc, n'est-ce pas, que la vertu est la *phronèsis*, ou bien toute la vertu ou bien une partie de la vertu.

Les deux premières solutions (a) et (b), quoique grammaticalement envisageables, ne sont pas les plus pertinentes au regard du mouvement général de l'argumentation. C'est en effet la vertu qui constitue le *definiendum,* et non la *phronèsis* dont il est alors plus logique de faire un attribut qu'un sujet. Il faut donc préférer les solutions (c) et (d). Il est plus délicat de déterminer ce qui, de la vertu ou de la *phronèsis*, est tout ou partie, selon que l'on interprète l'alternative comme l'intro-

1. Sur l'ambivalence des qualités de l'âme, y compris celles qui portent le nom de vertus, voir *Rép*. VI, 491b.

duction d'une autre destination de la *phronèsis* (c) ou bien d'une autre dimension, non strictement intellectuelle, de la vertu (d).

Si cette identification seulement partielle peut être lue dans les deux sens, l'interprétation majoritaire[1] tend à privilégier l'option (c). Seule une partie de la *phronèsis* se verrait identifiée à la vertu, l'autre volet de son activité recouvrant l'exercice de la pensée pure, à l'image de cette excellence qui nous est décrite en particulier dans le *Phédon* (79d) et le *Philèbe* (59c-d)[2]. Le point de fort de cette interprétation est qu'elle permet effectivement de parvenir à la conclusion recherchée, à savoir que la vertu est enseignable. Une telle inférence ne sera valide en effet que si la vertu est entièrement réductible à la science[3]. Cependant on ne peut exclure une autre interprétation (d). M. Croiset[4], par exemple, voit dans le μέρος τι de la ligne 89a4 une ouverture vers la valeur pratique qui sera reconnue à l'opinion droite dans la suite du *Ménon*. L'alternative esquissée par Socrate pourrait aussi faire signe vers les dimensions non cognitives de la vertu, dispositions naturelles ou acquises du caractère qui ne sont pas entièrement solubles dans la rationalité. Elle préparerait ainsi les développements de la *République*[5] dont la suite immédiate du texte (89b) présente d'ailleurs une anticipation frappante en esquissant le dispositif de sélection des bons naturels mis en œuvre au livre III. Par ailleurs, au cours du développement de l'argument (88b3-5), Socrate a déjà suggéré que le courage, entendu comme vertu, c'est-à-dire utile, ne se résumait pas à l'audace dépourvue de toute intelligence, ce qui pourrait

1. Voir R. S. Bluck (*Plato's Meno*, C. U. P., 1961), M. Canto (*Platon. Ménon*, GF, 1993), L. Robin (*Platon. Œuvres Complètes*, La Pléiade, 1950), R. Sharples (*Meno*, Aris & Philipps, 1985), A. G. Long & D. Sedley (*Meno and Phaedo*, C. U. P., 2010).

2. Voir M. Canto, *Platon. Ménon*, traduction et présentation par M. C., Paris, Flammarion, GF, 1993, p. 290 : « À l'intérieur d'une conception rationaliste de la vertu, Socrate semble laisser ouverte, dans le cas où la vertu ne serait raison qu'en partie, la possibilité d'une distinction entre une raison pratique (qui serait à proprement parler la vertu) et une raison théorique. » L'inconvénient d'une telle interprétation, relevé par M. Canto elle-même, est qu'« une telle distinction entre sagesse pratique et théorique n'existe pas réellement chez Platon » en général, et dans le *Ménon* en particulier, puisque les Formes, objets de la *phronèsis* décrite dans *Phédon* et le *Philèbe*, en sont absentes.

3. Voir T. Irwin, *Plato's Ethics*, p. 137-138 suivi par D. Scott, *Plato's* Meno, p. 147-149.

4. M. Croiset traduit « La vertu est donc la raison, en tout ou en partie » et ajoute en note : « La vertu est *utile* et l'utile est *raison*. Socrate ne conclut pas cependant que la vertu soit *raison* absolument, réservant ainsi son explication par l'*opinion vraie*, qui est *utile*, elle aussi, mais sans être raison », *Ménon*, texte établi et traduit par M. C., *Platon. Œuvres Complètes*, t. III-2, Paris, Les Belles Lettres, « C. U. F. », [1923] 2003, p. 263. Le fait que le critère de l'utilité gouverne la réduction de la vertu à la *phronèsis* tout comme le recours à l'opinion droite constitue un argument en faveur de cette interprétation.

5. Parmi les quatre vertus cardinales, seule la sagesse (*sophia* ou *phronèsis*) est définie en *Rép.* IV comme une certaine science (*epistèmè* 428b6, c9, d5, 429a1) regardant les intérêts de la cité tout entière.

signifier que le courage véritablement vertueux consiste bien en une forme d'audace sous l'égide de la *phronèsis*[1].

Ces interprétations ayant chacune des arguments à faire valoir, reste enfin une dernière possibilité : celle que l'issue de la réduction soit délibérément laissée dans l'indétermination par Socrate, soucieux seulement de suggérer que vertu et *phronèsis* ne sont pas strictement congruentes. Aucune vertu ne se réduirait à la *phronèsis* non plus que cette dernière ne s'identifierait à la vertu. Le raisonnement avance effectivement cette réduction de la vertu à la *phronèsis* avec une relative prudence exprimée par les diverses modalisations émaillant l'argumentation socratique[2]. Le μέρος τι ne ferait ainsi que reprendre ces réserves, précédant de peu la remise en question.

Les lignes 88c-e soulignent en effet la différence de plan entre la *phronèsis* et les objets ou qualités neutres, potentiellement bons ou néfastes, qu'elle dirige[3]. Les qualités de l'âme pour devenir utiles, véritablement bonnes, doivent bénéficier de l'adjonction de la *phronèsis* qui est seule en mesure de leur conférer la bonne direction. À supposer que l'on puisse dire qu'elle est μέρος τι de la vertu, elle le serait sous forme de « partie totale »[4] au sens où elle exprimerait la dimension commune des vertus particulières sans pour autant qu'elles s'y résorbent. S'il faut de la *phronèsis* dans la vertu pour que celle-ci soit vertu au sens strict, véritablement utile, cela correspondrait ainsi à ce trait commun à l'ensemble des vertus auquel on reconnaît qu'une vertu en est une que Socrate cherchait déjà en 72c-d et 74a[5]. On trouve par ailleurs un écho de cette différence de plan entre vertu et *phronèsis* dans le *Phédon* où elle apparaît comme ce dont la présence fait d'une conduite une vertu véritable et non un simple trompe-l'œil. La tempérance et le courage des hommes dépourvus de *phronèsis* ne sont en effet pour Socrate qu'une ombre de vertu. Ils agissent apparemment bien (en affrontant la mort ou en dominant les plaisirs) mais pour d'autres motifs que le bien, ceux-là mêmes que les vertus en question entendent combattre (la peur de la mort, l'attrait du plaisir). La seule chose qui puisse faire d'une bonne conduite une action véritable vertueuse, c'est la présence de la *phronèsis*.

1. Voir T. Irwin, *ibid.* p. 137-138 et n. 24 p. 373.

2. L'indéfini τινα en 88d3 (« Suivant ce raisonnement, pour être utile il faut que la vertu soit une certaine *phronèsis* [φρόνησιν δεῖ τιν' εἶναι]) indiquait déjà les précautions de Socrate dans le développement de l'hypothèse.

3. Comme l'indique le vocabulaire : **ἡγουμένης** μὲν φρονήσεως (88c2) ; **προσγενομένης** δὲ φρονήσεως (88d1) ; ἡ φρόνησις **ἡγουμένη** (88d6) ; τὰ μὲν ἄλλα πάντα εἰς τὴν ψυχὴν **ἀνηρτῆσθαι**, τὰ δὲ τῆς ψυχῆς αὐτῆς **εἰς φρόνησιν** (88e5-6).

4. Voir M. Dixsaut : « La *phronèsis* n'est pas une vertu particulière, elle est le principe constitutif de toute vertu, et les vertus qu'elle purifie seraient, sans elle, soit de simples capacités naturelles (semblables au « courage » des enfants et de certains animaux), soit de simples calculs de plaisirs et de peines résultant d'un mauvais échange. Quand on est vertueux, on l'est *par phronèsis* et non pas *par* vertu », « De quoi les philosophes sont-ils amoureux ? », p. 339.

5. Voir aussi *Lois* XII, 965c1-d3.

En effet, il n'y a aucune chance que ce soit là un échange correct pour acquérir la vertu que d'échanger plaisirs contre plaisirs, peines contre peines ou crainte contre crainte, et le plus contre le moins comme de la petite monnaie, non, la seule monnaie correcte contre laquelle tout cela doive être échangé, c'est la *phronèsis* ; et tout ce qui est de cette monnaie-là ou tout ce qui est acheté ou vendu avec elle a des chances d'être authentique courage, tempérance, justice, en un mot vertu véritable [ἀληθὴς ἀρετή], accompagnée de *phronèsis* [μετὰ φρονήσεως], qu'on y ajoute ou qu'on en enlève plaisirs, craintes et toutes choses de ce genre. (*Phédon* 69a-b)

Dans le *Phédon* comme dans le passage du *Ménon*, le rapport de partie à tout se présente comme un rapport de conditionnant à conditionné plutôt que d'identité et de différence. Que la conclusion du raisonnement assimilant la vertu à la *phronèsis* demeure hésitant entre une identité totale ou partielle est donc un signe qui doit nous mettre en garde contre la tentation d'attribuer sans restriction ni réserve à Socrate la thèse de l'identité pure et simple. Cette ultime hésitation invite en tout cas à ne pas figer trop vite en doctrine ce qui se présente chez lui sous la forme constante d'une interrogation. Qu'il s'agisse d'une ouverture destinée à un développement ultérieur ou d'un simple indice modalisateur invitant à se garder de toute précipitation, le fait est que Socrate n'exploite pas, tout au moins explicitement, l'alternative. S'il n'y a rien d'illégitime à considérer que Socrate a bien essayé d'identifier les vertus à des formes de *phronèsis*, la solution, au vu de la suite du *Ménon*, révèle vite ses limites.

La pierre de touche de l'enseignement

Le premier argument de la mise en question de la réduction découle directement de la réciprocité constatée ci-dessus entre *epistèmè* et *phronèsis*. Il s'agit du problème des enseignants. Si la vertu est une forme de *phronèsis* et que *phronèsis* et *epistèmè* sont strictement interchangeables, il s'ensuit qu'elle doit pouvoir s'enseigner, être *didakton*, puisque toute science s'enseigne (87c) et il doit donc en exister des professeurs. Or c'est là que le bât blesse. Faute de pouvoir trouver des maîtres incontestés de la vertu se trouve révoquée non pas directement l'hypothèse que la vertu soit *phronèsis*, mais sa conséquence, à savoir qu'elle soit de l'ordre d'une science avec ses professeurs et ses élèves. La mise en cause de la thèse à partir de son corollaire répond à une fonction essentiellement critique, autant de la thèse que de ceux-là mêmes qui sont censés la confirmer par leurs personnes (96b) dans le cadre plus général d'un dialogue qui doit aussi tempérer l'admiration de Ménon pour les sophistes. La conclusion de cette longue et vaine recherche des maîtres de vertu est que cette dernière, faute de maîtres, ne semble pas être quelque chose qui puisse s'enseigner.

Faut-il prendre cette conclusion à la lettre, à savoir que l'absence de fait de professeurs de vertu prouverait de droit qu'elle n'est pas enseignable[1] ? N'invite-t-

1. J. Brunschwig (« Pouvoir enseigner la vertu ? », p. 595-596) souligne à raison le caractère conjectural de l'implication du fait (l'inexistence des maîtres) au droit (l'impossibilité d'être enseignée) tirée par Socrate en 89e2-4.

elle pas plutôt à chercher cet enseignement ailleurs que dans ces autorités sociales que sont les sophistes et les politiques, et à penser cet apprentissage sur un autre mode que celui de la transmission d'une compétence ? Le mythe de la réminiscence a d'ores et déjà mis en évidence un autre mode d'acquisition du savoir que la transmission d'un contenu : le savoir n'est pas quelque chose qui se déverse d'une âme vers une autre comme un liquide (cf. *Banquet* 175d-e). Il exige la réappropriation et la réflexion, voire la conversion de l'âme tout entière (cf. *Rép.* VII, 518b-519d). Or cette possibilité que le savoir soit réminiscence, promptement oubliée par Ménon, s'était vue évoquée furtivement par Socrate au moment d'adopter l'hypothèse préalable à l'examen (87b-c). Si la *phronèsis* est ce qui rend tous les biens bénéfiques, si l'utile suppose toujours la présence d'une réflexion, cela ne veut pas dire nécessairement que ce savoir se comprenne uniquement sur le mode de ce qu'on entend d'ordinaire par *epistèmè*, autrement dit que la *phronèsis* s'enseigne à la manière dont les sophistes prétendent l'enseigner.

Les ambiguïtés de l'opinion droite

Que la science soit seul auxiliaire de la pratique constitue le second motif du doute de Socrate à partir de 96e.

> Donc l'opinion vraie [Δόξα ἄρα ἀληθὴς], pour la rectitude de l'action [πρὸς ὀρθότητα πράξεως], est un guide qui n'a rien d'inférieur à la *phronèsis* ; voilà ce que nous avons omis tout à l'heure dans notre examen visant à déterminer quel genre de chose est la vertu, en disant que la *phronèsis* est seule à guider l'action droite. Or cela vaut aussi pour l'opinion vraie. (*Ménon* 97b-c)

Le recours à l'opinion vraie (ou droite[1]), seconde objection à opposer aux prétentions de la science, intervient de la propre initiative de Socrate, ce qui constitue une première invitation à la prendre au sérieux[2]. Dans l'économie du passage elle permet de sortir d'une aporie née de l'isosthénie des arguments – la vertu est science donc elle s'enseigne/la vertu n'a pas de professeurs, donc elle ne s'enseigne pas. Face aux arguments socratiques contre la possibilité d'enseigner la vertu – l'absence de maîtres et la contrariété des avis en la matière (96b-c) – l'étonnement de Ménon (96d) est le symptôme d'un état d'aporie similaire à celui qui avait débouché sur le paradoxe de Ménon. L'impasse y concernait la possibilité non pas de transmettre le savoir politique mais d'acquérir le savoir tout court (80d-e). Les deux situations ne sont donc pas sans points communs : dans les deux cas c'est Ménon qui doute et c'est le principe même de la recherche qui semble

1. Les deux formulations sont équivalentes (cf. *Ménon* 97b-99a et *Théétète* 201c)

2. À l'inverse du *Théétète* 187b où la réponse à la question de la science par l'opinion vraie est une suggestion de Théétète, dans le *Ménon* la proposition émane de Socrate lui-même. Sauf à supposer que Socrate pousse le vice jusqu'à tromper délibérément son interlocuteur, cela invite à y voir une tentative de solution.

remis en question. Ici c'est sur la possibilité de la vertu et de sa venue à l'être[1] que porte l'interrogation, de même que l'aporie sophistique se présentait comme un doute jeté sur la possibilité du savoir et de sa genèse. L'opinion droite se présente donc au moins comme un moyen d'avancer dans la discussion, dès lors qu'une origine naturelle[2] comme didactique de la vertu se trouve exclue (98d-99b). Le recours à l'opinion droite est-il en mesure de répondre à la double interrogation de Ménon, à savoir : y a-t-il des vertueux et si oui, d'où vient leur vertu ? Bien que le lecteur de Platon ne soit pas sans éprouver quelque réticence à faire de la vertu une opinion, même droite, voyons ce qui autorise Socrate à risquer cette identification.

L'hypothèse de la vertu science s'était trouvée vérifiée à partir d'une réflexion sur les conditions de l'utilité, cette notion constituant l'opérateur de la réduction de la vertu à la *phronèsis* tout au long du raisonnement de 87d-89a. C'est donc de la prémisse « ce qui est bon est utile » (96e-97a) énoncée une première fois en 87e que l'on repart pour avancer l'hypothèse de la vertu opinion vraie.

L'équivoque de l'utile

Cette notion d'utilité, complétée par celle de rectitude – l'utilité consistant à « diriger droitement nos affaires » (97a) –, constitue le facteur commun et le point d'articulation entre les deux parties de la fin du dialogue constituées par les deux hypothèses (vertu-science/vertu-opinion droite). Reste donc à savoir si ces deux notions (rectitude et utilité) conservent exactement le même sens dans les deux argumentations. L'examen de la valeur pratique respectivement dévolue à l'opinion droite et à la science révèle une hésitation entre une compréhension que l'on pourrait dire absolue et une acception relative de l'utilité[3]. Dans la première partie régie par l'hypothèse de la vertu-*phronèsis*, la rectitude est conçue comme droite direction ou droit usage (88a4-5). Sous l'égide de la *phronèsis*, elle nous conduit sans ambiguïté au bonheur (εὐδαιμονία 88c3). Or la deuxième partie soulignant l'efficacité pratique de l'opinion droite (96e-100a) évite de prononcer le mot d'*eudaimonia*[4]. Cette ambiguïté sous-jacente à la notion de rectitude, sur la

1. Les interrogations sur la vertu et leurs différentes versions sont formulées dans ce vocabulaire de la *genesis* : le verbe récurrent est παραγίγνομαι (70a2-4, 86c9-d2, 99e5-100a1).

2. Cf. *Ménon* 98d reprenant 89a-b.

3. Voir la distinction aristotélicienne formulée à propos de l'*euboulia* : « Il est en outre possible de bien délibérer dans l'absolu [ἁπλῶς εὖ βεβουλεῦσθαι] et de bien délibérer relativement à une certaine fin [πρός τι τέλος]. La bonne délibération au sens absolu est celle qui se rapporte correctement à la fin absolue, l'autre celle qui se rapporte correctement à une fin particulière » (*EN* VI 10, 1142b28-31). Sur l'*euboulia*, voir *infra* p. 238 *sq*.

4. À partir de 96e, Socrate, plutôt qu'εὖ πράττειν, préfère employer l'expression ὀρθῶς πράττειν (96e3, 97a3, 97c1, 97c7, 98b7). On trouve bien en 96e1-5 mention d'un ὀρθῶς τε καὶ εὖ τοῖς ἀνθρώποις πράττεται τὰ πράγματα mais on peut remarquer que dans cette expression εὖ πράττειν est accompagné du complément τὰ πράγματα qui vient en infléchir le sens. En

signification de laquelle la deuxième partie reste évasive, est encore accentuée en ce qui concerne l'utilité dont le concept semble subir une véritable inflexion.

Dans le premier mouvement de l'argumentation consacré à l'hypothèse de la vertu-*phronèsis*, le critère de l'utile est toujours envisagé au sein du couple qu'il forme avec son contraire, le nuisible. Or quand on en vient à l'utilité de l'opinion droite, cette polarité disparaît, on ne trouve plus mention du nuisible[1]. Serait-ce le signe qu'on envisage plus qu'une utilité relative à une fin déterminée, dont la contribution au bien général de l'agent est passée sous silence ? On remarquera que le critère de l'utile dans cette dernière partie est toujours rapporté aux actions dont il permet la réussite : le vocabulaire axiologiquement neutre de *pragma* et de *praxis* y remplace celui du dommage dont on vient de noter l'éclipse[2]. C'est toujours relativement à ces actions déterminées que semble se mesurer l'utilité, et non plus en référence au bien ou au mal qui résulte de la possession d'une ressource ou d'une qualité. Ce serait donc sur le terrain de l'utilité pragmatique que l'opinion droite se trouve en mesure de rivaliser avec le savoir. L'exemple choisi pour éclairer l'opinion droite, celui de la route de Larisse, confirme cette inflexion.

Le sens de l'orientation, éclairante image de l'intuition des politiques, illustre de la manière la plus économique qui soit le critère de l'efficacité pratique, en montrant comment une même action réussie peut provenir de deux sources différentes : le savoir et l'opinion droite. Il explicite ainsi le sens littéral de l'utile énoncé plus haut (diriger droitement une action, atteindre son but), en même temps qu'il met en évidence l'ambiguïté inhérente à l'opinion droite. En effet, ce qu'elle nous permet d'accomplir, marcher jusqu'à Larisse, relève de ces actions que le *Gorgias* (467c-e) range dans la catégorie des choses intermédiaires. Axiologiquement neutres, parce qu'elles ne sont pas voulues pour elles-mêmes mais seulement en vue de la fin qu'elles visent, le bien véritable de l'agent, leur valeur dépend de l'appréhension correcte de ce bien (cf. *Gorgias* 467e-468b). L'exemple de la route de Larisse marque donc ce glissement d'une polarité utile/nuisible vers une conception où l'utile est envisagé abstraction faite de la fin, sans d'autre étalon de la rectitude de l'action que l'efficacité. C'est sous cette

effet, employé sans complément, εὖ πράττειν est synonyme d'εὐδαιμονεῖν, renvoyant à l'*eupraxia* qui est synonyme d'*eudaimonia* (cf. *Euthydème* 279 *sq.*).

1. Voir les couples ὠφέλιμον/ βλαβερόν ou ὠφελεῖν/ βλάπτειν en 87e-89a ; il n'y a pas une seule occurrence de l'adjectif βλαβερόν ou du verbe βλάπτειν à partir de 96e.

2. Les hommes bons en effet « seront utiles [ὠφελίμους] s'ils dirigent droitement nos affaires [ὀρθῶς ἡμῖν ἡγῶνται τῶν πραγμάτων] » (97a3-4) ; « l'opinion vraie [δόξα ἀληθὴς] quand elle dirige n'en réalise pas moins bien l'œuvre visée par chaque action [τὸ ἔργον ἑκάστης τῆς πράξεως] que la science » (98b8) ; « l'opinion droite [ὀρθὴ δόξα] n'est ni moins bonne ni moins utile [ὠφελίμη] pour l'action [εἰς τὰς πράξεις] que la science » (98c2) et 97b9-10 cité *supra* p. 215. Les termes de *praxis* et de *prattein* sont récurrents dans les pages 97a *sq.* alors qu'ils étaient absents de 87d-89a.

acception étroite de l'utilité que l'opinion droite se trouve faire concurrence à la science (99b). Est-ce alors véritablement le privilège de la *phronèsis* qui est récusé ou bien, à la lumière des exemples d'action réussie (atteindre Larisse ou accomplir de grandes réalisations politiques), ne faut-il pas au préalable déterminer le sens de ce qu'on entend par utilité pour savoir si l'opinion droite est bel et bien une rivale sérieuse de la *phronèsis* ?

La fonction critique de l'opinion droite

La fonction de l'opinion droite dans ce passage est de venir remettre en cause une des hypothèses qui sous-tendaient l'examen précédent, à savoir le monopole pratique de la science. La stratégie socratique consiste à faire surgir un rival à cette dernière en montrant que l'opinion droite satisfait au même réquisit[1]. Trois raisons viennent cependant nuancer la portée de cette remise en cause.

La fonction critique de cette promotion de l'opinion droite a d'abord pour but de tempérer l'enthousiasme de Ménon qui, s'étant fait le défenseur de la science, se montre peu enclin à revenir sur sa supériorité. Il partage en effet une certaine conception sophistique de la science qui place sa supériorité dans sa fiabilité[2]. Si on se contente de raisonner sur la base de ce critère de l'efficacité, effectivement Socrate a raison de montrer que l'opinion droite vaut tout autant que le savoir. C'est donc Ménon, plus encore que Socrate, qui semble réticent à revenir sur le monopole pratique de la science (97a, 97c) et ne manque pas de lui opposer la faillibilité de l'opinion. La proposition que Ménon répugne à abandonner est précisément celle qui fait de la science un gage de succès, plutôt que la compréhension d'une nature et l'intelligence de la cause. Voilà peut-être ce qui explique la réplique, étrange, voire retorse, de Socrate à son objection en 97c-d.

M. – À ceci près, Socrate, que celui qui a la science atteint toujours son but [ἀεὶ ἂν ἐπιτυγχάνοι] alors que celui qui a l'opinion droite tantôt l'atteint, tantôt non [τοτὲ μὲν ἂν τυγχάνοι, τοτὲ δ' οὔ]. **S.** – Que dis-tu ? Celui qui a toujours une opinion droite n'atteint-il pas toujours son but [οὐκ ἀεὶ ἂν τυγχάνοι] tant que ses opinions sont correctes ? **M.** – C'est forcé,

1. Même si en fin de compte, l'intervention de ce rival permettra, selon un procédé fréquent dans les *Dialogues*, de préciser une différence. C'est ainsi que procèdent le début du *Gorgias* ne cessant de faire surgir des rivaux à la rhétorique pour amener Gorgias à préciser sa définition, ou encore le *Politique* où l'Étranger convoque des arts rivaux pour écarter les définitions inadéquates de la science politique (267e).

2. Ce dont on trouve d'autres illustrations dans le corpus platonicien. Ainsi Théétète, par ailleurs familier des doctrines de Protagoras (*Théétète* 152a), voit-il dans l'infaillibilité le critère qui permettrait de définir la science comme opinion vraie. En dépit des difficultés d'ores et déjà suscitées par cette proposition, il soutient que l'opinion vraie est infaillible (ἀναμάρτητος, 200e4) et n'engendre que de bonnes choses (200a5-6), exactement ce que dit Socrate des opinions vraies à travers l'évocation des statues de Dédale : tout le temps qu'elles demeurent, elles sont une belle chose et produisent tous les biens (98a1 cité *infra* p. 237). L'apologie de Protagoras dans le *Théétète* (165e-168c) est encore une illustration de cette conception pragmatique du savoir qui se mesure à sa puissance de produire des effets.

me semble-t-il, de sorte que j'en viens à me demander, Socrate, dans ces conditions, ce que la science peut bien avoir de beaucoup plus précieux que l'opinion droite [ὅτι δή ποτε πολὺ τιμιωτέρα ἡ ἐπιστήμη τῆς ὀρθῆς δόξης], et en quoi elles se distinguent l'une de l'autre. (*Ménon* 97c-d)

Cette réponse est d'autant plus surprenante qu'après avoir plongé Ménon dans la perplexité, Socrate en viendra finalement à entériner ses soupçons quant à la stabilité de l'opinion. Ces lignes permettent néanmoins de préciser que, du point de vue de l'atteinte du but (τυγχάνειν), il n'y a pas de différence entre la science et l'opinion vraie, qui n'est pas une moindre garantie de succès. Il pourrait s'agir de faire comprendre à Ménon le « lieu » de la différence et de l'amener ainsi à formuler la raison de la supériorité de la science. Que le savoir soit une garantie d'infaillibilité se voit en effet illustré dans l'*Euthydème* où Socrate identifie *eutuchia* et *sophia,* dans un passage où le parallélisme avec les expressions du *Ménon* est frappant.

C'est donc la sagesse [σοφία] qui partout fait réussir [εὐτυχεῖν] les hommes. La sagesse ne saurait en effet se tromper, au contraire elle ne peut pas ne pas agir avec rectitude et atteindre son but [ὀρθῶς πράττειν καὶ τυγχάνειν] sans quoi elle ne serait plus sagesse. (*Euthydème* 280a)

La suite de ce passage (281b *sq.*) montrera que la science ne se contente pas de procurer la réussite (*eutuchia*) mais l'action droite synonyme de bonheur (*eupragia*), autrement dit le bon usage sans lequel la réussite n'est d'aucune utilité, franchissant le pas qui n'est pas franchi dans cette fin du *Ménon*. L'infaillibilité n'est donc jamais qu'un des effets, et non la cause, de cette supériorité de la science.

Il faut donc dépasser le critère de l'infaillibilité, insuffisant pour différencier opinion droite et science. L'image des statues de Dédale vient accuser la différence irréductible qui les sépare, différence qui n'est jamais remise en cause par Socrate[1]. Voilà qui contribue fortement à relativiser la concurrence de ce rival, et ce faisant l'excellence des politiques qui en sont détenteurs. L'irréductible infériorité de l'opinion droite, tenant à son défaut d'*aitias logismos* (94a3), raisonnement explicatif[2], réside dans son instabilité : impuissante à faire le lien avec le reste des connaissances du sujet, elle est par là incapable de s'attacher durablement à son âme[3]. Dans le cadre de cette succincte confrontation avec la science,

1. Le *Théétète* la réaffirme catégoriquement à travers l'exemple crucial du tribunal en 201a-c, même si celui-ci n'est pas exempt de paradoxes, comme l'a montré M. Burnyeat (« Socrate et le jury : de quelques aspects de la distinction platonicienne entre connaissance et opinion vraie », *Les paradoxes de la connaissance*, p. 237-255).

2. Voir aussi *Phédon* 97d.

3. La cause étant ce dont la connaissance fait échapper à l'empirisme dans l'action, la distinction entre opinion vraie et science est assez étroitement parallèle à celle qu'élabore le *Gorgias* entre *empeiria* et *technè* (465a2-5). Ces deux aptitudes se différencient moins par la maîtrise des effets que par la connaissance de la cause : la *technè* est en mesure de rendre raison de ce qu'elle fait, ce qui implique de connaître la nature de la chose, à la différence de l'*empeiria*, dite pour cette raison *alogon* (465a, 501a).

Socrate se limite à pointer son instabilité, l'imputant à une seule cause, le déficit de lien, c'est-à-dire de rationalité.

L'infériorité de l'opinion droite ne laisse enfin plus aucun doute lorsqu'on envisage la question de son origine, en réponse au second motif de perplexité exprimé par Ménon en 96d, à savoir : y a-t-il des vertueux et si oui, comment le deviennent-ils ? L'origine de cette opinion droite est renvoyée à une inspiration divine, ce qui revient à invoquer un effet dont la cause est inaccessible à l'entendement humain et donc à faire de la vertu quelque chose dont la maîtrise nous échappe, relevant du bon vouloir d'un dieu. La fausse solution de l'« inspiration » a pour effet de récuser la possibilité que ces hommes politiques possèdent une quelconque intelligence de ce qu'ils font. L'insistance avec laquelle Socrate répète qu'ils sont dépourvus d'intelligence[1], son attente d'un homme qui révélerait la vanité de cette inspiration comparée à un savoir véritable ne laissent guère de doute sur la fonction critique du passage. Après le réquisitoire sévère à l'encontre de ces inspirés que sont les poètes dans l'*Ion* (533d-535e), étant donné le refus de ranger l'art politique dans la même catégorie que celui des devins (cf. *Pol.* 260e), Socrate ne saurait ici faire l'éloge d'hommes dont l'action est absolument étrangère à la connaissance et à l'intelligence. Les ordres qui émanent des devins et prophètes, pas plus que le chant des poètes dans l'*Ion*, ne sont le produit de leur intelligence. La réponse à la question de l'origine sonne donc plutôt comme le constat d'un déficit : inaccessibilité de la cause (divine), inintelligibilité de l'effet (irrationnel). L'action vertueuse ne saurait se comprendre en ces termes, elle qui est seule susceptible de conférer à la conduite humaine une stabilité. Accuser cette différence entre opinion droite et science limite la remise en cause de la thèse précédente de la vertu-*phronèsis* et nous invite à en rechercher la fonction.

On notera que l'opinion droite n'est pas entièrement inédite dans le *Ménon*. Qu'elle soit déjà apparue au cours du dialogue[2] rend moins incongrue sa seconde intervention et fournit un indice sur son rôle dans le dialogue. La transformation de l'opinion vraie en science a déjà été évoquée en 85c-d, et se voit réaffirmée en 98a : une fois enchaînées par le raisonnement, les opinions vraies deviennent sciences et deviennent stables[3]. Dans le premier cas, la leçon de l'épisode de la réminiscence consiste à voir dans la présence de ces opinions vraies en l'âme le signe de la possibilité de la science et de la possibilité d'apprendre. Leur découverte chez l'esclave permet de surmonter la dichotomie savoir/ignorance, en

1. Cf. *Ménon* 99c (ἄνευ νοῦ), 100a (νοῦν μὴ ἔχοντες). L'idée que ces politiques ne savent pas ce qu'ils font est corroborée par la fin du *Gorgias* (517b-518c) soulignant cette ignorance du bien véritable de la cité dont souffrent les politiques et les orateurs les plus réputés.

2. Cf. *Ménon* 85c-86c. Le passage de la réminiscence avait déjà introduit la notion d'opinion vraie (ἀληθεῖς δόξαι, 85c7, 86a7).

3. Le rappel de la réminiscence en 98a (cité *infra* p. 237) est un autre élément de continuité entre les deux mentions de l'opinion vraie, sans compter qu'il s'agit des deux moments du dialogue où Socrate se déclare sûr de quelque chose (86b-c, 98b).

rendant intelligible le phénomène de l'acquisition du savoir. Il est donc certain qu'il y a un sens à chercher ce qu'on ne sait pas, même si Socrate confesse quelques incertitudes sur le détail du processus (on en reste au mythe : l'âme a tout appris, sans déterminer sous quelle forme existe ce savoir). L'existence de l'opinion vraie est donc comme un encouragement à la recherche. Le second cas, celui qui nous occupe, comporte la même incertitude quant au détail du passage de l'opinion vraie à la science. Si l'analogie avec les statues ne nous renseigne guère sur la nature du lien stabilisateur qu'est l'*aitias logismos*, la différence entre opinion droite et science reste néanmoins certaine (98b). Socrate a recours à l'opinion droite à l'issue de l'argumentation contradictoire sur l'hypothèse de la vertu science afin de lever les doutes de Ménon sur l'existence de la vertu et de le rassurer sur la supériorité du savoir.

Dans les deux cas où elle intervient, l'opinion droite doit rendre compréhensible la possibilité de la recherche face au doute (le savoir, la vertu), sans pour autant en constituer le tout (l'esclave ne sait toujours pas la géométrie). S'il y a opinion vraie, c'est qu'il y a possibilité de retrouver le savoir à condition de faire effort pour le rechercher en soi-même. Un tel passage serait donc envisageable dans le domaine politique comme il est déjà pensable dans le domaine théorique. Étant donné que cette capacité de réussir dans l'action existe déjà sous la forme d'opinions vraies, il vaut la peine de continuer à chercher sa forme scientifique. La possibilité de ce passage rendrait alors envisageable un savoir véritable en politique, une vertu qui soit une forme de connaissance et non une faveur divine. À travers l'évocation du vrai politique dont Tirésias est la métaphore[1], l'horizon reste celui du savoir à acquérir, l'espoir de la science politique véritable, de ce politique qui n'est pas encore né mais qui pourrait bien faire un jour son apparition.

Même si l'opinion droite est bien présentée comme une réponse aux deux questions de Ménon (origine et existence de la vertu), cette réponse est donc lourde d'ambiguïtés. Socrate ne dissipe pas tout à fait le scepticisme de Ménon quant à l'existence des vertueux[2], dès lors que ces politiques inspirés ne sont jamais que des fantômes de vertu à côté de la vertu réelle, et que leur prétendu

1. D. Scott (*Recollection and Experience. Plato's Theory of Learning and its Successors*, Cambridge, C. U. P., 1995, p. 49) donne une analyse éclairante de la figure de Tirésias, qui peut être vu comme le double des deux politiques authentiques : Socrate seul vrai politique selon le *Gorgias* et le philosophe-roi de la *République*. L'hostilité que s'attire Socrate dans l'*Apologie* par son examen des hommes politiques rappelle ainsi l'impopularité de Tirésias qui s'affronte violemment aux dirigeants (Œdipe dans *Œdipe roi*, Créon dans *Antigone*, et Penthée dans *Les Bacchantes* d'Euripide). Cette figure annonce aussi le philosophe roi de la *République* dans l'allégorie de la caverne, lui aussi en bute à la haine, aveuglé par la lumière du soleil, celle du savoir, et aveugle quand il redescend dans la caverne, royaume des ombres.

2. Cf. *Ménon* 98c : « Puisque donc ce n'est pas seulement grâce à la science [δι' ἐπιστήμην] qu'il y a des hommes bons [ἀγαθοὶ ἄνδρες] et utiles [ὠφέλιμοι] aux cités, *si tant est qu'il y en ait* [εἴπερ εἶεν], mais aussi grâce à l'opinion droite [δι' ὀρθὴν δόξαν]… »

savoir n'a rien d'une science rationnellement transmissible. L'opinion droite reste donc une solution triplement marquée d'équivocité. Elle rend certes compte de l'action des hommes politiques[1] tout en laissant ouverte la question de savoir si on a vraiment affaire à des vertueux. Son intervention aboutit moins à concurrencer la science qu'à en souligner la supériorité sur ces deux points que sont la stabilité et la transmissibilité par l'intermédiaire d'un *logos* qui est connaissance de la cause. Enfin, si sa présence est enfin le signe qu'un savoir véritable est possible en politique, ce savoir reste à acquérir et la nature de la science politique véritable à élucider. Il ressort du caractère également problématique de l'hypothèse de la vertu-*phronèsis* et de la solution alternative par l'opinion droite que les solutions proposées par Socrate aboutissent à des ambivalences restant indépassées à la fin du *Ménon*.

Comment comprendre le verdict aristotélicien ?

Une fois analysées les étapes et les limites de cette réduction de la vertu à la *phronèsis*, revenons un instant au diagnostic porté par Aristote sur la démarche socratique en VI 13.

> C'est pourquoi certains disent [τινές φασι[2]] que toutes les vertus sont des formes de *phronèsis*, et Socrate d'un côté cherchait dans la bonne direction, de l'autre se trompait : en pensant que toutes les vertus sont des formes de *phronèsis*, Socrate se trompait mais en disant qu'elles ne vont pas sans *phronèsis* [ὅτι δ' οὐκ ἄνευ φρονήσεως], il avait raison. (*EN* VI 13, 1144b17-21)

Socrate avait raison mais il prenait l'effet pour la cause, pourrait-on dire en paraphrasant le verdict de Rousseau au sujet d'Aristote au livre I du *Contrat social*. Il a bien raison sur l'effet, à savoir qu'il n'y a pas de vertu accomplie sans *phronèsis*, mais il a commis l'erreur de déduire leur identité de leur solidarité, en faisant de la *phronèsis* la cause au sens de l'essence de la vertu. Socrate a eu, aux yeux d'Aristote, le tort de voir dans la *phronèsis* non seulement la condition mais le tout de la vertu, en transformant une relation d'implication réciproque en une relation d'identité. Plutôt que de chercher à savoir si Aristote rend ou non justice à la thèse socratique, essayons de dégager les raisons de sa lecture. Socrate, continue Aristote,

> croyait que les vertus étaient des formes de raison [λόγους] (car elles étaient toutes des sciences [ἐπιστήμας] pour lui), tandis que, selon nous, elles sont accompagnées de raison [μετὰ λόγου]. (*EN* VI 13, 1144b28-30)

1. D. Scott (*Plato's Meno*, p. 187 *sq.*) souligne à raison contre les interprétations « ironiques » que rien n'autorise à dénier aux hommes politiques la possession d'une opinion vraie, et de ce fait un certain succès dans leur action.

2. On peut se demander qui sont ces τινες de la ligne 1144b17 en dehors du Socrate mentionné ensuite. Il n'est pas impossible de l'interpréter comme une allusion aux « Socratiques » en général, la question de savoir si cela pourrait inclure Platon demeurant ouverte.

C'est effectivement au moment où l'on passe de la formulation en termes de *phronèsis* à celle en termes d'*epistèmè* que la discussion aboutit à une aporie dans le *Ménon* qui bute sur la question de savoir si une telle *epistèmè* a pu être enseignée et par qui. N'est-ce pas faute que la vertu soit présente dans les hommes politiques sous la forme d'un *logos* qu'ils auraient pu transmettre à leurs fils par voie d'enseignement qu'on se voit contraint de se rabattre sur la solution bancale de l'opinion droite ? Si on est fondé à voir dans les lignes de VI 13 une citation sinon littérale, du moins fidèle, du *Ménon*, et s'il est vrai que ce dialogue est de ceux qui envisagent le plus fermement la réduction de la vertu à la *phronèsis*, il serait pour le moins étrange qu'Aristote ne tienne aucun compte de l'échec par lequel se solde cette entreprise. Pourquoi ne pas imaginer qu'il ait pu prendre au sérieux la dernière partie de ce dialogue et la considérer comme une tentative de réponse à la question de la vertu ? Rappelons le précepte méthodologique selon lequel

> il faut trouver une manière de définir qui rendra compte au mieux des opinions à ce sujet en même temps qu'elle résoudra les apories et les contradictions. Ce sera le cas si les opinions contraires paraissent raisonnables car une telle définition sera tout à fait en accord avec les choses telles qu'elles apparaissent. (*EE* VII 2, 1235b13-16)

Voilà qui nous paraît ressaisir le sens de l'entreprise du livre VI où il s'agit bien de donner de la *phronèsis* une définition qui soit en mesure de lever les apories du *Ménon* en en dépassant les solutions contradictoires – par la vertu-*phronèsis* ou par l'opinion droite inspirée reconnue aux politiques, efficace pratiquement mais intransmissible rationnellement. Si telle est bien l'ambition aristotélicienne, elle se doit d'affronter deux des questions récurrentes dans la réflexion platonicienne sur le savoir pratique : (1) la vertu est-elle une forme de savoir, et son corollaire : peut-elle s'enseigner ? (2) De quel type de savoir relève l'action des politiques ?

LA *PHRONÈSIS* D'ARISTOTE FACE AUX APORIES DU *MÉNON*

La phronèsis et la problématique de l'utilité pratique

Un premier élément de continuité entre les approches platonicienne et aristotélicienne tient dans l'accent mis sur le critère de l'utilité. Ce dernier faisait l'unité de la dernière partie du *Ménon* où se trouve tour à tour avancée puis récusée la primauté de la *phronèsis*. Il autorisait la réduction de la vertu à la *phronèsis* et constituait par là l'élément positif qui se dégage de cette réduction, si hypothétique et aporétique soit-elle : seule la *phronèsis* était susceptible de conférer à la pratique sa rectitude véritable en définissant la bonne orientation des aptitudes humaines, ce qui fait d'elle la source de toute valeur. De la même façon on voit que la propriété distinctive du *phronimos* aristotélicien consiste dans le fait d'être « capable de bien délibérer sur ce qui est bon et utile pour lui-même [περὶ τὰ αὑτῷ ἀγαθὰ καὶ συμφέροντα] » (*EN* VI 5, 1140a26), ce qui le distingue des sages, comme Anaxagore et Thalès, qu'on voit « ignorer ce qui leur est utile [τὰ συμφέροντα ἑαυτοῖς] » (*EN* VI 7, 1141b6)[1]. Aristote n'a de cesse de recentrer sur le bien humain cette disposition à agir, vraie et accompagnée de raison[2] pour la démarquer de l'autre excellence de la partie rationnelle de l'âme qu'est la *sophia*. Les prudents, ce sont Périclès et les gens comme lui qui « sont capables de voir ce qui est bon pour eux-mêmes et pour les hommes » (*EN* VI 5, 1140b9). Or, le second point de recoupement avec les développements du *Ménon* tient dans le fait que ce bien humain visé par la *phronèsis* est toujours défini en relation à l'action, l'adjectif πρακτικήν revenant dans chacune des formules avancées pour la définir au chapitre 5[3]. Le chapitre VI 8 chargé de distinguer la *phronèsis* de la *sophia* met très nettement l'accent sur ce double caractère : cette disposition a rapport à l'action et s'occupe d'un bien strictement humain.

> La *phronèsis* a pour objet les biens humains et ce sur quoi il est possible de délibérer. En effet, nous disons que c'est par excellence l'œuvre du prudent que de bien délibérer [τὸ εὖ βουλεύεσθαι], mais personne ne délibère sur ce qui ne peut être autrement ni qui ne comporte pas une fin, et c'est là le bien qui est objet d'action [πρακτὸν ἀγαθόν]. L'homme qui délibère bien au sens absolu, c'est l'homme qui, par le raisonnement, vise ce qu'il y a de mieux à faire pour l'homme [ὁ δ' ἁπλῶς εὔβουλος ὁ τοῦ ἀρίστου ἀνθρώπῳ τῶν πρακτῶν στοχαστικὸς κατὰ τὸν λογισμόν]. (*EN* VI 8, 1141b8-14)

Le chapitre 34 des *Magna Moralia* la caractérise de même sans ambiguïté comme la pensée qui a les *prakta* pour objet[4]. Cette insistance sur l'orientation pratique de la *phronèsis* n'est pas sans faire écho à la principale qualité reconnue à l'opinion droite dans le *Ménon*, celle d'être un bon guide pour l'action.

Ces éléments de continuité incitent donc à chercher dans l'élaboration aristotélicienne de ce concept des éléments de réponse aux questions soulevées par ce dialogue. L'aporie sur laquelle venait buter la thèse de la vertu-*phronèsis* motivant le recours à la solution alternative par l'opinion droite était suscitée par le constat

1. Le livre VI n'emploie pas souvent l'adjectif ὠφέλιμος (1141a30, 1142b28) récurrent dans les pages du *Ménon* analysées précédemment. Aristote recourt plus volontiers au terme de συμφέρος.

2. Cf. *EN* VI 5, 1140b5-6 : « Il s'agit d'une disposition vraie accompagnée de raison, portant à agir en ce qui concerne ce qui est bon ou mauvais pour l'homme [ἕξιν ἀληθῆ μετὰ λόγου πρακτικὴν περὶ τὰ ἀνθρώπῳ ἀγαθὰ καὶ κακά]. » La formule est reprise à l'identique à la fin du chapitre : « Ainsi est-il nécessaire que la *phronèsis* soit une disposition accompagnée de raison, vraie, qui porte à agir en ce qui concerne les biens humains [ἕξιν εἶναι μετὰ λόγου ἀληθῆ περὶ τὰ ἀνθρώπινα ἀγαθὰ πρακτικήν] » (1140b20-21).

3. Cf. *EN* VI 1140b5 et b20-21 (cités dans la note qui précède) ; 1141b16, b21, b27 ; 1145a3 ; 1146a8 ; VII 1152a8 (où le *phronimos* est qualifié de *praktikos*).

4. Cf. *MM* 34, 1197a1-3 : « La science a affaire à l'objet de science, et on cherche à l'atteindre au moyen de la démonstration et du raisonnement [μετ' ἀποδείξεως καὶ λόγου] ; la *phronèsis*, elle, a affaire aux objets d'action [περὶ τὰ πρακτά], dans lesquels il y a choix ou fuite, et où il dépend de nous d'agir ou de ne pas agir [ἐφ' ἡμῖν ἐστιν πρᾶξαι καὶ μὴ πρᾶξαι] » et 1197a12-13 : « La *phronèsis* a affaire à l'action et aux objets d'action [περὶ μὲν οὖν τὴν πρᾶξιν καὶ τὰ πρακτὰ], tandis que l'art a affaire à la production et aux objets de production. »

de son intransmissibilité. Que cette vertu ne soit pas enseignable engendre en effet deux difficultés : peut-on qualifier les hommes politiques de vertueux et si non, les vertueux existent-ils[1] ? Cette compétence, rebelle à toute transmission discursive, est-elle de l'ordre du savoir ? La première question concerne l'existence effective de la *phronèsis*, la seconde a trait à son essence et à son origine. Voyons donc si le concept aristotélicien est en mesure de répondre à cette double interrogation.

Le prudent aristotélicien : solution à la question de l'existence des vertueux

À la question de l'existence, Aristote répond par l'affirmative. Il existe des prudents, du moins à en croire l'opinion commune dont l'usage linguistique est le sédiment. P. Aubenque a fortement souligné cette originalité de l'approche aristotélicienne dont

> le point de départ n'est pas une *essence*, dont il s'agirait d'analyser les déterminations possibles, mais un nom – *phronimos* – désignant un certain *type* d'hommes que nous savons tous reconnaître, que nous pouvons distinguer de personnages apparentés et pourtant différents, et dont l'histoire, la légende et la littérature nous fournissent des modèles. Tout le monde connaît le *phronimos*, même si personne ne sait définir la *phronèsis*. En distinguant la *phronèsis* de la science, de l'art, de la vertu morale et de la sagesse, le philosophe ne fera que délimiter scientifiquement une unité sémantique qui lui est livrée, telle quelle, par le langage, expression de la morale populaire. On comprend donc que la recherche de la définition de la prudence s'ouvre par cette phrase : « La meilleure façon de saisir ce qu'est la prudence, c'est de considérer quels sont les hommes que nous appelons les *prudents* ». L'existence du *prudent*, telle qu'elle est attestée par le langage des hommes, précède la détermination de l'essence de la *prudence*[2].

Le Socrate du *Ménon* se montrait pour le moins circonspect sur le compte de ceux que l'opinion considère comme des incarnations de la vertu, ne leur accordant au mieux qu'une vertu d'opinion droite. Au vu de la conclusion aporétique du dialogue faisant des succès des prétendus grands hommes un fantôme de réussite à côté du politique digne de ce nom[3], il semble qu'on ne puisse jamais qu'attendre et espérer une incarnation de la vertu encore hypothétique. Jusque

1. Voir le doute de Ménon en 98c9, *supra* p. 221.

2. P. Aubenque, *La prudence chez Aristote*, p. 35. La *phronèsis* pourrait relever de ces cas où, d'après les *Seconds Analytiques* (II 1, 89b31-35), c'est seulement après avoir répondu à la question de l'existence de la chose (τὸ εἰ ἔστιν ἢ μή) qu'on passe à la question de l'essence (τὸ τί ἐστι).

3. Cf. *Ménon* 99e-100a : « Si maintenant, dans tout ce raisonnement, nous avons mené notre recherche et notre discours comme il faut, la vertu ne saurait être le fruit ni de la nature ni de l'enseignement [ἀρετὴ ἂν εἴη οὔτε φύσει οὔτε διδακτόν], mais bien le résultat d'une faveur divine [θείᾳ μοίρᾳ], dépourvue d'intelligence [ἄνευ νοῦ] chez ceux à qui elle advient, à moins que, parmi les hommes politiques, il y en ait un qui soit capable de faire d'autrui un politique [καὶ ἄλλον ποιῆσαι πολιτικόν]. Mais si cet homme existait, on pourrait presque le décrire comme étant parmi les vivants ce qu'Homère dit de Tirésias parmi les morts, à savoir qu'il est "seul à savoir" dans l'Hadès tandis que les autres "errent comme des ombres". De même un tel homme serait d'emblée comme une chose réelle à côté des ombres pour ce qui est de la vertu. »

dans le *Politique*[1], une certaine incertitude demeure quant à la possibilité de connaître un jour un gouvernement politique authentique. Ce dialogue marque pourtant une avancée certaine en prenant la mesure de la spécificité d'une science politique confrontée aux singularités de la pratique, dont les analyses aristotéliciennes conserveront l'idée que le savoir pratique est indissociable du *phronimos* qui l'incarne[2]. Chez Aristote cependant, ce savoir n'est plus à attendre, ni le vertueux authentique à espérer, le philosophe prenant acte de l'existence du *phronimos* que reflète l'usage courant du terme[3].

> C'est pourquoi nous estimons que Périclès et les hommes de ce genre sont des prudents [φρονίμους] parce qu'ils sont capables de voir ce qui est bon pour eux-mêmes et pour les hommes : nous attribuons cette qualité à ceux qui s'y entendent en économie domestique et les politiques [εἶναι δὲ τοιούτους ἡγούμεθα τοὺς οἰκονομικοὺς καὶ τοὺς πολιτικούς]. (*EN* VI 5, 1140b8-10)

On ne doutera pas qu'il y ait quelque intention polémique à prendre comme exemple de prudent ce Périclès si impitoyablement critiqué dans les dialogues de Platon. L'opinion commune ici convoquée n'est pas récusée par Aristote, pas plus que ne l'est celle qui voit en Thalès et Anaxagore des sages au motif que le bien qu'ils recherchent n'est pas humain, mais au-delà de l'humain. Mais même à supposer que ce diagnostic soit sujet à caution et que Périclès ne soit pas la plus parfaite incarnation de la *phronèsis*, il n'empêche que l'opinion a su reconnaître dans ceux qu'elle considère comme de bons politiques un trait essentiel de la *phronèsis*. Il existe donc des instanciations de cette vertu, et il est même essentiel qu'il en existe puisque l'existence du prudent entre dans la définition de la vertu comme « disposition à choisir, consistant dans une médiété relative à nous, déterminée par la raison et comme le déterminerait le prudent » (*EN* II 6, 1107a1). Comme le souligne à raison P. Aubenque,

> la définition, quelle qu'elle soit, de l'*essence* de la prudence présuppose, non seulement en fait (comme c'est le cas pour les vertus éthiques), mais en droit l'existence de l'*homme* prudent, et la description de cette existence. (…) On ne peut se contenter, en effet, de définir la prudence comme une spécification de la vertu en général, pour cette raison essentielle que l'existence de l'homme prudent est déjà impliquée par la définition générale de la vertu[4].

1. Cf. *Pol.* 301d-e, 303b. La comparaison « comme un dieu parmi les hommes » (303b4) pour qualifier le régime fondé sur le pouvoir de l'homme royal fait écho au vrai politique du *Ménon*, comme un vivant parmi les morts (100a).

2. La science politique ne peut se concevoir sur le mode d'un recueil de lois, aussi muettes que les prescriptions d'un médecin. Dans un monde du devenir marqué par l'irrégularité et la variabilité, la loi requiert toujours la présence d'une intelligence vivante pour l'appliquer (cf. *Pol.* 294a7-8).

3. Sur l'importance du paradigme au double sens d'exemple et de modèle pratique dans l'éthique aristotélicienne, voir C. Natali, « Paradigme : les problèmes de l'action pratique et l'usage des exemples chez quelques auteurs grecs du IVe siècle av. J. C. », *L'action efficace*, p. 15-29.

4. P. Aubenque, *La prudence chez Aristote*, p. 39.

Si Aristote, contre le *Ménon* et le *Politique* de Platon, ne semble pas douter de l'existence de *phronimoi* ni dénier aux bons politiques la vertu dont ils sont crédités par l'opinion, comment surmonte-t-il les insuffisances de leur compétence pointées par Platon sous la forme d'une incapacité à transmettre leur excellence[1] ?

On se souvient que le caractère enseignable de la vertu, conséquence de son identification à la science, est le point sur lequel achoppe l'hypothèse de la vertu-*phronèsis* dans le *Ménon*. Que les politiques athéniens n'aient pas été capables de transmettre leur vertu est l'indice que la compétence que leur reconnaît l'opinion publique n'est pas science et qu'eux-mêmes ne méritent pas le titre de *sophoi*.

> Ce n'est donc pas par une quelconque sagesse [σοφίᾳ τινὶ] ni parce qu'ils étaient sages [σοφοὶ ὄντες] que de tels hommes – Thémistocle et son entourage et ceux dont Anytos vient de parler – ont dirigé les cités. C'est pourquoi ils ne sont pas capables de rendre les autres semblables à eux vu que ce n'est pas à la science [δι' ἐπιστήμην] qu'ils doivent leurs qualités. (*Ménon* 99b)

Le critère de l'enseignement est un des marqueurs qui permet à Socrate de distinguer définitivement la science de l'opinion vraie dans le *Théétète* (200e-201a)[2]. Que l'*epistèmè* et la *technè* se caractérisent par leur capacité à faire l'objet d'un enseignement est une propriété qu'Aristote, fidèle aux conceptions platoniciennes, reprend pleinement à son compte[3]. Le livre A de la *Métaphysique* met en évidence, en des termes très proches de ceux de Platon, que c'est là le signe irrécusable auquel se reconnaît la science par opposition à ce qui ne relève que de l'expérience.

> En résumé, le signe [σημεῖον] auquel se reconnaît celui qui sait et celui qui ne sait pas, c'est sa capacité à enseigner [τὸ δύνασθαι διδάσκειν], et c'est pourquoi nous estimons que l'art est davantage science que l'expérience [τὴν τέχνην τῆς ἐμπειρίας ἡγούμεθα μᾶλλον ἐπιστήμην

1. Le second type de reproche fait à Périclès et consorts dans le *Gorgias* (à savoir leur incapacité à rendre leurs concitoyens meilleurs, vu la virulence avec laquelle ces derniers s'en sont pris à eux) relève peut-être d'une analyse plus politique que strictement éthique. La réaction du peuple athénien pourrait être moins le symptôme d'une incompétence de la part des gouvernants que le signe d'un dysfonctionnement de la démocratie. L'Athènes de Périclès est en effet rangée par Aristote dans ces formes extrêmes de démocraties où ce n'est plus la loi qui gouverne, mais la masse tendant à devenir despotique, sur laquelle règnent les démagogues. Cf. *Pol.* IV 4, 1292a4 *sq.* et le commentaire de P. Pellegrin *ad loc.*, renvoyant à *Pol.* II 1273b8 (*Aristote. Les Politiques*, traduction et présentation par P. P., Paris, Flammarion, GF, 1993, p. 294).

2. À Théétète qui maintient sa définition de la science par l'opinion vraie (200e), malgré l'aporie initiale concernant la possibilité de l'opinion fausse, Socrate oppose la pratique des tribunaux où les contraintes de la clepsydre, incompatibles avec le temps nécessaire à l'enseignement, prouvent assez que l'art des orateurs « persuade sans enseigner, mais en produisant l'opinion qu'ils veulent » (201a).

3. Cf. *EN* VI 3, 1139b25-26 : « Qui plus est, toute science semble pouvoir être enseignée [διδακτὴ ἅπασα ἐπιστήμη], et l'objet de science semble pouvoir faire l'objet d'un apprentissage. »

εἶναι] ; en effet, ceux qui le possèdent sont capables d'enseigner tandis que les autres non. (*Métaph.* A 1, 981b7-10)

Cela n'inciterait-il pas à rejoindre le verdict de Platon sur Périclès et consorts ? Ce verdict, Aristote ne le récuse pas mais va en changer la signification. S'il accorde volontiers à Platon que ces politiques soient dépourvus de science (*epistèmè*), cela n'implique nullement qu'ils ne méritent pas le titre de *phronimoi* que leur reconnaît l'opinion commune. Le constat de leur impuissance à transmettre leur excellence n'est pas un aveu d'échec, il indique seulement que leur compétence relève d'un autre régime que celui de la science. Loin qu'il faille chercher le savoir dans d'autres figures du politique, encore à venir, il faut en définir autrement les modalités et les critères, autrement dit se départir du modèle scientifique de la connaissance. Il faut tout simplement changer de paradigme épistémologique quand on est dans le domaine pratique. Il reste donc à comprendre plus précisément de quelle nature est ce savoir et comment Aristote en explique l'acquisition. En effet, s'il ne peut se transmettre à autrui, il ne peut par définition avoir été acquis par la voie de l'enseignement. Comment la *phronèsis* répond-elle à l'aporie de l'origine, solidaire de celle portant sur l'existence des vertueux ?

La médiation de l'expérience : solution à la question de l'origine

Si ce caractère non enseignable est commun à la *phronèsis* aristotélicienne et à l'opinion droite dont Socrate créditait les politiques athéniens, le problème « résolu » par cette dernière se pose de plus belle à propos de la première : comment rendre compte d'un savoir qui n'est pas transmissible ? À supposer que les hommes politiques incarnant la *phronèsis* disposent bien d'un savoir, d'où celui-ci leur vient-il ? Relève-t-il lui aussi du hasard de l'inspiration comme pourrait le faire penser son inaptitude à la transmission discursive ? La *phronèsis* étant ce qu'il y a de plus stable[1], et rien ne l'étant moins qu'une inspiration, voilà qui semble pourtant peu probable. Faudrait-il alors y voir un fait de nature ? C'est une solution tentante pour rendre compte des aptitudes propres au prudent – jugement (*gnomè*), compréhension (*sunesis*) et intelligence (*noûs*)[2] – qui ont l'apparence de la naturalité[3]. Mais une telle conclusion est incompatible avec le fait que les vertus, éthiques ou intellectuelles, ne sont ni par nature ni contre-

1. Cf. *EN* VI 5, 1140b28-30 cité *infra* p. 239.

2. Cf. *EN* VI 12, 1143a25-31.

3. En effet, elles ressemblent d'une part à la faculté naturelle de perception (parce que, comme elle, elles saisissent les particuliers) et elles semblent, d'autre part, se développer avec l'âge. Cf. *EN* VI 12, 1143b6-9 : « Aussi est-on d'avis que ces qualités sont naturelles et que si nul n'est sage [σοφὸς] par nature, c'est néanmoins le cas pour ce qui est d'avoir du jugement, de la compréhension et de l'intelligence [γνώμην δ' ἔχειν καὶ σύνεσιν καὶ νοῦν]. Le signe [σημεῖον], c'est que nous pensons que cela accompagne les âges et qu'un certain âge comporte intelligence et jugement [νοῦν ἔχει καὶ γνώμην], dans l'idée que la nature en est la cause. »

nature (cf. *EN* II 1, 1103a24-26). La capacité à recevoir et à développer des vertus, mûrie par l'habitude dans le cas des dispositions du caractère, nourrie par l'enseignement dans celui de la science, d'où tire-t-elle son développement dans le cas de la *phronèsis* qui ne relève ni de l'un ni de l'autre ? D'où vient cette intuition de l'utile, cette capacité à conjecturer ce qu'il y a de mieux à faire pour l'homme, propre à celui qui délibère bien ?

Elle lui vient de ce qui partage avec la puissance naturelle qu'est la sensation une forme d'immédiateté non discursive, et de ce qui a en commun avec la vertu la médiation du temps, à savoir l'expérience. Si le jugement du prudent, étranger à la science, comporte des traits qui ne sont pas sans rappeler l'opinion inspirée du *Ménon*, sa rectitude n'est pas pour autant surgie de nulle part. Sa saisie du particulier qui lui fait accomplir les bonnes actions et prendre les bonnes décisions n'est pas le fait d'un don divin mais le fruit de l'expérience.

> La *phronèsis* ne porte pas sur l'universel seulement[1], il lui faut aussi connaître les particuliers [τὰ καθ' ἕκαστα]. En effet, elle est aptitude à agir [πρακτική] et l'action porte sur les particuliers [ἡ δὲ πρᾶξις περὶ τὰ καθ' ἕκαστα]. C'est pourquoi certains, quoique dépourvus de savoir, sont plus aptes à agir [πρακτικώτεροι] que d'autres doués de savoir – c'est entre autres le cas de ceux qui ont de l'expérience [οἱ ἔμπειροι]. (*EN* VI 8, 1141b14-18)

L'expérience, qui est connaissance des particuliers, rend raison de la réussite pratique des prudents puisqu'elle procure le facteur qui est indispensable à l'action.

> Pour ce qui est de l'action, l'expérience [ἐμπειρία] ne semble en rien différer de l'art [τέχνης], et ce sont même les gens d'expérience qui réussissent, plutôt que ceux qui possèdent le raisonnement sans l'expérience [τῶν ἄνευ τῆς ἐμπειρίας λόγον ἐχόντων] (la cause en est que l'expérience est connaissance des particuliers [τῶν καθ' ἕκαστόν] tandis que l'art est connaissance de l'universel [τῶν καθόλου], or toutes les actions et toutes les générations concernent le particulier [αἱ δὲ πράξεις καὶ αἱ γενέσεις πᾶσαι περὶ τὸ καθ' ἕκαστόν εἰσιν] : ce n'est pas l'homme que soigne le médecin, ou sinon par accident, mais Callias et Socrate ou quelque autre personne ainsi nommée qui se trouve être un homme. En conséquence, si on a la raison sans l'expérience et qu'on connaît l'universel mais qu'on ignore le particulier en lui, on commettra des erreurs dans le traitement car l'objet du traitement, c'est le particulier). (*Métaph.* A 1, 981a12-14)

L'homme d'expérience, qu'il soit bon médecin ou authentique *phronimos*, est apte à agir, grâce à cette qualité qui lui permet de s'y reconnaître dans telle ou telle situation. L'expérience, en effet, rend possible ce dialogue entre l'inédit et le déjà vu, comparable à l'aptitude du bricoleur à réaliser, à partir des seuls éléments dont il dispose, son projet du moment dont il ne saurait exister de plan préétabli. Selon C. Lévi-Strauss, le bricoleur, à la différence de l'ingénieur,

1. S'il y a bien un aspect universel de la *phronèsis* qui tend à la rapprocher de la science et par là de l'*epistèmè* du *Ménon*, il n'en reste pas moins que la manière dont s'acquiert cet universel (par l'expérience conjuguée à l'habitude vertueuse) continue de démarquer *phronèsis* aristotélicienne et science platonicienne. Ceci explique le caractère intransmissible de cette disposition dont Platon faisait le signe d'une incompétence tandis qu'Aristote l'assume pleinement.

doit se retourner vers un ensemble déjà constitué, formé d'outils et de matériaux; en faire ou en refaire l'inventaire; enfin et surtout, engager avec lui une sorte de dialogue, pour répertorier, avant de choisir entre elles, les réponses possibles que l'ensemble peut offrir au problème qu'il lui pose. Tous ces objets hétéroclites qui constituent son trésor, il les interroge pour comprendre ce que chacun d'eux pourrait «signifier», contribuant ainsi à définir un ensemble à réaliser[1].

L'expérience du prudent est comme l'analogue de ce «trésor» du bricoleur, trésor qui ne saurait se transmettre puisque celui qui en hériterait ne saurait qu'en faire, lui à qui tout ce bric-à-brac ne «parle» pas. C'est la raison pour laquelle il faut faire droit aux opinions et aux avis de ceux qui possèdent expérience et *phronèsis*, quand bien même ils ne seraient pas capables de démontrer ce qu'ils avancent (cf. *EN* VI 12, 1143b11-14). Leur savoir ne peut en effet être extériorisé sous la forme d'un discours sur un objet, qu'il s'agisse du corps de la démonstration dans la science ou des règles présidant à l'élaboration de l'œuvre dans l'art[2], lesquels contiennent de l'universel. Si l'objet technique, comme l'objet d'action, relève de la sphère du contingent[3], la production a ses règles, c'est-à-dire sa part d'universel qui fait que le produit peut être reproduit. L'action, dont les paramètres sont irréductiblement singuliers, échappe à cette reproductibilité, qui est gage de transmissibilité[4]. Sa règle ne peut être isolée des circonstances, non plus que le savoir de l'action ne peut être détaché du «bagage» éthique et existentiel de l'agent.

Pour rendre raison de cette forme insolite de savoir qu'est la *phronèsis*, Aristote la rapproche, non sans user de précautions, du fonctionnement du *noûs*. Il met en évidence le trait commun à la faculté des principes, appréhendant les définitions et les premiers termes des démonstrations scientifiques, et à la *phronèsis* portant sur le terme dernier qu'est le *prakton*. Quoique les termes qu'ils saisissent se situent aux extrêmes opposés, *phronèsis* et *noûs* se ressemblent par le caractère non discursif de leurs opérations, ce qui les distingue toutes deux de la science et les apparente à une forme de perception.

Que la *phronèsis* ne soit pas science, c'est manifeste: elle a affaire au terme dernier, comme on l'a dit, car ce qui est objet d'action est de ce genre. Elle est ainsi le symétrique de l'intelligence car l'intelligence a affaire aux définitions qui ne sont pas l'objet d'un raisonnement, et la *phronèsis* au terme dernier dont il n'y a pas science mais sensation – non pas la sensation des sensibles propres mais le genre de sensation par lequel nous saisissons que le terme dernier en

1. C. Lévi-Strauss, *La pensée sauvage*, Paris, Plon, 1962, p. 28.

2. Sur la *technè* comme corps systématisé de connaissances, voir J. Barnes, «Enseigner la vertu», p. 583-584.

3. Cf. *Métaph.* E 1, 1025b18-26 cité *supra* p. 40.

4. Nous ne retenons ici que le critère pertinent pour le problème de la transmissibilité, même s'il y a bien entendu d'autres différences entre l'objet de la production et celui de l'action. Dans la production, qui s'extériorise en un objet ou un état (santé), la mesure de la réussite pratique est l'œuvre. L'action en revanche n'a d'autre fin qu'elle-même, d'autre résultat que l'action accomplie (*EN* VI 5, 1140b6-7), d'autre mesure que l'agent. Sur les différences entre disposition à agir et disposition à produire, voir D. Panzani, «La *phronèsis*: disposition paradoxale (*EN* VI, 1)», *La vérité pratique*, p. 39-40.

mathématiques est un triangle. En effet, c'est là aussi qu'on s'arrêtera. Cependant cette perception est plus sensation que *phronèsis*, quoique d'un autre genre que la sensation[1]. (*EN* VI 9, 1142a23-30)

Un deuxième texte ira plus loin en avançant une fonction pratique du *noûs*, après l'avoir rangé parmi les aptitudes critiques dont l'opinion commune crédite couramment le prudent (cf. 1143a26-27). Celles-ci ont toutes en commun d'avoir affaire au particulier. Continuant d'opposer la *phronèsis* aux procédures discursives de la science démonstrative, Aristote distingue un usage pratique du *noûs*, dans lequel celui-ci saisit les termes derniers, en précisant qu'il s'agit de particuliers :

Est de l'ordre des choses particulières et dernières tout ce qui est objet d'action : le prudent doit en avoir la connaissance, et la compréhension comme le jugement portent sur les objets d'action qui sont des termes derniers. L'intelligence, elle aussi, a affaire aux termes derniers des deux côtés : aussi bien les définitions premières que les termes derniers sont du ressort de l'intelligence et non du raisonnement, et l'intelligence dans les démonstrations a affaire aux définitions qui sont immuables et premières, tandis que celle qui a cours dans les raisonnements pratiques a affaire au terme dernier, à ce qui peut être autrement et à l'autre prémisse. En effet, ce sont là les principes de la fin car des particuliers dérive l'universel. Donc il faut qu'on en ait la perception et cette perception est intelligence[2]. (*EN* VI 12, 1143a32-b5)

Un tel geste consistant à rapprocher la *phronèsis* de l'intelligence prend au passage le contre-pied du refus socratique obstiné de concéder aux politiques

1. ὅτι δ' ἡ φρόνησις οὐκ ἐπιστήμη, φανερόν· τοῦ γὰρ ἐσχάτου ἐστίν, ὥσπερ εἴρηται· τὸ γὰρ πρακτὸν τοιοῦτον. ἀντίκειται μὲν δὴ τῷ νῷ· ὁ μὲν γὰρ νοῦς τῶν ὅρων, ὧν οὐκ ἔστι λόγος, ἣ δὲ τοῦ ἐσχάτου, οὗ οὐκ ἔστιν ἐπιστήμη ἀλλ' αἴσθησις, οὐχ ἡ τῶν ἰδίων, ἀλλ' οἵᾳ αἰσθανόμεθα ὅτι τὸ ἐν τοῖς μαθηματικοῖς ἔσχατον τρίγωνον· στήσεται γὰρ κἀκεῖ. ἀλλ' αὕτη μᾶλλον αἴσθησις ἢ φρόνησις, ἐκείνης δ' ἄλλο εἶδος. L'interprétation des dernières lignes est délicate et les commentateurs se divisent sur la question de savoir à quoi renvoie le ἐκείνης et sur le sens à donner à ce génitif. Sur ces difficultés, voir la note détaillée de M. Narcy dans « Être de bon conseil et savoir écouter (*EN* VI, 10-11) », *La vérité pratique*, p. 120. L'acte de la *phronèsis* s'apparente à une reconnaissance, à l'image de l'acte par lequel on reconnaît à l'issue d'un raisonnement que la figure obtenue est un triangle. Ce type de perception, plus complexe que la saisie des sensibles propres, est illustré par un passage des *Seconds Analytiques* : « En effet, que tout triangle a ses angles égaux à deux droits, on en avait la connaissance préalable ; mais que la figure que voici, inscrite dans le demi-cercle, est un triangle, on en a eu la connaissance au moment même de l'inférence (car pour certaines choses, l'apprentissage a lieu de cette manière, et ce n'est pas par le moyen terme qu'on ne connaît le terme dernier, comme pour toutes les choses qui font directement partie des particuliers [τῶν καθ' ἕκαστα] et qui ne sont pas attribuées à un sujet) » (*Sec. An.* I 1, 71a19-24).

2. ἔστι δὲ τῶν καθ' ἕκαστα καὶ τῶν ἐσχάτων ἅπαντα τὰ πρακτά· καὶ γὰρ τὸν φρόνιμον δεῖ γινώσκειν αὐτά, καὶ ἡ σύνεσις καὶ ἡ γνώμη περὶ τὰ πρακτά, ταῦτα δ' ἔσχατα. καὶ ὁ νοῦς τῶν ἐσχάτων ἐπ' ἀμφότερα· καὶ γὰρ τῶν πρώτων ὅρων καὶ τῶν ἐσχάτων νοῦς ἐστὶ καὶ οὐ λόγος, καὶ ὁ μὲν κατὰ τὰς ἀποδείξεις τῶν ἀκινήτων ὅρων καὶ πρώτων, ὁ δ' ἐν ταῖς πρακτικαῖς τοῦ ἐσχάτου καὶ ἐνδεχομένου καὶ τῆς ἑτέρας προτάσεως· ἀρχαὶ γὰρ τοῦ οὗ ἕνεκα αὗται· ἐκ τῶν καθ' ἕκαστα γὰρ τὰ καθόλου· τούτων οὖν ἔχειν δεῖ αἴσθησιν, αὕτη δ' ἐστὶ νοῦς. Sur ce texte difficile, voir le commentaire de S. Broadie, *Aristotle. Nicomachean Ethics*, p. 378-379. L'idée de quelque chose comme une perception de l'universel, qui peut faire difficulté, se trouve aussi en *Sec. An.* II 19, 100a17 cité *infra* p. 235.

quelque intelligence (*noûs*) que ce soit[1], même si le *noûs* platonicien n'a pas le sens technique d'intelligence non discursive tel qu'il est théorisé par Aristote dans le *De Anima* et les *Seconds Analytiques*. Du fait que les politiques sont incapables de rendre raison de ce qu'ils font, puisqu'à l'opinion vraie manque le raisonnement qui lui donnerait la stabilité de la science, Socrate en concluait qu'ils étaient dépourvus d'intelligence. Pour Aristote, si leur savoir a quelque parenté avec le *noûs*, c'est justement parce qu'il a en commun avec cette faculté théorétique, au-delà de la différence ontologique de leurs objets, un certain caractère non discursif qui rapproche leurs opérations. Si les politiques ne peuvent rendre raison de leurs jugements ou de leurs actions par des raisonnements apodictiques, cela ne signifie pas pour Aristote qu'« ils ne savent rien ce qu'ils disent » (99c3, 99d4) comme Socrate le leur objectait, mais que leur savoir est d'un autre ordre.

La *phronèsis* se rapproche donc de l'intelligence par le commun trait qui les distingue de la science : l'appréhension de leurs objets propres, si différents soient-ils, s'apparente à l'immédiateté de la sensation plutôt qu'à la discursivité du raisonnement démonstratif. Ce n'est pas une inspiration divine qui en ferait des visionnaires, mais l'« œil de l'expérience » (1143b14) qui rend raison de la rectitude du jugement des prudents. Le caractère intransmissible de ce « savoir singulier, plus riche de disponibilités que de contenu, plus enrichissant pour le sujet que riche d'objets clairement définissables »[2] selon les mots de P. Aubenque, loin d'être le symptôme d'une irrationalité, constitue le sceau d'une spécificité[3]. Se démarquant des autres modes de rationalité que sont *epistèmè* et *technè*, la *phronèsis* ne se transmet pas parce qu'elle n'est ni art ni science : voilà ce qu'affirme Aristote avec et contre Platon.

L'expérience, clé des difficultés du Ménon ?

L'expérience semble répondre non seulement à l'une mais aux deux apories sophistiques développées dans le *Ménon*. Les développements concernant l'opinion droite ont déjà été l'occasion de montrer quelles convergences étaient repérables entre les deux apories du dialogue touchant à la question de la *genesis*. Voyons quels éléments permettent d'étayer le rapprochement de leurs solutions.

La première aporie, celle qui nous intéresse directement, concerne la vertu, notamment politique, que prétendent enseigner les sophistes (cf. *Ménon* 91a-b). C'est le problème de l'*aretè didakton*, lieu commun des débats contradictoires. La

1. Cf. *Ménon* 99c, 100a (voir *supra* p. 220).

2. P. Aubenque, *La prudence chez Aristote*, p. 60.

3. Comme le souligne P. Aubenque, « qu'un tel savoir soit incommunicable, comme le montre l'exemple de Périclès et de ses enfants, prouve qu'il s'agit là d'un savoir enraciné dans l'existence de chacun, mais non qu'il ne s'agisse pas d'un savoir : l'incommunicabilité de l'expérience n'est que l'envers de sa singularité irremplaçable, singularité qu'il appartient à chacun de reconquérir pour soi-même, dans la patience et le travail », *ibid.* p. 59.

seconde aporie concerne la possibilité, non plus d'acquérir le savoir politique, mais de parvenir au savoir tout court (80d-e). Quand Ménon lui oppose sa question en forme de défi (80d), Socrate reconnaît un tour éristique classique (80e[1]) dans cette aporie qu'il résoudra par le mythe de la réminiscence. Or ce doute sur la possibilité et la manière d'acquérir le savoir, Aristote entend également y répondre, notamment dans les *Seconds Analytiques* qui s'ouvrent sur la déclaration catégorique que « tout enseignement et tout apprentissage discursifs ont lieu à partir d'une connaissance préalable » (71a1-2). Cette déclaration implique de relever le défi que représente « l'aporie du *Ménon*, à savoir que ou bien on n'apprendra rien ou bien on apprendra ce qu'on sait déjà » (71a29-30). Mentionnée dès le premier chapitre, sa solution ne sera complète qu'à la toute fin du traité.

Commençons par la réponse à cette seconde aporie donnant lieu à un traitement explicite et développé dans le dernier chapitre des *Seconds Analytiques*. En arrivant aux ultimes connaissances préexistantes, les premiers principes de la démonstration, Aristote revient sur son constat initial.

> Qu'il ne soit pas possible d'avoir une connaissance par démonstration sans connaître les premiers principes, qui sont immédiats, cela a été dit plus haut. Quant à la connaissance des immédiats, savoir si c'est la même ou si elle est différente de la première pourrait faire difficulté. (*Sec. An.* II 19, 99b20-23)

La démonstration procède de connaissances non seulement antérieures chronologiquement – ce dont l'hypothèse de la réminiscence pourrait effectivement rendre compte – mais antérieures logiquement au sens où elles possèdent un degré d'évidence supérieur à la conclusion qui en dérive[2]. Le propre du syllogisme démonstratif consiste en effet à transférer à la conclusion la vérité et la nécessité des principes, qui doivent donc être connus non seulement avant mais aussi mieux que les conclusions pour être en mesurer d'entraîner la conviction (cf. *Sec. An.* I 2, 72a27-34). Il reste à déterminer l'origine et le mode de présence en l'âme de ces connaissances antécédentes. Aristote fait alors allusion à la solution du *Ménon* dont il récuse la viabilité. La théorie de la réminiscence est en effet incompatible avec ce qu'exige la nature des principes de la démonstration : comment le savoir de tels principes serait-il à la fois plus évident tout en restant caché à l'esprit, à la fois plus connu et inconscient[3] ? Cependant, si on refuse la réminiscence, comment faire pour ne pas retomber dans l'aporie sophistique ? La solution aristotélicienne consiste à sortir de cette alternative du tout de la réminiscence ou

1. Cf. *Ménon* 80e : « L'homme ne peut chercher ni ce qu'il sait ni ce qu'il ne sait pas : il ne cherchera pas ce qu'il sait puisqu'il le sait et qu'il n'a, dans ces conditions, nul besoin de le chercher, ni ce qu'il ne sait pas, puisqu'il ne sait pas davantage quoi chercher. »

2. Cf. *Sec. An.* I 2, 71b20-23 : « La science démonstrative dérive de choses vraies, premières, immédiates, mieux connues, antérieures et causes de la conclusion. »

3. Cf. *Sec. An* II 19, 99b26-27 : « Que nous possédions [la connaissance des immédiats] est étrange car il en résulte que nous possédons des connaissances plus précises que la démonstration sans en avoir conscience [ἀκριβεστέρας ἔχοντας γνώσεις ἀποδείξεως λανθάνειν]. » Pour une formulation parallèle de l'aporie, voir aussi *Métaph.* A 9, 992b24-993a2.

du rien de la connaissance *ex nihilo* pour penser une véritable genèse du savoir. Celle-ci ne s'enracine pas dans le passé mythique et achronique du *Ménon* (86a), où l'âme immortelle aurait tout appris, mais dans une « genèse », une histoire naturelle des facultés.

> Ainsi de la sensation [Ἐκ μὲν οὖν αἰσθήσεως] naît le souvenir [μνήμη], comme on l'a dit, et du souvenir répété de la même chose, naît l'expérience [ἐμπειρία] : des souvenirs multiples par le nombre forment une expérience une. Et de l'expérience, ou de l'universel tout entier en repos dans l'âme [ἐκ παντὸς ἠρεμήσαντος τοῦ καθόλου ἐν τῇ ψυχῇ] (l'un à côté des multiples, ce qui est un et identique dans tous les cas), naît le principe de l'art et de la science [τέχνης ἀρχὴ καὶ ἐπιστήμης][1]. (*Sec. An.* II 19, 100 a3-6)

L'expérience prend son origine dans la perception sensible. Cette dernière remplit l'exigence d'innéité qu'exprime dans le *Ménon* la connaissance préexistante des Formes à laquelle il s'agit précisément de faire pièce[2]. En effet, nous possédons d'emblée la perception sans avoir besoin de l'exercer pour en acquérir la puissance. Avec le soutien de la mémoire et en vertu du processus d'induction décrit en 100a10-b5, l'expérience nous donne accès à l'universel, rendant possible et compréhensible l'acquisition d'un savoir. Cette reconstitution de la genèse de la connaissance n'est pas sans susciter interrogations et controverses, en particulier en ce qui concerne le rapport que l'expérience entretient avec l'universel. En effet, si le chapitre II 19 a bien l'air de suggérer que l'expérience accède au niveau de l'universel, le texte étroitement parallèle de *Métaphysique* A 1 semble, lui, la confiner au niveau des particuliers. Cette dernière description concorderait d'ailleurs davantage avec le fait qu'Aristote attribue à certains animaux d'avoir part à l'expérience alors qu'il leur dénie la saisie de l'universel[3]. On pourrait imaginer que l'expérience puisse effectivement consister dans la reconnaissance d'un universel – résultat de perceptions semblables recueillies par la mémoire – quand bien même cette reconnaissance ne serait pas aussi articulée que celle qui a lieu dans l'art ou la science, où l'on saisit la cause[4].

1. Pour une analyse approfondie de ce texte, voir M. Crubellier & P. Pellegrin, *Aristote. Le philosophe et les savoirs*, Paris, Seuil, 2003, p. 77-101. On trouvera la traduction de l'ensemble du passage, sur laquelle nous avons pris appui, p. 79-80.

2. Voir F. De Haas, « The Discriminating Capacity of the Soul in Aristotle's Theory of Learning », *in* R. Salles (ed.), *Metaphysics, Soul and Ethics in Ancient Thought – Themes from the Work of Richard Sorabji,* Oxford, O. U. P., 2005, p. 325.

3. Voir P. Gregorić & F. Grgić, « Aristotle's Notion of Experience », *Archiv für Geschichte der Philosophie*, 88 (1), 2006, p. 1-30.

4. G. Cambiano rapproche le passage de l'expérience à l'art du phénomène décrit en *Physique* I 1, 184b11-14, lorsque les tout jeunes enfants commencent par voir en tous les hommes des pères et en toutes les femmes des mères avant de pouvoir extraire correctement l'universel confusément reconnu à travers la similitude perçue (« The Desire to Know (*Metaphysics* A 1) », *Aristotle's Metaphysics Alpha*, p. 13-20). Sur la formation des universels par ajustement progressif et mutuel des concepts, voir M. Frede, « Aristotle's Rationalism », *in* M. Frede & G. Striker (eds.), *Rationality in Greek Thought*, Oxford, Clarendon Press, 1996, p. 157-173, en particulier p. 170-173.

Lorsque l'une de ces sensations équivalentes s'arrête[1], il y a un premier universel dans l'âme (car c'est bien le particulier qu'on sent, mais la sensation est celle de l'universel [αἰσθάνεται μὲν τὸ καθ' ἕκαστον, ἡ δ' αἴσθησις τοῦ καθόλου ἐστίν], ainsi on a la sensation de l'homme et pas de l'homme Callias). Et de nouveau il se produit un arrêt parmi eux, jusqu'à ce que se fixent les notions sans parties et universelles, par exemple on passe de tel animal à l'animal, et pour ce dernier il y a de même un arrêt. Il est donc clair que nécessairement nous connaissons les éléments premiers par une induction ; en effet, c'est ainsi que la sensation produit l'universel [καὶ γὰρ ἡ αἴσθησις οὕτω τὸ καθόλου ἐμποιεῖ]. (*Sec. An.* II 19, 100a15-b5)

La réponse, indirecte, à la première aporie, celle de la vertu politique, réside elle aussi dans la notion d'expérience par laquelle Aristote, se refusant à réduire l'excellence des hommes d'Etat à une opinion inspirée, entend rendre raison du caractère non discursif et intransmissible de leur compétence. Qu'y a-t-il de commun entre le processus psychologico-cognitif spontané, commun à tout un chacun, tel qu'il est décrit au terme des *Seconds Analytiques*, et l'expérience apportée par l'âge et la familiarité avec les affaires humaines, qui fait la supériorité du prudent ? Cette dernière a beau se situer à un niveau d'élaboration bien supérieur à l'induction immanente à la perception sensible, il y a entre les deux plus qu'une ressemblance. Cette commune mesure qui autorise à rapprocher les deux solutions aristotéliciennes aux apories du *Ménon* réside dans une saisie de l'universel à travers le particulier. Les facultés critiques qui distinguent le prudent dans les affaires pratiques[2] ont toutes à voir avec le *prakton*, c'est-à-dire avec un objet irréductiblement singulier. La description de l'intelligence pratique remontant à l'universel[3] depuis le terme dernier fait étroitement écho à celle du processus par lequel la perception part d'une pluralité de cas semblables pour accéder à l'universel à partir en *Seconds Analytiques* II 19[4]. Dans un cas comme dans l'autre, l'universel y est donné depuis la perception des particuliers.

Le parallèle repérable dans la solution apportée aux deux apories du *Ménon* est bien fondé : l'expérience y rend également compte de l'origine et de la genèse d'un savoir. Dans le *Ménon*, la résolution socratique des apories se fait sur le

1. Comme le notent M. Crubellier et P. Pellegrin (*Aristote. Le philosophe et les savoirs*, p. 89), on peut voir dans cette description de la formation de l'universel à partir des sensations stabilisées une réponse au *Timée* (43a-44c) décrivant le flot chaotique des sensations dont l'âme est assaillie à l'incarnation, et qui progressivement s'apaise avec l'éducation et le développement de l'intelligence.

2. L'une des aptitudes cognitives composant le bagage intellectuel du prudent, la compréhension (*sunesis*), est en effet qualifiée de *kritikè* (1143a10) à l'instar de la sensation telle qu'elle est décrite en *Seconds Analytiques* II 19, 99b35 : « Les animaux possèdent en effet une faculté innée de discrimination, qu'on appelle sensation [ἔχει γὰρ δύναμιν σύμφυτον κριτικήν, ἣν καλοῦσιν αἴσθησιν]. »

3. Cf. *EN* VI 12, 1143b4-5 cité *supra* p. 231.

4. Voir aussi *Sec. An.* I 31, 88a2 : « En effet, il n'y a pas de sensation de l'universel [οὐ γὰρ ἦν τοῦ καθόλου αἴσθησις]. Cependant, à partir de l'observation répétée de ce phénomène, nous en aurions la démonstration après nous être mis en quête de l'universel car c'est à partir d'un grand nombre de particuliers que l'universel devient évident [ἐκ γὰρ τῶν καθ' ἕκαστα πλειόνων τὸ καθόλου δῆλον]. »

mode d'une genèse paradoxale parce que mythique, située hors du temps ou de l'entendement humain. L'opinion droite et la réminiscence ont en commun une origine chronologiquement et logiquement inassignable, qu'il s'agisse de l'éternité de l'âme (sur le mode de ce qui est toujours déjà là) ou de la transcendance aléatoire d'une inspiration. Ce recours à une forme de transcendance[1], commun aux deux solutions, est précisément ce que s'interdit Aristote qui reconduit cette origine à une genèse du savoir commençant dans la faculté la plus modeste, qui n'a même rien de spécifiquement humain – la sensation. Le processus n'est certes pas exempt de zones d'ombre[2], si bien qu'on pourrait objecter à l'expérience aristotélicienne qu'elle n'est pas une solution beaucoup plus claire à la question de l'origine du savoir ou de la sagesse pratique que le mythe platonicien. La manière dont se constitue l'universel en l'âme avec l'expérience reste, elle aussi, entourée d'un certain mystère : après avoir l'avoir décrite par une image, celle de l'armée reformant ses rangs, Aristote conclut laconiquement que « l'âme se trouve être de nature à pouvoir éprouver cela [ἡ δὲ ψυχὴ ὑπάρχει τοιαύτη οὖσα οἵα δύνασθαι πάσχειν τοῦτο] » (*Sec. An.* II 19, 100a13-14)[3]. Ce constat semble accuser les limites de notre compréhension du processus par lequel la connaissance est possible, ce en quoi il n'est peut-être pas si loin de ce que Platon exprimait sous la forme du mythe. Il n'en reste pas moins que, dans un geste qui lui est coutumier, Aristote refuse le recours et le secours du mythe ou de la métaphore[4]. Quelles que soient les limites de cet appel à l'expérience pour expliquer notre accession à de l'universel ou le coup d'œil du prudent qui ne peut se transmettre pas plus que se démontrer, cette solution évite le refuge dans une forme de transcendance, préférant assumer ce qui, dans ces phénomènes, résiste à l'intelligibilité.

Étape décisive dans la marche vers l'universel, l'expérience se voit dotée d'une positivité dont elle était dépourvue dans la pensée platonicienne. Non seulement elle se révèle en mesure d'éclairer l'origine du savoir et de rendre raison du sens pratique des politiques, mais elle s'avère aussi capable de surmonter les insuffisances de l'opinion droite.

1. On peut noter que l'origine divine de l'opinion inspirée la rapproche de la théorie de la réminiscence que Socrate tient d'hommes et de femmes instruits en choses divines (81a).

2. Sur ces points, voir M. Crubellier & P. Pellegrin (*Aristote. Le philosophe et les savoirs*, p. 87-89). Ils relèvent que le rôle du langage, facteur qui semble crucial dans la constitution de l'expérience, n'est jamais véritablement élucidé par Aristote.

3. Comme le note M. Crubellier dans « Mapping the 'noetic' section of *De Anima* III » (conférence non publiée donnée à Berlin en juillet 2012), cette formule a quelque chose d'analogue à cet « art caché dans les profondeurs de l'âme humaine, dont nous arracherons toujours difficilement les vrais mécanismes », que décrit Kant en parlant du schématisme (*Critique de la raison pure*, AK III, 136, A 141/B 180, p. 226).

4. Cf. *EE* I 8, 1218a24-28 cité *supra* p. 33. Voir aussi les remarques de D. Lefebvre (« Aristote, lecteur de Platon », p. 298) sur la stratégie de lecture aristotélicienne des *Dialogues*, consistant à prendre délibérément au pied de la lettre les propos platoniciens, y compris ceux qui adoptent la forme du mythe.

En effet, les opinions vraies [αἱ δόξαι αἱ ἀληθεῖς], tout le temps qu'elles demeurent, sont une belle chose et elles ne produisent que des biens [πάντ' ἀγαθὰ] ; mais elles ne consentent pas à rester longtemps et s'enfuient de l'âme humaine, de sorte qu'elles ne valent pas grand chose tant qu'on ne les a pas liées par un raisonnement explicatif [αἰτίας λογισμῷ]. Or cela, mon cher Ménon, c'est une réminiscence [ἀνάμνησις], comme on l'a reconnu précédemment. Une fois liées, d'abord devenues sciences, elles atteignent ensuite la stabilité [μόνιμοι][1] ; c'est pourquoi la science est plus précieuse que l'opinion droite [τιμιώτερον ἐπιστήμη ὀρθῆς δόξης], et la science diffère de l'opinion droite par ce lien. (*Ménon* 97e-98a)

Malgré l'absence de *logos*, de ce lien que donne la cause – la science aristotélicienne ne continuant pas moins à se définir comme connaissance des causes – la *phronèsis* aristotélicienne n'est nullement menacée d'instabilité. Il n'est pas en effet de disposition plus solide que la *phronèsis* qui surpasse en la matière tout autre état de l'âme accompagné de raison, y compris la science, pourtant décrite de manière récurrente par Aristote comme une disposition inébranlable[2].

De ce genre de disposition [la science et l'art], il peut y avoir oubli tandis que la *phronèsis*, elle, ne s'oublie pas. (*EN* VI 5, 1140b29-30)

L'irrémédiable faiblesse grevant l'opinion droite platonicienne disparaît : en lieu et place de la plus extrême fragilité, on trouve la plus grande stabilité. Comment passe-t-on de la volatilité aléatoire d'une opinion inspirée au caractère inébranlable d'une disposition l'emportant même sur la permanence reconnue à la science, si cette stabilité n'est pas de l'ordre d'un raisonnement donnant la cause ? Une partie de la réponse tient au mode d'acquisition de cette vertu. La *phronèsis* est tributaire de l'expérience, cette forme de savoir qui ne vient qu'avec le nombre des années et qui est aussi consubstantiel à l'agent que l'âge. On comprend que ce savoir qui ne cesse de s'actualiser et de s'accroître ne puisse s'oublier, à la différence de la science qui peut toujours se perdre faute d'exercice. Mais il est un second facteur de cette exceptionnelle stabilité, non moins consubstantiel, qui tient dans le caractère. Nous y reviendrons plus loin en montrant que la *phronèsis* doit son caractère indéracinable à son ancrage dans la vertu éthique. Cette fiabilité d'un désir droitement éduqué qui garantit à la *phronèsis* son orientation éthique se révèle tout aussi inaliénable puisqu'il n'est pas moins indissociable de l'identité de l'agent[3]. Ces deux composantes de la stabilité propre à la *phronèsis* ont ainsi en commun d'intégrer la médiation du temps, celui d'une existence parvenue à maturité ou de la temporalité inhérente à l'éducation.

1. L'adjectif μόνιμος est précisément celui qu'emploie Aristote à propos du type d'état qu'est la vertu. Cf. *EN* I 11, 1100b14-18 cité *infra* p. 253 ; VIII 3, 1156b12 : « Or la vertu est chose stable [ἡ δ' ἀρετὴ μόνιμον]. »

2. Cf. *Top.* V 3, 131a23 ; *Sec. An.* I 2, 72b3-4 ; *Cat.* 8, 8b27-33 : « La disposition [ἕξις] diffère de l'état [διαθέσεως] par son caractère plus stable [μονιμώτερον] et plus durable ; tel est le cas des sciences et des vertus. En effet, la science semble faire partie des choses stables [παραμονίμων] et difficiles à bouger [δυσκινήτων], même si on ne possède la science que dans une certaine mesure – à moins qu'un grand changement ne survienne sous l'effet d'une maladie ou d'un autre événement de ce genre. Il en va de même pour la vertu. »

3. Voir *infra* p. 253.

La solution par l'opinion droite que le *Ménon* concédait aux politiques pour pouvoir d'autant mieux leur dénier toute *phronèsis* fait donc l'objet d'une réinterprétation profonde par Aristote. L'aptitude de Périclès a bien quelque parenté avec l'opinion droite du guide nous menant à Larisse sans y être jamais allé. Le sens de l'orientation par lequel on sait se diriger[1] partage en effet avec l'habileté à conjecturer propre à l'expérience la capacité de faire face à l'irréductible singularité d'une situation. Au lieu d'être opposée à la *phronèsis*, l'opinion droite se voit réinscrite au sein de celle-ci, intégrée dans cette expérience qui fait l'étoffe du prudent. On pourrait alors légitimement se demander pourquoi la *phronèsis* aristotélicienne n'est pas définie par l'opinion droite dont elle semble si proche. Dès lors qu'il n'entend pas non plus reconnaître aux politiques la possession d'une science transmissible rationnellement, pour quelle raison Aristote ne va-t-il pas jusqu'à reprendre positivement la seule qualité qui leur était concédée par Socrate, à savoir la possession d'une opinion droite ? Cette solution semble, qui plus est, à portée de main puisque la *phronèsis* est une activité de l'âme rationnelle qui relève du régime doxastique et non scientifique de la pensée[2], dont les objets échappent par définition au régime de l'*epistèmè*, celui de l'universel et du nécessaire. N'aurait-il pas suffi alors d'ancrer l'opinion droite dans l'expérience au lieu de l'inspiration pour avoir enfin la réponse à la question de la vertu des politiques ? Ce n'est pourtant pas la voie que choisit d'emprunter Aristote.

Ni science ni opinion : la preuve par l'euboulia

Une double négation anti-platonicienne

Au chapitre 10 du livre VI se trouvent pourtant récusées tour à tour l'identification à l'*epistèmè* et l'assimilation à l'opinion. Ce chapitre, il est vrai, n'a pas précisément pour objet la *phronèsis* mais une disposition intellectuelle qui en fait partie : il s'agit de l'*euboulia*, la bonne délibération[3]. La liaison entre les deux dispositions conclut en effet la section qui lui est consacrée.

1. Il s'agit en effet d'un sens pratique absolument incommunicable qui résulte d'une aptitude à reconnaître les traits pertinents d'une situation, à la manière dont Socrate dans le *Gorgias* définit les qualités du bon orateur doué d'une âme perspicace (463a7 στοχαστικῆς), adjectif qu'Aristote emploiera précisément pour qualifier le prudent (στοχαστικὸς, *EN* VI 8, 1141b13 cité *supra* p. 224).

2. Cf. *EN* VI 5, 1140b25-28 : « Des deux parties de l'âme qui possèdent la raison, ce sera la vertu de l'une, la partie doxastique ; en effet, l'opinion [δόξα] porte sur ce qui peut être autrement, tout comme la *phronèsis*. » La dualité de l'âme rationnelle est exposée en *EN* VI 2, 1139a11-15.

3. Sur l'arrière-plan historique de l'*euboulia*, voir la notice de R.-A. Gauthier & J.-Y. Jolif, *EN* II-2, p. 509-510 et M. Schofield, « *Euboulia* in the Iliad », *Saving the City. Philosopher-Kings and Other Classical Paradigms*, London, Routledge, 1999, p. 3-30.

S'il appartient aux prudents de bien délibérer, la bonne délibération sera rectitude conforme à ce qui est utile en vue de la fin dont la *phronèsis* est la saisie vraie[1]. (*EN* VI 10, 1142b31-33)

L'*euboulia*, dont la version sophistique apparaît dans le *Protagoras* de Platon[2] et la version platonicienne au livre IV de la *République* et dans l'*Alcibiade* (125e-126a), est une aptitude politique que doit posséder quiconque désire intervenir dans la gestion des affaires publiques. Étant donné que la qualité distinctive du prudent consiste à bien délibérer[3] et que la *phronèsis* est elle-même une aptitude politique, la filiation entre la discussion aristotélicienne de l'*euboulia* et ses antécédents philosophiques ne fait guère de doute. Les développements concernant cette vertu qui fait partie des aptitudes intellectuelles du prudent montrent encore une fois un Aristote en débat avec l'héritage du *Ménon*.

Le chapitre VI 5 ayant distingué l'objet de la délibération, du ressort de la *phronèsis*, de l'objet de la science[4], la démarcation entre l'*euboulia* et la science est donc sans équivoque.

Il faut saisir aussi ce qu'est la bonne délibération, déterminer si elle est une sorte de science [ἐπιστήμη τις] ou d'opinion [δόξα] ou de perspicacité ou un autre genre de chose. Science, elle ne l'est assurément pas. (*EN* VI 10, 1142a32-34)

1. εἰ δὴ τῶν φρονίμων τὸ εὖ βεβουλεῦσθαι, ἡ εὐβουλία εἴη ἂν ὀρθότης ἡ κατὰ τὸ συμφέρον πρὸς τὸ τέλος, οὗ ἡ φρόνησις ἀληθὴς ὑπόληψίς ἐστιν. Le texte de Bywater suit la leçon du manuscrit K^b, les autres ayant πρός τι τέλος. Il existe deux interprétations concurrentes, dont R.-A. Gauthier & J.-Y. Jolif se font l'écho dans leur commentaire (cf. *EN* II-2, p. 518-519), sur l'objet de cette saisie vraie par la *phronèsis* : la fin ou ce qui est en vue de la fin. Nous penchons avec eux pour la première solution (la saisie vraie est celle de la fin), sans partager pour autant leur interprétation intellectualiste générale de la *phronèsis*. Que la *phronèsis* suppose la saisie d'une fin bonne (ce qui la distingue, comme on le verra, de l'habileté) n'implique pas qu'elle en soit la détermination, puisque cette fin est donnée par le caractère (voir R. Bodéüs *ad loc.*, p. 326-327). Sur ce problème classique, voir P. Aubenque, « La prudence porte-t-elle sur la fin ou sur les moyens ? », *Problèmes aristotéliciens* 2. *Philosophie pratique*, Paris, Vrin, 2011, p. 11-20 ainsi que la synthèse critique des interprétations « intellectualistes » par J. Moss dans « Virtue Makes the Goal Right », *Phronesis*, 56 (3), 2011, p. 204-261.

2. À Socrate lui demandant de préciser la nature exacte du savoir qu'il se fait fort de détenir, Protagoras répond qu'il s'agit de « la bonne délibération (εὐβουλία) dans les affaires privées, de manière à diriger au mieux sa maison, et dans les affaires de la cité, de manière à être le mieux à même de parler et d'agir en la matière » (318e-319a). Outre que le propre du prudent aristotélicien consiste précisément à savoir bien délibérer, la double compétence dont il est crédité, couvrant à la fois les domaines privé et public – puisqu'on appelle prudents ceux qui sont aptes à administrer une maison (τοὺς οἰκονομικούς) ou une cité (τοὺς πολιτικούς) (*EN* VI 5, 1140b10) – est étroitement parallèle à l'*euboulia* telle que la décrit Protagoras. Ce double aspect (privé et public) est également repris par Socrate décrivant l'objet de l'enseignement sophistique en *Ménon* 91a3-4.

3. Cf. *EN* VI 5, 1140a26, a31 ; VI 8, 1141b9-10, b13, b27.

4. Cf. *EN* VI 5, 1140a31-b2 : « Personne ne délibère sur ce dont il est impossible qu'il soit autrement, ni non plus sur ce qu'il ne lui est pas possible de faire », dès lors la *phronèsis* ne saurait être « science parce qu'il est possible à l'objet d'action [τὸ πρακτὸν] d'être autrement ».

Cette déclaration catégorique se sépare sans ambiguïté de Platon, en particulier du livre IV de la *République*[1], comme le souligne à raison M. Narcy.

> La thèse aristotélicienne, que l'*euboulia* au contraire n'est pas science, c'est une façon de contredire Platon contredisant les sophistes ; une façon de contredire les sophistes autrement que Platon ; de contredire à la fois Platon et les sophistes. S'il contredit Platon, Aristote, le fait a déjà été souligné, le contredit ici en termes platoniciens. L'effort de Platon, on l'a vu, est de faire passer l'*euboulia* du statut de l'opinion à celui de la science. Réponse d'Aristote : elle n'est pas science, mais pas non plus opinion[2].

Non seulement Aristote combat sur deux fronts, contre Protagoras qui a la prétention d'enseigner l'*euboulia* et contre Platon qui a celle d'en faire une science, mais en refusant son assimilation à la science comme à l'opinion, il combat sur un double front au sein même du platonisme. L'*euboulia*, qui n'est pas la science de la *République*, ne sera pas davantage l'opinion droite inspirée que Socrate veut bien concéder aux politiques admirés de son temps, ou l'*eutuchia* dont il met en scène l'infériorité par rapport à la science dans l'*Euthydème*. Si on comprend bien que la rectitude qui lui est propre ne puisse être de l'ordre de la science, laquelle est par définition toujours vraie tandis que délibération et opinion admettent l'erreur (1142b10), pourquoi n'est-elle pas équivalente à l'opinion droite du *Ménon* ? En d'autres termes, l'opinion droite (*orthè doxa*) aurait-elle pu suffire à qualifier le jugement du prudent ?

Une telle solution, si tentante soit-elle, est cependant récusée, au motif que la rectitude de l'opinion ne s'appelle pas bonne délibération mais vérité. La distinction entre les rectitudes respectives de la délibération et de l'opinion est précisée par le fait que la vérité propre à l'opinion est une vérité « statique », adéquation d'un jugement à ce qui est. Elle n'est pas solidaire d'une recherche, de quelque chose qui aurait à advenir à l'issue de cette opération[3]. La bonne délibération, elle, est une recherche[4], un mouvement de la pensée irréductible à la simple affirmation. On a affaire à deux opérations de l'âme différentes.

> Il reste donc la rectitude de la pensée [διανοίας] car celle-ci n'est pas encore affirmation ; en effet, l'opinion n'est pas une recherche [ἡ δόξα οὐ ζήτησις] mais déjà une certaine affirmation [φάσις τις], tandis que celui qui délibère, que ce soit bien ou mal, est à la recherche de quelque chose et calcule [ζητεῖ τι καὶ λογίζεται]. Mais la bonne délibération est bien une certaine rectitude de la délibération [ὀρθότης τίς ἐστιν ἡ εὐβουλία βουλῆς]. (*EN* VI 10, 1142b12-16)

1. Cf. *Rép.* IV, 428b : « Et cela même, la bonne délibération [ἡ εὐβουλία], il est clair que c'est une certaine science [ἐπιστήμη τίς] car ce n'est certainement pas à l'aide de l'ignorance mais de la science qu'on délibère bien. »

2. M. Narcy, « Être de bon conseil et savoir écouter », p. 125.

3. Cf. *EN* VI 10, 1142b11-12 : « Et en même temps tout ce dont il y a opinion se trouve déjà déterminé [ἅμα δὲ καὶ ὥρισται ἤδη πᾶν οὗ δόξα ἐστίν]. »

4. Sur le lien entre faculté de délibérer et recherche, voir *De la Mémoire et de la réminiscence* 2, 453a10-13 montrant que la réminiscence, qui est une sorte de recherche (ζήτησίς τις), n'appartient qu'aux êtres pourvus de la faculté de délibérer (τὸ βουλευτικὸν), à la différence du processus spontané et partagé par nombre d'animaux qu'est la mémoire.

M. Narcy[1] rapproche à raison cette caractérisation de l'opinion du texte du *Théétète* décrivant l'opinion comme le moment de la détermination, où la pensée opte pour une affirmation, après le dialogue qu'elle a entretenu avec elle-même[2]. La démarcation entre *euboulia* et *doxa* est-elle alors uniquement une affaire de temporalités différentes ? L'opinion droite est-elle déjà ce que la bonne délibération n'est pas encore, à savoir une affirmation ? La frontière entre les deux actes de l'esprit est à chercher ailleurs, dans les objets respectifs de la délibération et de l'opinion, et dans la nature des actes de l'âme mis en jeu.

L'objet de la délibération

Si Aristote ne s'attarde pas en VI 10 à distinguer opinion et délibération, c'est qu'une telle distinction a en réalité déjà été effectuée au livre III[3]. La définition de l'action au sens strict, réservée à l'humanité, a été l'occasion de définir les deux concepts qui permettent de la circonscrire et de la distinguer du mouvement des animaux : le choix (*proairesis*) et la délibération (*bouleusis*). Le chapitre 4 a commencé par développer une analyse essentiellement négative de la *proairesis*, en montrant qu'elle ne s'identifie à aucune des divisions classiques du désir (*orexis*) – appétit (*epithumia*), ardeur (*thumos*), souhait (*boulèsis*) – et qu'elle est encore moins assimilable à une opinion. Définie en dernière instance comme « désir délibératif des choses qui dépendent de nous [βουλευτικὴ ὄρεξις τῶν ἐφ' ἡμῖν] » (1113a10-11), la *proairesis*, par le biais du concept de délibération, réconcilie cependant ces possibilités précédemment envisagées, et récusées, sous leur forme simple. Le chapitre III 5 qui entreprend de cerner les contours de la délibération en dégage trois traits qui la distinguent définitivement de l'opinion : sa relativité à notre action possible, l'indétermination de son objet et sa teneur axiologique. Ce sont ces trois traits qui nous intéressent ici car ils permettent de comprendre pourquoi on ne peut simplement assimiler la bonne délibération à l'opinion droite.

La première démarcation entre opinion et délibération concerne la circonscription de leur champ d'objets. Si les deux ont en commun de porter sur le contingent, le cercle de la délibération est bien plus étroit. À l'issue d'un raisonnement qui en rétrécit progressivement la sphère, excluant ce qui ne peut être autrement comme ce qui, tout en étant contingent, demeure inaccessible à l'homme, il

1. M. Narcy, « Être de bon conseil et savoir écouter », p. 126-127.

2. Cf. *Théét.* 189e-190a « Voici en effet comment m'apparaît l'âme en train de penser : elle ne fait pas autre chose que dialoguer, s'adressant à elle-même les questions et les réponses, affirmant et niant [καὶ φάσκουσα καὶ οὐ φάσκουσα]. Lorsqu'elle s'est déterminée [ὅταν δὲ ὁρίσασα], s'étant élancée plus lentement ou bien plus rapidement, lorsqu'elle affirme désormais la même chose sans plus être dans l'hésitation, nous posons que c'est là son opinion [δόξαν]. »

3. Le développement qui suit reprend et résume certaines des conclusions présentées dans C. Murgier, « L'action et son objet : le *prakton* dans *l'Éthique à Nicomaque* », p. 45-52.

s'avère que son objet a pour propriété essentielle d'être un possible « pour nous », dont la réalisation est soumise à notre initiative.

> Nous délibérons sur les choses qui dépendent de nous et qui sont objets d'action [περὶ τῶν ἐφ' ἡμῖν καὶ πρακτῶν]. (…) En effet, il semble que soient causes la nature, la nécessité et le hasard, et en outre l'intelligence et tout ce qui existe par l'homme [ἔτι δὲ νοῦς καὶ πᾶν τὸ δι' ἀνθρώπου] : les hommes, tous autant qu'ils sont, délibèrent sur ce qu'il leur est possible de faire par eux-mêmes [περὶ τῶν δι' αὑτῶν πρακτῶν]. (*EN* III 5, 1112a30-b2)

À cet égard l'objet de la délibération est donc à distinguer aussi bien de l'objet de la science que de l'objet de l'opinion. Par-delà leur différence ontologique[1], l'un et l'autre ont en commun de relever, toujours pour l'un, parfois pour l'autre, de ce qui ne dépend pas de nous (cf. *EN* III 5, 1111b31-33). Au sein même du contingent, le critère qui circonscrit le champ de la délibération tient donc dans le « ce qui dépend de nous » (ἐφ' ἡμῖν)[2]. En effet, si le « ce qui peut être autrement » (ἐνδεχόμενον ἄλλως ἔχειν) suffit bien pour signifier la contingence, il ne permet pas de distinguer l'objet de l'opinion de l'objet de la délibération, lequel est relatif à nos possibilités d'action.

Seconde différence qui en est corrélative, la délibération, justement parce que son objet dépend de nous, porte sur ce qui est encore à déterminer. L'indétermination de l'objet tient d'abord à la contingence des futurs présupposée par la délibération.

> On ne délibère pas non plus sur ce qui a été mais sur ce qui est à venir et ce qui est possible [περὶ τοῦ ἐσομένου καὶ ἐνδεχομένου], or il n'est pas possible que ce qui a été ne soit pas. (*EN* VI 2, 1139b7-9)

En effet, si la nécessité affectant les propositions portant sur le présent ou le passé avait cours pour les contradictoires ayant trait au futur, délibération et action se verraient alors privées de sens et d'efficace[3]. Que dans la délibération

1. L'objet de la science relève du nécessaire, celui de l'opinion du contingent : « L'objet de science et la science sont distincts de l'objet de l'opinion et de l'opinion [Τὸ δ' ἐπιστητὸν καὶ ἐπιστήμη διαφέρει τοῦ δοξαστοῦ καὶ δόξης] parce que la science est universelle et procède du nécessaire, or le nécessaire ne peut pas être autrement. Il y a cependant des choses qui sont vraies et réelles mais qui peuvent aussi être autrement [ἐνδεχόμενα δὲ καὶ ἄλλως ἔχειν]. Il est donc évident que la science ne porte pas sur ces choses-là car ce qui est autrement serait dans l'impossibilité d'être autrement », l'opinion concernant justement « ce qui est vrai ou faux mais peut être autrement » (*Sec. An.* I 33, 88b30-89a3).

2. Sur cette notion, voir J.-L. Labarrière, « De "ce qui dépend de nous" », *Les Études Philosophiques*, 2009 (1), p. 7-26.

3. Cf. *De l'Interprétation* 9, 19a7-9 : « Nous voyons que le principe de ce qui sera [ἀρχὴ τῶν ἐσομένων] provient du fait de délibérer et de faire quelque chose [καὶ ἀπὸ τοῦ βουλεύεσθαι καὶ ἀπὸ τοῦ πρᾶξαί τι]. » L'interprétation du chapitre 9 du traité *De l'Interprétation* divise les commentateurs sur la question de savoir si les futurs contingents échappent au principe de bivalence (selon lequel une proposition n'a qu'une seule valeur de vérité : *a* est vraie ou fausse), ou au principe du tiers-exclu (d'après lequel dans un couple de contradictoires, si l'une des propositions est vraie, sa négation est fausse : *a* ou $\bar{a}$). Sur ce problème, voir P. Crivelli, *Aristotle on Truth*, Cambridge, C. U. P., 2004, p. 198-233, J.-B. Gourinat, « Principe

l'indétermination des futurs soit objective et non pas simplement le fait d'une ignorance subjective (cf. *DI* 9, 18b31-33) signifie donc aussi que l'objet de la délibération ne préexiste pas à l'opération même qui le détermine. C'est ce que révèle la comparaison entre les différentes sciences et techniques selon la marge d'incertitude, et par là d'initiative, qu'elles impliquent[1]. Certaines disciplines dont il n'existe pas ou peu de règles précises, comme la stratégie ou la navigation, offrent matière à délibération car leur objet (le plan de bataille ou la feuille de route) ne préexiste pas à la situation concrète de l'agent qui entreprend d'agir. En effet, si toute délibération est une recherche, la réciproque n'est pas vraie (cf. *EN* III 5, 1112b21-23). Les recherches mathématiques ne sont pas des lieux de délibération, car l'ignorance de l'issue du problème ne tient pas à la matière sur laquelle porte la recherche mais à l'état du sujet qui la mène. Le propre de l'objet de la délibération réside donc dans son indétermination intrinsèque.

> On délibère sur ce qui se produit le plus souvent mais dont l'issue nous échappe et en quoi il y a de l'indéterminé [ἀδιόριστον]. (*EN* III 5, 1112b8-9)

Ce qui échappe au sujet n'est pas dû à un défaut de connaissance mais à une indétermination objective et irréductible, constitutive du domaine pratique[2]. Loin d'être résiduelle, cette indétermination, de nature ontologique, est au fondement de la différence évoquée en VI 10 entre les objets respectifs de l'*euboulia* et de l'opinion vraie.

Pour autant, pourrait-on affirmer qu'à l'issue de la délibération, l'objet ainsi dégagé, qui n'est autre que l'objet du choix[3], coïncide avec celui de l'opinion ? La

de contradiction, principe du tiers-exclu et principe de bivalence : philosophie première ou *organon* ? », dans M. Bastit & J. Follon (éd.), *Logique et métaphysique dans l'Organon d'Aristote*, Louvain-la-Neuve, 2001, p. 63-91 et C. Whitaker, *Aristotle's De Interpretatione, Contradiction and Dialectic*, Oxford, O. U. P., 1996, p. 109-132.

1. Cf. *EN* III 5, 1112b1-8 : « Au sujet de celles des sciences qui comportent précision et autosuffisance [περὶ μὲν τὰς ἀκριβεῖς καὶ αὐτάρκεις τῶν ἐπιστημῶν], il n'y a pas délibération, comme dans le cas de l'orthographe (car on n'hésite pas pour savoir comment il faut écrire). Mais tout ce qui arrive de notre fait [δι' ἡμῶν], sans être toujours identique, voilà ce sur quoi nous délibérons, par exemple sur ce qui a trait à la médecine ou à la finance, et nous délibérons plus sur la navigation que sur la gymnastique, dans la mesure où la précision y est moindre, et il en va de même pour le reste ; nous délibérons aussi davantage dans les arts que dans les sciences car nous hésitons davantage dans les premiers. »

2. Voir sur ce point l'analyse célèbre de l'équité (*epieikeia*). Si cette vertu doit parfois corriger le juste défini par la loi, discours par définition universel, « l'erreur ne tient pas à la loi ni au législateur mais à la nature de la chose car telle est d'emblée la matière des objets d'action [ἡ τῶν πρακτῶν ὕλη] » (*EN* V 14, 1137b17-19). Le décret, produit de la délibération du législateur, viendra s'inscrire dans les lacunes de la règle générale : « Dans certains cas il est impossible de légiférer, de sorte qu'on a besoin d'un décret. En effet, de ce qui est indéterminé, la règle aussi est indéterminée [τοῦ γὰρ ἀορίστου ἀόριστος καὶ ὁ κανών ἐστιν], à la manière de la règle de plomb utilisée pour la construction à Lesbos : cette règle s'adapte à la forme de la pierre et ne reste pas fixe, comme le décret s'adapte aux choses [τὸ ψήφισμα πρὸς τὰ πράγματα] » (*EN* V 14, 1137b28-32).

3. Cf. *EN* III 5, 1113a2-5.

dépendance du premier vis-à-vis des circonstances de l'action et de la situation de l'agent implique une dernière différence entre délibération et opinion, cette fois de nature axiologique, tenant à la nature respective de leur rectitude. En effet, l'opinion peut se tromper (1139b17-18) tout comme la délibération peut être fautive (1142b7-8), faillibilité qui distingue ces deux actes de l'âme de la science toujours vraie. Mais vérité et fausseté sont la sanction de l'opinion tandis que c'est en termes de bien et de mal, d'utile ou de nuisible, qu'on évalue la délibération, de même que le choix qui en résulte[1]. La rectitude de l'opinion se mesure à un critère théorique, la vérité, quand celle de la délibération est

> rectitude conforme à l'utile [κατὰ τὸ ὠφέλιμον], au but qu'il faut, au moyen qu'il faut et au moment où il faut. (1142b28)

La liste de ces critères de la rectitude (fin, moyen, temps opportun) reprend précisément les différents paramètres qui déterminent l'action, c'est-à-dire les conditions sous lesquelles elle est imputable à un agent et susceptible d'une évaluation éthique (cf. *EN* III 2, 1111a3-6). Que les circonstances déterminant l'action et les facteurs définissant la bonne délibération soient littéralement congruents indique bien que l'objet de l'action (le *prakton*) et celui de la délibération ne font qu'un. Les trois traits distinctifs de l'objet de la délibération sont donc solidaires : parce qu'il est relatif à notre action possible, et déterminé par les circonstances de cette action à l'issue d'une délibération, il ne peut être évalué en termes de vérité et de fausseté, sauf, à la rigueur, à entendre le terme de vrai en un sens très particulier, celui de vérité pratique (VI 2, 1139a26-27).

La rectitude de la délibération, irréductible à la justesse d'un raisonnement[2] ou à la vérité d'une opinion, relève de cette forme originale de vérité, dont participe la *phronèsis* : cette vertu conjugue en effet deux attributs en apparence hétérogènes, puisqu'elle est disposition vraie (ἀληθῆ 1140b5, b21) en même temps qu'injonction à agir (πρακτικήν 1140b5, b21). Aussi comprend-on pourquoi Aristote ne pouvait se contenter de décrire l'excellence du prudent en termes d'opinion droite. La nature intrinsèquement pratique de l'*euboulia* est venue lever cette dernière interrogation pesant sur l'essence de la *phronèsis*. Si nous savons désormais pourquoi elle n'est pas plus opinion que science, il reste à voir comment elle

1. Cf. *EN* III 4, 1111b34-35. C'est pourquoi opinion et choix sont loués pour des raisons différentes : vérité pour l'une, rectitude et convenance pour l'autre (cf. *EN* III 4, 1112a5-7).

2. Cf. *EN* VI 10, 1142b17-22 : « Puisque la rectitude se dit en plusieurs sens, il est clair que toute rectitude n'est pas bonne délibération car l'incontinent comme le vicieux atteindront, à partir d'un raisonnement, ce qu'ils projettent de voir, de sorte qu'ils auront bien délibéré mais en retireront un grand mal. Or on estime que le fait de bien délibérer est un bien ; en effet, la rectitude de la délibération qui est bonne délibération, c'est celle qui atteint le bien. » Le texte est d'interprétation difficile en raison de la leçon, obscure, des principaux manuscrits en 1142b19 (ἰδεῖν), à laquelle est parfois préféré δεῖν (voir R.-A. Gauthier & J.-Y. Jolif, EN II-2, p. 515-516). Selon T. Irwin (*Nicomachean Ethics*, translation with introduction, notes and glossary by T. I., Indianapolis/Cambridge, Hackett Publishing Company, 1999, p. 248), par « ce qu'ils projettent de voir », il faut comprendre « le résultat qu'ils recherchent ».

dépasse l'équivoque entourant la rectitude pratique qui brouillait la fin du *Ménon*, hésitant entre une compréhension absolue et une conception relative de l'utile, entre l'obtention du bonheur ou la simple atteinte du succès. D'où la délibération du prudent tient-elle sa rectitude si celle-ci est d'une autre nature que l'efficacité pragmatique reconnue à l'opinion vraie, sans pour autant s'identifier purement et simplement à la vertu ?

LA RECTITUDE PRATIQUE

Une fois l'origine du savoir pratique élucidée, toutes les équivoques qui pesaient sur la figure de l'homme politique crédité par l'opinion de *phronèsis* n'en sont pas pour autant dissipées. Il y a en effet deux façons de bien délibérer, soit absolument, c'est-à-dire en vue du bien, soit en vue d'une fin particulière (1142b28-31). Cette dernière délibération, qu'elle soit la délibération technique du médecin ou celle, pragmatique, de l'escroc, est relative à une fin dont on ne peut préjuger le caractère moral. C'est elle que recouvre la puissance nommée habileté (*deinotès*) en VI 13. De cette neutralité axiologique propre à cette acception technique, la délibération pratique du prudent est toutefois exempte. Le début de VI 5 a précisé qu'elle ne porte pas sur un domaine particulier mais a pour but le bien vivre en général.

> Il semble qu'il appartienne au prudent [φρονίμου] de savoir bien délibérer sur ce qui est bon et utile pour lui [τὸ δύνασθαι καλῶς βουλεύσασθαι περὶ τὰ αὑτῷ ἀγαθὰ καὶ συμφέροντα], non pas relativement à une question particulière, par exemple pour savoir quelles choses sont bonnes pour la santé, la forme physique, mais quelles choses sont bonnes pour le bien vivre en général [πρὸς τὸ εὖ ζῆν ὅλως][1]. Le signe, c'est que nous qualifions aussi de prudents en un sens relatif les gens qui font le bon calcul en vue d'une fin particulière vertueuse [πρὸς τέλος τι σπουδαῖον] sur des matières dont il n'existe pas de technique [ὧν μή ἐστι τέχνη]. (*EN* VI 5, 1140a25-30)

S'il est vrai qu'on ne délibère pas directement sur les fins de l'action mais sur ses « moyens » ou sur ce qui est en vue de la fin (*ta pros to telos*)[2], et que la *phronèsis* en tant qu'aptitude à bien délibérer porterait donc sur les moyens de l'action plutôt que sur les fins[3], tout semblerait pourtant aller dans le sens d'une capacité axiologiquement neutre. Or c'est la saisie de la fin qui paraissait distinguer la bonne délibération du prudent[4]. La *phronèsis* contribue-t-elle à la détermination de la fin ou se contente-t-elle de discerner ce qui lui est donné par une autre faculté ?

1. Cette caractérisation fait lointainement écho à la manière dont Platon définissait la sagesse en *République* IV comme bonne délibération portant non sur des domaines particuliers mais sur ce qui est relatif à l'ensemble de la cité (428d).

2. Cf. *EN* III 5, 1112b11-12 et b33-34.

3. Cf. *EN* VI 13, 1144a8-9, 1145a5-6.

4. Cf. *EN* VI 10, 1142b31-33 cité *supra* p. 239.

La réponse à cette question exige de revenir sur l'articulation tant attendue entre vertu éthique et vertu intellectuelle. Soutenant la double thèse qu'on ne peut être prudent sans être vertueux ni vertueux sans être prudent, le chapitre VI 13 entreprend de situer la *phronèsis* par rapport à ces deux dispositions qui en sont les symétriques, et qui constituent deux opposés de la vertu véritable : l'habileté, aptitude intellectuelle dénuée de toute visée de la fin bonne, et la vertu naturelle, disposition affective privée de cette clarté et distinction dans l'action que procure la raison. D'un côté, une intelligence sans vertu qui serait vide, et de l'autre une vertu sans intelligence qui serait aveugle.

Phronèsis et habileté (*EN* VI 13)

L'action est sous la dépendance d'un principe, la fin, dont l'apparition ne relève pas strictement de la faculté rationnelle. En effet, l'habile, en pleine possession de ses facultés intellectuelles tout en étant dépourvu de dispositions morales, sera justement dépourvu de ce principe qu'est le désir du bien.

> La vertu fait la rectitude du choix [τὴν μὲν οὖν προαίρεσιν ὀρθὴν ποιεῖ ἡ ἀρετή], mais le fait de faire tout ce qui tend naturellement à le réaliser ne relève pas de la vertu mais d'une autre puissance. Et il faut s'arrêter et parler plus clairement à ce sujet. Il y a une puissance que nous appelons habileté [δεινότητα] ; celle-ci est de nature à pouvoir faire tout ce qui tend au but posé et à le réaliser. Si donc le but est beau, elle est louable, s'il est mauvais, c'est de la malignité [πανουργία] ; c'est pourquoi nous disons que les prudents sont habiles, de même que les roués [διὸ καὶ τοὺς φρονίμους δεινοὺς καὶ <τοὺς> πανούργους φαμὲν εἶναι[1]]. Or la *phronèsis* n'est pas cette puissance mais ne va pas sans cette puissance [ἔστι δ' ἡ φρόνησις οὐχ ἡ δύναμις, ἀλλ' οὐκ ἄνευ τῆς δυνάμεως ταύτης]. (*EN* VI 13, 1144a20-29)

Les ambivalences de l'intelligence

Cette « autre puissance », savoir des moyens en tant qu'aptitude à délibérer, pourrait bien avoir la neutralité axiologique propre aux puissances rationnelles en général. Il y a en effet un risque inhérent au savoir et à la capacité d'action qu'il confère, dont Aristote comme Platon sont au plus haut point conscients. L'intelligence peut tout autant être utile et avantageuse qu'inutile et nuisible. Le risque de cette ambiguïté inhérente à la notion d'habileté était déjà évoqué à propos des qualités intellectuelles des gardiens en *République* VII, dans un passage qui a introduit quelques lignes auparavant (518c) la métaphore de l'œil de l'âme reprise par Aristote en VI 13 (1144a30).

> Les autres vertus dites vertus de l'âme ont des chances d'avoir quelque proximité avec celles du corps car en réalité, si elles n'y sont pas présentes au préalable, elles sont inculquées plus tard

1. En adoptant la correction proposée par Klein en 1144a27-28, à l'instar de S. Broadie & C. Rowe (*NE*, O. U. P., p. 188) et J. Tricot (*EN*, Vrin, p. 310), et à la différence de R. Bodéüs (*EN*, GF, p. 338), qui conserve le texte des manuscrits (διὸ καὶ τοὺς φρονίμους δεινοὺς καὶ πανούργους φαμὲν εἶναι) et traduit « c'est précisément pourquoi nous prétendons que les gens sagaces sont habiles et aussi roués » (*EN*, GF, p. 338).

par les habitudes et les exercices. Mais la vertu de la pensée, à ce qu'il semble, relève plus que tout d'un élément plus divin, qui ne perd jamais sa puissance mais qui, selon la tournure qu'on lui donne, devient utile et bénéfique [χρήσιμόν τε καὶ ὠφέλιμον] ou à l'inverse, inutile et nuisible [ἄχρηστον αὖ καὶ βλαβερόν]. N'as-tu jamais songé, à propos de ceux qu'on dit méchants mais ingénieux [πονηρῶν μέν, σοφῶν δέ], combien leur petite âme a la vue perçante et discerne avec acuité ce vers quoi elle est tournée, parce qu'elle n'a pas la vue faible mais se trouve assujettie de force au service du vice, de sorte que, plus elle regarde avec acuité, plus elle accomplit d'actions mauvaises ? (*Rép.* VII, 518e-519a)

Cette ambivalence de l'intelligence est reflétée par l'usage commun de la langue qui confère le titre de *deinos* aux prudents comme aux roués chez Aristote (1144a27-28) et ne craint pas non plus d'attribuer celui de *sophos* aux méchants dans ce passage de la *République*. La distinction entre *phronèsis* et habileté exclut cependant que l'utilité visée par la première puisse s'entendre en termes de contribution purement technique à l'obtention d'un résultat. L'excellence de la *technè* se mesure à l'étendue de la capacité d'action, pouvant réaliser les contraires comme toute puissance rationnelle[1]. Aussi celui qui contrefait volontairement l'art demeure-t-il supérieur à celui qui simplement échoue, ce qui ne peut valoir pour la vertu. Les lignes conclusives du chapitre 5 (1140b23-25), entreprenant de démarquer la *phronèsis* de la *technè*, avaient déjà récusé les paradoxes hérités de l'*Hippias Mineur*, nés de l'ambiguïté inhérente à un savoir que l'on réduirait à la maîtrise des moyens et la capacité d'arriver à ses fins. Si Aristote reconnaît en *Éthique à Eudème* VIII 1 la possibilité d'un usage volontairement erroné d'une technique ou d'une science, c'est-à-dire d'une puissance rationnelle, il continue de le refuser fermement en ce qui concerne la *phronèsis*. Les techniques ou sciences volontairement perverties sont encore suspendues à une faculté qui en fait usage, à cette science suprême que cherchait l'*Euthydème* (288d-292d). C'est toujours une autre puissance qui est à l'origine du détournement quand le médecin se mue en assassin, le constructeur en saboteur, le boxeur en homme de main. Si la *phronèsis* est au sommet de toutes les sciences, par quelle puissance se verrait-elle à son tour détournée de sa fin[2] ? La neutralité axiologique de la *technè* la démarque donc de la *phronèsis* dont la définition comprend la visée du bien humain et qui ne peut dès lors, sous peine de contredire son concept, tendre vers son contraire.

C'est la vertu éthique qui assure la rectitude de l'orientation du désir : elle donne la direction de l'action en posant la fin qui se trouve au principe du

1. Cf. *Métaph.* Θ 2 1046b4-6, même si la symétrie entre les contraires n'est pas parfaite comme il ressort des lignes qui suivent immédiatement (1046b7-16), montrant que la science est raison de ce qui est, c'est-à-dire de son objet, plutôt que de la privation de cet objet.

2. Cf. *EE* VIII 1, 1246b8-11 : « Pour le reste des sciences, c'en est une autre, supérieure, qui cause le détournement [τὴν στροφήν] ; mais qu'est-ce qui sera supérieur à cette science supérieure à toutes les autres ? En effet, on ne trouvera plus d'autre science ou intelligence. » Sur l'équivocité des puissances rationnelles opposée à l'unilatéralité des dispositions éthiques, voir aussi *EN* V 1, 1129a11-17.

raisonnement pratique et que la *phronèsis* doit posséder, sous peine de dégénérer en rouerie.

Cette disposition n'advient pas à cet œil de l'âme sans la vertu [οὐκ ἄνευ ἀρετῆς], on l'a dit et c'est évident. En effet, les raisonnements qui portent sur ce qui est objet d'action [οἱ γὰρ συλλογισμοὶ τῶν πρακτῶν] se trouvent avoir pour principe «puisque telle chose est la fin et le meilleur», quelle qu'elle soit (quoi qu'on prenne pour les besoins du raisonnement); cela n'apparaît pas si ce n'est à l'homme bon; en effet, la méchanceté pervertit et induit en erreur sur les principes de l'action [περὶ τὰς πρακτικὰς ἀρχάς]. Par conséquent, il est manifestement impossible qu'on soit prudent sans être bon [φρόνιμον εἶναι μὴ ὄντα ἀγαθόν]. (*EN* VI 13, 1144a29-b1)

Les éclipses du principe ou les intermittences du désir

Le premier facteur de la rectitude de la *phronèsis* vient de cet ancrage dans la vertu éthique façonnée par l'habitude. La manière dont le bien nous apparaît est tributaire de cette première orientation du désir qui est du ressort de l'éducation, éventuellement favorisée par la nature. Ces facteurs conditionnent notre perception du bien[1].

La vertu et le vice ou bien corrompent ou bien sauvegardent le principe, or dans les actions c'est la fin [τὸ οὗ ἕνεκα] qui est principe, comme le sont les hypothèses en mathématiques[2]: dans ce dernier cas, ce n'est pas le raisonnement qui nous instruit des principes, ni non plus dans l'autre où c'est la vertu, naturelle ou bien acquise par l'habitude [ἀρετὴ ἢ φυσικὴ ἢ ἐθιστὴ], qui nous inculque une opinion droite [τοῦ ὀρθοδοξεῖν] sur le principe. (*EN* VII 8, 1151a15-19)[3]

La possible perversion de ce qui nous donne la direction de l'action avait déjà été évoquée en VI 5 à propos des rapports entre *phronèsis* et tempérance (*sophrosunè*), afin de préciser quels types de jugement étaient susceptibles d'être faussés par le plaisir et la douleur:

De là vient aussi que nous donnons ce nom à la tempérance [τὴν σωφροσύνην], dans l'idée qu'elle sauvegarde la *phronèsis* [ὡς σῴζουσαν τὴν φρόνησιν][4]. Elle sauvegarde ce type de jugement [σῴζει δὲ τὴν τοιαύτην ὑπόληψιν] car ce n'est pas tout jugement que viennent corrompre et pervertir le plaisir et la douleur [οὐ γὰρ ἅπασαν ὑπόληψιν διαφθείρει οὐδὲ διαστρέφει τὸ ἡδὺ καὶ λυπηρόν], par exemple que le triangle a ou n'a pas ses angles égaux à deux droits, seulement ceux qui portent sur ce qui est objet d'action [τὰς περὶ τὸ πρακτόν]. En effet, au principe de ce qui est objet d'action se trouve la fin en vue de laquelle sont ces objets

1. Cf. *EN* II 2, 1104b9-13; X 10, 1179b29-31. La thèse selon laquelle notre appréhension du bien résulte d'un don de nature fait l'objet d'un examen dialectique en *EN* III 7, 1114b6-13. Sur la question de savoir dans quelle mesure nous sommes responsables du bien qui nous apparaît, voir G. Aubry, «L'éthique du démonique», p. 85, P.-M. Morel, *Aristote. Une philosophie de l'activité*, p. 199 et J. Moss, «Virtue Makes the Goal Right», p. 240, 253.

2. Cf. *EE* II 11, 1227b28-35.

3. L' ὀρθοδοξεῖν fait écho à l'ἀληθὴς ὑπόληψίς d'*EN* VI 10, 1142b33 cité *supra* p. 239. On mesure toutefois son écart avec l'*orthè doxa* du *Ménon*, dépourvue de cet ancrage dans le désir faisant la stabilité de la vertu.

4. Ce jeu de mots est aussi attesté dans le *Cratyle* (411e-412a): «La tempérance est la sauvegarde de ce que nous venons d'examiner, la sagesse» [σωφροσύνη δὲ σωτηρία οὗ νυνδὴ ἐσκέμμεθα, φρονήσεως].

d'action [αἱ μὲν γὰρ ἀρχαὶ τῶν πρακτῶν τὸ οὗ ἕνεκα τὰ πρακτά] : à celui qui est corrompu par le plaisir ou la douleur, d'emblée cela n'apparaît plus comme un principe, c'est-à-dire comme en vue de quoi et à cause de quoi il faut faire tous nos choix et toutes nos actions car le vice est destructeur du principe. (*EN* VI 5, 1140b13-20)

Seul un certain type de jugement, le jugement pratique, est menacé par la possibilité d'une éclipse du principe. Comme le souligne un propos d'Alain, la distance est grande entre le domaine de la vérité où, si ce n'est par accident, l'esprit ne court pas grand danger d'être aveuglé par la passion, et celui de l'action où la justesse de la pensée est un exercice plus périlleux.

Leibniz a dit une chose cinglante, c'est que si nos passions avaient intérêt dans la géométrie, on y verrait des erreurs obstinées et des yeux volontairement fermés. Il en donne même un exemple ; car il connut un bon géomètre, qui ne voulut jamais croire ni comprendre que les sections d'un cône ou d'un cylindre par un plan fussent les mêmes courbes. C'est qu'il ne l'avait point trouvé lui-même, alors qu'il l'aurait pu ; ainsi la vérité l'humiliait ; c'est pourquoi il la niait, et ne céda jamais. En quoi l'on peut dire qu'il avait l'esprit injuste ; et cette expression, qui d'abord choque, est pourtant ce qui donne tout son sens à l'esprit juste[1].

Dans cet exemple c'est la douleur de l'amour-propre, accidentellement en jeu, qui vient fausser le jugement. Ce cas qui reste d'exception éclaire par contraste ce qui est la règle dans nos jugements pratiques où la présence du désir n'est pas accidentelle mais essentielle puisque c'est là ce qui nous porte à l'action. Tout l'effort de l'éducation éthique est donc de faire en sorte que ce désir soit le bon et de préserver ensuite la force motrice du bon principe, c'est-à-dire du bon désir. La corruption totale de ce principe est illustrée au livre VII par le cas de l'*akolastos*, l'intempérant, qui fait délibérément d'un principe vicieux sa règle de vie, à la différence de l'*akratès* possédant encore la conscience de la règle morale tout en se révélant incapable de la suivre. La solidarité de la *phronèsis* avec les vertus du caractère ne dit pas autre chose que cette dépendance de la perception de la fin bonne au mouvement d'un désir. Celle-ci nous paraît éclairée, par-delà la différence de conceptualité, par les lignes que P. Ricœur consacre à la force motivationnelle de la valeur.

Je ne vois pas les valeurs comme je vois les choses. Je ne vois que ce que je suis prêt à servir. La nature même de la valeur et du voir qui lui paraît approprié semble enfermer toute théorie des valeurs dans un cercle. (…) Je ne veux que si je vois, mais je cesse de voir si je cesse absolument

1. Alain, « Penser juste », 15 février 1932, *Propos*, p. 1063. L'anecdote est tirée de G. W. Leibniz, *Nouveaux Essais sur l'entendement humain*, livre IV, ch. VII, §4, Paris, Flammarion, GF, 1990, p. 321-322 : « Feu M. Hardy, conseiller au Châtelet de Paris, excellent géomètre et orientaliste et bien versé dans les anciens géomètres, qui a publié le commentaire de Marinus sur les *Data* d'Euclide, était tellement prévenu que la section du cône, qu'on appelle ellipse, est différente de la section oblique du cylindre que la démonstration de Serenus lui paraissait paralogistique et je ne pus rien gagner sur lui par mes remontrances : aussi était-il à peu près de l'âge de M. de Roberval quand je le voyais, et moi j'étais fort jeune homme, différence qui ne pouvait pas me rendre fort persuasif à son égard, quoique d'ailleurs je fusse fort bien avec lui. Cet exemple peut faire voir en passant ce que peut la prévention encore sur des habiles gens, car il l'était véritablement, et il est parlé de M. Hardy avec estime dans les lettres de M. Descartes. »

de vouloir. C'est la différence de principe qui sépare la vérité du bien de la vérité de la chose ; l'attention qu'exige la seconde ne met en jeu que mon entendement émondé de passions ; l'attention qu'exige la première mobilise tout mon être ; les valeurs ne sont jamais données à une conscience spectaculaire ; impartialité et objectivité n'ont plus le même sens en face de la valeur qu'en face des objets empiriques. Cela explique les intermittences et la cécité plus ou moins durable qui affligent notre perception du bien[1].

C'est bien ce qui se passe dans le cas de l'habileté vicieuse : l'agent cesse de voir parce qu'il cesse absolument de vouloir. La différence entre *phronèsis* et habileté remonte donc à ce principe qu'est la fin et qui provient des vertus du caractère, c'est-à-dire de la partie désirante de l'âme. Sans la vertu, donc, il n'est point de prudent. Si la vertu est condition nécessaire de la *phronèsis*, et si cette dépendance de la *phronèsis* vis-à-vis du désir la préserve du risque de neutralité axiologique, n'est-ce pas cependant faire courir à cette disposition un autre péril, celui d'être une vertu purement instrumentale ?

Pour écarter cette objection, il faut donc éclaircir le rapport qu'elle entretient avec les vertus naturelles, dispositions « pré-éthiques » car « pré-rationnelles », et montrer que la disposition naturelle ne suffit pas davantage à faire la vertu que l'intelligence ne suffit pour bien agir.

Phronèsis et vertus naturelles (*EN* VI 13)

La rectitude de la *phronèsis* a beau être le fruit des vertus du caractère, c'est bien elle qui transforme une prédisposition en vertu véritable. L'acte moral requiert en effet d'agir en connaissance de cause et de choisir l'acte pour lui-même, comme Aristote a pris soin de le rappeler, soulignant qu'il ne suffit pas d'agir conformément à la vertu pour agir vertueusement[2].

L'équivoque des vertus naturelles

Or comment savoir ce qu'on fait et choisir l'acte vertueux pour lui-même sans la présence de cette faculté rationnelle ? La spontanéité du vertueux est d'un tout autre ordre que l'immédiateté d'une disposition naturelle.

> À tout le monde il semble que chaque trait de son caractère [ἕκαστα τῶν ἠθῶν] est en quelque sorte un fait de nature : de fait nous sommes justes, enclins à la tempérance, courageux et possédons d'autres qualités dès la naissance ; cependant nous recherchons quelque chose d'autre, le bien au sens strict, et nous voulons posséder de telles qualités sur un autre mode. En effet, les enfants et les bêtes ont aussi ces dispositions naturelles, mais sans l'intelligence [ἄνευ νοῦ] elles se révèlent nuisibles [βλαβεραὶ]. (*EN* VI 13, 1144b4-9)

1. P. Ricœur, *Philosophie de la volonté* I. *Le volontaire et l'involontaire*, Paris, Aubier, 1967, p. 73.
2. Cf. *EN* VI 13, 1144a13-20 en écho à *EN* II 3, 1105a31-32.

Un tel refus d'identifier disposition naturelle et vertu véritable, récurrent dans les dialogues de Platon[1], rejoint les conclusions tirées par le *Ménon* à l'occasion de l'exemple du courage (88b). Il y a bien un hiatus entre la simple disposition naturelle par laquelle on réagit bien plus qu'on n'agit à proprement parler, et la vertu authentique. Aristote établit une analogie, c'est-à-dire une identité de rapports, entre la différence séparant vertu naturelle et vertu morale (ou vertu au sens strict) et la distinction entre *phronèsis* et habileté[2].

> Il faut retourner à l'examen de la vertu ; c'est que la vertu est presque dans la même position que la *phronèsis* par rapport à l'habileté (sans qu'il s'agisse de la même chose, il y a similitude). Ainsi en est-il pour la vertu naturelle par rapport à la vertu au sens strict [ἡ φυσικὴ ἀρετὴ πρὸς τὴν κυρίαν]. (*EN* VI 13, 1144b1-4)

Il y a bien similitude entre les deux distinctions puisque de chaque côté de l'analogie, les opérations respectives des facultés en question répondent à la même description. Extérieurement, savoir et habileté pratiques font la même chose au sens où elles sont toutes deux capacité à atteindre un objectif, tout comme l'enfant et l'homme tempérants font la même chose lorsqu'ils sont capables de goûter avec modération certains plaisirs. Sans raison, sans intelligence, les vertus naturelles sont toutefois aussi aveugles que ne le serait une intelligence perverse. On a là affaire à une commune désorientation, l'une et l'autre ne savent pas où elles vont, mais pour des raisons symétriquement opposées. La *phronèsis* est le savoir de l'utile sans lequel une disposition peut se retourner contre son possesseur, comme le montrait l'*Euthydème* (281b-e). Sans la sagesse qui est un savoir de l'usage des facultés et des biens, la possession de ces derniers peut s'avérer nocive : mieux vaut être pauvre et malade que riche et en bonne santé quand nous manque ce savoir. Aristote tire de cette distinction entre vertu naturelle et vertu au sens strict la conclusion suivante – que ne désavouerait certainement pas Platon :

> Si on a l'intelligence [νοῦν], on est différent dans l'action [ἐν τῷ πράττειν διαφέρει][3] ; et la disposition, tout en étant semblable, sera alors vertu au sens strict [κυρίως ἀρετή]. (*EN* VI 13, 1144b12-13)

Le *noûs*, recouvrant ce que la *phronèsis* comporte de non discursif, est cette reconnaissance du principe qui fait, pour emprunter à nouveau les formules de P. Ricœur, que l'on ne veut vraiment que si l'on voit. L'intelligence est ainsi

1. Cf. *Lachès* 197a-c, *Rép.* IV, 430b.

2. Voir le commentaire de P. Aubenque, *La prudence*, p. 61 : « La prudence est une sorte de reprise éthique de l'habileté, de la même façon que la vertu morale est une régénération des dispositions naturelles (à la tempérance, au courage, etc.) par l'intention du bien. Mais cette analyse se complique du fait que, si l'intention du bien, en tant qu'intention, relève de la vertu morale, qui seule dès lors permet à l'habileté de devenir prudence, cette même intention, en tant qu'intention du *bien*, relève de la vertu intellectuelle de prudence, qui seule dès lors permet à la vertu naturelle de devenir vertu morale ; il n'y a donc pas seulement analogie, mais connexion, entre la prudence et la vertu morale : la prudence est médiatrice entre la vertu naturelle et la vertu morale, mais la vertu morale est médiatrice entre l'habileté et la prudence. »

3. On pourrait aussi comprendre : « On est supérieur dans l'action. »

nécessaire pour faire de cette prédisposition au bien que manifestent les vertus naturelles ce choix auquel se reconnaît l'action proprement vertueuse. Savoir comment *noûs* et *phronèsis* s'articulent dans l'action véritablement vertueuse est cependant une question difficile et controversée. On pourrait concevoir la *phronèsis* sur le modèle de la *sophia*, qui réunit deux aptitudes : l'une intuitive – le *noûs* qui saisit les principes, l'autre discursive – l'*epistèmè* qui démontre à partir des principes. Si on transpose cette complémentarité des opérations à la *phronèsis*, celle-ci comporterait donc à la fois un volet discursif, sous la forme de l'*euboulia*, et un volet intuitif, le *noûs*[1]. Toutefois, cette intelligence pratique qui remonte à la fin à partir des particuliers qu'elle saisit[2] n'est pas autonome mais toujours adossée au désir qui donne cette fin[3]. L'intelligence dans l'action qui est le propre de la *phronèsis* requiert donc à la fois la bonne délibération, sur laquelle nous avons insisté plus haut, mais aussi cette saisie du principe qui apparaît à l'œil de l'âme sur fond de vertu, c'est-à-dire de désir. Le propre du *noûs* dans la pensée pratique est en effet d'être aux deux extrêmes, saisie des termes derniers et premiers. En saisissant le particulier de l'action, l'intelligence pratique reconnaît en lui l'universel qu'il instancie, celui de la fin : en saisissant dans telle parole que je m'apprête à prononcer un mensonge, je ne peux pas, si je suis vertueux, ne pas remonter à ce principe de l'action disant qu'il ne faut pas mentir ; en voyant un être dans la peine ou le besoin, je ne peux pas ne pas ressentir une injonction à lui porter assistance. Cette perception de la fin est toujours insérée dans l'action puisque c'est à même la situation éthique que le *noûs* pratique saisit ce particulier qui le reconduit au principe.

La différence de l'intelligence

Agir sur fond d'intelligence fait donc toute la différence entre vertu naturelle et vertu réelle. Cette différence est triple. Elle consiste d'abord (a) dans le résultat de l'action puisqu'elle contribue unilatéralement au bien de l'agent, en lui procurant cette « lucidité de l'usage »[4] qui fait la réussite pratique. Elle tient ensuite (b) dans la valeur morale de l'action puisque l'agent sait en vue de quoi il

1. Voir C. C. W. Taylor, « Aristotle on the Practical Intellect », *Pleasure, Mind and Soul. Selected Papers in Ancient Philosophy*, Oxford, Clarendon Press, 2008, p. 209.

2. Cf. *EN* VI 12, 1143b1-5 cité *supra* p. 231.

3. C. Reeve (*Practices of reason* § 9, p. 60) suggère ainsi de rapprocher la manière dont l'expérience nous donne accès aux principes théoriques, que le *noûs* saisit par induction (cf. *Sec. An.* II 19) de la manière dont la vertu éthique pourrait nous faire accéder aux principes pratiques, eux aussi saisis par le *noûs*, à l'issue de cette sorte d'induction incarnée que serait l'habitude. J. Moss propose une version non intellectualiste de l'induction pratique en insistant sur le rôle joué dans ce processus par la *phantasia*, puissance cognitive quoique non rationnelle (*Aristotle on the Apparent Good*, p. 221).

4. Pour reprendre le titre d'un article de J.-L. Chrétien, *Philosophie* 45, 1995, p. 59-91. Sur cette « lucidité de l'usage », voir *Euthydème* 281d4-e1.

agit. On pourrait supposer qu'elle réside enfin (c) dans une stabilité supérieure de l'action, puisque rien n'est plus stable que la *phronèsis* – qui ne s'oublie pas – et la vertu (véritable), dépassant en fermeté toutes les autres œuvres humaines[1]. On retrouve dans cette triple différence les trois caractères de l'action morale : agir en connaissance de cause (a), pour l'action elle-même (b) et avec une disposition ferme et inébranlable (c). Un acte envisagé abstraitement, coupé de la disposition qui en est à l'origine, ne saurait donc rien nous dire sur la qualité morale de l'agent. C'est pourquoi la *proairesis* d'un agent, expression de sa disposition éthique, nous renseigne parfois plus sur son caractère que ses actes[2]. Or la *proairesis*, en vertu de sa double nature cognitive et désirante, réclame la possession d'un désir correctement orienté et d'une pensée bien éclairée.

> Il n'y aura pas de choix correct [ἡ προαίρεσις ὀρθὴ] sans la *phronèsis* [ἄνευ φρόνησεως] ni sans la vertu [ἄνευ ἀρετῆς] car cette dernière fait la fin [τὸ τέλος], tandis que la première fait faire ce qui contribue à la fin [τὰ πρὸς τὸ τέλος]. (*EN* VI 13, 1145a4-6)

Cela permet au passage de répondre au problème de l'inséparabilité des vertus, que rencontrent à de nombreuses reprises les dialogues platoniciens[3]. On ne pourra posséder une vertu sans posséder les autres, s'il est vrai que c'est la présence de la *phronèsis* qui transforme de bonnes dispositions en vertus véritables. La séparabilité des vertus est à la rigueur pensable quand il s'agit de qualités naturelles qu'il est rare de posséder toutes à la fois[4]. Elle est inconcevable dans le cas de la vertu véritable qui suppose cette continuité dans la perception du bien que procure l'intelligence jointe au désir de la fin bonne.

1. Cf. *EN* I 11, 1100b14-18 : « En effet, celles-ci [*i.e.* les activités conformes à la vertu] semblent être plus stables [μονιμώτεραι] même que les sciences », « ceci semble avoir pour cause le fait qu'elles ne sont pas sujettes à l'oubli. » Sur les raisons pour lesquelles les vertus ne peuvent s'oublier, voir G. Ryle, « On Forgetting the Difference between Right and Wrong », *in* A. Melden (ed.), *Essays in Moral Philosophy*, Seattle, University of Washington Press, 1958, p. 150-156. Oublier la différence entre ce qu'il faut et ce qu'il ne faut pas faire ne peut être comparé à l'oubli d'une technique par manque de pratique. Un tel oubli serait plus proche de la perte d'un goût esthétique, impliquant un changement dans l'être de l'agent : oublier la vertu et ce qu'elle nous dicte de faire signifierait donc avoir changé et non simplement avoir perdu une aptitude.

2. Cf. *EN* III 4, 1111b5-6 ; *EE* II 11, 1228a1-5. Sur la priorité entre *proairesis* et *praxis* pour juger d'une personne, la position d'Aristote n'est pas toujours aussi nette (cf. *EE* II 11, 1228a11-19 ; *EN* X 8, 1178a34-b1).

3. Sous diverses formes, notamment celles de l'unité de la vertu et de l'identité des vertus dans les dialogues dits « socratiques », voir *Lachès* 197e-199e (le courage est-il tout ou partie de la vertu ?), *Euthyphron* 11c-12e (le pieux est une partie du juste ou identique au juste ?), *Protagoras* 331a-334a (les vertus sont-elles séparables ?). La question est reprise dans les *Lois* (XII, 963c-965e).

4. Sans compter que leur autonomie peut aller jusqu'à l'opposition, comme le soulignait le *Politique* de Platon (306b-308b) montrant que naturels courageux et tempérants souvent se contrarient.

Reste alors une dernière interrogation : a-t-on affaire dans cette description aristotélicienne du rapport entre vertu et *phronèsis* à un cercle vicieux, dès lors que ces dispositions se présupposent mutuellement ? On ne peut échapper tout à fait à l'objection s'il est vrai, comme le remarquait P. Ricœur dans les lignes citées plus haut, que toute théorie des valeurs est en un sens enfermée dans un cercle, celui de la raison et du désir. Toutefois on peut remarquer qu'il n'y aurait circularité absolue que si les vertus étaient exactement sur le même plan, tant logiquement que chronologiquement. Or vertu éthique et *phronèsis* concernent deux aspects non superposables, quoiqu'inséparables, de l'action, qui est un mixte de pensée et de désir. Ce n'est pas donc sous le même rapport que les deux contribuent à la réalisation de l'action morale. La chronologie du devenir vertueux permet également de sortir de cet apparent cercle vicieux[1]. Le désir précède le savoir, la vertu précède la *phronèsis* qui en constitue pourtant l'accomplissement mais demande le temps inhérent à la constitution d'une expérience. L'antériorité logique et chronologique du désir, tant au niveau diachronique de l'éducation qu'au niveau synchronique de l'action (puisque le désir donne la fin) explique donc que la *phronèsis* présuppose cette vertu qu'elle porte à l'effectivité et à la stabilité. En affirmant qu'il n'y a pas de *phronèsis* sans vertu ni de vertu sans *phronèsis*, la thèse aristotélicienne déployée en VI 13 s'efforce donc d'articuler pensée et désir, vertus éthiques et vertu intellectuelle, sans faire de cette « reine des facultés » censée couronner toutes les autres une vertu serve, simple faculté des moyens, ni à l'inverse en faire le tout de la vertu et reconduire ainsi l'erreur de Socrate.

On mesure à présent pourquoi Socrate avait raison et tort à la fois : raison de voir dans la *phronèsis* ce qui fait d'une disposition une vertu véritable, tort de ne pas distinguer dans la vertu véritable la double composante qui interdit de la réduire à un simple savoir. Le dispositif complexe mis en place par ce chapitre VI 13 pour penser l'inséparabilité des vertus éthique et intellectuelle sans effacer leur irréductibilité peut être lu comme participant de cette volonté d'apporter une réponse aux apories dont le *Ménon* offre une présentation exemplaire. La *phronèsis* aristotélicienne conserve son rôle directeur dans l'orientation des vertus faisant la réalité des biens humains, sans aller cependant jusqu'au bout de la réduction socratique de la vertu à la science. La prise en compte de l'articulation de la *phronèsis* à la vertu éthique explique aussi cette infaillibilité pratique en vertu de laquelle le *phronimos* est dit *praktikos*.

L'akrasia et la pensée pratique

En effet, le propre du prudent est non seulement de voir ce qu'il faut faire mais d'être capable de le mettre en œuvre sans laisser dévier le cours de son raisonne-

1. Voir J.-L. Labarrière, « Le *phronimos* comme critère », p. 163-164.

ment pratique. Deux éléments distinguent ce raisonnement, dont la modélisation est traditionnellement appelée « syllogisme pratique[1] », de son homologue théorique : la nature de son principe, c'est-à-dire de sa majeure, et la nature de sa conclusion. Le syllogisme pratique est en effet sous la dépendance d'un principe qui est la fin, c'est-à-dire le bien, à la différence du raisonnement théorique dans lequel le principe, n'étant pas une fin, ne pourra être objet de désir, rationnel ou non. La seconde différence, qui en est une conséquence, est que la conclusion de ce raisonnement sera une action et non une proposition[2].

L'impuissance de la pensée pratique est le symétrique négatif de la *phronèsis* car pour ce qui est la réussite pratique, l'opposé du prudent n'est pas tant le vicieux que l'incontinent. Le cas de l'intempérant (*akolastos*) est en effet plus simple, sinon à corriger, au moins à expliquer. Ce sont la mauvaise éducation de son désir ou une nature naturellement malade (dans le cas extrême de la bestialité[3]) qui ont corrompu le principe même de l'action et expliquent le décalage entre le bien réel et le bien tel qu'il apparaît à l'individu[4]. Lorsque la majeure, c'est-à-dire le principe, est viciée, la mauvaise action n'a rien d'inexplicable. Le cas de l'*akrasia* fait difficulté en raison du caractère ponctuel de l'échec dans l'action puisque l'incontinent (*akratès*) à la différence de l'intempérant (*akolastos*) n'agit ni par habitude ni par choix (cf. *EN* VII 9, 1150b30-1151a25). Cet accident qu'Aristote compare à un accès d'épilepsie (par opposition aux maladies chroniques) résiste d'autant plus à l'explication que toutes les conditions sembleraient réunies pour l'action bonne : disposition d'une faculté rationnelle[5],

1. D'après l'expression employée en *EN* VI 13, 1144a32-33 (οἱ γὰρ συλλογισμοὶ τῶν πρακτῶν). Le syllogisme pratique fournit un modèle opératoire pour rendre raison des agissements humains comme du mouvement des animaux. Voir M. Crubellier, « Le "syllogisme pratique" ou comment la pensée meut le corps », dans A. Laks & M. Rashed (éd.), *Aristote et le mouvement des animaux : dix études sur le De motu animalium*, Villeneuve d'Ascq, Presses universitaires du Septentrion, 2004, p. 10.

2. Cf. *DMA* 7, 701a20. En *EN* VII 5, 1147a28, Aristote dit pas littéralement que la conclusion est une action, simplement que l'agent agit aussitôt (πράττειν εὐθύς), ce qui n'a rien d'incompatible avec la description du *Mouvement des Animaux* dans la mesure où le point essentiel demeure la relation entre les prémisses et l'action qui en découle, que celle-ci soit qualifiée de conclusion dans le cas des mouvements animaux, ou qu'elle soit dite suivre immédiatement l'énoncé de ces prémisses comme en *EN* VII 5, 1147a28. Voir K. Corcilius, « Praktische Syllogismen bei Aristoteles », *Archiv für Geschichte der Philosophie*, 2008, p. 267-269, dont nous suivons les arguments. L'interprétation opposée selon laquelle la conclusion n'est pas une action mais une proposition relative à une action est soutenue notamment par D. Charles, « *NE* VII, 3 : Varieties of *akrasia* », *Nicomachean Ethics. Book* VII, p. 53-57, et M. Zingano, « *Akrasia* and the Methods of Ethics », *in* C. Bobonich & P. Destrée (eds.), *Akrasia in Greek Philosophy : from Socrates to Plotinus*, Leiden, Brill, 2007, p. 178-179.

3. Cf. *EN* VII 6, 1148b20-30.

4. Cf. *EN* III 6, 1113a23-30 ; *EE* II 10, 1227a20-30.

5. Les animaux sont exempts d'incontinence, faute de disposer du choix et du raisonnement (1149b27-35) et de la prémisse universelle (1147b4-5).

désir du bon principe, action volontaire (c'est-à-dire ni contrainte ni faite par ignorance, 1152a16-17), voire délibération préalable dans le cas des acratiques par faiblesse (1151a3). Et pourtant l'action « échoue » puisque l'agent acratique agit mal, à l'encontre de son propre choix (1151a7).

Aristote propose différents modèles pour rendre compte de l'impuissance à bien agir malgré la possession du bon principe. Ces modèles successifs proposés en VII 5 sont autant de tentatives pour essayer de « sauver les apparences » contre la négation socratique de l'*akrasia*[1].

> En effet, il serait terrible, pensait Socrate, qu'une fois la science en nous [ἐπιστήμης ἐνούσης], quelque chose d'autre la domine et la malmène comme un esclave[2]. Socrate combattait ce discours en général en soutenant que l'incontinence n'existe pas [ὡς οὐκ οὔσης ἀκρασίας] car personne, selon lui, n'agit contre le meilleur en toute connaissance de cause, mais seulement par ignorance [δι' ἄγνοιαν]. Or un tel discours est manifestement en désaccord avec les choses telles qu'elles apparaissent, et il faut rechercher à propos de cette affection [περὶ τὸ πάθος], s'il est vrai que l'ignorance en est cause, de quelle sorte d'ignorance il s'agit. (*EN* VII 3,1145b23-29)

L'élucidation de l'*akrasia* est donc une nouvelle fois l'occasion d'une confrontation avec les déclarations socratiques. Comme précédemment en VI 13, le geste aristotélicien consiste à refuser fermement ce que la thèse comporte de paradoxal et d'extrême, sans pour autant en rejeter d'un bloc tous les présupposés. La citation par Aristote des thèses socratiques (1145b23-27) reflète fidèlement le *Protagoras*[3] où Socrate se met lui-même en scène dans un dialogue avec les allégations de la foule. Aux côtés de Protagoras enrôlé bon gré mal gré dans le camp des défenseurs de la science, il entend dissiper l'illusion de l'*akrasia* qu'il s'attache à réduire à ce qu'elle est, à savoir un cas classique d'ignorance[4], procédant comme il l'avait fait face à Ménon lui soutenant qu'on peut désirer le mal (77b-78b)[5]. Négation de l'*akrasia* et paradoxe du « nul n'est méchant volontairement » sont en effet solidaires, formant les deux volets inséparables de la conviction socratique selon laquelle la vertu est science. Or Aristote partage bien avec Socrate l'idée qu'il y a bien une certaine forme de savoir invulnérable à

1. Certains interprètes voient dans ces modèles différents types d'incontinents. Voir D. Charles, « *NE* VII, 3 : Varieties of *akrasia* », p. 41-42.

2. Cf. *Protagoras* 352c1-2.

3. Voir T. Irwin, « Aristotle Reads the *Protagoras* », *in* T. Hoffman (ed.), *Weakness of the Will from Plato to the Present*, Washington, Catholic University of America Press, 2008, § 5, p. 34.

4. Cf. *Protagoras* 357d1-3, e1. Pour une analyse de l'argument, voir D. Devereux, « Socratic Ethics and Moral Psychology », *in* G. Fine (ed.), *The Oxford Handbook of Plato*, Oxford, O. U. P., 2008, p. 144-150.

5. La méthode employée, typique des réfutations socratiques, est la même : retraduction des concepts (voir *Ménon* 77d-e, *Protagoras* 353c-355a) et, après substitution des formules admises comme équivalentes, réduction de la thèse de départ pour en montrer l'incompatibilité avec d'autres croyances plus fondamentales que l'interlocuteur (Ménon/la foule) n'est pas prêt à abandonner (personne ne désire son propre malheur/le plaisir est bon).

l'expérience de l'*akrasia* – qu'elle se nomme *phronèsis* dans le vocabulaire aristotélicien ou science dans celui du *Protagoras*[1]. Il s'accorde d'autre part avec lui sur la description du phénomène aujourd'hui couramment nommé « faiblesse de la volonté » en termes d'affection (*pathos*[2]) perturbant le cours de l'action. À l'intérieur de ce cadre commun, il reste à trouver un mode de savoir sous lequel la science est bien présente mais sans être efficace, sous peine de faire de l'incontinence, réduite à une simple ignorance, un phénomène purement involontaire[3].

Pour désamorcer l'objection socratique sans nier la présence du savoir, Aristote commence par attirer l'attention sur les différentes modalités de ce dernier. Savoir se dit en deux sens, et cela sous deux rapports : on peut savoir en puissance ou en acte (1146b32-36), on peut savoir l'universel ou le particulier (1147a1-9). La majeure, de forme universelle, comporte une dimension prescriptive[4] : elle indique ce que Kant appellerait une maxime, c'est-à-dire une règle d'action, qu'elle soit dictée par l'appétit ou par le souhait rationnel[5]. Si elle est qualifiée de « prémisse du bien » dans le traité *Du Mouvement des Animaux* 7, 701a25, ce bien peut être réel aussi bien qu'apparent, puisque l'un comme l'autre n'en sont pas moins l'expression du caractère désirable de la fin[6]. Or si l'incontinent possède la majeure qui est conforme à la raison (et non celle qui exprime la voix de l'appétit), autrement dit le bon principe, et si la conclusion de son raisonnement est une action ou est immédiatement suivie d'action, la raison ou le moment de la déviation doit se trouver entre ces deux étapes du raisonnement

1. Comme à l'accoutumée, les différents termes de la « famille » platonicienne du savoir, *epistèmè* le plus souvent mais aussi *phronèsis*, sont utilisés de manière interchangeable dans la discussion de 352b-358d.

2. Cf. *Protagoras* 352e6, 353a5, 357c7 ; *EN* VII 2, 1145b13 ; 3, 1145b30 ; 5, 1147a15, b8, b11, b16-17 ; VII 8, 1150b21, b24 ; 9, 1151a20, a22, a27 ; 10, 1151b9.

3. La marge de manœuvre dont dispose Aristote est particulièrement étroite, comme le soulignent M. Pickavé et J. Whiting dans « *Nicomachean Ethics* 7.3 on Akratic Ignorance », *Oxford Studies in Ancient Philosophy*, XXXIV, 2008, p. 327 : l'ignorance en cause dans l'*akrasia* ne saurait être une ignorance de l'universel, qui ferait de l'agent un vicieux, sans revenir non plus à une ignorance pure et simple du particulier, qui rendrait l'action involontaire. Sur le problème que pose la compatibilité de cette analyse « socratique » de l'*akrasia* – comme une défaillance de la connaissance – avec la description alternative « classique » qui en fait un conflit entre deux désirs ou impulsions contraires (cf. *DA* III 9, 11 ; *EN* I 13, *EE* II 8), voir J. Moss, « *Akrasia* and Perceptual Illusion », *Archiv für Geschichte der Philosophie*, 91(2), 2009, p. 119-156.

4. En témoigne l'utilisation de l'adjectif verbal ποτέον μοι en *DMA* 7, 701a32 et du verbe δεῖ en *EN* VII 5, 1147a29. Sur le caractère non normatif de la prescription contenue dans la majeure, voir J.-B. Gourinat, « Syllogisme pratique et logique déontique », *Aristote et le mouvement des animaux*, p. 40-41.

5. Pour l'appétit, voir 1147a29 (« il faut goûter à tout ce qui est sucré »), pour le désir rationnel, voir 1149a32 (« interdisant d'y goûter »), 1149a43 (« elle ordonne de fuir cela »). Sur le sens impératif de λέγει (1147a34), voir B. Inwood, *Ethics and Human Action in Early Stoicism*, Oxford, Clarendon Press, 1985, p. 16, 260.

6. Voir *supra* p. 40.

pratique, autrement dit quelque part autour de la mineure. Cette prémisse concerne les particuliers, dont relèvent justement les *prakta* (cf. *EN* VII 5, 1146b35-1147a4).

En effet, la prémisse universelle est une opinion [ἡ μὲν γὰρ καθόλου δόξα], l'autre porte sur les particuliers [ἡ δ' ἑτέρα περὶ τῶν καθ' ἕκαστά ἐστιν], qui sont d'emblée sous la dépendance de la sensation [ὧν αἴσθησις ἤδη κυρία] ; et lorsqu'une seule opinion provient des deux, nécessairement, dans un cas, l'âme affirme ce qui est conclu, et dans les cas qui sont susceptibles de produire une action, on agit aussitôt [πράττειν εὐθύς] : par exemple s'il faut goûter à tout ce qui est sucré, et que ceci est sucré, à savoir l'un des particuliers, nécessairement celui qui le peut sans que rien ne l'en empêche le fait aussi dans le même temps. (*EN* VII 5, 1147a25-31)

Il semblerait donc que la défaillance du savoir de l'*akratès* vienne de ce que le particulier n'est pas véritablement reconnu comme une instance de la règle à suivre, par exemple celle qui nous enjoint d'éviter de manger ce qui est sucré, qui restera donc lettre morte[1]. Qu'est-ce qui vient empêcher cette reconnaissance et par là l'actualisation de l'universel ?

On observe d'autres cas de figure dans lesquels la science est bien là en puissance, possédée par l'agent sans pour autant que son actualisation soit à la discrétion de celui-ci, comme c'est le cas chez l'individu ivre, en proie au délire ou endormi. Ces comparaisons, destinées à éclairer le phénomène de l'incontinence, sont doublement motivées. Il s'agit d'une part de trois états d'altération épisodique de la conscience, à l'instar de ce qui se passe pour l'agent acratique qui regrette après coup son acte et dont la « crise » est comparée par Aristote à l'épilepsie. Ces états sont d'autre part physiologiquement explicables, de même que l'*akrasia* est susceptible d'une explication *phusikôs*, les lignes suivantes montrant comment l'affection vient perturber le jugement. Le sommeil et l'ivresse ont en commun d'être des affections (*pathè*) de la partie sensible. Les traités de philosophie naturelle décrivent en effet le sommeil comme un envahissement du principe faisant l'unité de la faculté sensible, qui aboutit à l'impossibilité pour la sensation d'être en acte[2]. Aristote précise même que le sommeil n'est pas simplement repos ou non-usage des sens, ni impuissance de sentir en général mais plus exactement impossibilité d'exercer sa sensibilité (455b8), et le compare, comme l'incontinence, à l'épilepsie (457a8-9). Dans ces trois états passagers et physiologiquement explicables, le savoir de l'agent est momentanément hors d'usage[3], y

1. Voir P. Destrée, « Aristotle on the Causes of *Akrasia* », *Akrasia in Greek Philosophy*, p. 156-158.

2. Cf. *Du Sommeil et de la Veille* 454b10-14 : « En effet, le sommeil est une certaine affection [πάθος τι τοῦ αἰσθητικοῦ μορίου] de la partie sensitive, comme une sorte de lien et une immobilité, de sorte que tout être qui dort a nécessairement la partie sensitive ; est sensitif ce qui est capable de sentir en acte, et être en activité au moyen de la sensation [ἐνεργεῖν δὲ τῇ αἰσθήσει] au sens strict et absolu est impossible pendant qu'on dort », et 458a28-29.

3. L'altération concerne la partie sensible de l'âme et non la disposition intellectuelle proprement dite qui n'est pas entamée par cette altération momentanée. Cf. *Physique* VII 3, 247b14-16 : « Comme lorsque, depuis un état d'ivresse, de sommeil ou de maladie, quelqu'un est

compris lorsqu'il pourrait avoir les apparences d'un savoir actuel. Même lorsque l'homme ivre récite des vers d'Empédocle, le savoir n'est jamais qu'en puissance, il n'est pas consciemment présent à l'esprit de l'agent qui serait bien incapable d'en expliquer le sens, à l'image de ces somnambules qui sont parfois capables de répondre aux questions qu'on leur pose dans leur sommeil. Le « réveil », au sens propre comme figuré, c'est-à-dire le moment où le sujet retrouve ses esprits, s'explique identiquement par la dissipation de l'affection (1147b6-9).

Ce qui vient faire obstacle à l'actualisation du savoir est lié à la sensation puisque c'est au niveau de la prémisse mineure, portant sur le particulier sensible, qu'a lieu le détournement de l'action.

> Lorsque donc est présente la prémisse universelle [ἡ μὲν καθόλου] qui défend de goûter, et celle qui dit que tout ce qui est sucré est agréable et que ce que voici [τουτὶ] est sucré – cette dernière est en acte [αὕτη δὲ ἐνεργεῖ] – et que l'appétit [ἐπιθυμία] se trouve être présent, la première a beau dire qu'il faut fuir, c'est l'appétit qui mène. En effet, il est capable de mettre en mouvement chaque partie de notre être. (*EN* VII 5, 1147a31-35)

La perception, soutenue par le désir, provoque l'engourdissement de l'opinion universelle et l'impuissance à remonter jusqu'à la bonne prémisse, en lui en substituant une autre, fondée sur notre expérience de l'agréable. Nous voilà momentanément éblouis par l'éclat du plaisir que nous procure la perception, phénomène que Socrate décrit à travers l'image de l'illusion d'optique en invoquant le pouvoir de l'apparence[1]. Aristote souligne en effet un peu plus loin la spontanéité de cette remontée de la sensation (indiquant un plaisir) au désir, court-circuitant la mobilisation du bon principe.

> Quant à l'appétit [ἐπιθυμία], il suffit que la raison ou la sensation [ὁ λόγος ἢ ἡ αἴσθησις] nous dise que c'est agréable [ἡδὺ] pour qu'il s'élance vers la jouissance. (*EN* VII 7, 1149a34-b1)[2]

La sensation, induisant une représentation de l'agréable[3], trouve le soutien du désir qui est à l'origine de l'effacement momentané du bon principe. C'est donc le désir qui est en contradiction réelle avec la prémisse dictée par la raison, lui qui nous souffle qu'il faut goûter (cf. *EN* VII 5, 1147b1-4). Voilà qui vérifie le bien-

passé à l'état contraire, nous ne disons pas qu'il est redevenu savant (quoiqu'il ait été incapable de faire usage de sa science dans l'état précédent) ... » et VII 3, 248a4-9. M. Pickavé et J. Whiting (« *NE* 7.3 on Akratic Ignorance », p. 343-358) soulignent à juste titre l'importance des trois modèles (ivresse, sommeil et folie) pour illustrer l'obstacle à l'actualisation du savoir.

1. Cf. *Protagoras* 356c-e, ἡ τοῦ φαινομένου δύναμις 356d4. Sur le rapport entre plaisir et illusion chez Platon, voir J. Moss, « Pleasure and Illusion in Plato », *Philosophy and Phenomenological Research*, 72(3), 2006, p. 503-535.

2. Le verbe ὁρμᾶν utilisé en 1149b1 indique un « désir activé » (voir B. Inwood, *Ethics and Human Action in Early Stoicism*, p. 11, renvoyant à *DMA* 701a34). Le *logos* en question semble correspondre à la maxime (celle qui nous dit que tout ce qui est sucré est agréable) substituée à la droite règle.

3. La *phantasia* joue un rôle dans cette association entre la perception et la représentation de l'agréable. Voir T. K. Johansen, *The Powers of Aristotle's Soul*, p. 211-214.

fondé des affirmations de VI 5 suivant lesquelles ce n'est pas tout jugement que viennent fausser plaisir et douleur, mais seulement ceux qui portent sur l'objet de l'action. C'est seulement sous cette description précise du phénomène acratique que l'on peut sauver quelque chose du refus socratique :

> Et puisque le terme dernier ne semble pas universel [μὴ καθόλου] ni relever de la science de la même façon que l'universel, on dirait qu'il se passe ce que Socrate cherchait : ce n'est pas en présence de ce qui semble être science au sens strict [τῆς κυρίως ἐπιστήμης] que se produit l'affection, et ce n'est pas non plus cette science-là qui est malmenée à cause de l'affection [διὰ τὸ πάθος], cela se produit en présence de la connaissance sensitive [ἀλλὰ τῆς αἰσθητικῆς][1]. (*EN* VII 5, 1147b13-17)

La description de l'*akrasia* nous en dit un peu plus sur cette délicate articulation entre particulier et universel à l'œuvre dans l'action. Dans l'incontinence, une telle articulation fait défaut au moment même d'agir, puisque l'universel qui nous apparaît sous le coup du désir est celui du principe de plaisir, en lieu et place de celui que nous dicte le principe de raison. L'*akrasia* et la *phronèsis* sont incompatibles car le prudent n'est pas sujet à cette intervention perturbatrice du désir qui fait dévier l'action de son cours et à laquelle l'*enkratès* doit encore résister[2]. S'il est apte à agir (*praktikos*), au contraire de l'incontinent (*akratès*), c'est d'abord grâce à la fermeté de ses principes éthiques.

> Il n'est pas possible que le même homme soit en même temps prudent et incontinent [φρόνιμον καὶ ἀκρατῆ] car on a montré que le prudent a en même temps un caractère vertueux. De plus, ce n'est pas seulement par son savoir qu'il est prudent mais aussi par sa capacité à agir [ἀλλὰ καὶ τῷ πρακτικός] : l'incontinent, lui, n'a pas cette capacité à agir [ὁ δ' ἀκρατὴς οὐ πρακτικός]. Quant à l'habile [τὸν δὲ δεινὸν], rien n'empêche qu'il soit incontinent : c'est pourquoi on pense parfois que certains sont prudents tout en étant incontinents, parce que la *phronèsis* se distingue de l'habileté de la façon dont on l'a expliqué dans nos premières discussions, et si elle en est proche pour ce qui est du raisonnement [κατὰ μὲν τὸν λόγον], elle s'en distingue au niveau du choix [κατὰ τὴν προαίρεσιν]. L'incontinent ne ressemble donc pas non plus à celui qui sait et exerce son savoir [ὁ εἰδὼς καὶ θεωρῶν[3]], mais à celui qui est pris par le sommeil ou le vin. (*EN* VII 11, 1152a6-15)

L'habile, au contraire du prudent, peut être sujet à l'*akrasia*, en raison de la faiblesse du principe qui le dirige. L'incontinent, au contraire du prudent, n'est pas

1. Cette mention, un peu déconcertante, de la connaissance sensitive est éclairée par les lignes précédentes qui parlent de la δόξα τε αἰσθητοῦ (1147b9-10), dernière prémisse qui est décisive pour l'action (voir aussi *Physique* VII 3, 247a10-11) et qui, dans le cas de l'*akrasia*, n'est pas articulée à l'universel de la raison mais à celui qui est donné par le désir.

2. Cf. *EN* VII 10, 1151b34-1152a3 : « Celui qui est maître de lui [ὅ τε γὰρ ἐγκρατὴς], en effet, n'est pas du genre à faire quoi que ce soit qui aille contre la raison [παρὰ τὸν λόγον] à cause des plaisirs du corps, comme le tempérant [ὁ σώφρων], mais le premier a de mauvais désirs [φαύλας ἐπιθυμίας], tandis que le second n'en a pas, et l'un est tel qu'il n'éprouve point de plaisir qui aille contre la raison, tandis que l'autre est susceptible d'éprouver ce plaisir mais capable de ne pas y céder. »

3. Le verbe θεωρεῖν désigne ici l'actualisation du savoir (cf. *DA* II 5, 417a21 *sq.* cité *supra* p. 100). Par ailleurs c'est ce même verbe qu'Aristote emploie dans sa description de la *phronèsis* (cf. *EN* VI 5, 1140b9-10 ; 7, 1141a25).

praktikos parce qu'incapable d'exécuter ce qu'il a décidé : son action, qui sera ensuite objet de regret et de remords[1], n'est nullement une action pleine et entière, choisie pour elle-même. Le prudent est donc seul apte à agir parce que sa saisie du *prakton* – ce particulier à mi-chemin entre le percept et le concept – remonte infailliblement au bon principe, et ce grâce à la constance de son désir. Présent d'un bout à l'autre de son action, il met en œuvre ce qu'il a décidé sans s'en laisser détourner. Il n'est donc pas possible d'être prudent sans être vertueux car sans la vertu la connaissance du principe est sujette à faillir sous les assauts de l'appétit. Il n'est pas davantage possible d'être vertueux sans être prudent car la vertu, pour être effective, exige de saisir ce *prakton* qui est la matière de l'agir, c'est-à-dire de reconnaître l'universel du principe dans l'objet nécessairement particulier de l'action – reconnaissance qui est au fondement de l'action réussie.

Faute d'avoir suffisamment prêté attention à cette articulation entre savoir de l'universel qu'est le principe et saisie du singulier qu'est le *prakton*, entre raison et désir, entre sensation et action, c'est-à-dire faute d'avoir reconnu à la pensée pratique son originalité, Socrate a eu le tort de nier l'incontinence même s'il avait raison de conserver à la connaissance sa puissance qu'incarne, par excellence, le prudent. Pour avoir trop vite réduit la double composante de l'action (intellectuelle et désirante) à une seule, il a été conduit à identifier vertu et *phronèsis* comme à nier qu'on puisse agir en dépit du savoir. Des deux discussions dialectiques de VI 13 et VII 5 où Aristote se confronte aux positions socratiques, il ressort que le savoir pratique emprunte la double médiation du singulier et du désir – deux dimensions constitutives du *prakton* qui le distinguent de l'objet de la science comme de celui de l'opinion. C'est à cette médiation finalement manquée dans le *Ménon* comme dans le *Protagoras* que l'élaboration aristotélicienne du concept de *phronèsis* entend rendre justice.

Cette capacité à délibérer sur ce qui est utile au bien vivre, selon la définition liminaire de VI 5, répond à l'exigence de conférer à sa vie l'unité d'un sens, d'une visée comme y invite l'*Éthique à Eudème* (I 2, 1214b7-8) en des termes qui font écho à *République* VII (519b-c). Le Socrate de la *République* y fustigeait ceux qui, dépourvus d'une telle orientation, ne sauraient être en mesure de se gouverner eux-mêmes, encore moins la cité, articulant ainsi usages privé et public de la sagesse. Une telle articulation ne fait pas défaut à la version aristotélicienne de la *phronèsis* puisque le bien vivre qu'elle vise et contribue à réaliser dépasse le cercle étroit de l'individu pour rejoindre la sphère plus vaste de la vie politique.

1. Cf. *EN* VII 9, 1150b29-31 cité *supra* p. 145. Rappelons que le remords est l'un des signes d'une action involontaire faite par ignorance (*EN* III 2, 1110a18-25). Même si l'action incontinente ne peut être dite involontaire, le remords est l'état affectif qui indique la possession du bon principe en dépit de son éclipse momentanée.

CHAPITRE VI

DU SAVOIR PRATIQUE À LA COMPÉTENCE POLITIQUE

Si la *phronèsis* aristotélicienne est bien apte à surmonter les apories du *Ménon*, elle devrait donc répondre aux attentes exprimées par Socrate qui pouvait tout au plus espérer la venue d'un homme politique authentique dont la présence réelle viendrait dissiper les ombres de ces prétendus politiques inspirés. De fait, la conception aristotélicienne semble en mesure de satisfaire un tel espoir. La visée du vrai *phronimos*, contrairement à la vision trop étroite qu'en a l'opinion, ne se restreint pas à la sphère de son bonheur personnel, elle entend réaliser le bien de la cité qu'il a à charge (cf. *EN* VI 8-9, 1141b30-1142a10). Aussi la *phronèsis* se voit-elle effectivement créditée d'une dimension éminemment politique.

> La politique et la *phronèsis* [ἡ πολιτικὴ καὶ ἡ φρόνησις] sont bien la même disposition, leur essence n'étant toutefois pas la même[1]. Pour la *phronèsis* qui concerne la cité, celle qui a un rôle directeur est législative, celle qui a affaire aux choses particulières [ὡς τὰ καθ' ἕκαστα] possède le nom générique de politique : cette dernière est tournée vers l'action et la délibération [πρακτικὴ καὶ βουλευτική]. (*EN* VI 8, 1141b23-27)

Si la *phronèsis* a un rôle politique à jouer, sa redéfinition n'impliquerait donc pas seulement un changement de paradigme de l'excellence morale. Tant le mode de constitution de cette vertu, composé d'éducation éthique et d'expérience, que son objet propre, à savoir les *prakta*, sont à l'origine d'une conception différente du savoir pratique qui rejaillit sur la théorie politique dans son ensemble. Il faut donc s'interroger sur la place qu'occupe dans les traités politiques d'Aristote cette vertu ainsi redéfinie, et par là sur le rapport qu'Aristote entretient avec la politique platonicienne. En effet, si le *Ménon* s'achève sur un appel au savoir politique authentique, d'autres dialogues de Platon se chargent d'y répondre. La *République*, le *Politique* et les *Lois* nous éclairent sur ce que serait une politique fondée sur une vertu véritable. Le philosophe roi ou ses substituts (homme royal, Conseil nocturne[2]) offrent ainsi une nouvelle carrière politique à la *phronèsis*. Dès lors, la redéfinition de cette vertu rejaillit-elle sur la discussion critique qu'Aristote entretient avec les théories politiques platoniciennes ?

1. Sur la quasi-identité des dispositions, voir la formule similaire d'*EN* V 1, 1130a10-13 à propos du rapport entre justice et vertu totale.

2. Les interprètes sont divisés sur la question du maintien ou de l'abandon de cette exigence dans les œuvres politiques de Platon autres que la *République*. En faveur de l'abandon, voir M. Schofield, « The Disappearing Philosopher-King », *Saving the City. Philosopher-Kings and Other Classical Paradigms*, p. 31-50.

Une telle attente, certes légitime, pourrait toutefois s'exposer à une certaine déception, au moins de prime abord. En effet, si confrontation il y a, elle ne saurait être qu'indirecte, et cela en raison d'un constat troublant, celui de la place relativement mineure de la *phronèsis* dans les traités politiques aristotéliciens. À considérer le petit nombre des occurrences du terme[1], elle semble y occuper une position beaucoup moins centrale que dans les *Éthiques*, ce qui ne laisse pas d'étonner au vu du rôle politique qui lui est attribué en *EN* VI 8. Cette relative absence pourrait s'expliquer par une volonté de se démarquer du rôle prédominant que la philosophie platonicienne accorde à la science du gouvernant[2]. Cependant, pour être réduite, la place de la *phronèsis* n'est cependant pas moins stratégique car elle intervient au chapitre III 4 pour résoudre une aporie capitale au sujet de la vertu politique.

1. On en a relevé quinze (I 2, 1253a34 ; III 4 1277a15, a16 ; 1277b25, b28 ; III 11, 1281b5 ; IV 1, 1289a12 ; VII 1, 1323a29, b22 ; 1323b33, b34, b37 ; VII 9, 1329a9, a15 ; VIII 5, 1339a36).

2. Plus positivement, la remarque de P. Aubenque selon laquelle « il y a bien une science politique, mais il n'y a pas une science de l'action politique » pourrait aussi rendre raison de ce silence concernant la figure de l'homme politique (« Théorie et pratique politiques chez Aristote », *La Politique d'Aristote. Sept exposés et discussions, Vandoeuvres Genève, 31 août-5 septembre 1964*, Genève, Fondation Hardt pour l'Antiquité classique, 1965, p. 114). Cette science politique pourrait correspondre au programme énoncé à la fin du livre X de l'*Éthique à Nicomaque*, à savoir l'étude des différentes constitutions, relevant de la *theôria*.

LA *PHRONÈSIS* AU CŒUR D'UNE APORIE POLITIQUE

Les termes de l'aporie de *Politique* III 4 sont les suivants : est-il possible de définir une vertu spécifiquement politique ou bien celle-ci se résume-t-elle à la vertu de l'homme de bien ? Au vu de la pluralité des constitutions, il semble en effet qu'on ne puisse se contenter d'identifier vertu de l'homme de bien et vertu du citoyen.

> Aussi est-il nécessaire que la vertu du citoyen soit relative à la constitution [τὴν ἀρετὴν ἀναγκαῖον εἶναι τοῦ πολίτου πρὸς τὴν πολιτείαν]. Si donc les formes de constitution sont plurielles, il est évident que la vertu du bon citoyen ne saurait avoir une unique forme, celle de la vertu accomplie [τὴν τελείαν] ; or l'homme bon [τὸν δ' ἀγαθὸν ἄνδρα], nous le disons selon une seule vertu [κατὰ μίαν ἀρετὴν] qui est la vertu accomplie. (*Pol.* III 4, 1276b30-34)

La difficulté dérive bien de la diversité des constitutions – et de son corollaire, la pluralité des citoyennetés – mais a-t-elle cette diversité pour seule cause ? On pourrait – ou un Platonicien pourrait – répondre en effet que cette non-identité ne vaut que parce qu'on est dans des régimes défectueux, et que dans la cité juste, le citoyen est vertueux. Ne pourrait-on pas, en effet, attendre de la constitution excellente que ses citoyens soient vertueux ? Exigence d'autant plus légitime qu'elle est formulée par Aristote lui-même à propos de l'aristocratie au sens propre[1]. Aussi faut-il reprendre le problème du point de vue de la constitution excellente, qui nous mène au cœur de l'aporie (1276b36-37). En effet, le problème de la vertu du citoyen n'est pas simplement dû à cette première intuition aristotélicienne de la pluralité des constitutions, il résulte encore plus fondamentalement d'une deuxième intuition, celle de la pluralité interne à toute cité. Aristote ne cesse de répéter, contre les constructions platoniciennes, que la communauté politique est unité d'une multiplicité, réunion de dissemblables[2]. La vertu politique est donc doublement diverse. En plus d'être relative au type de constitution, elle est tributaire de la fonction exercée par chaque citoyen au sein de la communauté politique. Cela vaut même lorsqu'on se place dans le cadre de la meilleure constitution, où l'identité entre excellence humaine et excellence citoyenne semblerait pourtant avoir le plus de chance d'être atteinte. La cité étant faite d'éléments dissemblables, il semblerait déraisonnable d'attendre que tous ses éléments aient la perfection du vertueux (1277a5-12). Ces deux prémisses – diversité externe des constitutions, diversité interne à la cité – semblent inévitablement nous conduire à conclure à la non-coïncidence des deux sortes de vertus.

1. Cf. *Pol.* IV 7, 1293b6-8 et VII 13, 1332a32-34. Voir W. L. Newman, *The Politics of Aristotle, with an Introduction, two Prefatory Essays and Notes critical and explanatory*, Oxford, Clarendon Press, 1887-1902, vol. III, p. 158.

2. Cf. *Pol.* II 2, 1261a18 ; II 5, 1263b35.

Si leur conjugaison aboutit à dissocier la vertu de l'homme de bien et celle du citoyen jusque dans la constitution excellente, cette dissociation est néanmoins inquiétante. En effet, si les excellences respectives du citoyen et de l'homme de bien, y compris dans le cadre de la cité la meilleure, ne se rejoignent jamais qu'accidentellement, quelle chance avons-nous d'avoir un jour des hommes de bien, de voir réalisée cette vertu achevée, qui fait le bonheur de l'être humain ? Faut-il s'en remettre au hasard d'une coïncidence heureuse quand le rôle de la communauté politique est précisément de permettre à l'homme d'accomplir sa nature propre en réalisant ses vertus, et se contenter d'une définition purement fonctionnelle de la vertu politique (selon laquelle est un bon citoyen qui remplit bien sa fonction de citoyen), sans se préoccuper de sa base éthique ? Il y a heureusement au moins un cas où la coïncidence entre les deux vertus est non seulement possible mais nécessaire, en la personne du gouvernant.

> Nous affirmons que le gouvernant vertueux [τὸν ἄρχοντα τὸν σπουδαῖον] est bon et prudent [ἀγαθὸν εἶναι καὶ φρόνιμον], alors qu'il n'est pas nécessaire que le citoyen soit prudent [τὸν δὲ πολίτην οὐκ ἀναγκαῖον εἶναι φρόνιμον[1]]. (*Pol.* III 4, 1277a14-16)

Dans ce cas de figure, on a identité entre vertu du citoyen et vertu parfaite, dont la possession de la *phronèsis* est la qualité distinctive. Cette vertu n'achèverait donc pas seulement l'excellence morale de l'homme, mais aussi son excellence politique.

> La *phronèsis* est la seule vertu propre au gouvernant. En effet, il semble que les autres doivent nécessairement être communes aux gouvernés et aux gouvernants et que la vertu du gouverné ne soit pas la *phronèsis* mais l'opinion vraie [δόξα ἀληθής] car le gouverné est comme le fabricant de flûtes et le gouvernant comme le flûtiste qui s'en sert. (*Pol.* III 4, 1277b25-30)

La phronèsis vertu du gouvernant

Si le décrochage entre vertu du citoyen et vertu de l'homme de bien n'était pas sans faire difficulté, la thèse aristotélicienne qui maintient dans un cas au moins leur solidarité ne va pas de soi, en rejoignant un schéma platonicien dans lequel le partage entre gouvernant et gouverné et la prééminence des gouvernants sont fondés en nature. Peut-on poser que seul le gouvernant combine excellence éthique et politique sans contredire une autre prémisse politique non moins fondamentale que les précédentes, celle de l'égale capacité des citoyens à participer au pouvoir, acquise en III 1 ? Cette lecture forte de l'aporie peut être qualifiée de platonicienne, car tout se passe comme si Aristote rejoignait ici Platon sur la nécessité d'une supériorité éthique et intellectuelle du gouvernant. L'allusion à la méthode diaporématique en 1276b36 ne signifie pas nécessairement qu'on ait affaire à une difficulté simplement dialectique, elle peut au contraire nous confirmer sur la voie d'une interprétation forte. S'il s'agit là d'une aporie en bonne et due forme, dont la résolution doit mener à l'euporie selon le schéma de *Métaphysique* B 1, c'est le

1. En suivant la correction adoptée par Ross, plutôt que le τὸν δὲ πολιτικὸν des manuscrits.

signe qu'il y a là un problème issu des prémisses potentiellement contradictoires qu'il est urgent de résoudre[1].

Une prémisse platonicienne ?

La nécessité d'une aptitude spécifique au gouvernant apparaît d'autant plus controversée qu'elle semble directement héritée de Platon[2] qui a fait de la sagesse l'apanage des philosophes gouvernants dans la *République*. Les autres vertus que sont la tempérance et le courage, elles, appartiennent en même temps aux autres classes sous la forme d'une opinion vraie conforme au jugement de la loi (cf. *Rép.* IV, 429a-432b). La comparaison avec la relation entre artisan et usager esquissée par les lignes finales de notre chapitre III 4 (1277b29-30) accentue encore cette tonalité platonicienne, en faisant écho au passage de *République* X (601e7-602a1) proclamant la subordination du fabricant à celui qui a le savoir de l'usage. Cette soumission de l'art de fabrication à l'art d'usage est récurrente dans les textes platoniciens : outre ce passage, elle figure à la fin de l'*Euthydème* où Socrate, cherchant à définir cet art royal qui ne fait qu'un avec la politique, fait précisément la distinction entre l'art de fabriquer des flûtes et l'art de s'en servir (289c).

Le privilège qu'Aristote a bien l'air de reconnaître au gouvernant dans notre chapitre III 4 ne s'accorde pas moins avec la vision platonicienne déployée dans le *Politique*[3]. La possession de cette science, qui fera la différence entre le roi *phronimos* et ses concurrents, demeure la pierre de touche permettant de séparer les vrais politiques et les constitutions authentiques de ce qui n'en est que l'imitation plus ou moins défectueuse (292c-d), l'emportant même sur le critère de la légalité[4]. La description de la tâche de l'art politique au sein de la cité confirme le rôle prééminent du gouvernant doué de *phronèsis*. C'est à lui qu'il revient de concilier les éléments contraires composant la cité qui, laissés à eux-mêmes, entreraient mutuellement en conflit. Ce travail d'harmonisation qu'exprime la métaphore du tissage est réalisé par le biais du « lien divin » qu'est « l'opinion

1. Sur la structure et la fonction des apories aristotéliciennes, voir P. Aubenque, « Sur la notion aristotélicienne d'aporie », *Aristote et les problèmes de méthode*, p. 3-19, M. Crubellier & A. Laks, « Introduction », *in* M. Crubellier & A. Laks (eds.), *Aristotle's Metaphysics Beta. Symposium Aristotelicum*, Oxford, Oxford University Press, 2009, p. 1-23, et A. Laks, « Aporia Zero *Metaphysics* Beta 1 », *ibid.* p. 24-46, montrant que la construction de l'aporie va de pair avec celle des moyens de sa résolution.

2. Voir D. Frede, « Citizenship in Aristotle's *Politics* », *in* R. Kraut & S. Skultety (eds.), *Aristotle's Politics : Critical Essays*, Lanham (Md.), Rowman & Littlefield, 2005, p. 175.

3. Pour une interprétation opposée, voir M. Lane, « A New Angle on Utopia : the Political Theory of the *Statesman* », *in* C. Rowe (ed.), *Reading the Statesman. Proceedings of the Third Symposium Platonicum*, Sankt Augustin, Academia Verlag, 1995, p. 283.

4. Selon le *Politique* (294a), « le mieux n'est pas que la force revienne aux lois mais à l'homme royal doué de *phronèsis* [ἄνδρα τὸν μετὰ φρονήσεως βασιλικόν]. »

réellement vraie, accompagnée de fermeté, portant sur le beau, le juste, le bien et leurs contraires» (309c), que l'homme politique a la charge d'inculquer aux membres de la cité convenablement éduqués (309d).

L'opinion vraie continue donc d'être le lot des gouvernés tandis que la tâche du bon gouvernant est justement de formuler et d'inculquer cette dernière au corps des citoyens par le biais de l'éducation et de la législation[1]. En dépit des inflexions repérables à l'intérieur de la pensée politique de Platon[2], la position platonicienne fait preuve d'une remarquable continuité sur la question de la qualité proprement distinctive du gouvernant. Les *Lois* pourraient sembler le plus près de faire exception à cette distinction nette entre gouvernant et gouverné, notamment au vu de la définition de l'éducation visant à faire un citoyen accompli, c'est-à-dire qui sache « gouverner et être gouverné avec justice » (II, 643e). Elles n'en finiront pas moins par reconduire au livre XII ce même partage entre les vertus du corps des citoyens et les aptitudes de l'élite dirigeante[3]. Les vertus des citoyens consistent dans la possession de la règle vraie donnée par la loi, raison distribuée en chacun des citoyens[4], que l'éducation a pour tâche d'inculquer. Au Conseil nocturne dont la mission ressemble de près à celle des philosophes rois de la *République* reviennent les vertus achevées parmi lesquelles figure l'intelligence (νοῦς), « principe directeur que doit avoir en vue tout le reste, à commencer par les trois autres vertus » (XII, 963a). Platon n'a donc guère varié sur la primauté politique que confère la *phronèsis* et sur le partage entre une vertu privilège du gouvernant et une opinion vraie commune à tous les citoyens, ce qu'Aristote, du moins à en croire les lignes de *Politique* III 4, ne semblerait point désavouer. Si cette interprétation « platonicienne »[5] de III 4 est fondée, on se trouve alors devant une difficulté non négligeable car les conséquences de ce partage semblent nous mener tout droit au platonisme politique.

1. Voir S. Delcomminette, *L'inventivité dialectique dans le Politique de Platon*, Bruxelles, Ousia, 2000, p. 320. Sur la vertu des simples citoyens, voir C. Bobonich, « The Virtues of Ordinary People in Plato's *Statesman* », *Reading the Statesman*, p. 313-329.

2. Sur les rapports entre les trois œuvres politiques de Platon, voir J.-F. Balaudé, « Le triptyque *République*, *Politique*, *Lois*: perspectives », dans J.-F. Balaudé (dir.), *D'une cité possible. Sur les Lois de Platon*, *Le temps philosophique*, 1, Paris, 1995, p. 29-56, A. Laks, « Trois modèles d'interprétation : complétion, révision, réalisation », *Médiation et coercition : pour une lecture des* Lois *de Platon*, Villeneuve d'Ascq, Presses Universitaires du Septentrion, 2005, p. 33-44, et M. Schofield, « The Disappearing Philosopher-King », p. 37-39.

3. Selon L. Mouze, dans les *Lois* comme auparavant dans la *République*, l'éducation est double, « l'une populaire, l'autre supérieure », *Le législateur et le poète. Une interprétation des Lois de Platon*, Villeneuve d'Ascq, Presses Universitaires du Septentrion, 2006, p. 130.

4. Cf. *Lois* IV, 714a; XII, 957c.

5. On ne saurait rendre compte de ce caractère platonicien en recourant à des considérations chronologiques trouvant ici les traces d'un platonisme de jeunesse promis à l'abandon. Outre les faiblesses inhérentes à ce type d'explication, il semble difficilement tenable dans le cas du livre III dans lequel le débat avec les positions platoniciennes est des plus évident, comme on le verra bientôt.

La vertu du gouvernant et ses conséquences

La *phronèsis* demeure une forme de savoir chez Aristote comme chez Platon. Le livre VI de l'*Éthique à Nicomaque* la range parmi les vertus intellectuelles et cette dimension n'est pas totalement absente des traités politiques, où l'une des rares occurrences du terme désigne le savoir requis de la part du politique apte à porter secours aux constitutions existantes[1]. La *phronèsis* étant loin d'être la chose du monde la mieux partagée, se pose alors la question de son acquisition et donc de la nécessité d'une éducation particulière. Faut-il envisager une éducation spécifique au gouvernant ? C'est la conséquence qu'en tirait logiquement Platon[2] et la question que pose non moins logiquement le chapitre III 4 de la *Politique*.

> Certains disent qu'il y a une éducation d'emblée différente pour le gouvernant, de la même manière que les fils de rois sont manifestement instruits dans l'art hippique et l'art militaire, et si Euripide déclare : « point de ces raffinements pour moi … mais ce dont la cité a besoin », c'est dans l'idée qu'il existe une certaine éducation pour le gouvernant. (*Pol.* III 4, 1277a16-18)

De plus, si le gouvernant est le seul à devoir être *phronimos*, c'est donc le seul qui sera parfaitement homme de bien, le seul à réaliser cette coïncidence des excellences dont on est à la recherche en III 4. Cela implique une hiérarchie entre vertu parfaite et cette autre forme de vertu que le Platon du *Phédon* appelait « démotique et politique » (82a-b), et qui prend en *Politique* III 4 la forme de l'opinion droite. Vertu du gouvernant et vertu du citoyen gouverné ne doivent-elles pas alors être distinguées ? C'est bien la conséquence qui est tirée dans les lignes suivantes :

> Si la même vertu appartient au bon gouvernant et à l'homme bon [ἡ αὐτὴ ἀρετὴ ἄρχοντός τε ἀγαθοῦ καὶ ἀνδρὸς ἀγαθοῦ] et que le gouverné est lui aussi un citoyen [πολίτης δ' ἐστὶ καὶ ὁ ἀρχόμενος], la vertu du citoyen et celle de l'homme bon ne seront pas les mêmes dans l'absolu, quoique cela puisse être le cas pour un citoyen déterminé ; en effet, la vertu du gouvernant n'est pas la même que celle du citoyen. (*Pol.* III 4, 1277a20-23)

Qui est en position de gouverner doit donc posséder la vertu nécessaire au gouvernement, de sorte qu'un parfait *phronimos* doit savoir d'abord et avant tout commander. Le gouvernement despotique ou domestique fournit la plus claire illustration d'un tel partage entre les capacités éthiques et intellectuelles du gouvernant et celles de ses subordonnés : la différence des aptitudes y fonde la stricte séparation des fonctions. Au risque de retomber alors dans le schéma

1. Cf. *Pol.* IV 1, 1289a10-13. Notons au passage que cette occurrence s'accorde avec la description du savoir pratique donnée dans l'*Éthique à Nicomaque*. Il s'agit d'appliquer les principes généraux de la science politique touchant les constitutions à la singularité du cas (déterminer la meilleure loi pour une constitution donnée), en faisant preuve de ce discernement auquel se reconnaît le prudent.

2. Si l'idée d'une éducation du gouvernant n'est pas le monopole de Platon (puisqu'on en trouve l'expression notamment chez Xénophon dans la *Cyropédie* et chez Euripide que cite ici Aristote), elle n'en constitue pas moins un trait remarquable de sa théorie politique par la place centrale qu'elle y occupe.

qu'Aristote reproche à Platon, c'est-à-dire de penser le pouvoir politique sur le modèle despotique[1], les développements diaporématiques de III 4 aboutissent pourtant à l'idée que le privilège conféré par la *phronèsis* s'accompagne d'une nette démarcation entre gouvernant et gouverné.

On est donc confronté à une tension entre deux thèses centrales de la théorie politique aristotélicienne à première vue difficilement conciliables : d'un côté l'affirmation maintenue sans ambiguïté que la *phronèsis* est la vertu propre des gouvernants, et de l'autre, l'idée que ces gouvernants ne sauraient constituer une classe à part puisque le citoyen n'est pas défini autrement que par sa capacité à participer aux magistratures et par sa capacité à être gouverné comme à gouverner[2]. Le pouvoir politique se distingue par là des pouvoirs despotique et domestique, fondés, quant à eux, sur une inégalité irréversible excluant par définition toute possibilité que le gouverné devienne un jour gouvernant. Or la cité, à la différence de la famille, est une communauté de semblables (cf. *Pol.* I 7, 1255b20). S'il existe bien sûr des différences entre les citoyens, celles-ci ne sont pas de nature à impliquer une subordination évidente et immuable, comme c'est le cas de la relation maître/esclave, mari/femme ou père/enfants[3].

Aristote s'oppose donc à la vision platonicienne calquant la relation politique sur la relation domestique (parentale, maritale ou magistrale) impliquant une différence de nature. En cela il ne fait qu'entériner une évolution déjà perceptible dans le *Politique* de Platon. L'Étranger reprochait précisément au modèle du pastorat divin dans la leçon du mythe du *Politique* de penser la relation gouvernant/gouverné sur le modèle de rapports fondés sur une irréductible différence de nature (dieu/homme, homme/bête) à travers le modèle du pastorat. S'en tenir à cette représentation du pouvoir politique, c'est choisir un modèle trop haut pour être adéquat à ce qu'il entend saisir (275b-c). Aristote a entendu la leçon du *Politique* et en a tiré les conséquences : parce que le pouvoir politique s'exerce sur des semblables, c'est-à-dire sur des égaux, dans le domaine des magistratures politiques règne une égalité de principe entre les citoyens. Dans une constitution fondée sur le principe de l'égalité et de la similitude des citoyens qui se définissent par leur capacité à participer à une fonction publique[4], autrement dit par le

1. Cf. *Pol.* I 1, 1252a8-12.

2. Cf. *Pol.* III 4, 1277a25-27 : « Cependant on loue le fait de savoir à la fois gouverner et être gouverné, et on estime que la vertu du citoyen respectable est de savoir bien gouverner comme être gouverné. »

3. Il peut pourtant arriver, comme dans les sociétés primitives ou dans certains peuples étrangers, qu'il existe une supériorité manifeste d'un individu ou d'un groupe sur les autres, mais c'est le seul cas, exceptionnel, où une subordination pérenne est envisageable (cf. *Pol.* VII 14, 1332b16-23). Si rien n'exclut par principe semblables cas de supériorité, il n'en reste pas moins que vu leur rareté, l'alternance reste donc en général souhaitable (cf. *Pol.* VII 14, 1332b25-27).

4. Cf. *Pol.* III 1, 1275a22.

fait d'être aptes à commander, par définition il ne saurait y avoir de différence de nature entre gouvernant et gouverné.

Nous voilà au cœur de la difficulté. Bien que la définition aristotélicienne de la *phronèsis* constitue dans l'ontologie et l'épistémologie de la pratique un point de rupture franche et nette avec ses antécédents platoniciens, elle en conserve néanmoins un certain nombre de traits, à savoir le statut de vertu intellectuelle qui en fait une forme de savoir (VI 5), la fonction directrice dans l'orientation et dans l'achèvement des vertus éthiques (VI 13), et enfin le rôle politique (VI 5, 8). Loin de consacrer la rupture aristotélicienne avec un platonisme politique qui fonde le pouvoir sur la possession du savoir et la supériorité en vertu, le rôle dévolu à la *phronèsis*, privilège du gouvernant, paraît en III 4 en assumer l'héritage. Comment concilier une conviction platonicienne qu'Aristote continue de faire sienne, à savoir que le commandement exige une compétence intellectuelle et morale spécifique, fondatrice de l'autorité et de sa légitimité, avec la définition aristotélicienne du citoyen et la nature du pouvoir politique ? Comment exiger un gouvernant *phronimos* sans donner le pouvoir aux philosophes ?

On peut tenter de s'extraire de la difficulté en interprétant cette distinction des vertus sur un mode fonctionnel n'impliquant pas nécessairement une séparation substantielle, au sens où la topique politique platonicienne inscrit dans des corps sociaux distincts et fixes les fonctions de gouvernant et de gouverné. Il ne serait pas nécessaire que le gouverné possède la *phronèsis* en tant que gouverné au sens où il n'aurait pas besoin d'actualiser cette vertu tant qu'il est en position de « citoyen passif »[1], n'ayant pas été tiré au sort pour exercer tel ou tel mandat. La *phronèsis* politique n'est pas requise pour exercer correctement les devoirs de citoyen, pour se conformer aux lois de la cité, sans exclure pour autant que le citoyen puisse la posséder et en faire usage lorsqu'il est amené à exercer une fonction politique[2].

Cette solution comporte toutefois deux difficultés, la première ayant trait à la théorie politique, la seconde à la psychologie d'Aristote. La difficulté politique tient au fait qu'elle revient à dire que dans la cité excellente, tous les citoyens ont la vertu de l'homme de bien, même s'ils ne l'actualisent pas tous en même temps,

1. C'est à Sieyès qu'on doit cette terminologie reprise par Kant au § 46 de la *Doctrine du Droit*. On notera que la distinction entre citoyen actif et passif repose chez Sieyès sur la notion de capacité, en cela conforme à l'esprit de la définition aristotélicienne du citoyen. Cette capacité étant définie en termes d'éducation, l'idée que l'exercice actif des fonctions de citoyen est fondé sur le développement de nos capacités rationnelles n'est pas si éloignée d'Aristote, pour qui l'accès à une magistrature suppose le plein développement des dispositions de l'être raisonnable, ce qui exclut femmes, enfants, esclaves mais aussi tous types de travailleurs non affranchis des tâches matérielles.

2. Voir T. Irwin, « The Good of Political Activity », *in* G. Patzig (ed.), *Aristoteles' Politik : Akten des XI. Symposium Aristotelicum, Friedrichshafen/Bodensee, 25.8.-3.9.1987*, Göttingen, Vandenhoeck & Ruprecht, 1990, p. 83.

ce qu'il est difficile d'affirmer au vu du début du chapitre qui maintient sans ambiguïté la pluralité des vertus, même au sein de la constitution excellente. La seconde difficulté tient à la question de savoir si un même sujet peut posséder la *phronèsis* et l'opinion droite[1]. Étant donné qu'il s'agit de deux états de l'âme distincts, même si on ne les actualise pas en même temps, il y a là quelque chose de problématique. On peut enfin se demander si cette interprétation rend tout à fait justice à cette longue discussion consacrée à la coïncidence ou non des excellences, qui paraît un peu superflue si on a affaire à une excellence simplement actualisable lorsque la situation l'exige.

À côté de cette première résolution de l'aporie, on en proposera donc une autre, qui maintienne le partage entre vertu du gouvernant et vertu du gouverné à partir du critère de la présence ou non de la *phronèsis*. Le tour – de force ou de passe-passe – de la solution aristotélicienne consiste à chercher dans la nature de cette vertu la solution au problème qu'elle a elle-même en partie suscité. Parce qu'elle n'est justement pas la science platonicienne, elle rend possible des formes de gouvernement politique autres que cette aristocratie ou monarchie du savoir. La définition aristotélicienne de la *phronèsis* serait-elle en mesure de maintenir cette exigence héritée de Platon qui en fait la vertu propre du politique et la marque de sa légitime supériorité, tout en en contournant les conséquences politiques ?

1. Une question similaire est posée à propos de la science et de l'opinion en *Seconds Analytiques* I 33, Aristote concluant qu'elles ne peuvent exister en même temps dans la même personne relativement au même objet (89a-b).

LA *PHRONÈSIS* SOLUTION AU PROBLÈME POLITIQUE ?

La première conséquence délicate de la promotion de la *phronèsis* au titre d'aptitude spécifique au gouvernant consistait dans la question de savoir si une éducation spécifique était alors nécessaire. La réponse aristotélicienne est, sans ambiguïté aucune, négative, donc anti-platonicienne. Il n'y a pas à réserver au gouvernant une éducation particulière, comme le suggérait l'exemple des fils de roi. Reprenant l'exemple qui semblait plaider en faveur d'une éducation spécifiquement royale (1277a18), le développement de 1277b7-16 montre que l'art du commandement militaire, un des paradigmes classiques de l'art de gouverner[1], ne peut s'apprendre autrement qu'en en faisant soi-même l'expérience. L'éducation au gouvernement politique ne passe pas par un cursus éducatif séparé à la manière de la *République* mais par l'expérience du gouvernement par autrui. En effet, le pouvoir politique, qui s'exerce non sur des êtres par nature inférieurs mais sur des égaux, « du même genre que soi et libres » (1277b8), s'apprend en étant soi-même gouverné (1277b8-10). Contrairement à un art qui peut être enseigné, parce qu'il comporte une part de prescriptions générales et rationnellement transmissibles, la science du commandement n'est faite que de prescriptions particulières. Il n'est donc guère envisageable qu'on puisse l'acquérir aussi directement qu'une technique.

Pourquoi apprend-on à gouverner en étant d'abord gouverné ? Ni la question ni la réponse ne sont véritablement explicitées par Aristote. Tout comme les vertus éthiques se développent par répétition imitative, puisque c'est en imitant l'homme courageux qu'on le devient, l'acquisition de cette vertu intellectuelle qu'est la *phronèsis*, requise par le commandement, ne passe certes pas par une imitation directe mais par l'obéissance qui constitue une expérience, indirecte, du commandement. Se trouver en position de gouverné pourrait permettre de mesurer les conséquences des ordres et des décisions particulières. À cela pourrait s'ajouter le fait qu'il importe d'avoir fait soi-même l'épreuve de la soumission pour savoir quel degré d'autorité et d'humanité exige ce commandement qui s'adresse à des hommes libres et des égaux[2].

1. Le paradigme de l'art militaire et de la cavalerie comme art de gouverner a des antécédents, notamment dans les écrits socratiques de Xénophon (*Mémorables* III 3).

2. Cette seconde raison pourrait d'ailleurs être étayée par l'élucidation qu'Aristote propose du mot de Bias (« Le pouvoir révélera l'homme ») : « En effet, le gouvernant [ὁ ἄρχων] est d'emblée dans un rapport avec autrui [πρὸς ἕτερόν] et pris dans une communauté » (*EN* V 2, 1130a1-2). Le commandement qui s'exerce sur ses enfants, sa femme ou ses esclaves est d'une autre nature, dans la mesure où ces derniers font plus ou moins partie de la sphère du propre (*EN* V 10, 1134b10-18).

La nature de la phronèsis légitime-t-elle l'alternance ?

C'est donc l'expérience, et non quelque éducation particulière, qui rend raison de cet apprentissage. La traduction institutionnelle de cette solution, prenant en compte la nature particulière du savoir et du pouvoir politiques, consiste dans l'alternance, principe introduit en III 6 comme le critère d'une juste répartition du pouvoir entre des êtres libres et relativement semblables quant à leurs capacités. L'alternance est la réponse à la difficile question du pouvoir politique qui doit concilier une relation par essence hiérarchique, la relation de pouvoir qui suppose commandement et obéissance, avec l'égalité de principe régnant entre les citoyens libres d'une communauté politique[1]. En effet, la relation de pouvoir ne peut pas ne pas impliquer autorité et différence entre le gouvernant et ses gouvernés, Aristote soulignant la différence irréductible entre pouvoir domestique, pour lequel la hiérarchie ne pose aucun problème, et pouvoir politique où hiérarchie et égalité entrent en tension (cf. *Pol.* I 12, 1259b4-9). L'alternance est alors le substitut d'une hiérarchie qui ne saurait être fondée en nature lorsqu'elle s'exerce sur des égaux.

> Dans les cas où ce n'est pas possible [que ce soient les mêmes qui gouvernent] parce que tous les citoyens sont égaux par nature et qu'il est en même temps juste que tous aient part au pouvoir, que celui-ci soit une bonne ou une mauvaise chose, on en a une imitation lorsque les égaux se cèdent le pouvoir à tour de rôle et sont tenus pour semblables en dehors de leur magistrature ; en effet, les uns gouvernent, les autres sont gouvernés tour à tour, comme s'ils étaient devenus différents[2]. (*Pol.* II 2, 1261a39-b5)

La solution au problème politique – respecter la distinction des fonctions sans pérenniser une inégalité, concilier nécessité de l'autorité et exigence d'égalité – réside dans l'alternance. Dans la constitution conforme aux vœux du philosophe (livre VII), celle-ci est fondée sur l'âge. Autrement dit, c'est en dernière instance l'expérience qui régit le roulement dans l'exercice du pouvoir. Or l'expérience n'est autre que la manière d'acquérir la *phronèsis*, laquelle ne requiert aucune étude spécifique. La nature de cette vertu caractéristique du gouvernant légitime ainsi le principe de l'alternance fondée sur l'âge.

> Il reste donc à ce que la constitution confie chacune des deux fonctions [militaire et politique] aux mêmes personnes, non pas en même temps mais conformément à la nature, la

1. Voir M. Schofield (« Equality and Hierarchy in Aristotle's Political Thought », *Saving the City*, p. 88-100), qui relève de même la tension entre trois modèles distincts coexistant dans la *Politique* d'Aristote : le modèle rationnel (qui est lui-même partagé entre le réquisit égalitaire de l'alternance au pouvoir et les relents aristocratiques de III 4 et VII 8), le modèle politique (la cité comme champ de forces en conflit en III 6-12), plutôt égalitaires, d'un côté, et le modèle sociologique (IV 4 et VII), plus nettement hiérarchique, de l'autre.

2. Le texte des lignes 1262b3-4 (τοῦτό δὲ μιμεῖται τὸ ἐν μέρει τοὺς ἴσους εἴκειν τό θ' ὡς ὁμοίους εἶναι ἔξω ἀρχῆς) est corrompu. Nous suivons la version établie par J. Aubonnet (*Aristote. Politique*, livres I-II, texte établi et traduit par J. A., Paris, Les Belles Lettres, « C. U. F. », [1960] 1991). P. Pellegrin, préfère, à l'instar de A. Dreizehnter et d'autres, supprimer cette ligne (*Les Politiques*, GF, n. 10 p. 141).

force se trouvant chez les jeunes, la *phronèsis* chez les hommes plus âgés ; une telle répartition semble donc avantageuse et juste pour les deux parties. (*Pol.* VII 9, 1329a13-15)

Le principe de l'alternance selon l'âge est ainsi fondé en raison car les analyses de l'*Éthique à Nicomaque* ont permis d'établir que la *phronèsis* ne s'enseigne pas comme une discipline scientifique ou technique mais s'acquiert par l'expérience. Les jeunes gens ne peuvent de ce fait être doués de cette qualité exigée du gouvernant qu'est la *phronèsis* (cf. *EN* VI 9,1142a12-22). Par conséquent le citoyen, dans ses jeunes années, remplira la fonction guerrière plutôt qu'il n'occupera les magistratures qui demandent d'avoir fait l'expérience du commandement. Il acceptera d'autant mieux cette subordination temporaire qu'il sait pouvoir un jour passer du statut de gouverné à celui de gouvernant. Tels sont les bénéfices de cette alternance selon l'âge.

Personne ne s'indigne d'être gouverné en vertu de son âge ni ne s'estime supérieur, surtout s'il a la perspective d'être payé de retour lorsqu'il aura atteint l'âge requis. Il faut donc dire que ce sont en un sens les mêmes qui gouvernent et sont gouvernés et qu'en un autre sens ils sont différents. Par conséquent, l'éducation aussi est nécessairement en un sens la même, et en un autre, différente. En effet, on dit que celui qui veut bien gouverner doit commencer par être gouverné. (*Pol.* VII 14, 1332b38-1333a3)

La *phronèsis* étant une qualité qui vient avec le temps, nul citoyen (une fois écartés tous les types de travailleurs à qui il manque de toute façon le loisir nécessaire à la vertu) n'est *a priori* exclu des fonctions de gouvernement.

Dans la mesure où chacune de ces fonctions [militaire d'un côté, délibérative et judiciaire de l'autre] relève d'une maturité différente, et que l'une nécessite de la *phronèsis*, l'autre de la force, elles reviennent à des gens différents ; mais dans la mesure où il est impossible que ceux qui peuvent faire usage de la force et résister restent toujours dans la position des gouvernés, de ce point de vue elles reviennent aux mêmes personnes. (*Pol.* VII 9, 1329a8-11)

Cette proposition aristotélicienne de faire alterner la classe des citoyens soldats et celle des citoyens magistrats est ainsi une manière de récuser implicitement la construction proposée par Platon dans la *République*. On ne peut maintenir dans la soumission perpétuelle la classe qui porte les armes, la spolier ainsi de son droit d'exercer le gouvernement – critique explicitement formulée en II 5, 1264b6-13 contre le mythe de l'autochtonie instituant une différence de nature entre soldats et gouvernants. Telle est l'erreur dont découle, en toute conséquence, la subordination inamovible des premiers aux seconds. Il n'y a d'ailleurs nulle raison pour Aristote de refuser au groupe des soldats la *phronèsis* nécessaire au gouvernant ; la nature même de cette disposition intellectuelle, qui s'acquiert avec le temps et l'expérience, l'autorise à y prétendre. Dès lors, loin de contredire le principe de l'alternance en fondant un monopole du pouvoir comme chez Platon, la vertu de *phronèsis* en constitue précisément la condition de possibilité.

L'alternance, telle qu'elle est développée en *Pol.* VII 9 et 14, constitue une première alternative à la hiérarchie platonicienne des fonctions en parvenant à concilier égalité politique et asymétrie des vertus de gouvernant et de gouverné. Dans le cadre de l'alternance selon l'âge, la différence entre une vertu du gouvernant fondée sur la *phronèsis* et une vertu du gouverné fondée sur l'opinion droite ne fait plus problème : l'opinion droite est le substitut de cette excellence encore en formation, qui s'acquiert en obéissant aux lois et aux commandements des magistrats. Reste à savoir néanmoins dans quelle mesure ces citoyens mineurs sont vraiment citoyens, tant qu'ils ne sont pas en position d'exercer ce pouvoir délibératif et judiciaire qui définit la citoyenneté selon III 1.

Cette réponse au « problème politique » posé par la vertu du gouvernant n'est cependant pas la seule, et elle n'est envisagée que dans le cadre de la constitution conforme aux vœux du philosophe, au livre VII. La définition aristotélicienne du citoyen a cependant aussi pour conséquence la réévaluation (prudente) du régime d'assemblée qui suppose un roulement dans l'accession aux magistratures et une participation de tous au pouvoir délibératif et judiciaire. Le chapitre III 7 fait ainsi entrer trois formes de constitution sous la catégorie de constitution droite : la monarchie, l'aristocratie et la *politie*, forme droite de la démocratie. Comment cette distinction entre vertu du gouvernant et vertu du gouverné fonctionne-t-elle selon les différents types constitutionnels ? S'il est possible de donner un sens à ce partage entre gouvernant et gouverné dans les deux premières constitutions, plus particulièrement dans l'aristocratie[1], c'est peut-être avec la démocratie que le problème se pose de manière plus aiguë, parce que c'est à elle que la définition du citoyen convient le mieux (III 1, 1275a5-7). Dans ces conditions, les positions « platoniciennes » du chapitre III 4 continuent de faire problème car en démocratie, la souveraineté est collective, et le pouvoir partagé. Dans ce régime où, mieux que partout ailleurs, le citoyen se définit par sa capacité à participer au pouvoir, que vaut cette différence entre vertu du gouvernant et vertu du gouverné ? L'idée d'une vertu propre du gouvernant y a-t-elle encore un sens[2] ?

Certes, on pourrait répondre que le régime démocratique n'interdit pas l'existence de gouvernants comme Périclès[3]. Au-delà d'individualités qui demeurent exceptionnelles et qui ne sont pas sans poser un problème politique (cf. *Pol.* III 13), on peut aussi tenter de trouver une autre réponse à cette question concernant la vertu du gouvernant.

> Pour ce qui est de savoir s'il faut admettre une différence ou une identité entre la vertu qui fait un homme bon et celle qui fait un citoyen vertueux, il est clair, d'après ce qui a été dit, que dans telle cité, les deux hommes ne font qu'un, dans telle autre, ils diffèrent, cette identité ne valant pas pour tout homme, mais pour le politique [ὁ πολιτικὸς], souverain ou capable d'être souverain, seul ou avec d'autres, dans l'administration des affaires communes [τῆς τῶν κοινῶν ἐπιμελείας]. (*Pol.* III 5, 1278a40-b5)

1. Auquel cas, le gouverné ne serait pas citoyen au sens strict de III 1.

2. À la différence du modèle platonicien, la sagesse (*phronèsis* ou *sophia*) ne figure pas parmi les titres des différents groupes sociaux à la participation au pouvoir (liberté, richesse, éducation), comme le note E. Schütrumpf, *Die Analyse der Polis durch Aristoteles*, Amsterdam, B. R. Grüner, 1980, p. 166.

3. À en croire Thucydide dans l'*Histoire de la Guerre du Péloponnèse* (II, 65, 9), sous couvert de démocratie c'était en fait le premier citoyen qui gouvernait.

Cette affirmation peut se comprendre ou bien en la limitant aux cas aristocratique et monarchique, puisque les chapitres 15-18 exposeront le cas d'un souverain s'aidant du conseil d'autrui, ou bien en tentant de l'appliquer à toutes les constitutions droites, y compris celles qui impliquent la souveraineté populaire. Cette souveraineté à plusieurs pourrait-elle valoir jusque dans le cas de la démocratie ? En d'autres termes, cette *phronèsis* propre au gouvernant pourrait-elle être collective ?

La question mérite d'autant plus d'être posée que c'est précisément à l'occasion de la discussion relative à la souveraineté de la masse populaire qu'on rencontre une autre occurrence de la notion de *phronèsis*, qui semble entrer en contradiction avec les déclarations de III 4. La promotion de la *phronèsis* comme vertu du gouvernant viendrait-elle, non pas exclure, mais au contraire légitimer le régime d'assemblée ? Cette vertu qui excluait de but en blanc toute prétention démocratique chez Platon pourrait-elle revenir au tout quand l'instance en position de gouverner n'est pas individuelle mais collective ? Loin de fonder une division hiérarchique et figée du pouvoir, la *phronèsis*, si elle peut être reconnue au corps des citoyens, permettrait alors de réhabiliter des formes politiques irrévocablement condamnées par Platon. Le corps politique, réuni en assemblée, compense l'infériorité individuelle de ses membres en matière de vertu par leur supériorité collective : telle est la thèse défendue par le chapitre III 11[1]. En conséquence, cette vertu non seulement ne serait pas la propriété exclusive d'une élite, mais elle pourrait même, en un certain sens et moyennant certaines conditions, revenir au corps social considéré dans son ensemble.

Telle est l'hypothèse que nous allons essayer de mettre à l'épreuve à partir de la discussion aristotélicienne visant à départager les différents prétendants à la souveraineté (cf. *Pol.* III 10, 1281a11-13).

L'hypothèse d'une phronèsis collective

Commençant par examiner la légitimité des prétentions de la masse, Aristote ne peut échapper à l'objection socratico-platonicienne de la compétence, à savoir : le choix d'un spécialiste est et doit être affaire de spécialistes. Or dans le domaine des affaires publiques, primordial s'il en est puisqu'il intéresse le sort de la

1. La force de la défense aristotélicienne d'une vertu du nombre, mise en lumière notamment par les analyses de F. Wolff auxquelles nous souscrivons (voir « Aristote démocrate », *Philosophie*, 18, 1988, p. 53-87), est contestée par certains interprètes. Pour une version récente de cette relativisation, voir E. Bouchard, « Analogies du pouvoir partagé », *Phronesis*, 56 (2), 2011, p. 162-179. Si elle a raison d'attirer l'attention sur certaines limitations contenues dans les analogies qu'Aristote met en place, il semble néanmoins difficile de contester, outre l'aspect novateur – qu'elle reconnaît par ailleurs (n. 8 p. 164) – de cette thèse, l'inclusion parmi les constitutions droites de la « politie », dans laquelle la souveraineté est celle du grand nombre, et à laquelle s'appliquent les arguments développés en III 11 (n. 23 p. 170).

communauté tout entière, la démocratie ne reconnaît aucun spécialiste. Cette critique envers le principe même de la démocratie est récurrente dans le corpus platonicien. Selon le réquisitoire indirect développé contre ce régime dans le *Protagoras*[1], la pratique démocratique de l'assemblée délibérative contredit de fait l'idée de science politique. On retrouve ce reproche dans le *Politique* qui, à trois reprises, récuse sans autre forme de procès l'idée que la masse puisse posséder une quelconque science politique[2].

L'aporie dont fait état Aristote au début de *Politique* III 10 n'a pas lieu d'être dans la constitution platonicienne : c'est aux meilleurs et à eux seuls que doit revenir la souveraineté. Platon ne cesse de s'élever contre l'idée qu'un spécialiste aurait à rendre des comptes à d'autres qu'à ses pairs, seuls en mesure de juger de sa compétence[3]. L'objection que constitue le « paradigme technocratique »[4], faisant de la politique une affaire de spécialistes, est bien entendue par Aristote qui est loin d'en minorer la portée (cf. *Pol.* III 11, 1281b38-1282a3). Elle reçoit une première réponse par l'éducation qui donne un droit à juger (1282a4-14) non seulement au spécialiste, mais aussi à l'« amateur éclairé ». Selon le tout début des *Parties des Animaux* (639a4-6) le privilège que confère l'éducation est en effet de pouvoir porter un jugement sur tout discours, même scientifique, dont il appartient à l'homme cultivé, à l'égal de l'homme de science, de pouvoir évaluer la pertinence. La *paideia*[5] constitue ainsi une contribution essentielle à la faculté de juger, comme le montrent enfin les indications du livre VIII relatives à l'éducation qui a pour finalité de développer l'aptitude critique, notamment en matière esthétique[6].

1. C'est la prétendue capacité du sophiste à enseigner la vertu politique qui est directement visée en 319b-320c, puisque la pratique politique de l'assemblée démocratique nie *de facto* la compétence en matière d'affaires publiques, mettant tout le monde sur un pied d'égalité. Le soupçon socratique vise ainsi deux pratiques, sophistique et démocratie, historiquement et intrinsèquement liées.

2. Cf. *Pol.* 292e, 297b-c, 300e. La continuité entre les traits du socratisme politique et les thèses du *Politique* est bien soulignée par R. Weiss, « Statesman as *Epistèmon* : Caretaker, Physician, and Weaver », *Reading the Statesman*, p. 213-222.

3. Dans le *Politique*, l'Étranger fustige ces régimes « invivables » (299e5) dans lesquels il existe un contrôle populaire sur le gouvernant, susceptible d'être condamné pour ne pas s'être scrupuleusement conformé aux lois instituées par une majorité elle-même incompétente (298c-299e).

4. L'expression est de P. Aubenque, « Aristote et la démocratie », *Aristote politique*, p. 261.

5. En *Rhétorique* II 6, 1384a32 l'identité des *phronimoi* est précisée à partir de deux critères, celui d'avoir déjà un certain âge et celui de posséder une certaine culture, faisant de la *paideia* un gage de sagesse pratique. Ce double critère s'explique par le fait que la *phronèsis* est affaire d'expérience, qui s'acquiert soit directement au fil des ans, soit à travers cette expérience indirecte que constitue la culture.

6. L'étude de l'art graphique, par exemple, ne répond pas d'abord à une finalité pragmatique comme l'étude des lettres, mais elle est là « pour porter un meilleur jugement [κρίνειν] sur les œuvres des artistes » (VIII 3, 1338a18-19). Ces remarques valent également pour la musique dont l'apprentissage a aussi pour fin d'éduquer le jugement (1340a1, 1340b25). R. Bodéüs a bien mis en exergue l'importance du concept de *pepaideumenos* dans *Le philosophe et la cité*, p. 200.

Au vu du rôle central que joue l'analogie entre jugement esthétique et jugement politique en III 11, on comprend que l'éducation puisse constituer une première garantie de la validité d'un avis, même émanant d'un non-spécialiste. C'est donc un titre à faire valoir, qui ne suffit pourtant pas à écarter définitivement l'objection technocratique : l'homme cultivé pourra bien égaler, mais non surpasser, le spécialiste. De plus, l'éducation ne suffit pas à rendre compte de cette vertu collective prêtée à une assemblée, qui, il faut bien s'y attendre, ne sera pas constituée uniquement d'hommes cultivés[1]. Même nuancées par la *paideia*, les objections platoniciennes continuent de porter.

Les lignes 1282a14-24 y opposent l'idée d'une vertu collective, fondée sur un double argument. Le premier reprend la compréhension élargie de l'aptitude au jugement qui a été exposée au début du chapitre.

> Il se peut que toutes ces considérations ne soient pas justes, en raison de l'argument précédent, pour autant que la masse ne soit pas trop servile (chacun y sera certes moins bon juge [κριτὴς] que les spécialistes mais tous réunis seront ou bien meilleurs juges ou bien ne seront pas plus mauvais). (*Pol.* III 11, 1282a14-17)

La masse sera effectivement inférieure ou égale à l'homme de l'art, si on considère un à un les individus qui la composent, même dotés d'une certaine éducation. Cependant, l'infériorité individuelle de ses membres en termes de qualités éthiques et intellectuelles se verra contrebalancée par leur supériorité collective, fruit de leur réunion en assemblée.

> Dans une masse de gens chacun possède une part de vertu et de *phronèsis* [μόριον ἔχειν ἀρετῆς καὶ φρονήσεως] et de leur réunion naît comme un seul homme, aux pieds et aux mains multiples, pourvu d'organes sensoriels multiples [πολλὰς ἔχοντ' αἰσθήσεις] ; de même en va-t-il aussi pour les mœurs et la pensée. C'est pourquoi le grand nombre est meilleur juge [κρίνουσιν ἄμεινον] des œuvres des musiciens et des poètes. (*Pol.* III 11, 1281b4-9)

C'est donc la capacité de perception qui semble démultipliée par la réunion des subjectivités. On peut en effet supposer que leurs insuffisances tendent mutuellement à se compenser et les distorsions par les intérêts et les passions réciproquement à s'annuler, diminuant ainsi le risque d'erreur[2]. Aussi est-ce sur la faculté de juger, à l'œuvre dans les fonctions délibérative et judiciaire (1281b32), qu'insiste l'argument aristotélicien dans ces lignes. En effet, c'est pour juger que les citoyens se trouvent réunis en assemblée, rappelle Aristote dans la *Rhétorique*, soulignant que la rhétorique, qu'elle soit délibérative, judiciaire ou épidictique,

1. Le livre VIII souligne ainsi que le public des concours musicaux n'est pas seulement composé d'hommes libres et cultivés, mais aussi de spectateurs vulgaires (1342a18-22)

2. On est tenté de rapprocher cette description de l'effet escompté par Rousseau à propos de la volonté générale dans le chapitre II 3 du *Contrat Social* : « Il y a bien souvent de la différence entre la volonté de tous et la volonté générale ; celle-ci ne regarde qu'à l'intérêt commun, l'autre regarde à l'intérêt privé, et n'est qu'une somme de volontés particulières : mais ôtez de ces mêmes volontés les plus et les moins qui s'entredétruisent, reste pour somme des différences la volonté générale », Paris, Gallimard, 1996, p. 196.

requiert un jugement de la part de ses destinataires[1]. Dans ces trois cas de figure qui en définissent les trois genres, la perspective du jugement qui sera porté par l'auditeur constitue la fin qui oriente l'action de l'orateur. On comprend d'autant mieux que le jugement politique soit ici mis en parallèle avec le jugement esthétique porté sur les œuvres musicales. Or, soutient Aristote en III 11, séparément chacun peut bien avoir un jugement imparfait (1281b38) mais rien n'empêche que de la somme des points de vue émerge un jugement plus « objectif » que celui du spécialiste : « car tous, une fois réunis, ont une perception suffisante des choses [ἱκανὴν αἴσθησιν] » (1281b34)[2]. Comme le souligne F. Wolff,

> la « perception » même de ces valeurs communautaires au nom desquelles peut s'effectuer ce conseil est sise en chacun, dans sa nature d'homme. Elle n'est donc ni le privilège naturel de certains (plus « doués » par exemple), ni le fruit inégal de l'apprentissage ou de l'exercice ; d'autre part la mise en commun de ces valeurs du commun, dont dépend le salut même de la Cité (la justice étant la vertu communautaire par excellence, dont dépendent toutes les autres), est la faculté la plus communément partagée, le *logos*[3].

Il n'y a donc nul obstacle de principe à ce que la masse puisse parvenir à une perception juste des questions politiques. Reste à savoir comment cette possibilité contenue dans la nature rationnelle de l'homme devient effective et s'actualise dans ce qui ressemble à un sens commun inhérent au tout. En effet, Aristote prend soin de ne pas omettre cette importante restriction, à savoir qu'une telle propriété n'est pas donnée à toute foule, certaines ressemblant plutôt à des troupeaux ou à des meutes (cf. *Pol.* III 11, 1281b15-21). Moyennant cette réserve, le propos aristotélicien s'oppose point par point à la vision platonicienne : alors que pour Platon, « la foule accumule les défauts », chez Aristote elle peut, dans certaines conditions, « totaliser les qualités », selon la formule de M. Narcy[4]. À ce stade de l'argumentation, il semble pourtant qu'on en reste à la confrontation de deux présupposés de force équivalente. Au début du chapitre 11, le principal argument avancé par Aristote en faveur d'une souveraineté populaire, à savoir cette vertu de totalisation propre à la masse, pourrait paraître relever purement et simplement de la pétition de principe.

La vertu du nombre est-elle un argument suffisant ?

D'où viendrait cette capacité du corps civique à faire preuve collectivement d'une certaine forme de vertu et de *phronèsis* ? Son fondement peut être dégagé de la suite du chapitre III 11. Le second argument, développé en 1282a18-24, vient

1. Cf. *Rhét.* I 3, 1358b2-6 ; II 1, 1377b20-22.

2. Notons au passage que le terme d'*aisthèsis* est utilisé au chapitre I 2, 1253a16-18 pour exprimer cette perception des valeurs (justice, injustice, bien, mal) qui définit la condition politique de l'homme.

3. F. Wolff, « Aristote démocrate », p. 69.

4. Voir M. Narcy, « Aristote devant les objections de Socrate à la démocratie », *Aristote politique*, p. 280.

étayer une vertu du nombre qui resterait sans cela assez énigmatique, et d'un optimisme dangereusement exposé au soupçon. La question de savoir si la disposition constitutionnelle de la reddition de comptes est légitime ou non, ou encore si le peuple doit avoir voix au chapitre dans la désignation des magistrats, est l'occasion pour Aristote d'introduire l'élément décisif permettant de faire pièce à l'objection de la compétence : s'il revient aussi à l'amateur de juger, c'est que le produit de l'art lui est précisément destiné.

> Le fabricant ne saurait être ni le seul ni le meilleur juge dans certains domaines où la connaissance des œuvres appartient aussi à ceux qui ne possèdent pas l'art : par exemple la connaissance d'une maison n'est pas seulement le propre de celui qui l'a faite, mais celui qui en use y sera même meilleur juge [καὶ βέλτιον ὁ χρώμενος αὐτῇ κρινεῖ] (et c'est le maître de maison qui en use), de même le pilote sera meilleur juge du gouvernail que le charpentier, et le convive meilleur juge du festin que le cuisinier. (*Pol.* III 11, 1282a17-23)

Ce développement de l'analogie avec les techniques, pièce maîtresse du réquisitoire platonicien, fait donc apparaître la légitimité d'un point de vue, celui de l'utilisateur. Aristote pare ainsi l'objection de la compétence en retournant contre Platon l'argument des techniques, ou plutôt en jouant un argument platonicien contre un autre. L'architecture et la menuiserie sont deux *technai* qui sont aussi dans les *Dialogues* des archétypes de la compétence spécialisée (cf. *Protagoras* 319b). Il y a ou il devrait y avoir des spécialistes de l'art politique comme il y en a de l'architecture, ce qui mine la légitimité du principe démocratique. Ces trois arts (architecture, cuisine[1], art du charpentier) ont en commun dans le texte aristotélicien d'opposer le point de vue du technicien, détenteur de la compétence en question, à celui du profane, et cela, contrairement au schéma platonicien, à l'avantage de ce dernier. Il y a en effet deux « usagers » de ces arts, ce qui fournit à Aristote l'occasion de revenir sur une autre analyse platonicienne des techniques établissant la souveraineté du point de vue de l'usage (*chrèsis*) sur celui de la fabrication (cf. *Rép.* X, 601d-602b). Selon Platon, celui qui en dernière instance est fondé à juger de la qualité d'un objet d'art, c'est celui qui sait s'en servir, l'art politique étant plus que tout autre un art de l'usage (cf. *Euthydème* 289a *sq.*).

Aristote reprend l'analyse platonicienne du livre X de la *République*, déjà mobilisée en III 4, mais pour la faire fonctionner quasiment en sens inverse : il ne s'agit plus de fonder la différence entre vertu du gouvernant et vertu du gouverné mais de l'atténuer. La catégorie de *chrèsis* est ici réinvestie pour justifier l'affirmation d'une *phronèsis* collective alors qu'en III 4, la différence entre le fabricant et l'usager était justement mobilisée pour soutenir une vertu propre au gouvernant. En effet, qui a l'usage de l'art politique ? Non pas seulement ses détenteurs, les gouvernants, ce qui serait la réponse platonicienne, mais aussi ceux à qui il est adressé. Il n'est pas nécessaire de connaître l'art de la cuisine pour apprécier un

1. Même dans la cuisine qui relève pourtant selon le *Gorgias* du savoir-faire et non de l'art, le point de vue du professionnel est avancé comme un critère supérieur de jugement en ce qui concerne le plaisir à attendre d'une recette (cf. *Théétète* 178d-e).

plat, peut-être suffit-il d'avoir un goût suffisamment éduqué. De même n'est-il pas indispensable de s'y connaître parfaitement en art politique pour avoir le droit de participer aux délibérations. Le point de vue de tout un chacun sur l'avantage commun a tout autant de validité, voire davantage, que celui du spécialiste. Le citoyen est d'autant mieux placé pour juger si une décision satisfait au principe de l'avantage commun qu'il sera le premier destinataire des décisions prises, le premier à en supporter les conséquences, bénéfiques ou néfastes.

Cet argument apporte au passage un éclairage rétrospectif sur l'analogie précédente, qui polémiquait indirectement contre les récriminations platoniciennes fustigeant la démagogie des poètes. Selon les lignes 1281b7-16, il en va en politique comme en matière de poésie où le grand nombre peut être plus à même de juger des œuvres des musiciens et des poètes. Aristote, en reprenant cette analogie avec le jugement esthétique, réplique ainsi à certaines pages du livre III des *Lois* fustigeant la « théâtrocratie » athénienne, ferment de la décadence de cette constitution, ou encore le passage de *République* VI décrivant les goûts du gros animal qu'est la foule, flatté par des démagogues de tous bords, musiciens, poètes et politiques[1]. Or l'argument du destinataire vient renforcer le premier. C'est peut-être parce que les œuvres poétiques et musicales sont destinées au public que le jugement du grand nombre n'y est pas d'emblée disqualifié. Le but légitime de l'œuvre poétique, selon le chapitre 14 de la *Poétique*, est de produire le plaisir qui lui est propre, production dont le destinataire et juge n'est autre que le spectateur[2]. Le jugement du public, dès lors, n'est pas à négliger, il a sa légitimité car il est au premier chef concerné par la tragédie. De la même façon, l'action de l'homme politique doit avoir pour visée la communauté qu'il a à charge de gouverner ; celle-ci disposerait donc en retour d'un droit de regard sur son action.

L'analogie, bien que séduisante, demeure néanmoins fragile : ce qui vaut en matière de plaisir esthétique peut-il être étendu au domaine politique, qui n'a pas pour visée l'agréable, où l'on comprend aisément que le destinataire ait voix au chapitre, mais le bon et l'utile ? Aristote doit donc encore prouver qu'il existe un « sens commun » politique comme il y aurait un « sens commun » esthétique. On verra que c'est la considération des objets du jugement politique qui sera susceptible en dernière instance de légitimer cette analogie. Pourquoi, contrairement au présupposé platonicien, le point de vue de la *chrèsis* siégerait-il dans une collectivité plutôt que dans des experts ? Pourquoi, même compte tenu des inflexions aristotéliciennes apportées au concept de *phronèsis*, savoir de l'usage, le point de vue le plus autorisé n'est-il pas, sinon celui du philosophe platonicien, au moins celui du prudent ? C'est la nature de cette vertu qui autorise à défendre la

1. Cf. *Lois* III, 700d-701 ; *Rép.* VI, 493c-d.

2. Cela ne signifie pas que ces œuvres aient nécessairement pour fin de flatter les goûts, parfois vulgaires, de ce public, ce qu'Aristote est le premier à reprocher à l'art dramatique de son temps (cf. *Poétique* 13, 1453a34-35 ; 24, 1460a17-18).

valeur du jugement collectif, et ce pour des raisons qui tiennent à son opération et à son objet propres.

PHRONÈSIS ET DÉLIBÉRATION COLLECTIVE

Les domaines où la souveraineté populaire peut revendiquer une légitimité sont la délibération et le jugement, deux opérations qui font partie des aptitudes intellectuelles possédées par le *phronimos* (cf. *EN* VI 12, 1143a25-32). Les décisions qui intéressent le sort de la communauté politique et qui sont soumises à la délibération collective forment en effet la matière de la rhétorique dite délibérative. Or les objets de celle-ci se trouvent partager les mêmes propriétés que ceux de la *phronèsis* individuelle.

Délibération individuelle et délibération collective : homologies de structure

Un détour par la *Rhétorique* permettra de vérifier qu'il y a bien homologie entre l'objet de la délibération individuelle et l'objet de la délibération collective, que leurs caractéristiques communes inscrivent l'un comme l'autre dans la sphère de la *phronèsis*. La délibération individuelle du prudent porte, non sur des matières techniques, mais sur le bien vivre en général[1], et elle ne concerne que ce qui est au pouvoir de l'agent[2]. Or

> l'œuvre de la rhétorique porte sur des matières appelant la délibération [περὶ ὧν βουλευόμεθα] et pour lesquelles nous n'avons pas d'art à disposition [τέχνας μὴ ἔχομεν]. (*Rhét.* I 2, 1357a1-2)

On ne délibère pas sur tout sujet. Il faut déjà que celui-ci fasse partie du champ des possibles par opposition à ce qui relève de l'impossible, du nécessaire ou du fortuit. Les objets qui relèvent tout particulièrement de cette description, ce sont justement ceux qui fournissent la matière de l'action.

> Pour bien des sujets sur lesquels portent les jugements [αἱ κρίσεις] et les examens, il est possible qu'il en soit autrement car c'est le champ de nos actions qui fait l'objet de nos délibérations et de nos examens. Or tout ce qu'on accomplit est de ce genre et rien pour ainsi dire n'y est nécessaire. (*Rhét.* I 2, 1357a23-27)

On reconnaît dans cette description de la matière délibérative en *Rhétorique* I 4 les développements d'*Éthique à Nicomaque* III 5 (ou *Éthique à Eudème* II 11) auxquels elle fait écho point par point[3]. On ne délibère que sur le possible[1], et

1. Cf. *EN* VI 5, 1140a25-30 cité *supra* p. 245.

2. Cf. *EN* VI 5, 1140a31-33 cité *supra* p. 239.

3. La coïncidence entre l'objet de la délibération et celui du conseil, activité de la rhétorique délibérative, est soulignée par A. Hourcade, « Le conseil dans la *Rhétorique* d'Aristote », *Aristote : rationalités*, p. 78-83. À l'appui du parallèle entre la *Rhétorique* et l'*Éthique à Nicomaque*, on citera aussi J. Moss, « Virtue makes the goal right », p. 230 soulignant la congruence entre les descriptions de la *phronèsis* données en *Rhét.* I 9, 1366b20-22 et *EN* VI 5, 1140a25-28.

encore pas sur toute l'étendue du possible[2], seulement sur ce qui dépend de nous[3] et seulement jusqu'à avoir ramené à nous le principe de l'action et déterminé s'il y a possibilité ou non d'agir.

> Mais sur quelles questions il y a délibération, c'est évident. Ce sont les choses qui, par nature, se laissent rapporter à nous et dont le principe d'existence dépend de nous [ὅσα πέφυκεν ἀνάγεσθαι εἰς ἡμᾶς, καὶ ὧν ἡ ἀρχὴ τῆς γενέσεως ἐφ' ἡμῖν ἐστιν] ; nous les soumettons à l'examen jusqu'à ce que nous ayons trouvé s'il nous est possible ou non d'agir. (*Rhét.* I 4, 1359a37-b3[4])

Dans la délibération individuelle, ce principe est ramené à l'agent à l'issue d'une analyse régressive des moyens qui est comparable à la méthode analytique du géomètre. Que se passe-t-il dans le cadre de la délibération collective ?

C'est ici qu'intervient le travail de l'orateur. La rhétorique délibérative, dont la fonction est de conseiller, en visant l'utile[5], passe aussi par l'analyse des différents moyens pour trouver celui qui est le plus facile à réaliser, à l'instar du processus décrit dans l'*Éthique à Nicomaque* (cf. *EN* III 5, 1112b15-25). L'orateur pourra ainsi comparer entre eux différents types de biens pour savoir lequel est préférable[6]. Son rôle est donc de préparer le jugement de l'assemblée, notamment par cette analyse des biens qu'implique l'acte de conseiller, quoique ce ne soit pas à lui qu'il revienne en dernière instance de décider. Il existe entre le conseil et le jugement au niveau collectif la même séparation qu'entre la délibération et le choix dans la sphère individuelle, à ceci près que cette séparation est fonctionnelle dans le cas individuel – où c'est celui qui délibère qui décide – et réelle dans le cas collectif où la personne préparant la délibération par le conseil n'est pas identique à l'instance qui se prononce par un jugement[7]. Il est pourtant indispensable que les objets dont traite la rhétorique demeurent de la compétence de tous, sans quoi l'idée de confier un jugement ou une décision à une assemblée perdrait de fait tout bien-fondé. La nature même des questions disputées fait que tout un chacun peut et doit pouvoir se prononcer à leur sujet[8].

1. Cf. *Rhét.* I 4, 1359a32-34 ; *EN* III 5, 1112a22-24.
2. Cf. *Rhét.* I 4, 1359a35-36 ; *EN* III 5, 1112a24-27.
3. Cf. *Rhét.* I 4, 1359a37-38 ; *EN* III 5, 1112a35 cité *supra* p. 242.
4. Cf. *EN* III 5, 1112b20-1113a5-7.
5. Cf. *Rhét.* I 6, 1362a16-17.
6. Le chapitre 7 du livre I fournit certains critères d'analyse des biens qui en facilitent l'analyse comparative (1364b37-1365a3, 1365b8-9, 1362a16-21).
7. Voir M. Crubellier, « Aristotle on the Ways and Means of Rhetoric », *in* D. Gabbay, P. Canivez, S. Rahman & A. Thiercelin (eds.), *Approaches to Legal Rationality. Logic, Epistemology, and the Unity of Science*, Berlin, Springler, 2010, p. 8-9.
8. Cf. *Rhét.* I 1, 1354a1-3. Le champ de la rhétorique est limité par son contexte même, celui des assemblées et des questions susceptibles d'y être disputées. Alors que la dialectique traite de problèmes aussi bien physiques, logiques qu'éthiques, c'est seulement à cette dernière catégorie qu'aura affaire la rhétorique. Sur ce point, voir L. Arnhart, *Aristotle on Political*

La description de l'objet de la rhétorique délibérative recoupe ainsi les analyses de l'*Éthique à Nicomaque* concernant la matière de la *phronèsis*. Dès lors qu'il n'y a pas plus de science ou de technique de l'action publique que de l'action privée et que certaines matières requièrent par nature une délibération de la part de l'agent, l'homologie entre la délibération strictement privée où excelle le prudent et celle, collective, qui a cours dans le régime d'assemblée semble fondée. Rhétorique délibérative, délibération collective et individuelle ont un objet commun : le *prakton*.

Détour par la concorde

De quoi en effet délibère-t-on concrètement dans les assemblées ? Des questions qui ont trait à la répartition du pouvoir, à la décision de faire la guerre, à la législation ou à la politique économique, bref aux décisions qui engagent les principaux intérêts de la vie de la cité. Les sujets principaux des décisions intéressant le sort de la communauté politique forment donc l'objet privilégié de la rhétorique dite délibérative (cf. *Rhét.* I 4, 1359b19-23). Les quelques exemples concrets de *prakton* donnés par l'*Éthique à Nicomaque* confirment que l'objet des délibérations collectives relève bien de cette catégorie. À côté du fameux décret illustrant l'une des formes de *phronèsis* politique et intervenant lors de la discussion de l'équité[1], on trouve une autre illustration concrète du *prakton* et de sa signification politique dans le chapitre qui s'attache à définir la concorde comme forme d'amitié spécifiquement politique en considérant ses objets propres. Contrairement à ce que semblerait indiquer la signification littérale du terme, l'*homonoia* se distingue d'une simple identité d'opinion du fait qu'il n'y a pas concorde sur tout sujet. Les matières d'ordre théorique n'offrent pas matière à concorde même si les esprits s'accordent à leur propos.

> On ne parle pas non plus de concorde [ὁμονοεῖν] pour ceux qui sont du même avis sur n'importe quel sujet, par exemple ceux qui sont d'accord sur les phénomènes célestes (car être d'accord là-dessus n'est pas l'ordre de l'amitié), mais on dit qu'il y a concorde [ὁμονοεῖν] dans les cités lorsque les gens sont du même avis sur ce qui est utile [ὅταν περὶ τῶν συμφερόντων ὁμογνωμονῶσι], font les mêmes choix, et mettent à exécution ce qui a été décidé en commun [ταὐτὰ προαιρῶνται καὶ πράττωσι τὰ κοινῇ δόξαντα]. (*EN* IX 6, 1167a24-28)

L'*homonoia* comporte certains réquisits qui rejoignent les propriétés que l'on a précédemment dégagées à propos de l'objet d'action : elle doit se traduire dans une décision (*proairesis*) et une action (*praxis*) qui en est la conséquence. Elle

Reasoning : a Commentary on the Rhetoric, Dekalb, Ill., Northern Illinois University Press, 1981, p. 38-39.

1. Cf. *EN* VI 8, 1141b27-28 : « Le décret est de l'ordre de l'action [τὸ γὰρ ψήφισμα πρακτὸν] en tant que terme dernier » ; V 14, 1137b28-32 cité *supra* p. 243.

porte essentiellement sur les intérêts humains de la plus haute importance[1] comme la question de l'exercice du pouvoir.

> Il y a concorde sur les objets d'action [περὶ τὰ πρακτὰ δὴ ὁμονοοῦσιν] et, parmi eux, sur les choses d'importance et susceptibles de concerner les deux [parties] ou bien tout le monde, par exemple dans les cités lorsque tous décident que les magistratures feront l'objet d'élections ou qu'on fera alliance avec les Lacédémoniens ou bien que Pittacos gouvernera quand lui-même y consentira. (*EN* IX 6, 1167a28-32)

Les exemples de *prakta* qui sont matière à concorde ou discorde ne sont autres que les décisions politiques soumises à la délibération publique et se prêtant à la rhétorique délibérative. Deux au moins appartiennent sans hésitation à ces cinq objets privilégiés de la délibération énumérés en *Rhétorique* I 4 : la guerre pour ce qui concerne l'alliance avec les Lacédémoniens, et le caractère électif des magistratures, qui relève des questions législatives. Le troisième exemple d'un *prakton* objet de concorde, celui de Pittacos, ne relève pas moins d'une décision collective, comme il ressort d'un passage de *Politique* III 14, où il vient illustrer la tyrannie élective.

> Les gens de Mytilène choisirent autrefois Pittacos pour s'opposer aux exilés ayant Antiménide et le poète Alcée à leur tête. Alcée révèle dans une de ses scolies qu'ils choisirent Pittacos comme tyran [...] Ces monarchies étaient et sont donc tyranniques en raison de leur caractère despotique, mais parce qu'elles sont électives et nées du consentement, elles sont royales. (*Pol.* III 14, 1285a35-b3)

La désignation de Pittacos comme tyran est une décision, née des circonstances singulières de l'action, ici en réponse à une situation de crise ou à un état d'urgence. Cette décision qui émane des citoyens eux-mêmes représente un cas concret où les citoyens font ce qui a été décidé en commun, conformément à la description de la concorde donnée en *Éthique à Nicomaque* IX 6.

> La concorde ne consiste pas dans le fait que chacun envisage la même chose, quelle qu'elle soit, mais qu'il le fait dans le même sens, par exemple lorsque le peuple et les hommes de valeur [οἱ ἐπιεικεῖς] sont d'accord pour que les meilleurs gouvernent[2] : ainsi tous ont ce à quoi ils aspirent. (*EN* IX 6, 1167a34-b2)

L'objet de la concorde est un *prakton* au sens où il est le résultat d'une décision commune et débouche sur une action concertée. Loin de préexister à la délibération, individuelle ou collective[3], et à la décision qui s'ensuit, c'est à

1. Cf. *EN* IX 6, 1167b2-4 : « La concorde [ἡ ὁμόνοια] paraît donc être une amitié politique [πολιτικὴ δὴ φιλία], comme on le dit aussi ; en effet, elle porte sur ce qui est utile [περὶ τὰ συμφέροντα] et sur ce qui contribue à l'existence. »

2. Cette description de la concorde fait écho à l'analyse platonicienne de la *sophrosunè* comme *homonoia* entre les différentes parties de la cité et de l'âme : « De sorte que nous pourrions dire avec toute raison que la tempérance est cette concorde [ταύτην τὴν ὁμόνοιαν σωφροσύνην εἶναι], cet accord naturel entre l'inférieur et le meilleur sur l'élément qui doit commander, tant dans la cité que dans chaque individu » (*Rép.* IV, 432a).

3. Voir T. J. Saunders : « 'Concord' is *homonoia*, literally 'like-mindedness' ; it is analysed in *NE* IX vi (cf. 1155a24-26, *EE* 1241a15-33) as that friendship which is agreement in relation to the same person on matters of practical political action, e.g. when A and B agree that in their

l'agent qu'il revient de le faire venir à l'existence. Que l'objet des délibérations et décisions politiques échappe à la juridiction d'une science ou d'une technique autorise à supposer que l'hypothèse d'une forme collective de *phronèsis* n'est pas dépourvue de sens et que la réélaboration aristotélicienne de la *phronèsis*, savoir singulier ayant les *prakta* pour objet, n'est pas sans effet sur la réhabilitation de la pratique démocratique. Il reste maintenant à déterminer à quoi tient la valeur, et même la valeur supérieure, de la délibération collective.

La valeur de la délibération collective

L'idée d'une vertu collective est introduite en *Politique* III 11 à la faveur d'une comparaison avec le repas collectif et le jugement esthétique. Cette double analogie réapparaît en III 15-16 à l'occasion d'une discussion dialectique serrée portant sur la valeur de la royauté absolue, de nouveau confrontée à l'interrogation sur la légitimité d'une instance collective de jugement. Outre qu'elle invite à prendre au sérieux l'argument de III 11, cette reprise de l'analogie a le mérite de faire apparaître l'élément, demeuré auparavant sous-jacent, autorisant à soutenir la supériorité du jugement collectif.

Nombre d'interprètes s'interrogent cependant sur la pertinence de cette discussion sur la valeur respective du gouvernement par la loi et par un homme supérieur au sein du livre III[1]. Étant donné que la fin du chapitre III 11 met en avant la loi pour répondre aux inquiétudes que pourrait susciter un gouvernement populaire, on peut penser que l'examen de la royauté et de la loi doit achever de répondre aux objections antidémocratiques. De plus, la discussion avec les arguments d'origine platonicienne constitue un autre élément de continuité entre les chapitres 11 et 15-16, traversés par un débat avec les thèses, aisément reconnaissables, du *Politique* de Platon[2]. Dans ce dialogue, on a vu que la *phronèsis*

common interest A should rule, not B. (...) Presumably that concord presupposes a sharp sense of the difference between my interests and yours, which have to be rationally reconciled, according to some calculation of balance of advantage. (...) On this account, concord is for Aristotle a friendship which is the result of highly specific practical deliberation», *Aristotle. Politics Book I-II*, Oxford, Clarendon Press, 1995, p. 112.

1. Voir P. Pellegrin, *Les Politiques,* p. 6.

2. Cette confrontation critique avec le *Politique* de Platon parcourt le livre III qui reprend, peu ou prou, l'ordre des questions abordées par l'Étranger. Aristote examine les différents prétendants au pouvoir à partir de III 7 (cf. *Pol.* 291d-293e) puis la question de la légitime ou illégitime souveraineté de la loi en III 15 (cf. *Pol.* 294a-300c). Comme dans le *Politique*, la pertinence de la classification traditionnelle des régimes en fonction du seul nombre des gouvernants se voit récusée. Diverses allusions polémiques disséminées au sein du reste de la *Politique* semblent viser directement le *Politique* de Platon : les déclarations liminaires de I 1, 1252a8-15 contre l'assimilation du pouvoir politique au pouvoir domestique, la reprise de l'analogie entre législateur et maître de gymnastique au début du livre IV (analysée par A. Hentschke-Neschke dans « "L'œuvre du cithariste et du meilleur cithariste sont la même". La meilleure constitution et son statut épistémique dans la philosophie politique d'Aristote », *in* F. Lisi (ed.), *The Ways of*

continue d'être la compétence exclusive de l'homme royal. Nous sommes donc en pleine discussion avec le platonisme politique.

Aristote a commencé par détailler les différentes formules de la royauté, allant de la stratégie perpétuelle à la mode laconienne au pouvoir despotique à la manière des barbares en passant par les tyrannies électives. À l'intérieur d'une interrogation sur l'étendue qu'il faut accorder à la royauté, il rencontre le problème de savoir « s'il est plus avantageux d'être gouverné par l'homme le meilleur ou les lois les meilleures » (1286a8). Le chapitre III 16 s'intéresse au cas de la royauté absolue, dans laquelle le pouvoir du roi est l'expression de sa seule volonté (1287a8-10), et non plus une charge déléguée à vie, à la manière d'un stratège perpétuel (1285b27). Ce cas dans lequel la souveraineté royale n'est plus restreinte à quelques fonctions déterminées et étroitement encadrée par la constitution, le roi jouissant d'une entière latitude d'action, conduit à une discussion serrée avec les arguments du *Politique*. Aristote y critique l'analogie du médecin et de ses ordonnances grâce à laquelle l'Étranger entendait démontrer la nécessité d'un gouvernement de l'intelligence et le droit qu'a l'homme de science de s'écarter des normes écrites (cf. *Pol.* III 16, 1287a32-35). Les critiques faites au règne de la loi par l'Étranger seraient biaisées, faute d'avoir pris en compte ce qui constitue le risque propre au jugement en politique.

Dans le domaine médical, sauf par accident si le médecin a été soudoyé, aucun intérêt personnel n'entre dans l'acte de soigner. Cela ne peut être le cas des décisions prises dans le domaine politique (1287a33-42) où l'objectivité du jugement court le risque d'être menacée par la perspective d'un avantage personnel. Pour preuve, lorsque l'intérêt personnel est en jeu, à savoir leur santé lorsque les médecins eux-mêmes tombent malades, loin de faire confiance à leur jugement, les médecins malades font appel à des confrères car « ils ne sont pas en mesure de juger le vrai parce qu'ils jugent ce qui les concerne en propre et qu'ils sont sous le coup de l'affection [διὰ τὸ κρίνειν περί τε οἰκείων καὶ ἐν πάθει ὄντες] » (1287b2-3). On sait en effet que ce n'est pas tout jugement qui est susceptible d'être corrompu par la perspective du plaisir ou de la douleur, certainement pas les jugements portant sur la géométrie mais ceux qui portent sur les *prakta* qui mettent en jeu des intérêts humains[1]. La même raison fait qu'on ne peut comparer le jugement médical, dont l'objet relève de l'art, et le jugement politique qui concerne directement l'avantage des membres de la communauté politique – dans laquelle le gouvernant par définition est compris – ce qui l'expose d'autant plus à

Life in Classical Political Philosophy. Papers of the Third Meeting of the Collegium Politicum (Madrid), Sankt Augustin, Academia Verlag, 2004, p. 121-134), l'allusion critique à l'évaluation des différentes constitutions en IV 2, 1289b5-10 (cf. *Pol.* 301a, 302e) ou encore la définition en VII 8 de la partie au sens propre de la cité par opposition avec ce qui n'en est qu'un élément, en écho à la différence entre cause véritable et simple cause auxiliaire, faite par l'Étranger en 287d (voir E. Schütrumpf, *Die Analyse der Polis durch Aristoteles*, p. 21).

1. Cf. *EN* VI 5, 1140b13-16 cité *supra* p. 249.

la corruption par l'intérêt personnel. Si le médecin en tant que médecin n'a aucun intérêt en jeu dans l'acte de soigner le malade, ce n'est pas le cas du gouvernant qui n'est pas extérieur à la matière de son art, à la communauté qu'il a en charge, puisque l'avantage commun comprend le sien propre. Contrairement à la conception platonicienne du pouvoir comme savoir[1], la relation politique (de pouvoir) est donc irréductible à la relation technique (de savoir) parce que l'intérêt du gouvernant y est aussi nécessairement engagé, gouvernant comme gouverné faisant partie de la communauté politique.

L'analogie privilégiée du *Politique* de Platon avec les arts tels que gymnastique ou médecine, qui sont tournés vers l'extérieur, n'est donc pas tenable jusqu'au bout. Faudrait-il alors s'en remettre exclusivement à la loi pour éviter l'interférence de l'intérêt personnel ? Cette question ne peut être tranchée de manière absolue, elle dépend du cas auquel on a affaire. Lorsqu'une règle générale est possible, les lois sont préférables, préservées qu'elles sont des passions inhérentes à l'âme humaine – point sur lequel s'accordent Aristote et Platon[2]. L'enjeu véritable de la discussion dans ces chapitres dépasse la simple comparaison des bénéfices respectifs d'un gouvernement par la loi ou le roi. La question est vite réglée dans la première partie du chapitre 16 en faveur de cette raison sans désir qu'est la loi (1287b7-8), dès lors que celle-ci a l'avantage supplémentaire d'être rentrée dans les mœurs, de s'appuyer sur les coutumes. Ce sont les questions qui n'en continuent pas moins de requérir une délibération, dans lesquelles on ne peut se contenter de la souveraineté de la loi, qui font ressurgir la difficulté centrale. Si Aristote en III 16 accorde sans hésitation à Platon la supériorité du jugement incarné dans les domaines échappant par définition aux prescriptions nues de la loi, ce n'est pas un argument définitif en faveur de la royauté absolue.

Plus que de savoir qui du roi ou de la loi doit gouverner, la question essentielle est donc la suivante : dans les cas où la loi est inopérante, à qui s'en remettre ? À un homme supérieur ou à une collectivité (cf. *Pol.* III 16, 1287b18-25) ? L'éventualité d'une délibération et d'une décision collective se voyait expressément refusée par le *Politique* au motif que la science, qui plus est la plus haute, ne saurait être la propriété du grand nombre, sans quoi la politique serait en fin de compte un art bien plus facile et plus largement partagé que celui du trictrac (292e). Le début du chapitre 15, résumant les discussions des pages 293e-300c du dialogue, concède à Platon que la loi ne peut rien prescrire concernant le particulier (1286a15), que seul le règne de la loi préserve du gouvernement des passions, risque inhérent à tout pouvoir humain (1286a17-20), et enfin que le meilleur parti demeure que l'homme le meilleur soit en position de législateur. Cependant, cette dernière solution ne résout pas entièrement le problème. En effet,

1. Sur la conception platonicienne de la science politique, voir M. Dixsaut, « Une politique vraiment conforme à la nature », *Reading the Statesman*, p. 253-273.

2. Voir *Pol.* 300a-c et *Lois* IX, 875b-c.

là où il n'est pas possible pour la loi de juger tout court ou de juger correctement, est-ce qu'un seul, le meilleur, doit commander ou bien tous ? De fait, tous les citoyens réunis rendent la justice, délibèrent et prononcent des jugements, et ces jugements portent tous sur le particulier [αὗται δ' αἱ κρίσεις εἰσὶ πᾶσαι περὶ τῶν καθ' ἕκαστον]. Pris individuellement, sans doute n'importe lequel d'entre eux est-il inférieur comparé au meilleur, mais la cité est faite d'une multitude, comme un festin payé en commun est plus beau que celui payé par un seul et unique individu. C'est pourquoi aussi une foule est meilleur juge qu'un individu quelconque dans bien des cas. (*Pol.* III 15, 1286a24-33)

Le particulier et le jugement commun

Ces lignes introduisent l'élément décisif pour fonder l'idée d'une valeur de la délibération collective. Demeuré implicite en III 11, il tient dans le fait que les jugements gagnent à être collectifs portent tous sur du particulier (1286a27). Les cas par nature indéterminés, où le mutisme de la loi laisse le jugement à l'appréciation du magistrat, sont ceux qui se prêtent le mieux au jugement collectif. Relevant par essence du particulier, ils appellent une perception que la multiplication des points de vue enrichira au lieu d'affaiblir. Aussi les lignes 1287b26-30 de III 16 reprennent-elles l'analogie du chapitre 11 de l'homme aux capacités sensorielles démultipliées (1281b5-7), qui faisait immédiatement suite à celle du repas collectif (1281b1-4). L'indétermination, loin d'être un argument pour laisser la souveraineté à un homme royal doté d'une intelligence supérieure, est une raison supplémentaire de s'en remettre à un jugement pluriel, augmenté des capacités de chacun (1287b27-29). Que les objets sur lesquels on délibère soient des particuliers invite ainsi à pluraliser les contributions au jugement, à multiplier les points de vue pour avoir une meilleure saisie de l'objet. Appliquée à un universel abstrait, une telle supposition serait en effet dénuée de sens, comme le souligne F. Wolff.

Dans l'ordre politique, comme dans l'ordre esthétique en effet, les jugements de la collectivité sont supérieurs à ceux des experts, parce qu'ils sont en quelque sorte plus « complets » et envisagent les choses sous un plus grand *nombre* de points de vue ; comme si, à l'inverse de la science, dont le point de vue sur son objet est théorique et donc achevé, la plus haute science ne pouvait jamais achever de « discerner » l'objet politique ou esthétique, faute d'ubiquité. (…)

Le langage de la science c'est la *prédication par soi*, parce que c'est celui de l'être nécessaire. C'est pourquoi le savant, le technicien ou l'expert déduisent le particulier du général et subsument dans leurs jugements (« déterminants ») cette maison dans le concept de maison. Ce discours serait le seul légitime s'il n'y avait pas d'accidents, s'il n'y avait que l'être en soi, en d'autres termes si « chaque chose était identique à sa propre quiddité » (voir *Métaph.*, Z, 6, 1031a15 sq.). Mais il est un autre discours et il est politique. Le propre du consommateur, ou de l'assemblée du peuple, c'est d'énoncer dans des jugements les propriétés par accident des mêmes choses. (…) De ce point de vue, il n'y a pas de compétence qui tienne, il n'y a que notre collectivité qui vaille. Pour plusieurs raisons. D'abord parce que les accidents sont infinis, et c'est pourquoi aucun discours de vérité ne peut en dernière instance les totaliser (ni définition, ni science) et épuiser par là l'*être* de la maison. Plus nous serons, plus il y aura de points de vue différents, mieux ce sera[1].

C'est pourquoi même les monarques ont intérêt à s'adjoindre l'aide de collaborateurs bienveillants, à l'image de la fonction que remplit la rhétorique délibérative dont le conseil prépare la décision de l'assemblée. Tel est l'argument à opposer aux partisans de la royauté absolue. Ce sont donc les objets par essence particuliers échappant aux déterminations de la loi, autrement dit les mêmes que ceux sur lesquels délibère bien le prudent et s'exerce son jugement équitable, qui semblent appeler la délibération collective et le jugement populaire. Il semblerait alors permis de le créditer, lui aussi, d'une forme de *phronèsis*. Le chapitre III 15 vient par ailleurs conforter cette idée que l'intérêt commun est plus à même d'émerger des décisions de la foule, en avançant un second argument, selon lequel cette dernière est plus difficile à corrompre, car moins sujette aux passions humaines (1286a32-b6). Dans les matières où la loi ne peut trancher, le jugement de la collectivité offre davantage de garanties dans la mesure où il semble plus difficile d'enflammer une foule qu'un seul homme, sous réserve que cette collectivité soit constituée en majorité de vertueux (cf. *Pol.* III 15, 1286a33-b5).

On pourrait trouver de quoi conforter cette thèse, dont l'optimisme pourrait laisser perplexe[2], dans certains développements du livre I de la *Rhétorique*. Aristote y souligne que dans les questions de rhétorique délibérative, il est moins efficace de parler hors de la cause que dans les questions judiciaires. En effet, les auditeurs y sont plus attentifs à l'intérêt commun dans la mesure où chacun se sent concerné. Comparant le risque de partialité pesant respectivement sur les décisions judiciaires et politiques, Aristote soutient la thèse paradoxale que dans les délibérations politiques, le juge est potentiellement moins vulnérable à la manipulation que dans le jugement judiciaire, au motif que son intérêt est aussi en question.

Il y a moins d'intérêt à parler hors de la cause dans les discours d'assemblée et le discours d'assemblée est moins captieux que la plaidoirie, parce qu'il relève davantage de ce qui est commun [κοινότερον]. En effet, dans ce domaine, le juge tranche sur des sujets qui le concernent en propre [ἐνταῦθα μὲν γὰρ ὁ κριτὴς περὶ οἰκείων κρίνει], de sorte que celui qui conseille n'a rien d'autre à faire que de démontrer qu'il en va comme il le dit. Mais dans les affaires de justice, cela ne suffit pas, et il y a avantage à gagner l'auditeur car le jugement a trait à des questions qui lui sont étrangères [περὶ ἀλλοτρίων]. (*Rhét.* I 1, 1354b27-33)

Si l'auditeur se laisse distraire ou corrompre plus facilement dans un procès, c'est qu'il est moins directement intéressé au triomphe de la justice[3] et de la vérité dès lors qu'il n'est pas directement concerné ni affecté par la décision prise. La tentation de parler en dehors du sujet guetterait plus l'avocat que l'orateur

1. F. Wolff, « Aristote démocrate », p. 80, 85.

2. Voir P. Aubenque, « Aristote et la démocratie », p. 259.

3. On rejoint ici les remarques d'*EN* V 3, 1130a1-6 relatives à la justice : ce qui fait que cette vertu est plus difficile à pratiquer que les autres, c'est qu'elle se rapporte d'abord à autrui.

politique dont le garde-fou réside dans son auditoire même. Il n'y a donc pas tant à redouter que la masse des citoyens se laisse abuser dès lors que ce sont ses intérêts qui sont en jeu. Elle est moins manipulable que dans le cadre des procès où les juges « se donnent aux parties au lieu de juger» (1355a1), parce qu'ils écoutent pour le plaisir, sans se sentir véritablement concernés. C'est pourquoi il est plus efficace de jouer sur les passions de l'auditeur dans la rhétorique judiciaire que dans la délibérative et pourquoi aussi il n'est pas interdit de faire confiance au jugement de la masse sur des questions d'intérêt général[1].

La perception de l'intérêt commun

Au terme de ces différents détours, par la discussion dialectique de III 15-16 et par la *Rhétorique*, on dispose à présent d'un certain nombre d'arguments en faveur de ce que le chapitre III 11 semblait postuler plutôt que véritablement démontrer. Pour être tout à fait recevable, l'argument de la « sagesse de la multitude »[2] doit néanmoins lever une dernière interrogation, suscitée par l'image aristotélicienne d'un corps collectif dont les puissances seraient décuplées à proportion de ses organes démultipliés. Qu'est-ce qui assure la coordination de ces perceptions multiples et leur unification en une vertu « émergente » de la foule ? Qu'est-ce qui permet à la multitude de faire corps[3], garantissant ainsi que la réunion soit meilleure que les individus rassemblés, que leurs qualités s'amalgament plutôt qu'elles ne s'annulent ?

Le début du chapitre III 4, reprenant l'image, familière aux dialogues de Platon[4], du navire et de son équipage, nous fournit un début de réponse. Précisant que la pluralité des offices et des vertus de ceux qui prennent part à la traversée n'est pas incompatible avec la communauté d'une définition, celle de membre de l'équipage, il souligne que cette définition tient sa réalité du but commun qui réunit la multiplicité de ces individus.

1. Cela ne signifie pas cependant qu'il sera absolument exempt de passions. Comme l'indique le passage de *Pol.* III 16, 1287b2-3 cité *supra* p. 288, dès lors que des intérêts propres sont en jeu, un jugement n'aura pas plus la neutralité et l'impartialité qui est celui du jugement technique ou scientifique désengagé, dont ne relèvent ni le jugement politique ni le jugement judiciaire.

2. Voir J. Waldron, « The Wisdom of the Multitude : Some Reflections on Book 3, Chapter 11 of Aristotle's *Politics* », *Aristotle's Politics : Critical Essays*, p. 145-165.

3. Sur cette interrogation, voir F. Wolff, « Aristote démocrate », p. 74-75. Comme le dira J.-J. Rousseau, « si l'opposition des intérêts particuliers a rendu nécessaire l'établissement des sociétés, c'est l'accord de ces mêmes intérêts qui l'a rendu possible. C'est ce qu'il y a de commun dans ces différents intérêts qui forme le lien social, et s'il n'y avait pas quelque point dans lequel tous les intérêts s'accordent, nulle société ne saurait exister » (*Du Contrat Social*, II, I, p. 190).

4. Cf. *Rép.* VI, 488a-489c ; *Pol.* 296e-297a.

La sécurité de la navigation est leur œuvre à tous : elle est ce à quoi tend chacun des marins. Il en va de même donc pour les citoyens : quoiqu'ils soient dissemblables, la sécurité de la communauté est leur œuvre, et la constitution est cette communauté [κοινωνία δ' ἐστὶν ἡ πολιτεία]. (*Pol.* III 4, 1276b26-29)

La constitution, âme de la communauté politique, vise l'avantage commun dans ses formes droites tout au moins[1]. Sauvegarder la constitution, c'est donc œuvrer à la préservation de cet intérêt commun dont il reste à comprendre les conditions de perception. Pour ce faire, la constitution d'une forme d'expérience commune est requise. C'est ce qui ressort du chapitre VII 4 déterminant la taille limite qui convient à une cité, au-delà de laquelle ses actions, consistant à donner des ordres et à juger, sont entravées et son unité compromise.

Les actions de la cité [αἱ πράξεις τῆς πόλεως] sont celles des gouvernants et celles des gouvernés, et la fonction du gouvernant consiste à donner des ordres et à juger ; pour juger des questions de justice et pour répartir les magistratures selon le mérite, il est nécessaire que les citoyens se connaissent mutuellement [γνωρίζειν ἀλλήλους], sachent leurs qualités, parce que là où il s'avère que ce n'est pas le cas, nécessairement ce qui concerne les magistratures et les jugements va mal. (*Pol.* VII 4, 1326b12-18)

Certaines conditions démographiques paralysent donc l'action de la communauté politique : si les citoyens sont trop nombreux, il sera inenvisageable que tous se connaissent assez pour attribuer les magistratures à ceux qui en sont dignes, ou pour juger en véritable connaissance de cause. Cette nécessité d'une connaissance mutuelle entre les citoyens est une nouvelle preuve du fait que la perception et la réalisation de l'intérêt commun ne surgissent pas simplement de l'addition des subjectivités particulières, sans quoi la taille de la cité ne serait d'aucune influence[2]. On reconnaît dans cette nécessité d'une connaissance mutuelle des citoyens l'un des réquisits de la concorde la distinguant de la simple identité d'opinion.

La concorde paraît également relever de l'amitié. C'est pourquoi elle n'est pas identité d'opinion car cette dernière pourrait aussi appartenir à des gens qui ne se connaissent pas mutuellement [ἀγνοοῦσιν ἀλλήλους]. (*EN* IX 6, 1167a22-25)

La perception de l'intérêt commun requiert aussi que toutes les parties au sens propre de la cité participent à la délibération (cf. *Pol.* IV 14, 1298b20-21), ce

1. Cf. *EN* VIII 11, 1160a11-14, *Pol.* III 6, 1279a17-20 et III 7, 1279a25-39. L'avantage commun contribue à la vie heureuse qui est le but de la communauté politique. Cf. *Pol.* III 6, 1278b21-23 : « Cependant c'est aussi l'avantage commun [τὸ κοινῇ συμφέρον] qui réunit, dans la mesure où cela apporte à chacun une part de vie heureuse. »

2. Rousseau s'en souviendra lors de ses recommandations concernant les conditions d'expression de la volonté générale : « Il y a dans tout corps politique un maximum de force qu'il ne saurait passer, et duquel souvent il s'éloigne à force de s'agrandir. Plus le lien social s'étend, plus il se relâche, et en général un petit État est proportionnellement plus fort qu'un grand. Mille raisons démontrent cette maxime (…) : non seulement le Gouvernement a moins de vigueur et de célérité pour faire observer les lois, empêcher les vexations, corriger les abus, prévenir les entreprises séditieuses qui peuvent se faire dans des lieux éloignés ; mais le peuple a moins d'affection pour ses chefs qu'il ne voit jamais, pour la patrie qui est à ses yeux comme le monde, et pour ses concitoyens dont la plupart lui sont étrangers », *Du Contrat Social*, II, IX, p. 208-209.

qu'on peut encourager par des dispositions incitant les membres des divers groupes sociaux à siéger dans les assemblées : amendes en cas d'absence pour les riches, indemnités pour les pauvres. Sur la base d'une expérience partagée et d'une communauté affective, c'est-à-dire d'un vivre ensemble impliquant le partage d'une expérience, et non simplement d'un territoire[1], il est permis de supposer au grand nombre cette vertu de totalisation que lui reconnaît Aristote. Loin de valider indifféremment toute forme de démocratie, l'argument ne vaut que sous la restriction précédemment mentionnée, à savoir que la foule possède ce minimum d'éducation légitimant le principe de la délibération collective. Les *prakta* qui en sont la matière relèvent de l'avantage commun auquel chacun est intéressé, comme chacun des marins à la sûreté du navire, et que chacun est en mesure de saisir dans les limites de ses compétences. Sous réserve d'être un sens du commun[2], ce sens commun est bien apte à juger des questions qui intéressent tout un chacun dans la cité.

Bilan : conséquences politiques de la redéfinition de la phronèsis

Contre Platon, Aristote ne se contente donc pas de réhabiliter Périclès : il réhabilite aussi l'assemblée démocratique qu'il crédite d'une pleine aptitude à délibérer et juger. Ces actes font partie de ceux qui relèvent de la *phronèsis* sous sa forme explicitement qualifiée de politique[3]. Parce que ses objets se soustraient au régime de la science, parce qu'ils concernent les intérêts essentiels de l'existence, ils échappent au règne exclusif des savants et intéressent le corps des citoyens. En rapprochant les analyses d'*Éthique à Nicomaque* VI 8 et de *Politique* III 11, il est envisageable que la masse réunie en assemblée puisse revendiquer une certaine *phronèsis*, à condition de limiter son champ d'application à ce qui peut faire l'objet d'une réflexion collective, les fonctions de commandement demeurant de la compétence d'un seul. Comme le souligne F. Wolff, à la question

> quels pouvoirs accorder au *dèmos* ? [Aristote] répond : les tâches qui peuvent et doivent s'exercer collectivement, délibération et jugement, c'est-à-dire non pas celles qui sont liées à l'administration ou à la conduite suivie d'une action, mais celles où la *multiplicité* des points de vue, compensée par l'*unité* du corps de l'Assemblée, au lieu de paralyser l'action ou de rendre incohérente l'administration, enrichit la délibération ou le jugement. Autrement dit, quelles

1. Cf. *EN* IX 9, 1170b11-14 cité *supra* p. 193.

2. Contrairement à la vision, certes séduisante, d'une vertu du dissensus avancée par B. Cassin (*L'effet sophistique*, Paris, Gallimard, 1995, p. 247), ce n'est pas des égoïsmes et des dissensions de la masse qu'est susceptible d'émerger la perception d'un bien commun. Telles que nous les comprenons, les lignes 1167b13-16 d'*EN* IX 6 décrivant la méfiance généralisée régnant entre des citoyens médiocres, moins soucieux de réaliser le bien commun que d'entraver les intérêts d'autrui, ne suggèrent pas que cette mutuelle surveillance puisse sauvegarder l'intérêt commun mais qu'elle signe plutôt la disparition de ce dernier, et avec lui de la concorde.

3. Cf. *EN* VI 8, 1141b32-33 : « Parmi ces formes [de *phronèsis*] l'une est économie domestique, une autre législation, une autre politique, laquelle est divisée en une forme consistant à délibérer, l'autre à juger [καὶ ταύτης ἡ μὲν βουλευτικὴ ἡ δὲ δικαστική]. »

fonctions attribuer au peuple ? Celles qui dépendent du peuple en tant que peuple, en tant que peuple-un[1].

Sans être exempte de tensions que nous ne prétendons pas ici entièrement lever, la conciliation des thèses des chapitres III 4 et III 11 de la *Politique* ne nous paraît donc pas impossible. On peut reconnaître à l'assemblée des citoyens une forme de *phronèsis* autorisant la participation de tous au pouvoir délibératif et judiciaire, même si la possession personnelle de cette *phronèsis*, pour les fonctions exécutives ou celle de législateur, n'en demeure pas moins essentielle[2]. La redéfinition de cette vertu permet de résoudre la difficile question de la répartition du pouvoir sous la forme, diachronique, de l'alternance selon l'âge, ou sous celle, synchronique, de la délibération collective, sans renoncer à l'idée qu'il existe une vertu du gouvernant ni ôter toute légitimité à la pratique démocratique. Comme le souligne P. Aubenque,

> la réhabilitation de la démocratie n'est pas chez Aristote une thèse circonstancielle et isolée, mais se rattache à des thèses essentielles de sa philosophie. Le domaine des actions humaines n'est pas, comme le croyait Platon, susceptible d'être soumis à des déterminations de type mathématique ; les affaires humaines sont trop complexes, trop soumises à des déterminismes multiples et concurrents, et finalement trop liées à la liberté des comportements individuels, pour autoriser une analyse exhaustive, sur la base de laquelle pourraient être prises des décisions scientifiquement justifiables. La prétention à la scientificité ne pourrait conduire ici qu'à une sorte de dictature du rationnel sur une matière humaine rétive à ses déterminations[3].

Si nous sommes en parfait accord avec cette thèse générale, nous voudrions la préciser sur un point. Ce n'est pas seulement parce que les affaires humaines sont d'une trop grande complexité que la compétence scientifique est inopérante et que la pratique démocratique y gagnerait un sens, en quelque sorte par défaut. En effet, la description de la complexité du monde humain invoquée par P. Aubenque ne serait nullement désavouée par le Platon du *Politique*[4] qui n'en continue pas moins d'affirmer la précellence inconditionnelle de l'homme doué de science royale. Alléguer la complexité des affaires humaines ne suffit donc pas à expliquer que la compétence ne soit plus chez Aristote le monopole d'une élite. Au contraire, serait-on tenté de dire, cette complexité devrait même rendre plus indispensable encore le recours à un homme supérieur, une intelligence incarnée. Si la réhabilitation, prudente, de la démocratie n'est pas une thèse accidentelle ou marginale dans la réflexion politique d'Aristote, c'est plus fondamentalement parce que les décisions politiques portent sur des *prakta*, c'est-à-dire des objets contingents – ce qui n'implique pas qu'ils soient nécessairement « complexes » –

1. F. Wolff, « Aristote démocrate », p. 72.

2. En témoignent le cas de ces individualités exceptionnelles évoquées en *Pol.* III 13 ou la figure du législateur qui parcourt l'ensemble de la *Politique*. Sur la figure du nomothète, voir R. Bodéüs, *Le philosophe et la cité*, p. 95-132

3. P. Aubenque, « Aristote et la démocratie », p. 262.

4. Cf. *Pol.* 294a-c. On sait l'influence que ce texte a pu avoir sur les conceptions aristotéliciennes, en particulier celle de l'équité comme correctif de la justice légale.

dont le principe est dans l'agent. Ces objets ne préexistent pas à l'opération de délibération, individuelle ou collective, mais en sont absolument solidaires. Cette « ontologie des *agibilia*, des *prakta* » que P. Aubenque dessine dans *La prudence chez Aristote* (p. 107) va jusqu'à rejaillir sur la nature de l'exercice politique. Le *prakton* politique se donne en fonction de la situation dans laquelle se trouve la communauté politique et dans une interprétation de ce qu'elle juge être son bien. Parce que cet objet, irréductible aux déterminations de la science et de la technique, a son principe dans la délibération et le choix d'un agent individuel ou collectif, on peut concevoir une pratique politique qui ne soit plus le monopole des experts mais l'affaire du corps politique.

À la lumière de cette *phronèsis* collectivement partagée plutôt que nécessairement individuée, il est possible de reconsidérer certains déplacements opérés par Aristote par rapport aux critères platoniciens de la politique authentique. Dans le *Politique* de Platon, la présence de la *phronèsis* constitue la seule marque distinguant la forme légitime des formes illégitimes de gouvernement, les critères du nombre ou de la richesse étant récusés par l'Étranger ou valant seulement dans des constitutions de second rang. De même, au livre III de la *Politique* d'Aristote, c'est la visée de l'intérêt commun, plutôt que le nombre ou la richesse des gouvernants, qui vient départager les formes constitutionnelles droites ou déviées[1]. Or quelle est la faculté qui vise et réalise l'intérêt commun ? Ce n'est autre que la *phronèsis*, saisie de l'utile et visée du bien vivre en général, sous sa forme individuelle ou collective. Le bon gouvernant aristotélicien est celui qui cherche à réaliser un intérêt commun qui, ayant la singularité des objets de l'action, appelle la délibération. Il n'en continue pas moins de se caractériser par la possession de la *phronèsis*. Rien dans la nature de cette aptitude n'interdit de faire l'hypothèse que cette instance gouvernante puisse s'incarner collectivement, rien ne dit que l'idée d'une vertu du gouvernant (III 4) et celle d'une vertu d'expression collective (III 11) ne soient pas compatibles. Un régime « démocratique » qui viserait effectivement l'intérêt général, dont les délibérations et décisions seraient orientées par le souci de la communauté, n'a donc en soi rien d'illégitime, possédant collectivement cette *phronèsis* qui fait les bons gouvernements. En fondant le critère de la constitution droite sur la visée de l'intérêt commun plutôt que sur la possession d'une science, Aristote serait ainsi moins loin de Platon qu'il n'y paraît. Au prix d'une profonde redéfinition de la *phronèsis* qui exclut qu'elle soit science et qui admet qu'elle puisse être le partage d'une instance collective, c'est donc bien toujours la *phronèsis* et son objet, à savoir l'intérêt commun, qui sont gage de vraie politique.

On a coutume de chercher ce qu'il reste de platonicien dans les traités politiques dans les livres VII-VIII de la *Politique*, parfois qualifiés d'idéalistes parce qu'ils sont consacrés à la constitution selon nos vœux, ou encore dans cette

1. Cf. *Pol.* III 6, 1279a13-15.

recherche constante de la constitution excellente à laquelle Aristote reste fidèle[1]. Mais cet héritage est également sensible jusque dans la manière de repenser les modalités de la compétence politique. Loin d'avoir renoncé à faire de la *phronèsis* le critère du vrai politique, Aristote conserve le sens d'une telle exigence. Reste qu'ainsi redéfinie, ainsi pluralisée, loin de nous reconduire au règne du philosophe roi, la *phronèsis* devient la meilleure arme à opposer au platonisme politique.

La redéfinition du concept de *phronèsis* autour de son corrélat, le *prakton*, témoigne ainsi d'une nette conscience chez Aristote de la spécificité du savoir pratique, comme l'ont révélé aussi bien le parcours des textes éthiques que la lecture des traités politiques. La singularité de l'action s'exprime à travers ses objets propres (les *prakta*), ses actes propres (*proairesis* et *bouleusis*), son savoir propre *(phronèsis)*. Autant de nouveautés absentes des descriptions platoniciennes de l'action qui, tout en lui reconnaissant dans le *Politique* une complexité particulière ou en butant dans le *Ménon* sur la forme de savoir qu'elle exige, se refusaient ou échouaient à l'émanciper du modèle de la connaissance. Ce pas est bel et bien franchi par Aristote, qui a vu dans la tentative de réduire cette réalité particulière au modèle d'une compétence rationnellement transmissible l'origine du malentendu socratico-platonicien. Tout irréductible qu'il soit au paradigme technico-scientifique, le savoir éthique et politique dont il construit pas à pas le concept, ayant pour nom commun *phronèsis,* n'en a pas moins une consistance et une excellence propres, incarnée par le prudent ou déployée collectivement par l'assemblée délibérante.

1. Voir P. Pellegrin, *Aristote. Les Politiques*, p. 34 *sq*.

CONCLUSION

Le débat avec Platon qui parcourt l'*Éthique à Nicomaque* gouverne la constitution de ses concepts fondamentaux qui tirent de cette conversation continuée leur sens et leur consistance. S'il faut se garder de réduire le rapport d'Aristote à Platon à la critique sans appel de l'Idée du bien, ce geste inaugural de réfutation, augmenté de sa contrepartie positive – la définition du bonheur –, n'en est pas moins décisif car il met en place les deux instruments théoriques qui commandent la résolution des différents problèmes éthiques. Les notions d'*energeia* et de *prakton*, structurant le concept aristotélicien du bonheur, font office de levier venant désamorcer une à une les difficultés qui grèvent, aux yeux d'Aristote, l'éthique platonicienne. On les retrouve au cœur de la résolution des apories entourant l'amitié, à la source de la réévaluation du plaisir, au principe de la redéfinition du savoir pratique. Vers elles viennent converger les lignes de force qui sous-tendent cette confrontation critique avec l'héritage platonicien qui échappe par là au double risque de la réduction (à la seule critique de l'Idée du bien) et de la dispersion (en une multitude de désaccords locaux sans autre point commun que leur esprit d'opposition). Du bien, Platon ne s'est pourtant pas contenté de poser une Idée, il s'est efforcé d'en mettre en scène la poursuite à travers les différentes apories concernant la nature de la vertu, la valeur du plaisir ou les conditions de l'amitié. Celles-ci disent à la fois, pour paraphraser Pascal, que nous avons une idée du bien, invincible à tout le scepticisme, et une impuissance à le prouver, invincible à tout le dogmatisme[1], faisant de cette recherche une quête toujours recommencée. Il restait à montrer que cela n'était pas ignoré d'Aristote. Dès lors que la trace des apories platoniciennes redevient lisible à la surface des *Éthiques*, on mesure combien la médiation platonicienne, loin de nous éloigner de la thèse aristotélicienne, nous y conduit pas à pas.

De l'éthique aristotélicienne ainsi revisitée ressortent trois axes correspondant aux trois déclinaisons du bien en vertu, amitié et plaisir. Chacune d'elles recèle un cœur platonicien, cœur ouvertement aporétique ou simplement problématique,

1. Voir Pascal, *Pensées et opuscules*, Br. 395/ Laf. 406, p. 519 : « *Instinct. Raison.* —Nous avons une impuissance de prouver, invincible à tout le dogmatisme. Nous avons une idée de la vérité, invincible à tout le pyrrhonisme. »

dont la pensée aristotélicienne entend repartir : les concepts de *phronèsis*, de *philia* et d'*hèdonè*, qui font chacun l'objet d'une définition originale d'Aristote, sont autant de solutions à des questions platoniciennes. C'est ce dialogue continué avec le *Ménon*, le *Lysis* ou le *Philèbe* qui vient informer, voire décider de leur construction. Formant le centre de cette recherche et le tout de l'*Éthique à Nicomaque*, ils convergent vers une seule affirmation, qui peut décevoir tant elle est simple, à savoir que le bien, pour nous humains, est action. C'est en effet autour du statut de l'action et de sa place dans la vie heureuse qu'on voit Aristote se démarquer des solutions platoniciennes non sans en avoir au préalable extrait ses propres instruments.

De l'action, l'éthique aristotélicienne met en lumière la positivité. Elle entend élucider ce qui demeure plus ou moins dans l'ombre chez Platon faute, selon nous, d'être jamais thématisé en tant que tel : la manière dont bien agir est pour l'agent source d'accomplissement. En la pensant comme *energeia*, l'autre nom de l'action achevée, Aristote met en lumière ce que l'action humaine comporte de plénitude, trouvant dans la vertu, le plaisir et l'amitié sa traduction. L'*energeia* vient ainsi unifier ces trois visages du bien en soi qui organisent la progression de l'*Éthique à Nicomaque*, formant l'étoffe du bonheur. Ce faisant, elle démarque ce bien – conçu et vécu comme activité – du bien platonicien, que ce dernier soit pensé sur le mode de l'Idée ou sous la forme de sa réduction d'origine socratique à la vertu. Mieux que l'éthique platonicienne qui, du *Gorgias* au livre IX de la *République*, de l'*Apologie* aux *Lois*, ne cesse pourtant de démontrer que le vertueux vivra heureux, l'éthique aristotélicienne, unifiée autour de la notion d'*energeia*, nous donne les moyens de concevoir et de comprendre quelle forme d'accomplissement l'homme trouve en agissant vertueusement. Si on ne saurait reprocher à Platon de ne pas nous avoir dit quelles satisfactions nous pouvions attendre, ici bas et au-delà, d'une vie vécue selon la vertu, on peut savoir gré à Aristote d'avoir su véritablement nous le montrer, par le biais du concept d'activité qui apporte à notre expérience du plaisir d'agir la lumière de l'intelligibilité.

Dans ce dialogue avec Platon se dessine un même geste, solidaire de cette valorisation de l'action : il vise à sortir du modèle platonicien du désir pour lui substituer celui de l'activité. Chez Platon, les difficultés à rendre compte de ce que les expériences éthiques du plaisir comme de l'amitié comportent d'activité, c'est-à-dire de positivité, semblent en effet s'enraciner dans la prééminence explicative du désir et du manque qui lui est inhérent. La reconnaissance pour le moins ambiguë des plaisirs purs proposée dans le *Philèbe* ne suffit pas à les émanciper du schéma de la *genesis* qui enferme le plaisir dans la spirale du manque et de la réplétion, du vide et de l'aspiration. Même si le *Philèbe* ne manque pas de faire une place au plaisir dans la vie heureuse, les réticences accompagnant cette légitimation se lisent encore dans le fait que le mixte de plaisir et de pensée que représente la vie bonne demeure une concession à notre humanité incarnée, quand la vie véritablement divine semble pouvoir s'en passer. Les plaisirs, même purs, restent ainsi peu ou prou marqués du sceau de l'imperfection, celle d'une condition mortelle prise dans le cycle du désir et du devenir. Si le désir est source de dynamisme, en introduisant du mouvement dans la vie éthique, cet élan n'est pourtant pas exempt d'une forme de manque, marque d'une nostalgie de l'être et de sa plénitude dont les mythes de l'incarnation du *Phèdre* ou du *Timée* expriment à leur manière la perte.

À cette reconnaissance, voilée de réticence, du plaisir dans la vie heureuse, Aristote ne saurait consentir, lui qui lie résolument le plaisir au bien par le biais de l'*energeia*. Il en fait apparaître la liaison intrinsèque, préférant en penser l'union plutôt que la pure et simple identité comme le fait un hédonisme non moins erroné que ses adversaires acharnés. Le bien ne s'identifie pas plus au plaisir qu'il ne s'assimile à la vertu. Si chacun des termes de cette trilogie, dont l'*energeia* constitue le commun soubassement, garde son autonomie, un des principaux bénéfices de la redéfinition du plaisir en termes d'achèvement de l'activité tient dans sa capacité à rendre compte de la dynamique de l'action vertueuse dans laquelle se réalise l'homme bon. Substituer au schème platonicien consacrant le primat du désir celui de l'activité permet d'insuffler dans la vie éthique ce même élan que le désir platonicien venait imprimer, avec cette différence qu'il résulte d'une plénitude plutôt que d'une incomplétude. En effet, la vertu est ce qui vient convertir le simple désir du bien en activité, l'impulsion en disposition, l'inachèvement en perfection. Parce qu'elle se construit dans et se nourrit de l'*energeia*, la disposition vertueuse contient cette densité d'être qui confère à l'existence la cohérence d'une totalité unifiée en même temps qu'elle comporte un entraînement vers l'action, une propension à se déployer que les accidents de la vie peuvent venir entamer sans pour autant l'annihiler. Rendant raison de la constitution des dispositions vertueuses en même temps que du plaisir pris à leur déploiement, l'*energeia* montre comment celles-ci participent de l'accomplissement d'une nature.

Ce dépassement des impasses du désir se repère à nouveau dans l'analyse de l'amitié dont le centre de gravité se déplace du souhait à l'action, de la bienveillance à la bienfaisance, de la solitude de l'homme bon à la complétude du vivre ensemble. Les exigences éthiques qui en structurent le concept (bonté et similitude des amis) semblent dans l'aporie finale du *Lysis* contredire voire interdire, sous peine de redondance, le mouvement même de sa quête. Cet élan qui nous pousse vers autrui demeure, au moins dans le *Lysis*, un appel sans réponse faute de parvenir à découvrir la nature de ce propre (*oikeion*) que l'on recherche et reconnaît en autrui et qui apparente les amis. Tant qu'il ne se voit pas arraisonné au mouvement ascendant et englobant de l'Éros culminant dans l'accès aux Idées, seules capables de le fonder en même temps que de le combler, le désir à l'origine de l'amitié reste enveloppé d'opacité. À ces difficultés, la conception aristotélicienne propose une réponse en substituant aux apories du désir la force explicative de l'activité. Sans prétendre davantage à l'autosuffisance, l'être humain conquiert par instants dans l'action et plus encore dans l'action partagée vécue dans l'amitié, cet accomplissement de soi qui constitue le bien humain. Une telle résolution est symptomatique du déplacement aristotélicien substituant à une philosophie du désir, habitée par une transcendance à retrouver, une philosophie de l'activité, celle d'une plénitude « en pointillés » dessinée dans ces achèvements ponctuels que sont les belles actions.

Cette proximité temporelle doublée d'une affinité de nature entre plaisir et activité place en l'agent le principe de son action, non pas seulement au sens psycho-physique où ses facultés de désir et de pensée sont le principe de ses actes, mais aussi métaphysiquement, au sens où l'action est déploiement de ses puissances. Que le plaisir prime sur le désir dans l'explication de l'amitié, que la disposition vertueuse se constitue dans l'action au lieu de lui préexister, voilà autant de traductions éthiques du principe métaphysique de l'antériorité de l'acte. Si nous n'avons pas trop insisté sur ce lien souterrain entre l'éthique et la métaphysique aristotéliciennes, c'est pour ne pas priver la première de cette autonomie locale que le philosophe lui préserve jalousement. Attentif à ne pas noyer l'éthique sous l'appareil métaphysique, Aristote prend garde à ne pas trop infuser de philosophie première dans l'explication de nos plus simples agissements. Il n'en reste pas moins que dans la prééminence accordée à l'activité sur le désir, l'éthique manifeste empiriquement, dans le concret de nos existences, cette priorité de l'acte sur la puissance métaphysiquement fondée en Θ 8[1]. Parce qu'elle est réalisation d'une humanité qui est tout à la fois essence et fin, l'*energeia* exprime ce progrès vers soi-même qui contient à la fois effectivité et normativité[2] et permet à l'éthique aristotélicienne de penser une réalisation de soi qui ne soit pas une négation de ce que nous sommes. L'invention aristotélicienne de l'*energeia*, si elle sert à surmonter ce que la philosophie de Platon implique de séparation, en éthique comme en métaphysique, signe en même temps la perpétuation de son exigence et son inscription à même nos œuvres et nos actes. Si elle déracine l'Idée du bien, c'est pour enraciner, ontologiquement, ce bien dans l'immanence des êtres et des actions.

En cherchant à donner sens à la thèse que le plaisir achève l'acte, en s'efforçant d'expliquer comment, à travers l'ami vertueux, nous contemplons en fait ce

1. Il n'est d'ailleurs pas exclu que se découvre dans l'éthique l'expérience qui a inspiré à Aristote les modèles de l'action achevée que sont vivre, être heureux et penser, la pratique constituant un champ privilégié de sa manifestation. C'est ce que suggère M. Burnyeat en faisant l'hypothèse que le célèbre « Passage » de Θ 6 opposant *kinèsis* et *energeia* pourrait provenir d'ailleurs que de la *Métaphysique* (« *Kinèsis* vs. *Energeia* » p. 241), peut-être d'une œuvre perdue qui aurait pu être un texte éthique (p. 273-278). Voir aussi G. Aubry, *Dieu sans la puissance*, p. 11.

2. Sur la dimension axiologique et ontologique de l'*energeia*, voir G. Aubry, *Dieu sans la puissance*.

qui nous est propre, on retrouve cette saisie de soi qui exprime la manière dont nous, humains, pouvons posséder le bien : non comme quelque chose d'éloigné dont il nous faudrait nous rapprocher mais comme cette intimité à notre propre essence qui se découvre à nous dans l'activité qui est déploiement d'une perfection. Grâce au concept d'*energeia*, l'éthique aristotélicienne parvient à surmonter la scission entre être et devoir être, à concilier immanence et exigence. L'action vertueuse a beau être prise dans la contingence d'un monde extérieur fait d'incertitudes, exposée aux fatigues d'une nature composée, elle parvient à dégager de ce devenir la plénitude d'une forme, l'expression d'une humanité ainsi accomplie. L'action est ainsi réalisation, au double sens où l'homme en même temps s'y constitue et s'y saisit, d'un même mouvement réalise ce qu'il est et qui il est.

Cette promotion de l'*energeia* ne va pas toutefois sans tension ou risque d'absorption dont les tiraillements locaux de l'éthique aristotélicienne sont le symptôme. En inscrivant l'action éthique sous le schème de l'*energeia*, dont sentir et penser constituent les formes paradigmatiques, le même geste qui consacre la dignité de la *praxis* court le risque d'entériner sa subordination aux formes les plus hautes de l'activité. En effet, il est d'autres modalités de l'activité pour l'homme que l'action : l'acte parfait qu'est la contemplation, vecteur des plus grands des plaisirs et gage du plus parfait des bonheurs, réunit, mieux que tout autre, les conditions de l'activité réussie. Si la *praxis* est *energeia*, demeure alors le soupçon qu'elle n'en sera pas la forme la plus haute, laquelle ne réside pas dans ces actions composant notre vie morale mais dans la contemplation qui nous extrait des affaires humaines. Cette subordination de la vie active à la vie contemplative réduirait l'action à n'être qu'une forme seconde et inévitablement secondaire du déploiement de nos capacités.

Cette tension, bien réelle, demeurerait insurmontée au risque de mettre en péril la cohérence interne de l'éthique aristotélicienne si le philosophe, en plus de consacrer la positivité de l'action, n'en dégageait aussi la singularité. La *praxis* n'est pas qu'une forme dégradée de l'*energeia* parfaite, ou comme le dira Plotin une manière de « contemplation affaiblie[1] ». Sa spécificité, qui permettra sinon de

1. Plotin, *Troisième Ennéade*, VIII, 4. De la nature, de la contemplation et de l'Un (Traité 30) : « Voyez les hommes ; lorsque la contemplation s'affaiblit chez eux [ὅταν ἀσθενήσωσιν εἰς τὸ θεωρεῖν], ils passent à l'action, qui est une ombre de la contemplation et de la raison [σκιὰν θεωρίας καὶ λόγου τὴν πρᾶξιν ποιοῦνται] ; incapables de se livrer à la contemplation à cause de la faiblesse de leurs âmes, ils ne peuvent assez saisir les objets et se remplir de leur vue ; ils désirent pourtant les voir, et ils cherchent, par l'action, à voir par les yeux ce qu'ils ne peuvent voir par l'intelligence. (…) Toujours, nous trouverons que la production et l'action sont ou bien un affaiblissement ou bien un accompagnement de la contemplation », traduction d'E. Bréhier, *Plotin, Ennéades*, t. III, Paris, Les Belles Lettres, « C. U. F. », 1985, p. 158. Sur l'action et la contemplation chez Platon et Plotin, voir V. Goldschmidt, *Le système stoïcien et l'idée de temps*, Paris, Vrin, 1989, p. 175.

dissiper cette tension, du moins de l'atténuer, est contenue dans le second terme qui vient déterminer le bien aristotélicien, à savoir le *prakton*. Le critère du *prakton* consacre cette propriété qu'a le bien humain d'être réalisable dans l'action, attendu que cette dernière ne se réduit pas à son exception contemplative, si éminente soit-elle. Le risque de subordination de la *praxis* à la *theôria* vaut en effet à condition que les deux soient absolument commensurables, qu'il y ait stricte homogénéité entre action et contemplation. Or l'action occupe une région particulière, dotée de ses objets propres, les *prakta*. Dès lors, ce qui apparaît d'abord comme un simple instrument critique contre la conception platonicienne du bien gagne au fil de l'*Éthique à Nicomaque*, à travers l'élaboration de la *phronèsis* et des notions qui lui sont afférentes, une teneur ontologique et une consistance épistémologique.

La reconnaissance de la singularité de l'action constitue en effet l'autre point de cristallisation du débat d'Aristote avec l'éthique platonicienne. La redéfinition du savoir pratique qu'est la *phronèsis* implique de prendre en considération son irréductibilité aux autres modèles de la rationalité. De même qu'on a vu la prégnance du schème du désir susciter des apories récurrentes au sein de l'éthique platonicienne, de même l'épistémologie platonicienne de la pratique se voit-elle mise en difficulté par la prédominance du paradigme technique et scientifique hérité de Socrate avant d'être métaphysiquement fondé sur les Idées. La primauté de ce modèle épistémologique conduit sinon à nier, du moins à réduire la spécificité de l'action et de la pensée qu'elle requiert. La thèse de la vertu-science examinée par le Socrate du *Ménon* et des premiers dialogues est l'expression de cette inlassable aspiration à fonder l'action sur la rationalité d'un savoir, en même temps que le constat réitéré de son échec. Faute d'enseignants et de fondement discursif de la compétence à transmettre, on doit renoncer, au moins provisoirement, à définir cette vertu politique que les sophistes se vantent trop légèrement de détenir et de délivrer.

Aux apories socratiques entourant le savoir pratique, les développements de la pensée platonicienne avaient cependant proposé une double solution. À la question du fondement de la connaissance pratique et de la science politique, la *République* répond par la position des Idées couronnées par l'Idée du bien. À la question de la forme d'un tel savoir, le *Politique* répond par la description de la science directive, qui, sans s'émanciper du modèle scientifique, en est le développement et l'adaptation à la sphère pratique. La description de la compétence du politique constitue la tentative la plus poussée de donner forme à l'idée d'une science appliquée à l'action, entre les sciences purement théoriques qui n'ont aucune part à la pratique, et les sciences productives qui amènent choses et êtres à l'existence. Située au-dessus des unes et des autres, elle en organise l'usage et sait en tirer bénéfice[1], faisant le lien entre penser et agir mis en lumière par

1. Cf. *Pol.* 287b-289c, 305c-e.

M. Dixsaut[1]. Le *Politique* représente l'ultime continuation des exigences socratiques puisque l'homme royal doué de *phronèsis* y incarne cette synthèse entre la suprématie de la science et la prise en compte de la matière des actions humaines, en doublant la rationalité de son savoir de l'efficacité d'une pratique. Une telle réponse au problème de la compétence politique ne pouvait par conséquent que s'assortir d'une condamnation, celle des formes démocratiques dans lesquelles cette compétence est partagée au lieu d'être individuellement incarnée.

Le geste aristotélicien vient alors accomplir ce qui déjà chez Platon s'annonçait comme la reconnaissance d'une singularité porteuse de difficultés. Rien ne sert de vouloir tirer du modèle technique et scientifique les règles de construction de cette science pratique. La différence ici en quelque sorte dialectise le genre, accomplit la séparation. Tout se passe comme si cette différence spécifique qu'instaure le pratique au sein du genre « science » venait introduire une différenciation si radicale qu'elle en transforme le genre, rendant les cadres de l'*epistèmè* au sens strict inaptes à en penser les modalités. La différence ici n'est pas simplement apposée au genre, elle le travaille jusqu'à le métamorphoser. Ce qui empêche la subsomption du savoir pratique sous les paradigmes platoniciens traditionnels réside dans la nature de son objet, le *prakton*, irréductible à l'objet de science comme à l'objet technique. Platon avait bien vu dans le *Politique* (294a-c) que les irrégularités de la pratique appellent une intelligence incarnée. Le diagnostic aristotélicien va toutefois encore plus loin : ce n'est pas un degré supérieur de complexité qui rendrait les objets de l'action plus difficiles à saisir. Ces *prakta*, parce qu'ils ne préexistent pas à la délibération et au choix qui les déterminent, parce qu'on ne peut les abstraire de la situation, toujours singulière, de l'agent qui en est au principe, réclament la personnification du savoir pratique, son incarnation dans l'expérience du prudent. Ils n'appellent pas la délibération comme l'ultime remède à la complexité des affaires humaines, ils la requièrent par définition, parce qu'ils en sont le produit.

Cette singularité de la pratique, qu'il serait vain de prétendre émanciper de la contingence du devenir comme d'exclure, en raison de cette appartenance, du champ de la rationalité, invite à en élaborer une pensée originale, marquée par le détachement et le dépassement de la conception platonicienne du savoir pratique. Détachement puisque la redéfinition de la *phronèsis* consacre son émancipation vis-à-vis du « modèle scientifique », encore prégnant chez Platon, et qu'elle est ainsi à l'origine d'une conception renouvelée de la compétence politique. Dépassement puisque cette définition, reprenant du *Ménon* la double tentative pour

1. Voir M. Dixsaut : « Toute action produit selon Platon nécessairement quelque chose, et elle découle d'un savoir qui la prescrit. La division des arts opérés dans le *Politique* entre arts critiques, prescriptifs et pratiques est le texte le plus clair sur la manière platonicienne de penser l'action : toute pratique pour être bonne doit être soumise à un savoir prescriptif. Le lien entre penser et agir, pour Platon, c'est prescrire », « De quoi les philosophes sont-ils amoureux ? », p. 354.

élucider la rectitude pratique par la science ou par l'opinion droite, garde de ces dernières certaines propriétés mais en résout les difficultés, et que cette réélaboration de la *phronèsis* vient réhabiliter, contre Platon, le principe démocratique.

L'action dans ce qu'elle a de positif et de singulier : voilà ce que nous semble conquérir la reprise aristotélicienne des dialogues platoniciens dans un mouvement qui en prolonge les intuitions plutôt qu'il ne les brise. Les deux notions d'*energeia* et de *prakton*, venant prendre la place occupée par l'Idée du bien, en conservent l'exigence de fonder l'objectivité d'un bien capable d'orienter les conduites et les pratiques humaines. Elles réunissent aussi les deux pôles entre lesquels est tendue toute éthique : la visée de l'universel et l'attention au particulier. Cette polarité est contenue dans chacun d'eux, s'il est vrai que l'*energeia* est précisément le moment où l'universel se manifeste dans la singularité d'un acte, le moment où l'essence de l'homme s'exprime à même l'individu. De même, le *prakton*, objet irréductiblement singulier, vient-il dessiner dans le concret touffu de la situation pratique l'universalité de la valeur qui forme l'horizon de l'action éthique. L'un et l'autre concept réfléchissent ainsi la norme plutôt qu'ils ne la déterminent, au sens où l'universel qu'ils expriment émerge depuis le singulier sans pouvoir en être détaché.

C'est ainsi qu'ils viennent résoudre ce qui, chez Platon, demeurait à l'état de tension entre l'universalité d'un bien qui a de l'Idée l'éclatante mais lointaine éternité, et la réalité d'une condition incarnée, qui s'efforce, depuis le désordre du devenir, de retrouver ce bien auquel nous sommes encore apparentés. Cette difficulté à réconcilier ce qui nous rattache au divin et ce qui nous en détache trouve diverses traductions dans les *Dialogues*, depuis la plante céleste du *Timée* tendue entre ciel et terre, en passant par la chute malencontreuse de l'attelage ailé du *Phèdre* jusqu'à l'exhortation à fuir un monde duquel le mal ne saurait disparaître du *Théétète*. Cette tension que tout l'effort de l'éthique, tendue vers une harmonie à reconquérir, consiste à surmonter trouve dans la formule aristotélicienne du bien une forme de résolution. Ce bien dont nous n'avons jamais été séparés, nous n'avons qu'à le réaliser. La double détermination du bien en *energeia* et *prakton*, permet ainsi de comprendre comment l'action donne forme à la fois à un « objet », dont elle marque l'avènement – en s'insérant dans une réalité qu'elle contribue localement à transformer – et à un agent, dont, moyennant les médiations humaines du temps et de l'éducation, elle constitue l'accomplissement. Ces deux concepts d'invention aristotélicienne, unis dans la formule du bonheur, expriment par là ce fait simple et singulier, qui justifie le besoin humain d'une éthique, à savoir qu'il nous faut agir pour être.

BIBLIOGRAPHIE

1. AUTEURS ANCIENS

ARISTOTE

Éditions et traductions des textes cités

Aristotelis Opera, graece ex rec. I. Bekkeri, Berlin, 1831, vol. I-II et IV-V réédités par O. Gigon, Berlin, de Gruyter, 1960-1961.

The Complete Works of Aristotle, The Revised Oxford Translation, edited by J. Barnes, Princeton, Bollingen Series, 1984.

Categoriae* (*Cat.*), *De Interpretatione

Catégories. Sur l'Interprétation, traduction et présentation par C. Dalimier, M. Crubellier et P. Pellegrin, Paris, Flammarion, « Garnier-Flammarion » (= GF), 2007.

***Analytica Priora* (*Pr. An.*), *Analytica Posteriora* (*Sec. An.*)**

Premiers Analytiques, Organon III, traduction et notes par J. Tricot, Paris, Vrin, [1947] 1983.

Posterior Analytics, translated with a commentary by J. Barnes, Oxford, Clarendon Press, [1993] 2002.

Seconds Analytiques, traduction et notes par P. Pellegrin, Paris, Flammarion, GF, 2005.

***Topica* (*Top.*)**

Topiques, texte établi et traduit par J. Brunschwig, 2 vol., Paris, Les Belles Lettres, « Collection des Universités de France » (= « C.U.F. »), 1967-2007.

Physica

Physique, traduction et présentation par P. Pellegrin, Paris, Flammarion, GF, 2000.

Physique, introduction et traduction par A. Stevens, Paris, Vrin, 2012.

De Caelo

Traité du Ciel, traduction et présentation par C. Dalimier et P. Pellegrin, Paris, Flammarion, GF, 2004.

***De Anima* (*DA*)**

Traité de l'Âme, texte, traduction et notes par G. Rodier, Paris, Ernest Leroux, 2 vol., 1900.

De Anima, with translation, introduction and notes by R. D. Hicks, Hildesheim, G. Olms, [1907] 1990.

De Anima, rec. W. D. Ross, Oxford, Oxford Classical Texts, Scriptorum classicorum bibliotheca oxoniensis (= OCT), 1961.

De l'Âme, traduction et notes par J. Tricot, Paris, Vrin, [1934] 1988.

De l'Âme, texte établi par A. Jannone, traduction et notes de E. Barbotin, Paris, Les Belles Lettres, « C.U.F. », [1966] 1989.

De l'Âme, traduction et présentation par R. Bodéüs, Paris, Flammarion, GF, 1993.

***De Sensu et Sensibilibus*, *De Memoria et Reminiscentia, De Somno et Vigilia* (*Parva Naturalia*)**

Petits Traités d'Histoire Naturelle, traduction et présentation par P.-M. Morel, Paris, Flammarion, GF, 2000.

Historia Animalium

Histoire des Animaux, texte établi et traduit par P. Louis, 3 vol., Paris, Les Belles Lettres, « C.U.F. », 1969.

De Partibus Animalium

Les Parties des Animaux, traduction et présentation par P. Pellegrin, Paris, Flammarion, GF, 2011.

***De Motu Animalium* (*DMA*)**

De Motu Animalium, texte, translation, commentary and two interpretative essays by M. C. Nussbaum, Princeton, Princeton University Press, 1985.

Le Mouvement des Animaux. La Locomotion des Animaux, traduction et présentation par P.-M. Morel, Paris, Flammarion, GF, 2013.

***Metaphysica* (*Métaph.*)**

Métaphysique, traduction et notes par J. Tricot, 2 vol. (« *editio minor* »), Paris, Vrin, [1933] 2000.

Aristotle's Metaphysics, a revised text with introduction and commentary by W. D. Ross, 2 vol., Oxford, Clarendon Press, [1953] 1970.

Metaphysica, rec. W. Jaeger, Oxford, OCT, 1957.

Métaphysique, traduction et présentation par M.-P. Duminil et A. Jaulin, Paris, GF, 2008.

***Ethica Nicomachea* (*EN*)**

Aristotelis Ethica Nicomachea, rec. I. Bywater, Oxford, OCT, 1894.

Aristotelis Ethica Nicomachea, rec. F. Susemihl, editio tertia cur. O. Apelt, Leipzig, Teubner, « Bibliotheca Scriptorum Graecorum et Romanorum Teubneriana », 1912.

Nicomachean Ethics, with an english translation by H. Rackham, Cambridge (Mass.)/London, Harvard University Press, « The Loeb Classical Library », [1926] 1990.

Aristote. Éthique à Nicomaque, traduction et notes par J. Tricot, Paris, Vrin, [1959] 1997.

L'Éthique à Nicomaque, introduction, traduction et commentaire par R.-A. Gauthier & J.-Y. Jolif, 4 vol., Louvain, Peeters, [1958] 1970.

Etica Nicomachea, traduzione, introduzione e note di C. Natali, Rome, Laterza, 1999.

Nicomachean Ethics, translation with introduction, notes and glossary by T. Irwin, Indianapolis/Cambridge, Hackett Publishing Company Inc., 1999.

Nicomachean Ethics, translation (with historical introduction) by C. Rowe ; philosophical introduction and commentary by S. Broadie, Oxford, Oxford University Press (= O. U. P.), 2002.

Éthique à Nicomaque, traduction et présentation par R. Bodéüs, Paris, Flammarion, GF, 2004.

***Magna Moralia* (*MM*)**

Magna Moralia, rec. F. Susemihl, Leipzig, Teubner, « Bibliotheca Scriptorum Graecorum et Romanorum Teubneriana », 1883.

Les Grands Livres d'Éthique (*La Grande Morale*), traduction par C. Dalimier, avec une introduction de P. Pellegrin, Paris, Arléa, 1992.

***Ethica Eudemia* (*EE*)**

Eudemi Rhodii Ethica, rec. F. Susemihl, Leipzig, Teubner, « Bibliotheca Scriptorum Graecorum et Romanorum Teubneriana », 1884.

Éthique à Eudème, traduction et notes par V. Décarie, Paris, Vrin, [1978] 1997.

Eudemische Ethik, übersetzt und kommentiert von F. Dirlmeier, *Aristoteles. Werke in deutscher Übersetzung*, Berlin, Akademie Verlag, 1969.

Ethica Eudemia, rec. R. R. Walzer, J. M. Mingay, praef. J. M. Mingay, Oxford, OCT, 1991.

Aristotle. Eudemian Ethics. Books I, II & VIII, translated with a commentary by M. Woods, Oxford, Clarendon Press, 1992.

Éthique à Eudème, introduction, traduction et notes par O. Bloch et A. Léandri, Paris, Les Belles Lettres, « Encre Marine », 2011.

Éthique à Eudème, traduction et présentation par C. Dalimier, Paris, Flammarion, GF, 2013.

***Politica* (*Pol.*)**

Politica, rec. W. D. Ross, Oxford, OCT, 1957.

The Politics of Aristotle, with an introduction, two prefatory essays and notes critical and explanatory by W. L. Newman, 4 vol., Oxford, Clarendon Press, 1887-1902.

Aristoteles' Politik, eingeleitet, kritisch herausgegeben und mit *Indices* versehen von A. Dreizehnter, Munich, W. Fink, 1970.

La Politique, texte établi et traduit par J. Aubonnet, 5 vol., Paris, Les Belles Lettres, « C.U.F. », 1960-1989.

Les Politiques, traduction et présentation par P. Pellegrin, Paris, Flammarion, GF, 1993.

Aristotle. Politics Book I-II, translation and commentary by T. J. Saunders, Oxford, Clarendon Press, 1995.

***Rhetorica* (*Rhét.*)**

Aristoteles. Rhetorik, übersetzt und erläutert von C. Rapp, 2 vol., Berlin, Akademie Verlag, 2002.

Rhétorique, traduction et présentation par P. Chiron, Paris, Flammarion, GF, 2007.

Fragmenta

Fragmenta Selecta, rec. W. D. Ross, Oxford, OCT, [1955] 1987.

PLATON

Éditions et traductions des textes cités

Platonis Opera, rec. E. A. Duke *et alii*, Oxford, OCT, 1995.

Platon. Œuvres complètes, Paris, Les Belles Lettres, « C.U.F. », t. I-XII, 1920-1983.

Platon. Œuvres complètes, traduit par L. Robin avec la collaboration de J. Moreau, 2 vol., Paris, Gallimard, « Bibliothèque de la Pléiade », 1950.

Platon. Œuvres complètes, sous la direction de L. Brisson, Paris, Flammarion, 2011.

Plato. Complete Works, edited by J. M. Cooper and D. S. Hutchinson, Indianapolis/Cambridge, Hackett Publishing Inc., 1997.

Cratylus

Cratyle, traduction et présentation par C. Dalimier, Paris, Flammarion, GF, 1998.

Euthydemus

Euthydème, traduction et présentation par M. Canto-Sperber, Paris, Flammarion, GF, 1989.

Leges

Les Lois, texte établi et traduit par A. Diès et E. des Places, *Œuvres complètes*, t. XI-XII, Paris, Les Belles Lettres, « C.U.F. », 1951-1956.

Les Lois, traduction et présentation par L. Brisson et J.-F. Pradeau, 2 vol., Paris, Flammarion, GF, 2006.

Lysis

Hippias majeur. Charmide. Lachès. Lysis, texte établi et traduit par M. Croiset, *Œuvres Complètes*, t. II, Paris, Les Belles Lettres, « C.U.F. », 1921.

Lysis, Übersetzung und Kommentar von M. Bordt, *Platon Werke* V-4, Göttingen, Vandenhoeck & Ruprecht, 1998.

Plato's Lysis, translation and commentary by T. Penner and C. J. Rowe, Cambridge, C.U.P., 2002.

Charmide. Lysis, traduction et présentation par L.-A. Dorion, Paris, Flammarion, GF, 2004.

Meno

Gorgias. Ménon, texte établi et traduit par M. Croiset, avec la collaboration de L. Bodin, *Œuvres Complètes*, t. III-2, Paris, Les Belles Lettres, « C.U.F. », [1923] 2003.

Plato's Meno, edited with introduction and commentary by R. S. Bluck, Cambridge, Cambridge University Press (= C.U.P.), 1961.

Meno, edited with translation and notes by R. Sharples, Chicago/Warminster, Aris & Phillips/Bolchazy-Carducci, 1985.

Ménon, traduction et présentation par M. Canto-Sperber, Paris, Flammarion, GF, 1993.

Meno and Phaedo, edited by A. G. Long & D. Sedley, Cambridge, C.U.P., 2010.

Phaedo

Phédon, traduction et présentation par M. Dixsaut, Paris, Flammarion, GF, 1991.

Philebus

Philèbe, texte établi et traduit par A. Diès, *Œuvres complètes*, t. IX-2, Paris, Les Belles Lettres, « C.U.F. », 1941.

Plato's Examination of Pleasure : a Translation of the Philebus, with introduction and commentary by R. Hackforth, Cambridge, University Press, [1958] 2011.

Philebos, Übersetzung und Kommentar von D. Frede, *Platon Werke* III-2, Göttingen, Vandenhoeck & Ruprecht, 1997.

Philèbe, introduction, traduction et présensation par J.-F. Pradeau, Paris, Flammarion, GF, 2002.

Politicus (Pol.)

Le Politique, traduction et présentation par L. Brisson et J.-F. Pradeau, Paris, Flammarion, GF, 2003.

Protagoras

Protagoras, traduction et présentation par F. Ildefonse, Paris, Flammarion, GF, 1997.

Respublica (Rép.)

Platonis Rempublicam, rec. S. R. Slings, Oxford, OCT, 2003.

Republic, translated with introduction by C. D. C. Reeve, Indianapolis/Cambridge, Hackett Publishing Inc., 2004.

La République, traduction et présentation par G. Leroux, Paris, Flammarion, GF, 2002.

Symposium

Le Banquet, texte établi et traduit par P. Vicaire et J. Laborderie, notice de L. Robin, *Œuvres complètes*, t. IV-2, Paris, Les Belles Lettres, « C.U.F. », [1989] 2002.

Theaetetus

Théétète, texte établi et traduit par A. Diès, *Œuvres complètes*, t. VIII-2, Paris, Les Belles Lettres, « C.U.F. », 1923.

Théétète, traduction et présentation par M. Narcy, Paris, Flammarion, GF, 1994.

Timaeus

Timée, texte établi et traduit par A. Rivaud, *Œuvres complètes*, t. IX-2, Paris, Les Belles Lettres, « C.U.F. », 1925.

Timée. Critias, traduction et présentation par L. Brisson, Paris, Flammarion, GF, 1992.

AUTRES AUTEURS ANCIENS

ANONYME, *Dissoi Logoi*, dans *Les Présocratiques*, édition établie par J.-P. Dumont, avec la collaboration de D. Delattre et J.-L. Poirier, Paris, Gallimard, « Bibliothèque de la Pléiade », 1988.

ALEXANDRE D'APHRODISE, *Alexander of Aphrodisias, On Aristotle's Metaphysics* 1-5, edited by W. E. Dooley & A. Madigan, London/New-York, Duckworth Cornell University Press, 1989-1993.

ASPASIUS, *Aspasii in Ethica Nicomachea quae supersunt commentaria,* G. Heylbut (ed.), [Commentaria in Aristotelem Graeca XIX. I], Berlin, Reimer, 1889.

–, *On Aristotle Nicomachean Ethics* 1-4, 7-8, translated by D. Konstan, Londres, Duckworth, 2006.

CLÉMENT D'ALEXANDRIE, *Les Stromates*, Stromate II, introduction et notes de T. Camelot, texte grec et traduction de C. Mondésert, Paris, Éditions du Cerf, « Sources chrétiennes », [1954] 2006.

DIOGÈNE LAËRCE, *Vies et doctrines des philosophes illustres*, traduction française sous la direction de M.-O. Goulet-Cazé, introductions, traductions et notes de J.-F. Balaudé, L. Brisson, J. Brunschwig, T. Dorandi, M.-O. Goulet-Cazé, R. Goulet et M. Narcy, Paris, Hachette, « Classiques modernes » – « La Pochothèque », 1999.

ÉPICTÈTE, *Entretiens*, livres I-IV, texte établi et traduit par J. Souilhé, avec la collaboration de A. Jagu pour les livres III-IV, Paris, Les Belles Lettres, « C.U.F. », 1943-1965.

EUSTRATE, MICHEL D'ÉPHÈSE, *Eustratii et Michaelis et anonyma in Ethica Nicomachea commentaria,* G. Heylbut (ed.), [Commentaria in Aristotelem Graeca XX], Berlin, G. Reimer, 1892.

PLOTIN, *Ennéades*, texte établi et traduit par E. Bréhier, 7 vol., Paris, Les Belles Lettres, « C.U.F. », [1924-1938] 1989.

PLUTARQUE, *Consolation à Apollonios*, texte établi et traduit par J. Defradas, J. Hani, R. Klaerr, *Œuvres morales*, t. II, Paris, Les Belles Lettres, « C.U.F. », 1985.

SÉNÈQUE, *Ad Lucilium. Epistulae Morales*, rec. L. D. Reynolds, Oxford, OCT, 1987-1989.

THUCYDIDE, *Histoire de la guerre du Péloponnèse,* traduction, introduction et notes par J. de Romilly, Paris, Laffont, 1990.

XÉNOPHON, *Cyropédie,* texte établi et traduit par M. Bizos (t. I-II) et E. Delebecque (t. III), Paris, Les Belles Lettres, « C.U.F. », 1971-1973.

–, *Memorabilia, Oeconomicus, Symposium, Apology*, with an english translation by E. C. Marchant & O. J. Todd, London/Cambridge (Mass.), Harvard University Press, « The Loeb Classical Library », 1965.

2. ÉTUDES CRITIQUES

ACKRILL J. L., « Aristotle on Eudaimonia », *Essays on Plato and Aristotle*, Oxford, O. U. P., 1999, p. 179-200.

–, *Aristotle's Ethics*, London, Faber & Faber, 1973.

ANNAS J., « Aristotle on Virtue and Happiness », *in* N. Sherman (ed.), *Aristotle's Ethics: Critical Essays*, Lanham (Md.), Rowman & Littlefield, 1999, p. 35-56.

ARNHART L., *Aristotle on Political Reasoning : a Commentary on the Rhetoric*, Dekalb (Ill.), Northern Illinois University Press, 1981.

AUBENQUE P., *Le problème de l'être chez Aristote. Essai sur la problématique aristotélicienne*, Paris, PUF, 1962.

–, *La prudence chez Aristote*, Paris, PUF, [1963], 2004.

–, « Théorie et pratique politiques chez Aristote », *La Politique d'Aristote. Sept exposés et discussions, Vandoeuvres Genève, 31 août-5 septembre 1964*, Genève, Fondation Hardt pour l'Antiquité classique, 1965, p. 97-114.

–, « Sur la notion aristotélicienne d'aporie », dans S. Mansion (éd.), *Aristote et les problèmes de méthode*, Louvain/Paris, Ed. de l'Institut supérieur de philosophie, 1980, p. 3-19.

–, « Aristote et la démocratie », dans P. Aubenque (dir.), *Aristote politique. Études sur la Politique d'Aristote*, Paris, PUF, 1993, p. 255-264.

–, « La prudence porte-t-elle sur la fin ou sur les moyens ? », *Problèmes aristotéliciens 2. Philosophie pratique*, Paris, Vrin, 2011, p. 11-20.

AUBRY G., « *Dunamis* et *energeia* dans l'éthique aristotélicienne : l'éthique du démonique », dans G. Romeyer-Dherbey (dir.) & G. Aubry (éd.), *L'excellence de la vie. Sur l'Éthique à Nicomaque et l'Éthique à Eudème d'Aristote*, Paris, Vrin, 2002, p.75-94.

–, *Dieu sans la puissance. Dunamis et energeia chez Aristote et Plotin*, Paris, Vrin, 2006.

–, « The pain of the living and divine pleasure : *Nicomachean Ethics* VII, 14, 1154a22-b34 », *in* C. Natali (ed.), *Aristotle : Nicomachean Ethics Book* VII, *Symposium Aristotelicum*, Oxford, O. U. P., 2009, p. 237-263.

BALAUDÉ J.-F., « Le triptyque *République*, *Politique*, *Lois* : perspectives », dans J.-F. Balaudé (dir.), *D'une cité possible. Sur les Lois de Platon, Le temps philosophique*, 1, Paris, 1995, p. 29-56.

—, « Comment savoir avec Socrate ? Vérité et plaisir d'après le *Protagoras* », dans G. Romeyer-Dherbey (dir.) & J.-B. Gourinat (éd.) *Socrate et les Socratiques*, Paris, Vrin, 2001, p. 117-136.

BARNES J., « Aristotle and the Methods of Ethics », *Revue internationale de philosophie,* 133-134, 1980, p. 490-511.

—, « Le soleil de Platon vu avec des lunettes analytiques », *Rue Descartes,* 1991, p. 81-92.

—, « Enseigner la vertu ? », *Revue Philosophique de la France et de l'Étranger*, Paris, 1991, p. 571-589.

BATAILLARD M.-C., « Le Socrate d'Aristote : fondateur et fossoyeur de la morale », dans G. Romeyer-Dherbey (dir.) & J.-B. Gourinat (éd.) *Socrate et les Socratiques*, Paris, Vrin, 2001, p. 221-240.

BEERE J., *Doing and Being. An Interpretation of Aristotle's Metaphysics Theta*, Oxford, O. U. P., 2010.

BÉNATOUÏL T., *Faire usage : la pratique du stoïcisme,* Paris, Vrin, 2006.

—, « "Choisir le labeur en vue du loisir" : une analyse de *Politiques* VII 14 », dans E. Bermon, V. Laurand & J. Terrel (dir.), *Politique d'Aristote : famille, régimes, éducation*, Pessac, Presses Universitaires de Bordeaux, 2011, p. 155-176.

—, E. Maffi & F. Trabattoni (eds.), *Plato, Aristotle or both ? Dialogues between Platonism and Aristotelianism in Antiquity*, Hildesheim, G. Olms, 2011.

BERTI E., « Unité et multiplicité du bien selon *EE* I, 8 », *in* P. Moraux & D. Harlfinger (ed.), *Untersuchungen zur Eudemischen Ethik*, Akten des 5. Symposium Aristotelicum, Berlin, de Gruyter, 1971, p. 157-184.

—, « Il metodo della filosofia pratica secondo Aristotele », *in* A. Alberti (ed.), *Studi sull'etica di Aristotele*, Naples, Bibliopolis, 1990, p. 23-63.

BESNIER B., « Aristote et les passions », dans B. Besnier, P.-F. Moreau & L. Renault (dir.), *Les Passions antiques et médiévales. Théorie et critique des passions* I., Paris, PUF, 2003, p. 29-94.

BOBONICH C., « The Virtues of Ordinary People in Plato's *Statesman* », *in* C. Rowe (ed.), *Reading the Statesman. Proceedings of the Third Symposium Platonicum*, Sankt Augustin, Academia Verlag, 1995, p. 313-329.

—, « Aristotle's Ethical Treatises », *in* R. Kraut (ed.), *The Blackwell Guide to Aristotle's Nicomachean Ethics*, Malden, W. Blackwell, 2006, p. 12-36.

BODÉÜS R., « Notes sur quelques aspects de la conscience chez Aristote », *Phronesis*, 20 (1), 1975, p. 63-74.

—, *Le philosophe et la cité. Recherches sur les rapports entre morale et politique dans la pensée d'Aristote*, Paris, Les Belles Lettres, 1982.

BONITZ H., *Index Aristotelicus. Aristotelis Opera*, vol. V, ex rec. I. Bekker, cur. O. Gigon, Berlin, de Gruyter, 1961.

BOSTOCK D., « Pleasure and Activity in Aristotle's Ethics », *Phronesis*, 33 (3), 1988, p. 251-272.

BOUCHARD E., « Analogies du pouvoir partagé », *Phronesis*, 56 (2), 2011, p. 162-179.

BRAGUE R., « Note sur le concept d'ἡδονή chez Aristote », *Les Études Philosophiques,* 1976 (1), p. 49-55.

BRAVO F., « Le Platon des *Lois* est-il hédoniste ? », *in* S. Scolnicov & L. Brisson (eds.), *Plato's Laws : from Theory into Practice. Proceedings of the Sixth Symposium Platonicum. Selected Papers*, Sankt Augustin, Academia Verlag, 2003, p. 103-115.

BRISSON L., « Perception sensible et raison dans le *Timée* », *in* L. Brisson & T. Calvo (eds.), *Interpreting the Timaeus-Critias. Proceedings of the Fourth Symposium Platonicum, Selected Papers*, Sankt Augustin, Academia Verlag, 1997, p. 307-316.

BROADIE S., *Ethics with Aristotle*, Oxford, O. U. P., 1991.

BRUNSCHWIG J., « *Eth. Eud.* I 8, 1218a15-32 et le ΠΕΡΙ ΤΑΓΑΘΟΥ », *in* P. Moraux & D. Harlfinger (ed.), *Untersuchungen zur Eudemischen Ethik*, Akten des 5. Symposium Aristotelicum, Berlin, de Gruyter, 1971, p. 197-222.

—, « Aristote et l'effet Perrichon », dans J.-L. Marion (dir.), *La passion de la raison. Hommage à F. Alquié*, Paris, PUF, 1983, p. 361-377.

—, « Pouvoir enseigner la vertu ? », *Revue Philosophique de la France et de l'Étranger*, 1991, p. 591-602.

—, « Les multiples chemins aristotéliciens de la sensation commune », *Revue de Métaphysique et de Morale*, 96 (4), 1991, p. 455-474.

—, « La déconstruction du "Connais-toi toi-même" dans l'*Alcibiade Majeur* », dans M.-L. Desclos (éd.). *Réflexions contemporaines sur l'Antiquité classique. Journées Henri Joly* (Grenoble 1993), Paris, Vrin, 1996, p. 61-84.

—, « En quel sens le sens commun est-il commun ? », dans G. Romeyer-Dherbey (dir.) & C. Viano (éd.), *Corps et âme : sur le De Anima d'Aristote*, Paris, Vrin, 1996, p. 189-218.

—, « *Metaphysics* Lambda 9 : a Short-Lived Thought-Experiment ? », *in* M. Frede & D. Charles (eds.), *Aristotle's Metaphysics Lambda. Symposium Aristotelicum* (14 ; 1996), Oxford, O. U. P., 2000, p. 275-306.

BUDDENSIEK F., *Die Theorie des Glücks in Aristoteles' Eudemischer Ethik*, Göttingen, Vandenhoeck & Ruprecht, 1999.

BURGER R. *Aristotle's Dialogue with Socrates. On the Nicomachean Ethics*, Chicago, the University of Chicago Press, 2008.

BURNYEAT M., « Virtues in action », *in* G. Vlastos (ed.), *The Philosophy of Socrates : a Collection of Critical Essays*, New York, Anchor Books, 1971, p. 209-234.

—, « Aristotle on Learning to Be Good », *in* A. O. Rorty (ed.), *Essays on Aristotle's Ethics*, Berkeley/L. A./Londres, University of California Press, 1980, p. 69-92.

—, « Platonism and Mathematics : a Prelude to Discussion », *in* A. Graeser (ed.), *Mathematics and Metaphysics in Aristotle/Mathematik und Metaphysik bei Aristoteles* (Akten des X Symposium Aristotelicum 1984), Berne, Haupt, 1987, p. 213-240.

—, « Socrate et le jury : de quelques aspects de la distinction platonicienne entre connaissance et opinion vraie », dans M. Canto-Sperber (éd.), *Les paradoxes de la connaissance. Essais sur le Ménon de Platon*, Paris, Odile Jacob, 1991, p. 237-255.

—, *A map of Metaphysics Zeta*, Pittsburgh, Mathesis, 2001.

—, « Fathers and sons in Plato's *Republic* and *Philebus* », *The Classical Quarterly*, 2004, p. 80-87.

—, « *Kinèsis* vs. *energeia :* a Much-Read Passage in (but not of) Aristotle's *Metaphysics* », *Oxford Studies in Ancient Philosophy*, vol. XXXIV, 2008, p. 219-292.

—, « La vérité de la tripartition », dans G. Aubry & F. Ildefonse (dir.), *Le moi et l'intériorité*, Paris, Vrin, 2008, p. 37-56.

CAMBIANO G., « The Desire to Know (*Metaphysics* A 1) », *in* C. Steel (ed.), *Aristotle's Metaphysics Alpha. Symposium Aristotelicum*, Oxford, O. U. P., 2012, p. 1-42.

CAMPBELL M., « Tous les plaisirs sont-ils des genèses ? Étude sur le statut des plaisirs purs dans le *Philèbe* de Platon », dans L. Boulègue & C. Lévy (dir.), *Hédonismes : penser et dire le plaisir dans l'Antiquité et à la Renaissance*, Villeneuve d'Ascq, Presses Universitaires du Septentrion, 2007, p. 47-68.

CANTO M., « L'unité de l'État et les conditions du bonheur public », dans P. Aubenque (dir.), *Aristote politique. Études sur la Politique d'Aristote*, Paris, PUF, 1993, p. 49-71.

CARONE G., « Hedonism and the Pleasureless Life in Plato's *Philebus* », *Phronesis*, 45 (4), 2000, p. 257-283.

CASE T., « Aristotle », *Encyclopaedia Britannica* [1910, t. 2 p. 501-522], reproduit partiellement dans W. Wians (ed.), *Aristotle's Philosophical Development : Problems and Prospects*, Lanham, Rowman & Littlefield, 1996, p. 1-40.

CASTELNÉRAC B., « Plaisirs esthétiques et beauté dans le *Philèbe* : un essai de reconstruction du discours platonicien sur l'art », *in* J. Dillon & L. Brisson (eds.), *Plato's Philebus, Selected Papers from the Eighth Symposium Platonicum*, Sankt Augustin, Academia Verlag, 2010, p. 140-145.

CASTON V., « Aristotle on Consciousness » *Mind*, 111, 2002, p. 751-815.

CHARLES D., *Aristotle's Philosophy of Action*, Ithaca (NY), Cornell University Press, 1984.

–, « *Nicomachean Ethics* VII, 3 : Varieties of *akrasia* », *in* C. Natali (ed.), *Aristotle : Nicomachean Ethics Book* VII, *Symposium Aristotelicum*, Oxford, O. U. P., 2009, p. 41-71.

–, « Desire in Action : Aristotle's Move », *in* M. Pakaluk & G. Pearson (eds.), *Moral Psychology and Human Action in Aristotle,* Oxford, O. U. P., 2011, p. 75-94.

CHERNISS H., *L'énigme de l'Ancienne Académie*, suivi de « Le Système caché » d'E. N. Tigerstedt, trad. fr. par L. Boulakia, Paris, Vrin, 1993.

CHRÉTIEN J.-L., « Lucidité de l'usage », *Philosophie*, 45, 1995, p. 59-91.

COOPER J. M., « Aristotle on Friendship », *in* A. O. Rorty (ed.), *Essays on Aristotle's Ethics*, Berkeley/L. A./Londres, University of California Press, 1980, p. 301-340.

–, *Reason and Human Good in Aristotle*, Indianapolis, Hackett Publishing, 1986.

–, « Plato's Theory of Human Good in the *Philebus* », *Reason and Emotion. Essays on Ancient Moral Psychology and Ethical Theory*, Princeton, Princeton University Press, 1999, p. 151-164.

–, « Plato and Aristotle on 'Finality' and '(Self)-Sufficiency' », *in* R. Heinaman (ed.), *Plato and Aristotle's Ethics*, Aldershot, Ashgate Publishing, 2003, p. 117-147.

CORCILIUS K., « Praktische Syllogismen bei Aristoteles », *Archiv für Geschichte der Philosophie*, 2008, p. 247-297.

CRISP R., « Socrates and Aristotle on Happiness and Virtue », *in* R. Heinaman (ed.), *Plato and Aristotle's Ethics*, Aldershot, Ashgate Publishing, 2003, p. 55-78.

CRIVELLI P., *Aristotle on Truth*, Cambridge, C.U.P., 2004.

CRUBELLIER M., « Le "syllogisme pratique" ou comment la pensée meut le corps », dans A. Laks & M. Rashed (éd.), *Aristote et le mouvement des animaux : dix études sur le De motu animalium*, Villeneuve d'Ascq, Presses universitaires du Septentrion, 2004, p. 9-26.

–, « Aristotle on the Ways and Means of Rhetoric », *in* D. Gabbay, P. Canivez, S. Rahman & A. Thiercelin (eds.), *Approaches to Legal Rationality. Logic, Epistemology, and the Unity of Science*, Berlin, Springler, 2010 p. 3-24.

— (avec P. Pellegrin), *Aristote. Le philosophe et les savoirs*, Paris, Seuil, 2003.

— (avec A. Laks), « Introduction », *in* M. Crubellier & A. Laks (eds.), *Aristotle's Metaphysics Beta. Symposium Aristotelicum*, Oxford, O. U. P., 2009, p. 1-23.

—, « Mapping the 'noetic' section of *De Anima* III », conférence non publiée donnée à Berlin, juillet 2012.

DE HAAS F., « The Discriminating Capacity of the Soul in Aristotle's Theory of Learning », *in* R. Salles (ed.), *Metaphysics, Soul and Ethics in Ancient Thought – Themes from the Work of Richard Sorabji,* Oxford, O. U. P., 2005, p. 321-344.

—, « Know Thyself: Plato and Aristotle on Awareness », *in* G. van Riel & P. Destrée (eds.), *Ancient Perspectives on Aristotle's De Anima*, Leuven, Leuven University Press, 2009, p. 49-70.

DELCOMMINETTE S., *L'inventivité dialectique dans le Politique de Platon*, Bruxelles, Ousia, 2000.

—, *Le* Philèbe *de Platon, Introduction à l'agathologie platonicienne*, Leiden, Brill, 2006.

DEMONT P., *La cité grecque archaïque et classique et l'idéal de tranquillité*, Paris, Les Belles Lettres, 1990.

DESTRÉE P., « Comment démontrer le propre de l'homme ? Pour une lecture dialectique de *EN* I, 6 », dans G. Romeyer-Dherbey (dir.) & G. Aubry (éd.), *L'excellence de la vie. Sur l'Éthique à Nicomaque et l'Éthique à Eudème d'Aristote*, Paris, Vrin, 2002, p. 39-61.

—, « Aristote on the Causes of *Akrasia* », *in* C. Bobonich & P. Destrée (eds.) *Akrasia in Greek Philosophy : from Socrates to Plotinus*, Leiden, Brill, 2007, p. 139-166.

DEVEREUX D., « Courage and Wisdom in Plato's *Laches* », *Journal of the History of Philosophy,* 15, 1977, p. 129-141.

—, « Socratic Ethics and Moral Psychology », *in* G. Fine (ed.), *The Oxford Handbook of Plato*, Oxford, O.U.P., 2008, p. 139-164.

DILLON J., *The Heirs of Plato. A Study of the Old Academy* (347-274 BC), Oxford, Clarendon Press, 2003.

DIXSAUT M., « Une politique vraiment conforme à la nature », *in* C. Rowe (ed.), *Reading the Statesman. Proceedings of the Third Symposium Platonicum*, Sankt Augustin, Academia Verlag, 1995, p. 253-273.

—, « De quoi les philosophes sont-ils amoureux ? Note sur la *phronèsis* dans les *Dialogues* de Platon », dans J.-Y. Château (éd.), *La vérité pratique. Éthique à Nicomaque, livre* VI, Paris, Vrin, 1997, p. 335-362.

—, « Introduction », dans M. Dixsaut (dir.), *La fêlure du plaisir. Études sur le Philèbe de Platon*, 1. *Commentaires*, Paris, Vrin, 1999, p. IX-XXVII.

—, « Une certaine espèce de vie (*Phil.*, 34d-36c) », *ibid.*, p. 245-265.

—, « Des multiples sens de la *phronèsis* dans les dialogues de Platon », dans D. Lories & L. Rizzerio (dir.), *Le jugement pratique. Autour de la notion de phronèsis*, Paris, Vrin, 2008, p. 123-144.

DORION L.-A., *Socrate*, Paris, PUF, 2004.

DÜRING I., *Aristotle in the Ancient Biographical Tradition*, Göteborg/Stockholm, Almqvist och Wiksell, 1957.

—, « Aristotle and the Heritage from Plato », *Eranos*, 62, 1964, p. 84-99.

EL MURR D., « L'amitié (*philia*) dans le système social de la *République* », *Revue Philosophique de Louvain*, 110 (4), 2012, p. 587-604.

EVANS M., « Platon on the Possibility of Hedonic Mistakes », *Oxford Studies in Ancient Philosophy*, XXXV, 2008, p. 89-124.

FITZGERALD W., *Selections from the Nicomachean Ethics of Aristotle*, Dublin, Hodges and Smith, 1853.

FRAISSE J.-C., « *Autarkeia* et *philia* en *EE* VII 12 1244b1-1245b19 », *in* P. Moraux & D. Harlfinger (ed.), *Untersuchungen zur Eudemischen Ethik*, Akten des 5. Symposium Aristotelicum, Berlin, de Gruyter, 1971, p. 245-251.

—, *Philia : la notion d'amitié dans la philosophie antique : essai sur un problème perdu et retrouvé*, Paris, Vrin, 1974.

FREDE D., « Disintegration and Restoration : Pleasure and Pain in Plato's *Philebus* », *in* R. Kraut (ed.), *The Cambridge Companion to Plato*, Cambridge, C.U.P., 1992, p. 425-463.

—, « Citizenship in Aristotle's *Politics* », *in* R. Kraut & S. Skultety (eds.), *Aristotle's Politics : Critical Essays*, Lanham (Md.), Rowman & Littlefield, 2005, p. 167-184.

—, « Pleasure and Pain in Aristotle's Ethics », *in* R. Kraut (ed.), *The Blackwell Guide to Aristotle's Nicomachean Ethics*, Malden, W. Blackwell, 2006, p. 255-275.

—, « *Nicomachean Ethics* VII 11-12 : Pleasure. The antihedonists' challenge », *in* C. Natali (ed.), *Aristotle : Nicomachean Ethics Book* VII, *Symposium Aristotelicum*, Oxford, O. U. P., 2009, p. 183-208.

—, « Life and its Limitation : the Conception of Happiness in the *Philebus* », *in* J. Dillon & L. Brisson (eds.), *Plato's Philebus, Selected Papers from the Eighth Symposium Platonicum*, Sankt Augustin, Academia Verlag, 2010, p. 3-16.

—, « The Doctrine of Forms under Critique – Part I (*Metaphysics* A 9, 990a33-991b9) », *in* C. Steel (ed.), *Aristotle's Metaphysics Alpha. Symposium Aristotelicum*, Oxford, O.U.P., 2012, p. 265-296.

FREDE M., « Aristotle's Rationalism », *in* M. Frede & G. Striker (eds.), *Rationality in Greek Thought*, Oxford, Clarendon Press, 1996, p. 157-173.

FREELAND C., « Aristotle on the Sense of Touch », *in* M. C. Nussbaum & A. O. Rorty (eds.), *Essays on Aristotle's De Anima*, Oxford/NY, O.U.P., 1992, p. 227-250.

GADAMER H.-G., « Amitié et connaissance de soi », *Interroger les Grecs : études sur les présocratiques, Platon et Aristote*, Montréal, Fides, 2006, p. 295-312.

GAISER K., « Plato's Enigmatic Lecture 'On the Good' », *Phronesis*, 25 (1), 1980, p. 5-37.

GERSON L. P., *Aristotle and Other Platonists*, Ithaca, Cornell University Press, 2005.

—, « The Harmony of Aristotle and Plato according to Neoplatonism », *in* H. Tarrant & D. Baltzly (eds.), *Reading Plato in Antiquity*, London, Duckworth, 2006, p. 195-221.

GILL C., « Le dialogue platonicien », dans L. Brisson & F. Fronterotta (dir.), *Lire Platon*, Paris, PUF, 2006, p. 53-75.

GOLDSCHMIDT V., *Le système stoïcien et l'idée de temps*, Paris, Vrin, 1989.

GONZALEZ F., « Socrates on loving one's own : a traditional conception of ΦΙΛΙΑ radically transformed », *Classical Philology*, 95, 2000, p. 379-398.

GOSLING J. C. B. & TAYLOR C. C. W., *The Greeks on Pleasure*, Oxford, Clarendon Press, 1982.

GOTTLIEB P., « Aristotle and Protagoras : the good human being as the measure of the goods », *Apeiron*, 24 (1), 1991, p. 25-45.

GOURINAT J.-B., « Principe de contradiction, principe du tiers-exclu et principe de bivalence : philosophie première ou *organon* ? », dans M. Bastit & J. Follon (éd.), *Logique et métaphysique dans l'Organon d'Aristote*, Louvain-la-Neuve, 2001, p. 63-91.

—, « Syllogisme pratique et logique déontique », dans A. Laks & M. Rashed (éd.), *Aristote et le mouvement des animaux : dix études sur le De motu animalium*, Villeneuve d'Ascq, Presses universitaires du Septentrion, 2004, p. 27-66.

GRANT A., *The Ethics of Aristotle*, London, Longmans, Green & Co., 1866.

GREGORIĆ P., *Aristotle on the Common Sense*, O.U.P, 2007.

— & F. Grgić, « Aristotle's Notion of Experience », *Archiv für Geschichte der Philosophie*, 88(1), 2006, p. 1-30.

HADOT I., « Aristote dans l'enseignement philosophique néo-platonicien », *Revue de théologie et de philosophie*, 1992, p. 407-425.

HARDIE W. F. R., « The Final Good in Aristotle's *Ethics* », *Philosophy*, 40, 1965, p. 277-285.

—, « Concepts of consciousness in Aristotle », *Mind*, 85, 1976, p. 388-411.

HENTSCHKE-NESCHKE A., « "L'œuvre du cithariste et du meilleur cithariste sont la même". La meilleure constitution et son statut épistémique dans la philosophie politique d'Aristote », *in* F. Lisi (ed.) *The Ways of Life in Classical Political Philosophy. Papers of the Third Meeting of the Collegium Politicum (Madrid)*, Sankt Augustin, Academia Verlag, 2004, p. 121-134.

HOURCADE A., « Le conseil dans la *Rhétorique* d'Aristote », dans A. Hourcade & R. Lefebvre (dir.), *Aristote : rationalités*, Rouen-Le Havre, Presses Universitaires de Rouen, 2011, p. 78-83.

ILDEFONSE I., *Les Stoïciens* I., Paris, Les Belles Lettres, 2000.

INWOOD B., *Ethics and Human Action in Early Stoicism*, Oxford, Clarendon Press, 1985.

IONESCU C., « Hybrid Varieties of Pleasure and the Complex Case of the Pleasures of Learning in Plato's *Philebus* », *Dialogue*, 47 (3-4), 2008, p. 439-461.

IRWIN T., « The Metaphysical and Psychological Basis of Aristotle's Ethics », *in* A. O. Rorty (ed.), *Essays on Aristotle's Ethics*, Berkeley/L. A./Londres, University of California Press, 1980, p. 35-54.

—, « Aristotle's Methods of Ethics », *in* D. O'Meara (ed.), *Studies in Aristotle*, Washington, the Catholic University of America Press, 1981, p. 193-224.

—, *Aristotle's First Principles*, Oxford, Clarendon Press, 1988.

—, « The Good of Political Activity », *in* G. Patzig (ed.), *Aristoteles' Politik : Akten des XI. Symposium Aristotelicum, Friedrichshafen/Bodensee, 25.8.-3.9.1987*, Göttingen, Vandenhoeck & Ruprecht, 1990, p. 73-98.

—, *Plato's Ethics*, Oxford, O.U.P., 1995.

—, « Permanent happiness : Aristotle and Solon », *in* N. Sherman (ed.), *Aristotle's Ethics : Critical Essays*, Lanham (Md.), Rowman & Littlefield, 1999, p. 1-34.

—, « Platon et le monisme de la raison pratique », dans M. Dixsaut (dir.) (avec la collaboration d'A. Larivée), *Études sur la République,* 1. *De la justice* Paris, Vrin, 2005, p. 307-326.

—, *The Development of Ethics. A Historical and Critical Study*. Vol. I : From Socrates to the Reformation, Oxford, O.U.P., 2007.

—, « Aristotle reads the *Protagoras* », *in* T. Hoffman (ed.), *Weakness of the Will from Plato to the Present*, Washington, Catholic University of America Press, 2008, p. 22-41.

JAEGER W., *Aristote. Fondements pour une histoire de son* évolution, trad. fr. O. Sedeyn, Nîmes, L'Éclat, 1997.

JOHANSEN T. K., *The Powers of Aristotle's Soul*, Oxford, O.U.P., 2012.

KAHN C., « Sensation and consciousness in Aristotle's Psychology », *in* J. Barnes, M. Schofield & R. Sorabji (eds.), *Articles on Aristotle. 4. Psychology & Aesthetics*, London, Duckworth, 1979, p. 1-31.

—, *Plato and the Socratic Dialogue : the Philosophical Use of a Literary Form*, Cambridge/NY, C.U.P., 1998.

—, « La philosophie de Socrate selon Platon et Aristote », dans G. Romeyer-Dherbey (dir.) & J.-B. Gourinat (éd.) *Socrate et les Socratiques*, Paris, Vrin, 2001, p. 207-220.

KARAMANOLIS G., *Plato and Aristotle in Agreement ? Platonists on Aristotle from Antiochus to Porphyry*, Oxford, Clarendon Press, 2006.

KENNY A., *Aristotle's Theory of the Will*, London, Duckworth, 1979.

—, *Aristotle on the Perfect Life*, Oxford, O. U. P., 1992.

KÜHN W., « La forme du bien, principe de motivation ou de savoir », *in* J. Dillon & M. Dixsaut (eds.), *Agonistes : Essays in honour of Denis O'Brien*, Aldershot, Ashgate, 2005, p. 74-106.

LABARRIÈRE J.-L., « Du *phronimos* comme critère de l'action droite chez Aristote », dans D. Lories & L. Rizzerio (dir.), *Le jugement pratique. Autour de la notion de phronèsis*, Paris, Vrin, 2008, p. 145-166.

—, « De "ce qui dépend de nous" », *Les Études Philosophiques*, 2009 (1), p. 7-26.

LAKS A., « Raison et plaisir : pour une caractérisation des *Lois* de Platon », dans J.-F. Mattéi (dir.), *La naissance de la raison en Grèce. Actes du congrès de Nice 1987*, Paris, PUF, 1990, p. 291-303.

—, « Prodige et médiation : esquisse d'une lecture des *Lois* », dans J.-F. Balaudé (dir.), *D'une cité possible. Sur les Lois de Platon, Le temps philosophique*, 1, Paris, 1995, p. 11-28.

—, « Trois modèles d'interprétation : complétion, révision, réalisation », *Médiation et coercition : pour une lecture des Lois de Platon*, Villeneuve d'Ascq, Presses Universitaires du Septentrion, 2005, p. 33-44.

—, « Aporia Zero *Metaphysics* Beta 1 », *in* M. Crubellier & A. Laks (eds.), *Aristotle's Metaphysics Beta. Symposium Aristotelicum*, Oxford, O.U.P., 2009, p. 24-46.

— (avec M. Crubellier), « Introduction », *ibid.*, p. 1-23.

LANE M., « A New Angle on Utopia : the Political Theory of the Statesman », *in* C. Rowe (ed.), *Reading the Statesman. Proceedings of the Third Symposium Platonicum*, Sankt Augustin, Academia Verlag, 1995, p. 276-291.

LAWRENCE G., « The Function of the Function Argument », *Ancient Philosophy*, 21 (2), 2001, p. 445-475.

LE BLOND J.-M., *Logique et méthode chez Aristote. Étude sur la recherche des principes dans la physique aristotélicienne,* Paris, Vrin, 1970.

LEFEBVRE D., « Comment défendre les vertus de la pensée ? (*EN* VI 13, 1148b18-1145a11) », dans J.-Y. Château (éd.), *La vérité pratique. Éthique à Nicomaque, livre* VI, Paris, Vrin, 1997, p. 153-172.

—, « Qu'est-ce qu'une vie vivable ? La découverte de la vie mixte dans le *Philèbe* 20b-22b », dans M. Dixsaut (dir.), *La fêlure du plaisir. Études sur le Philèbe de Platon,* 1. *Commentaires,* Paris, Vrin, 1999, p. 61-88.

—, « Avoir un *èthos* et être *philotoioutos.* Sur le sens de la notion d'*èthos* dans les *Éthiques* d'Aristote », dans A. Hourcade & R. Lefebvre (dir.), *Aristote : rationalités,* Rouen-Le Havre, Presses Universitaires de Rouen, 2011, p. 155-167.

—, « Aristote, lecteur de Platon », dans M. Dixsaut, A. Castel-Bouchcouchi & G. Kévorkian (dir.), *Lectures de Platon,* Paris, Ellipses, 2013, p. 291-320.

LONG A., « Aristotle on *Eudaimonia, Nous* and divinity », *in* J. Miller (ed.), *Aristotle's Nicomachean Ethics. A Critical Guide,* Cambridge, C.U.P., 2011, p. 92-114.

LORENZ H., « Virtues of Character in Aristotle's *Nicomachean Ethics* », *Oxford Studies in Ancient Philosophy,* XXXVII, 2009, p. 177-212.

MACÉ A., *Platon, philosophie de l'agir et du pâtir,* Sankt Augustin, Academia Verlag, 2006.

—, *L'Atelier de l'invisible. Apprendre à philosopher avec Platon,* Alfortville, Ère, 2010.

MANSION S., « Le rôle de l'exposé et de la critique des philosophies antérieures chez Aristote », *Études aristotéliciennes : recueil d'articles,* Louvain-la-Neuve, Éditions de l'Institut Supérieur de Philosophie, 1984, p. 55-76.

—, « La théorie des Idées dans le ΠΕΡΙ ΙΔΕΩΝ d'Aristote », *ibid.,* p. 99-132.

MENN S., « The Origins of Aristotle's Concept of *Energeia* : *Energeia* and *Dunamis* », *Ancient Philosophy,* 14, 1994, p. 73-114.

—, « Aristotle's Philosophical Development », *Apeiron,* 31 (4), 1998, p. 407-415.

—, « Aristotle's Definition of the Soul and the Programme of the *De Anima* », *Oxford Studies in Ancient Philosophy,* XXII, 2002, p. 83-139.

—, « Critique of Earlier Philosophers on the Good and the Causes (*Metaphysics* A 7-A 8 989a18) », *in* C. Steel (ed.), *Aristotle's Metaphysics Alpha. Symposium Aristotelicum,* Oxford, O. U. P., 2012, p. 201- 224.

MERKER A., *Une morale pour les mortels. L'éthique de Platon et d'Aristote,* Paris, Les Belles Lettres, 2011.

MODRAK D., *Aristotle : the Power of Perception,* Chicago-London, the University of Chicago Press, 1987.

MOREAU J., « De la concordance d'Aristote avec Platon », *Platon et Aristote à la Renaissance*, Colloque international d'études humanistes (16, 1973, Tours), Paris, Vrin, 1976, p. 45-58.

MOREL P.-M., « L'habitude, une seconde nature ? », dans P.-M. Morel (éd.), *Aristote et la notion de nature. Enjeux épistémologiques et pratiques*, Talence, Presses Universitaires de Bordeaux, 1997, p. 131-148.

—, « Action humaine et action naturelle chez Aristote », *Philosophie*, 73, 2002, p. 36-57.

—, *Aristote. Une philosophie de l'activité*, Paris, GF, 2003.

—, *De la matière à l'action. Aristote et le problème du vivant*, Paris, Vrin, 2007.

MORROW G. R., « Aristotle's Comments on Plato's *Laws* », *in* I. Düring & G. E. L. Owen (eds.), *Aristotle and Plato in the Mid-Fourth Century. Papers of the Symposium Aristotelicum held at Oxford in August 1957*, Göteborg, Elanders, 1960, p. 145-162.

MOSS J., « Pleasure and Illusion in Plato », *Philosophy and Phenomenological Research*, 72 (3), 2006, p. 503-535.

—, « *Akrasia* and Perceptual Illusion », *Archiv für Geschichte der Philosophie*, 91(2), 2009, p. 119-156.

—, « Virtue Makes the Goal Right », *Phronesis*, 56 (3), 2011, p. 204-261.

—, *Aristotle on the Apparent Good. Perception, Phantasia, Thought, and Desire*, Oxford, O.U.P., 2012.

MOUZE L., *Le législateur et le poète, Une interprétation des Lois de Platon*, Villeneuve d'Ascq, Presses Universitaires du Septentrion, 2006.

MURGIER C., « L'action et son objet : le *prakton* dans l'*Éthique à Nicomaque* », *Revue de Philosophie Ancienne*, XXIX (2), 2011, p. 37-68.

—, « Comment hiérarchiser les sens ? Perspectives aristotéliciennes », dans G. Puccini (éd.), *Le débat des cinq sens de l'Antiquité à nos jours*, Pessac, Presses universitaires de Bordeaux, à paraître (2013).

NARCY M., « Enseignement et dialectique dans le *Ménon* », dans M. Canto-Sperber (éd.), *Les paradoxes de la connaissance. Essais sur le Ménon de Platon*, Paris, Odile Jacob, 1991, p. 175-191.

—, « Aristote devant les objections de Socrate à la démocratie », dans P. Aubenque (dir.), *Aristote politique. Études sur la Politique d'Aristote*, Paris, PUF, 1993, p. 265-288.

—, « *Krisis* et *aisthesis* (*De anima* III, 2) », dans G. Romeyer-Dherbey (dir.) & C. Viano (éd.), *Corps et âme : sur le De Anima d'Aristote*, Paris, Vrin, 1996, p. 239-256.

–, « Être de bon conseil et savoir écouter (*EN* VI 10-11) », dans J.-Y. Château (dir.), *La vérité pratique. Éthique à Nicomaque, livre* VI, Paris, Vrin, 1997, p. 117-135.

–, « Le socratisme du *Lysis* I. *Philia* et *dialegesthai* », *in* G. Giannantoni & M. Narcy (ed.), *Lezioni Socratiche*, Naples, Bibliopolis, 1997, p. 205-218.

–, « Le socratisme du *Lysis*. II. *Prôton philon* et *oikeion* », *ibid.*, p. 219-233.

– (avec A. Tordesillas), « Avant-propos », dans M. Narcy & A. Tordesillas (éd.), *Xénophon et Socrate*, Paris, Vrin, 2008, p. 7-9.

–, « La *phronèsis* entre Platon et Aristote », dans A. Hourcade & R. Lefebvre (dir.), *Aristote : rationalités*, Rouen-Le Havre, Presses Universitaires de Rouen, 2011, p. 173-186.

NATALI C., *The Wisdom of Aristotle*, trad. G. Parks, Albany (NY), State university of New York press, 2001.

–, *L'action efficace. Études sur la philosophie de l'action d'Aristote*, Louvain-la-Neuve, Peeters, 2004.

–, « Le premier traité de l'éthique. Remarques sur la nature et les desseins de l'*Éthique à Nicomaque* d'Aristote », *in* E. Vegleris (éd.), *Cosmos et psychè. Mélanges offerts à Jean Frère*, Hildesheim, G. Olms, 2005, p. 211-228.

–, « Rhetorical and scientific aspects of the *Nichomachean Ethics* », *Phronesis*, 52 (4), 2007, p. 364-381.

–, « *Posterior Analytics* and the Definition of Happiness in *NE* I », *Phronesis*, 55 (4), 2010, p. 304-324.

NUSSBAUM M. C., *The Fragility of Goodness. Luck and Ethics in Greek Tragedy and Philosophy*, Cambridge, C.U.P., 1986.

O'BRIEN D., « Perception et intelligence dans le *Timée* de Platon », *in* L. Brisson & T. Calvo (eds.), *Interpreting the Timaeus-Critias. Proceedings of the Fourth Symposium Platonicum, Selected Papers*, Sankt Augustin, Academia Verlag, 1997, p. 291-306.

OWEN G. E. L., « The Platonism of Aristotle », *in* J. Barnes, M. Schofield & R. Sorabji (eds.), *Articles on Aristole* 1. *Science*, London, Duckworth, 1975, p. 14-34.

–, « Aristotelian Pleasures », *in* J. Barnes, M. Schofield & R. Sorabji (eds.), *Articles on Aristotle* 2. *Ethics and Politics* London, Duckworth, 1977, p. 92-103.

PAKALUK M., *Aristotle's Nicomachean Ethics. An introduction*, Cambridge, C.U.P., 2005.

PANZANI D., « La *phronèsis* : disposition paradoxale (*EN* VI 1) », dans J.-Y. Château (éd.), *La vérité pratique. Éthique à Nicomaque, livre* VI, Paris, Vrin, 1997, p. 22-43.

PENNER T., « La forme du bien et le bien de l'homme : quelques problèmes d'interprétation du passage 504c-509c de la *République* », dans M. Dixsaut (dir.) (avec la collaboration de F. Teisserenc), *Études sur la République, 2. De la science, du bien et des mythes*, Paris, Vrin, 2005, p. 177-207.

—, « Plato's Ethics : Early and Middle Dialogues », *in* M.-L. Gill & P. Pellegrin (eds.), *A Companion to Ancient Philosophy*, Malden, Blackwell, 2006, p. 151-169.

PICKAVÉ M. & WHITING J., « *Nicomachean Ethics* 7.3 on Akratic Ignorance », *Oxford Studies in Ancient Philosophy*, XXXIV, 2008, p. 323-371.

POIRIER J.-L., « "Socrate avait raison ..." (*EN* VI 12-13) », dans J.-Y. Château (éd.), *La vérité pratique. Éthique à Nicomaque, livre* VI, Paris, Vrin, 1997, p. 137-150.

PRICE A., « Aristotle's Ethical Holism », *Mind*, 89, 355, 1980, p. 338-352.

—, *Love and Friendship in Plato and Aristotle*, Oxford, O. U. P., 1990.

RAPP C., « Pleasure and *eudaimonia* : *Nicomachean Ethics* VII 13-14 (1153b1-1154a21) », *in* C. Natali (ed.), *Aristotle* : *Nicomachean Ethics Book* VII, *Symposium Aristotelicum*, Oxford, O. U. P., 2009, p. 209-235.

REEVE C., *Practices of Reason*, Oxford, Clarendon Press, 1990.

RICHARD M.-D., *L'enseignement oral de Platon : une nouvelle interprétation du platonisme*, Paris, Cerf, 2005.

RIGINOS A. S., *Platonica. The Anecdotes concerning the Life and Writings of Plato*, Leiden, Brill, 1976.

ROBIN L., *La Théorie platonicienne des idées et des nombres d'après Aristote. Étude historique et critique*, Hildesheim, G. Olms, [1908, Alcan] 1963.

—, *La théorie platonicienne de l'amour*, Paris, PUF, 1964.

RODIER G., *Aristote. Traité de l'âme. Commentaire*, Paris, Vrin, 1985.

RODRIGO P., « *Sunaisthanesthai* : le point sensible de l'amitié parfaite chez Aristote », *Philosophie*, 12, 1986, p. 35-52.

—, *Aristote, une philosophie pratique. Praxis, politique et bonheur*, Paris, Vrin, 2006.

ROMEYER-DHERBEY G., « Voir et toucher. Le problème de la prééminence d'un sens chez Aristote », *Revue de Métaphysique et de Morale*, 96, 1991, p. 437-454.

—, « La construction de la théorie aristotélicienne du sentir », dans G. Romeyer-Dherbey (dir.) & C. Viano (éd.), *Corps et âme : sur le De Anima d'Aristote*, Paris, Vrin, 1996, p. 127-147.

RORTY A. O., « The Place of Pleasure in Aristotle's Ethics », *Mind*, 83, 1974, p. 481-497.

ROSS W., « The Development of Aristotle's Thought », *in* I. Düring & G. E. L. Owen (eds.), *Aristotle and Plato in the Mid-Fourth Century*, Göteborg, Elanders, 1960, p. 1-18.

ROUX S., *La recherche du principe chez Platon, Aristote et Plotin*, Paris, Vrin, 2004.

ROWE C., « The Meaning of *Phronesis* in the *Eudemian Ethics* », *in* P. Moraux & D. Harlfinger (ed.), *Untersuchungen zur Eudemischen Ethik*, Akten des 5. Symposium Aristotelicum, Berlin, de Gruyter, 1971, p. 73-92.

—, « The *Lysis* and the *Symposium* : aporia and euporia ? », *in* R. Robinson & L. Brisson (eds.), *Plato : Euthydemus, Lysis, Charmides. Proceedings of the Fifth Symposium Platonicum*, Sankt Augustin, Academia Verlag, 2001, p. 207-211.

SAFFREY H., « Comment Syrianus, le maître de l'école néo-platonicienne d'Athènes, considérait-il Aristote ? », *in* J. Wiesner (ed.), *Aristoteles Werk und Wirkung 2. Kommentierung, Überlieferung, Nachleben : Paul Moraux gewidmet*, Berlin, de Gruyter, 1987, p. 205-214.

SANTAS G., « The Form of the Good in Plato's *Republic* », *in* G. Fine (ed.), *Plato* 1. *Metaphysics and epistemology,* Oxford, O.U.P., 1999, p. 247-274.

—, « Methods of Reasoning about Justice in Plato's *Republic* », *in* G. Santas (ed.), *The Blackwell Guide to Plato's Republic*, Oxford, O.U.P., 2005, p. 125-144.

SCHLEIERMACHER F., « Über den Wert des Sokrates als Philosophen » (1815), *in* A. Patzer (ed.), *Der historische Sokrates*, Darmstadt, Wissenschaftliche Buchgesellschaft, 1987, p. 41-58.

SCHOFIELD M., « Who were οἱ δυσχερεῖς in Plato, *Philebus* 44a ff. », *Museum Helveticum*, 28, 1971, p. 2-20.

—, *Saving the City. Philosopher-Kings and Other Classical Paradigms*, London, Routledge, 1999.

SCHÜTRUMPF E., *Die Analyse der Polis durch Aristoteles*, Amsterdam, B. R. Grüner, 1980.

SCOTT D., *Recollection and Experience. Plato's Theory of Learning and its Successors*, Cambridge, C.U.P., 1995.

—, *Plato's Meno*, Cambridge, C.U.P., 2006.

SEDLEY D., *The Midwife of Platonism. Text and Subtext in Plato's Theaetetus*, Oxford, Clarendon Press, 2004.

SHERMAN N., *The Fabric of Character : Aristotle's Theory of Virtue*, Oxford, Clarendon Press, 1989.

SORABJI R., « The Transformation of Plato and Aristotle », *in* H. Tarrant & D. Baltzly (eds.), *Reading Plato in Antiquity*, London, Duckworth, 2006, p. 185-193.

STERN-GILLET S., « Des deux conceptions du “soi” chez Aristote », dans E. Vegleris (éd.), *Cosmos et psyché. Mélanges offerts à Jean Frère*, Hildesheim, G. Olms, 2005, p. 229-250.

STEVENS A., « L’apparition de la conscience dans le *De Anima* et d’autres œuvres d’Aristote », *in* G. van Riel & P. Destrée (eds.), *Ancient Perspectives on Aristotle’s De Anima*, Leuven, Leuven University Press, 2009, p. 35-48.

STRIKER G., « Plato’s Socrates and the Stoics », *Essays on Hellenistic Epistemology and Ethics*, Cambridge, C.U.P., 1996.

TAYLOR A. E., « On the Alleged Distinction in Aristotle between Σωκράτης and ὁ Σωκράτης », *Varia Socratica. First series*, Oxford, Parker, 1911, p. 40-90.

—, *A Commentary on Plato’s Timaeus*, Oxford, Clarendon Press, [1928] 1987.

TAYLOR C. C. W., « Pleasure : Aristotle’s Response to Plato », *in* R. Heinaman (ed.), *Plato and Aristotle’s Ethics*, Aldershot, Ashgate Publishing, 2003, p. 1-20.

—, « Aristotle on the Practical Intellect », *Pleasure, Mind, and Soul. Selected Papers in Ancient Philosophy*, Oxford, Clarendon Press, 2008, p. 204-222.

TESSITORE A., « Aristotle’s Political Presentation of Socrates in the *Nicomachean Ethics* », *Interpretation, a Journal of Political Philosophy*, 16, 1988, p. 3-22.

VAN RIEL G., « Aristotle’s Definition of Pleasure : a Refutation of the Platonic account », *Ancient Philosophy*, 20, 2000, p. 119-138.

—, *Pleasure and the Good Life ; Plato, Aristotle and the Neoplatonists*, Leiden, Brill, 2000.

—, « Bonheur et plaisir. Aristote est-il un hédoniste ? », dans P. Destrée (éd.), *Aristote. Bonheur et vertus*, Paris, PUF, 2003, p. 175-192.

VLASTOS G., *Socrate, ironie et philosophie morale*, trad. fr. par C. Dalimier, Paris, Aubier, 1994.

VOELKE A.-J., *Les rapports avec autrui dans la philosophie grecque : d’Aristote à Panétius*, Paris, Vrin, 1961.

WALDRON J., « The Wisdom of the Multitude : Some Reflections on Book 3, Chapter 11 of Aristotle’s *Politics* », *in* R. Kraut & S. Skultety (eds.), *Aristotle’s Politics : Critical Essays*, Lanham (Md.), Rowman & Littlefield, 2005, p. 145-165.

WARREN J., « Aristotle on Speusippus on Eudoxus on Pleasure », *Oxford Studies in Ancient Philosophy*, XXXVI, 2009, p. 249-281.

—, « Plato on the Pleasures and Pains of Knowing », *Oxford Studies in Ancient Philosophy*, XXXIX, 2010, p. 1-32.

WEISS R., « Statesman as *Epistèmon*: Caretaker, Physician, and Weaver », *in* C. Rowe (ed.), *Reading the Statesman. Proceedings of the Third Symposium Platonicum*, Sankt Augustin, Academia Verlag, 1995, p. 213-222.

WHITAKER C., *Aristotle's De Interpretatione, Contradiction and Dialectic*, Oxford, O.U.P., 1996.

WHITING J., « The Nicomachean Account of *Philia* », *in* R. Kraut (ed.), *The Blackwell Guide to Aristotle's Nicomachean Ethics*, Malden, W. Blackwell, 2006, p. 276-304.

WIANS W. (ed.), *Aristotle's Philosophical Development : Problems and Prospects*, Lanham, Rowman & Littlefield, 1996.

WITT C., « The Evolution of Developmental Interpretations of Aristotle », *in* W. Wians (ed.), *Aristotle's Philosophical Development : Problems and Prospects*, Lanham, Rowman & Littlefield, 1996, p. 67-82.

WOERTHER F., *L'èthos aristotélicien. Genèse d'une notion rhétorique*, Paris, Vrin, 2007.

WOLFF F., « Aristote démocrate », *Philosophie*, 18, 1988, p. 53-87.

—, « L'homme heureux a-t-il besoin d'amis ? Figures entrecroisées de l'amitié chez Aristote et Epicure », *L'être, l'homme, le disciple. Figures philosophiques empruntées aux Anciens*, Paris, PUF, 2000, p. 157-187.

WOLFSDORF D., *Pleasure in Ancient Greek Philosophy*, Cambridge, C.U.P., 2013.

ZINGANO M., « Émotion, action et bonheur », dans P. Destrée (éd.), *Aristote. Bonheur et vertus*, Paris, PUF, 2003, p. 108-120.

—, « *Akrasia* and the Methods of Ethics », *in* C. Bobonich & P. Destrée (eds.) *Akrasia in Greek Philosophy : from Socrates to Plotinus*, Leiden, Brill, 2007, p. 167-191.

—, « Aristotle and the Problems of Methods in Ethics », *Oxford Studies in Ancient Philosophy*, XXXII, 2007, p. 297-330.

—, « Considérations sur l'argumentation d'Aristote dans *De Anima* III 4 », *in* G. van Riel & P. Destrée (eds.), *Ancient Perspectives on Aristotle's De Anima*, Leuven, Leuven University Press, 2009, p. 89-106.

3. AUTRES ŒUVRES CITÉES

ALAIN, *Propos*, Paris, Gallimard, 1990.

CAILLOIS R., *Les Jeux et les hommes* : *le masque et le vertige*, Paris, Gallimard, 1991.

CARRAUD V., *Pascal : des connaissances naturelles à l'étude de l'homme*, Paris, Vrin, 2007.

CASSIN B., *L'effet sophistique*, Paris, Gallimard, 1995.

— (dir.), *Vocabulaire européen des philosophies. Dictionnaire des intraduisibles*, Paris, Seuil-Le Robert, 2004.

CHASTEL A., *Art et humanisme à Florence au temps de Laurent le Magnifique*, Paris, PUF, [1959] 1982.

FREUD S., *Métapsychologie*, trad. fr. revue par J. Laplanche et J.-B. Pontalis, Paris, Gallimard, 1986.

KANT E., *Critique de la raison pure*, trad. fr. par A. Renaut, Paris, Aubier, 1997.

—, *Critique de la faculté de juger*, trad. fr. par A. Renaut, Paris, Flammarion, GF, 1995.

—, *Métaphysique des mœurs* II, *Doctrine du droit. Doctrine de la vertu*, trad. fr. par A. Renaut, Paris, Flammarion, GF, 1999.

LEIBNIZ G. W., *Discours de métaphysique et autres textes*, Paris, Flammarion, GF, 2001.

—, *Nouveaux essais sur l'entendement humain*, Paris, Flammarion, GF, 1990.

LEVINAS E., *Totalité et infini. Essai sur l'extériorité*, Paris, Librairie générale française, 1990.

LÉVI-STRAUSS C., *La pensée sauvage*, Paris, Plon, 1962.

NIETZSCHE F., *Seconde considération intempestive*, trad. fr. par H. Albert, Paris, Flammarion, GF, 1988.

PASCAL, *Pensées et opuscules*, L. Brunschvicg (éd.), Paris, Classiques Hachette, 1990.

RICŒUR P., *Philosophie de la volonté. Le volontaire et l'involontaire*, Paris, Aubier, 1967.

ROUSSEAU J.-J., *Du Contrat Social*, Paris, Gallimard, 1996.

RYLE G., « On forgetting the difference between right and wrong », *in* A. Melden (ed.), *Essays in Moral Philosophy*, Seattle, University of Washington Press, 1958, p. 147-159.

STENDHAL, « Les *Stanze* de Raphaël au Vatican », *Promenades dans Rome, in Voyages en Italie*, Paris, Gallimard, Bibliothèque de la Pléiade, 1973.

VERNANT J.-P., *L'individu, la mort, l'amour. Soi-même et l'autre en Grèce ancienne*, Paris, Gallimard, 1989.

INDICES

INDEX DES AUTEURS MODERNES

INDEX DES PASSAGES CITÉS

INDEX DES PRINCIPALES NOTIONS

TABLE DES MATIÈRES

TROISIÈME PARTIE

DE L'ACTION À SA PERFECTION : AUTOUR DE LA *PHRONÈSIS*

Imprimerie de la manutention à Mayenne (France) - décembre 2013 - N° 2143988N
Dépôt légal : 3e trimestre 2013